U0576207

谨以此书向党的二十大献礼

2017 年河北省人文社科重大攻关项目（项目编号 ZD201711）

2016 年社会治理德治与法治河北省协同创新中心资助项目（项目编号：2016ZDXM05）

新时代河北省农村
精神文明建设发展战略研究

郭　建　孙惠莲　等著

浙江工商大学出版社
ZHEJIANG GONGSHANG UNIVERSITY PRESS

·杭州·

图书在版编目(CIP)数据

新时代河北省农村精神文明建设发展战略研究 / 郭建等著. — 杭州：浙江工商大学出版社，2022.9
ISBN 978-7-5178-5120-2

Ⅰ.①新… Ⅱ.①郭… Ⅲ.①农村 – 精神文明建设 – 研究 – 河北 Ⅳ.①D422.62

中国版本图书馆CIP数据核字(2022)第168578号

新时代河北省农村精神文明建设发展战略研究
XINSHIDAI HEBEISHENG NONGCUN
JINGSHEN WENMING JIANSHE FAZHAN ZHANLUE YANJIU

郭　建　孙惠莲 等著

责任编辑	沈明珠
责任校对	韩新严
封面设计	朱嘉怡
责任印制	包建辉
出版发行	浙江工商大学出版社
	（杭州市教工路 198 号　邮政编码 310012）
	（E-mail：zjgsupress@163.com）
	（网址：http://www.zjgsupress.com）
	电话：0571-88904980,88831806（传真）
排　版	杭州朝曦图文设计有限公司
印　刷	浙江全能工艺美术印刷有限公司
开　本	710mm×1000mm　1/16
印　张	20.75
字　数	314 千
版印次	2022 年 9 月第 1 版　2022 年 9 月第 1 次印刷
书　号	ISBN 978-7-5178-5120-2
定　价	84.00 元

版权所有　侵权必究
如发现印装质量问题，影响阅读，请和营销与发行中心联系调换
联系电话　0571-88904970

前　言

习近平总书记在 2020 年 12 月 28 日至 29 日举行的中央农村工作会议上，在总结中国共产党百年发展历程经验的基础上指出，中国共产党成立后，充分认识到中国革命的基本问题是农民问题，把为广大农民谋幸福作为重要使命。改革开放以来，中国共产党领导农民率先拉开改革大幕，不断解放和发展农村社会生产力，推动农村全面进步。党的十八大以来，党中央坚持把解决好"三农"问题作为全党工作的重中之重，把脱贫攻坚作为全面建成小康社会的标志性工程，组织推进人类历史上规模空前、力度最大、惠及人口最多的脱贫攻坚战，启动实施乡村振兴战略，推动农业农村取得历史性成就、发生历史性变革。农业综合生产能力上了大台阶，2020 年农民收入较 2010 年翻了一番多，农村民生显著改善，乡村面貌焕然一新。贫困地区发生了翻天覆地的变化，在解决困扰中华民族几千年的绝对贫困问题方面取得历史性成就，为全面建成小康社会做出了重大贡献，为开启全面建设社会主义现代化国家新征程奠定了坚实基础。习近平总书记同时也指出，从中华民族伟大复兴战略全局看，民族要复兴，乡村必振兴。从世界百年未有之大变局看，稳住农业基本盘、守好"三农"基础是应变局、开新局的"压舱石"。构建新发展格局，把战略基点放在扩大内需上，农村有巨大空间，可以大有作为。历史和现实都告诉我们，农唯邦本，本固邦宁。我们要坚持用大历史观来看待农业、农村、农民问题，只有深刻理解了"三农"问题，才能更好地理解我们这个党、这个国家、这个民族。必须看到，全面建设社会主义现代化国家，实现中华民族伟大复兴，最艰巨最繁重的任务依然在农村，最广泛最深厚的基础依然在农村。

民族要复兴，乡村必振兴。当前，我国经济社会发展已经进入全面建设社会主义现代化国家的新阶段。全面建设社会主义现代化国家，既要有城市现代化，也要有农村农业现代化。实现农村农业现代化，必须扎实推进乡村振兴战略。实施乡村振兴战略，是党的十九大做出的重大决策部署，是全面建设社会主义现代化国家的重大历史任务，也是新时代"三农"工作的总抓手。习近平总书记在中央农村工作会议上强调，脱贫攻坚取得胜利后，要全面推进乡村振兴，这是"三农"工作重心的历史性转移。全面推进乡村振兴落地见效，既要加快发展乡村产业，加强农村生态文明建设，深化农村改革，实施乡村建设行动，推动城乡融合发展见实效，加强和改进乡村治理，也要加强社会主义精神文明建设。习近平总书记指出："乡村振兴是包括产业振兴、人才振兴、文化振兴、生态振兴、组织振兴的全面振兴。"①

乡村振兴，既要塑形，也要铸魂。加强农村精神文明建设，是全面推进乡村振兴的重要内容。2017年12月12日至13日，习近平总书记在江苏徐州市考察时强调，"农村精神文明建设很重要，物质变精神、精神变物质是辩证法的观点"，强调"实施乡村振兴战略要物质文明和精神文明一起抓，特别要注重提升农民精神风貌"。②党的十八大以来，以习近平同志为核心的党中央立足于"五位一体"总体布局和"四个全面"战略布局，高度重视农村精神文明建设，做出了一系列重大决策部署，推动农村社会主义精神文明建设在理论和实践上不断取得新成就、创造新经验，有效发挥了统一思想、凝聚力量的强大作用，鼓舞和激励全国广大农民群众在党中央领导下为实现中华民族伟大复兴的中国梦不断奋进。当前，我们必须要深刻认识农村精神文明建设在全面实施乡村振兴战略中的重要地位，准确把握加强新时代农村精神文明建设的基本任务和要求，运用好党的十八大以来农村精神文明建设的成功经验，坚持抓住价值引领这个根本、围绕美丽乡村建设这个主题、突出为民利民惠民这个鲜明导向、运用示范带动这个基本方法、坚持改进创新这个强大动力，大力加强农村精神文明建设，切实

---

① 习近平：《习近平谈治国理政》（第3卷），外文出版社2020年版，第259页。
② 《深入学习贯彻党的十九大精神 紧扣新时代要求推动改革发展》，《人民日报》2017年12月14日。

提升农民精神风貌，不断提高乡村社会文明程度，推动乡风民风美起来、人居环境美起来、文化生活美起来，为全面建成社会主义现代化国家提供坚强的思想保证、强大的精神力量、丰润的道德滋养、良好的文化条件，推动农村精神文明建设取得新进步，不断满足农民群众新期待，形成农村发展进步新风尚。

河北省是一个农业大省，农村精神文明建设是全省精神文明建设的重要组成部分。农村精神文明建设，既是河北省精神文明建设的难点和痛点，也是实际工作的重点和着力点。加强农村精神文明建设，一定要按规律办事，抓住重点，绵绵用力、下足功夫，方能见到成效。加强农村精神文明建设，必须深入推进农村思想政治工作，深入开展习近平新时代中国特色社会主义思想学习教育，深入宣传党的路线方针和强农惠农富农政策；必须切实加强农村思想道德建设，采取符合农村特点、农民群众喜闻乐见的有效方式，推动社会主义核心价值观融入农村，提振农民群众精气神；必须扎实开展形式多样的群众文化活动，建立乡村公共文化服务体系，深入推进文化下乡，广泛开展群众乐于参与、便于参与的文体活动，孕育农村社会好风尚；必须广泛普及科学知识，推进农村移风易俗，深化文明村镇和文明家庭的创建，旗帜鲜明地反对各种不良风气和陈规陋习，引导形成积极向上的社会风气，大力培育新时代中国特色社会主义乡村文明；必须注重新形势下农村青少年教育问题和精神文化生活，特别关心关爱农村留守儿童，完善工作措施，加大资源投入，促进他们健康快乐成长。

农村精神文明建设有其自身的发展规律。农村精神文明建设，必须要遵循精神文明的发展建设规律，分阶段有计划有步骤地推进。为此，必须制定农村精神文明建设发展战略，将长远发展与当前发展结合起来。对于河北省来说，加强农村精神文明建设，必须要从河北省农村的实际出发，将一般性规律与特殊性实际结合起来。因此，对河北省农村精神文明建设发展战略进行深入研究，既是河北省农村精神文明建设的必然要求，也是对河北省农村精神文明建设经过改革开放40多年建设发展历史经验的总结，同时还是对新时代河北省农村精神文明建设的规划与展望。河北经贸大学"河北省农村精神文明建设发展战略"课题组从2017年7月立项开始，就着手对河北省农村精神文明建设进行深入调研，对江苏、浙江、河南、辽宁、陕西等省农村精神文明建设进行广泛考察，对省内外多位专家进行走访,在此基础上,反复研讨、修改写作方案,历时5年,终于完成了课题研究的全部任务,撰写完成了30万余字的专著成果。这部专著成果立足河北农村实际,面向新时代河北农村未来发展,既有对精神文明建设的一般性理论论述,又有针对性的实践分析。与同类型研究成果相比,在研究内容方面更加系统、深入、聚焦,同时也具有较强的可操作性、对策性和前瞻性。

当然,本书的研究无论是从理论还是实践层面来看,对于河北省农村精神文明建设的研究只具有初步探索的性质,其中必然存在一些不足,有些问题认识还显浅陋,有些问题理论阐释还显单薄,有些对策建议还不够完善。所有这些,都需要我们在今后的研究中不断地去完善。

目　录

第一章　农村精神文明建设概述

　　精神文明是人类在改造客观世界和主观世界的过程中所取得的精神成果的总和，是人类智慧、道德的进步状态。社会主义精神文明是人类精神文明发展的重要阶段，在社会主义建设中发挥着不可替代的重要作用。习近平总书记指出："只有物质文明建设和精神文明建设都搞好，国家物质力量和精神力量都增强，全国各族人民物质生活和精神生活都改善，中国特色社会主义事业才能顺利向前推进。"[1]精神文明，不是城市的独有产物，农村也是精神文明建设的重要场域。据 2020 年 11 月开展的第七次全国人口普查显示，我国居住在乡村的人口为 50979 万人，占全国人口的 36.11%。[2]农村精神文明建设是我国精神文明建设的重要组成部分。加强农村精神文明建设是农村物质文明、政治文明、社会文明、生态文明建设的必然要求，也是全面建设社会主义现代化国家的题中应有之义。加强农村精神文明建设，必须要对农村精神文明建设进行深入研究，这也是制定新时代农村精神文明建设发展战略的基本前提。

第一节　文明、精神文明与农村精神文明

一、文明与精神文明

　　"文明"是伴随历史发展，在适应和改造客观世界过程中创造的符合人类精

---

① 习近平：《习近平谈治国理政》（第 1 卷），外文出版社 2018 年版，第 153 页。

② 《全国第七次人口普查结果公布：总人口超 14.1 亿，男比女多 3490 万人》，新浪财经网，https://baijiahao.baidu.com/s?id=1699441229953142282&wfr=spider&for=pc。

神追求、能够被多数人认可和接受的有益成果的总和，一般包括物质文明和精神文明两个方面。①与之相联系的文化概念，学界存在不同的观点。泰勒在其《原始文化》中将文化定义为人类在社会实践中所创造的物的总称，包括物质技术、社会规范和观念精神。他指出："文化或文明是包括知识、信仰、艺术……获得的能力和习惯在内的复合整体。"②在中国古代，"文化"一词的意思是"文治教化"，即用文明的精神实现移风易俗、教化天下的目的。也有学者认为，"现在的文化决定于过去的文化，而未来的文化仅仅是现在文化潮流的继续"③。也就是说，文化是随着历史的发展由低级到高级渐进地持续发展的，其内涵也是不断深化和延展的。文化，就其本质而言，指的是不同地区、不同民族的人在实践中形成的相对稳定的价值范式和精神产品，反映了所处时代的物质生活水平和人民群众对精神层面的诉求。"文化"和"文明"是相近的概念，二者相互联系。文明是文化的实质内涵，文化是文明的外在表现形式，文明是文化产生的肥沃土壤，文化的发展又促进文明内涵的不断丰富，文明和文化都是人类精神和智慧的历史结晶。习近平总书记在党的十九大报告中深刻阐述了文化对国家兴旺、民族发展的重大作用，他指出："文化是一个国家、一个民族的灵魂。文化兴国运兴，文化强民族强。"④文化的发展体现了国家软实力和国家综合国力水平，而且在一定意义上还表现为社会精神文明的发展方向，精神文明的建设过程离不开文化的滋养。

"精神文明"是人类社会精神文化发展过程中产生的有益成果的总和。它既包括物质生产活动中产生的对历史发展起推动作用的精神财富，也包括人类主观世界所创造的促进人类进步的精神财富。精神文明关乎每个人的生存和发展，涉及社会生活的各个领域，并且随着时代的发展，其内涵的整体性、系统性、科学性也在不断完善。

---

① 崔亚东：《法治国家》，人民出版社2018年版，第197页。
② [英]爱德华·泰勒：《原始文化：神话、哲学、宗教、语言、艺术和习俗发展之研究》（重译本），连树声译，广西师范大学出版社2005年版，第1页。
③ [美]怀特：《文化科学》，曹锦清译，浙江人民出版社1988年版，第325—326页。
④ 《中国共产党第十九次全国代表大会文件汇编》，人民出版社2017年版，第33页。

第一，精神文明是社会发展的客观实在。精神文明是物质文明发展的客观反映。精神文明生产本质上是社会意识的生产，从根本上受物质生产和生活的制约，是物质文明在精神文明方面的一种观念体现。主要表现为三点：一是精神文明的发展是以物质生产发展为基础的。"仓廪实而知礼节，衣食足而知荣辱"，充分体现了物质文明对精神文明的决定性作用。二是精神文明生产是物质活动的结果。马克思曾说过："观念、思维、人们的精神交往在这里还是人们物质关系的直接产物……精神生产也是这样。"①三是精神文明生产一定要与物质生产相适应。马克思指出："如果物质生产本身不是从它的特殊的历史的形式来看，那就不可能理解与它相适应的精神生产的特征以及这两种生产的相互作用。"②精神文明生产是在一定的社会历史条件下进行的，所以一定的物质生产方式及经济发展水平，便可能造成特有的只与这种方式及水平相适应的精神文明，一旦这种物质条件发生变化，精神文明也会与之发生改变。

第二，精神文明具有相对独立性。恩格斯指出："历史过程中的决定性因素归根到底是现实生活的生产和再生产……但是对历史斗争的进程发生影响……还有上层建筑的各种因素。"③精神文明是上层建筑中先进、健康和积极的社会意识，本质上也属于上层建筑的范畴。精神文明或落后或超前于物质文明的发展，表明精神文明相对于物质文明具有独立性。例如，当代社会，物质文明极大丰富，但精神文明却滞后于物质文明的发展。春秋战国时期，思想领域出现"百家争鸣"的局面，精神文明超越了物质文明的发展。这种物质文明与精神文明暂时的"不平衡关系"充分体现了精神文明的相对独立性。

第三，精神文明具有时代性。精神文明有着自身发生的历史时间和社会空间。精神文明的时代性是指精神文明由于受到历史地理条件、生产力发展水平等的影响，在每个历史时期都有其独特性。相对独立形态的精神文明诞生于原始社会末期。马克思、恩格斯指出："……手工业者对于从事本行专业和做好这

---

① 《马克思恩格斯全集》(第3卷)，人民出版社1960年版，第29页。
② 《马克思恩格斯全集》(第26卷)，人民出版社1972年版，第296页。
③ 《马克思恩格斯全集》(第37卷)，人民出版社1971年版，第460页。

项专业还有一定的兴趣,这种兴趣可以达到原始艺术爱好的水平。"①这种"艺术爱好"推动了"真正的工业和艺术产生的时期"的到来。②随着社会分工的发展,产生了专门从事精神文明生产的阶层——知识阶层,精神文明在这个时期真正得以成型。虽然奴隶社会时期的文明不免带有迷信色彩,但其中不乏积极的精神文明成果。当然,这个时期的精神文明就其整体性、系统性、科学性来说,仍处于初级的发展阶段。在封建社会中,尽管科学文化得到了相当程度的发展,但在本质上还是以维护剥削阶级的统治为目的的,具有鲜明的阶级性。近现代社会,由于生产力高度发展,人类精神文明进入新阶段,除了具有阶级性外,还具有精神文明的开放性、先进性和科学性,这是资本主义社会精神文明的典型特征。不过,资本主义社会的精神文明具有极大的局限性。只有进入没有剥削、没有压迫关系的社会主义社会,精神文明才能实现先进性与科学性的统一。只有将来实现了共产主义,人们才能得到自由而全面的发展。③

第四,精神文明具有民族性。精神文明的民族性是指一个民族拥有的有别于其他民族的独特的文明成果。普列汉诺夫曾指出,一个民族的文化由其精神本性决定,其精神本性由该民族境况造成,而它的境况归根到底是受生产力状况和它的生产关系所制约的。④由此看来,由各个民族经济发展状况不同而造成了其思想政治生活的差异,又产生了各民族精神文明发展程度的不同,从而使各民族的文明成果具有鲜明的地区特征。

第五,精神文明具有继承性。人类文明的发展具有历史继承性和连续性。精神文明的继承性是指在文明发展连续性的基础上,批判地继承传统文化,并对其进行创新和发展,使之符合时代发展的需要。列宁认为:"无产阶级文化应当是人类在资本主义社会、地主社会和官僚社会压迫下创造出来的全部知识合乎规律的发展。"⑤恩格斯指出:"没有希腊文化和罗马帝国所奠定的基础,也就

① 《马克思恩格斯全集》(第3卷),人民出版社1960年版,第59页。
② 《马克思恩格斯全集》(第21卷),人民出版社1965年版,第38页。
③ 蒋冰海:《精神文明引论》,上海人民出版社1993年版,第5—6页。
④ [俄]普列汉诺夫:《普列汉诺夫美学论文集》(第1卷),程代熙译,人民出版社1983年版,第350页。
⑤ 《列宁全集》(第39卷),人民出版社1986年版,第299页。

没有现代的欧洲。"①由此可见,每个民族、每个阶段的文明都是对过去既有文明的继承和发展,而非空想或杜撰。习近平总书记指出:"不忘本来才能开辟未来,善于继承才能更好创新"②。这深刻阐述了优秀传统文化是一个国家、一个民族传承和发展的根本,如果丢掉了,就割断了精神命脉,中华优秀传统文化对精神文明发展的价值与意义不言而喻。这要求精神文明应当根据当代现实特点,结合自身的历史发展特征,对优秀的历史文化进行创新性传承,形成满足人民需求的独特精神文明成果。

二、农村精神文明

农村与城市同属"社会"范畴。与城市相比,农村是指以从事农业生产为主的劳动人民群体居住的地方,即农民聚居地、乡村。农村人口稀少,居住分散,多以家族聚居,地理相对闭塞,交通、通信不便,经济文化相对落后,科教卫生事业不够发达,受传统文化影响较深,地方乡风习俗较浓厚。

乡村是乡村文明的重要载体,乡村文明是中华文明的重要组成部分。文明在乡村的具体化、特殊化、乡土化就称为乡村文明。乡村文明包括乡村经济、政治、生态在内的综合文明体系。总的来说,乡村文明既包括物质文明,又包括精神文明。而农村精神文明是乡村文明的重要组成部分,包括农村思想道德和农村科学文化两个方面。农村精神文明是乡村文明的重要标志,乡村文明程度高,农村精神文明程度也不会低。农村精神文明建设既要传承和发扬优秀的乡村文明,又要紧跟时代需求的步伐,创新发展新时代具有农村特色的精神文明。这就要求我们在农村精神文明建设过程中,既要抓住文明的普遍特征,还要注意农村文明的独特性。

一是乡村文明的地域性。"十里不同风,百里不同俗",与城市相比,乡村文明具有更为鲜明的地域性。乡村文明的地域性主要是由自然环境、历史条件、

---

① 《马克思恩格斯全集》(第20卷),人民出版社1971年版,第196页。
② 《习近平总书记系列重要讲话读本》,学习出版社、人民出版社2016年版,第202页。

经济政治等各个方面的地域性差异造成的。自然环境是乡村文化诞生的肥沃土壤,历史条件是深厚根基,政治经济在促进农村精神文明发展的同时,使其更具备地方特色。

二是乡村文明的多样性。农村精神文明建设必须坚持以马克思主义、毛泽东思想、邓小平理论、"三个代表"重要思想、科学发展观及习近平新时代中国特色社会主义思想为指导,这种价值导向上的一元性不可动摇。同时,乡村文明是具有多样性的。乡村文明的多样性是由文化的多样性决定的。联合国教科文组织在《世界文化多样性宣言》中指出,文化多样性是"文化在不同时代和不同的地方具有各种不同的表现形式"①。这种多样性,在表现形式上,就是文化形式和风格的多样性、文学艺术种类和品位的多样性、创作主题和题材的多样性、审美情趣的多样性。在文化的多元性与价值导向的一元性关系上,列宁曾指出:"多样性不但不会破坏在主要的、根本的、本质的问题上的统一,反而会保证这种统一。"②

三是乡村文明的实践性。文化是为经济和社会生活服务的,新农村文化建设应当而且必须适应农村市场经济发展的需要,服务于农村社会生活。邓小平曾强调,学马列"要精要管用",这就要求我们坚持与"时"俱进和与"实"俱进,文化建设既要与时代同行,满足新时代社会的需求,又要做到理论与实践相统一,把文化建设同国家经济、政治、社会等各方面的实际需求紧密结合起来。

第二节　农村精神文明建设

农村精神文明建设包括农村思想道德建设和农村科学文化建设两个方面。思想建设包括树立正确科学的世界观、价值观、道德观等,文化建设包括教育、科学、文艺等各项文化活动的开展以及人民群众文化水平的提高。

---

① 《世界文化多样性宣言》,中国非物质遗产网,https://www.ihchina.cn/zhengce_details/15718。
② 《列宁全集》(第33卷),人民出版社1985年版,第209页。

一、农村精神文明建设的功能

所谓功能,就是事物或方法所发挥的有利的作用。精神文明建设的功能源于精神文明的功能。农村精神文明建设对于广大农村来说,具有价值引领、文化传承、经济服务、社会规范、素质提升等功能。

第一,价值引领功能。任何一个社会都存在多种多样的价值观和价值取向,要把广大人民群众的思想凝结起来,必须有一套与经济基础和上层建筑相适应并能被人民认可的核心价值观。习近平总书记指出:"人类社会发展的历史表明,对于一个民族、一个国家来说,最持久、最深层的力量是全社会共同认可的核心价值观。"[1]如果没有共同的核心价值观,国家和民族将会魂无定所、行无依归。加强精神文明建设,通过教育引导、舆论宣传、文化熏陶、实践活动等,让社会主义核心价值观内化于心、外化于行。[2]精神文明建设的引领功能,主要是通过四个方面来发挥作用的。一是充分发挥榜样作用。广大领导干部要带头学习和弘扬社会主义核心价值观,用自己的行为品格感召农民群众、带动群众。二是做到春风化雨,润物无声。采用各类"接地气""乡村化"的文化形式,把中国特色社会主义核心价值观同农村的优良风气、群众的优秀事迹结合起来,使社会主义核心价值观融入农民的生产生活中去,引导广大农民树立正确的价值选择。三是切实做好思想政治工作,突出道德价值作用。国无德不兴,人无德不立。要大力开展农村社会主义思想道德教育,继承和弘扬传统美德,加强社会公德、职业道德、家庭美德、个人品德建设,培育农民正确的道德观念,提高道德实践能力尤其是自觉践行能力,树立正确的价值观念,牢固的价值观,都有其固有的根本,要充分利用中华优秀传统文化蕴含的思想道德资源,涵养农民的价值观念。四是在落实、落细、落小上下功夫。要建立和规范礼仪制度,组织开展各种精神文明创建活动,使人们在实践中感知和学习社会主义核心价值观,达到"百姓日用而不知"的程度,使之成为日常生活的基本遵循。习近平总

---

① 中共中央宣传部:《习近平总书记系列重要讲话读本》,学习出版社、人民出版社2016年版,第189页。

② 中共中央宣传部:《习近平总书记系列重要讲话读本》,学习出版社、人民出版社2016年版,第186—189页。

书记提出："使核心价值观的影响像空气一样无所不在、无时不有。"①要利用各种时机和场合传播主流价值观，增强农民群众的认同感和归属感，形成有利于培育和弘扬社会主义核心价值观的生活情境和社会氛围。

第二，文化传承功能。中国传统文化是中华民族在长期实践中形成的优秀物质文明和精神文明的总和。精神文明是在一定社会文化基础上形成的，并对其进行的继承和发展。精神文明的发展又丰富了文化的内涵，促使传统文化的更新与发展。精神文明的文化要素，主要包括教育、科学、文艺、卫生等多个方面。首先，农村精神文明建设能够通过教育提升农民群众的知识水平和道德素养，继承和发扬农村优秀传统文化，培养新型农民。例如，思想政治教育能使农民群众养成爱国主义精神、集体主义精神；职业培训能使农民群众形成自强不息的奋斗精神、爱岗敬业的职业道德……这些都是对传统文化的继承和发扬。其次，优秀的文艺作品是传递真善美、弘扬中华文化的载体。神话传说、民间故事、舞蹈歌曲等都把时代特色融入中华文化所创造出的优秀文艺作品中。农村精神文明建设通过鼓励农民进行文艺作品创作，传播了中国优秀传统文化，体现了中华文化精神。例如，从电影《我和我的祖国》中感受中华民族的精神基因——爱国主义精神。最后，农村精神文明建设通过网络空间，深入挖掘和发扬历史文化产品背后所蕴含的传统文化的思想精华，赋予文物、古籍等文化产品新的生命力，让中华民族的优秀文化和光荣历史深入人心。再如，中宣部2019年推出的"学习强国"学习平台，聚合了大量可免费阅读的古籍、戏曲、相关视频资料等，展示了中华文化的独特魅力。通过农村精神文明建设，农民群众积极、自觉、主动地结合时代发展的需要，融入世界优秀文化和当地的乡贤文化，对中华优秀传统文化的内涵加以补充、拓展、完善，对陈旧的表现形式加以改造，赋予其新的时代内涵和现代表达形式，实现文化的创造性转化和创新性发展。

第三，经济服务功能。一个社会的生产力发展水平决定了该社会的精神文明程度，经济发展水平较高的国家和民族，科学知识和文化建设水平相对较高。同时，精神文明作为一种独立的意识形态，对经济发展起着能动的反作用，是经

① 习近平：《习近平谈治国理政》，外文出版社2014年版，第163页。

济发展的精神动力和智力支持。农村精神文明建设为经济建设提供积极的文化氛围和思想动力，保证经济活动的公平公正和社会秩序的安定团结，使农村经济发展始终保持稳健的动力，主要体现在两个方面：一是精神文明建设有利于形成安稳的社会环境，更好地服务于农村市场经济的发展。我国各地区生产力发展不平衡、城乡发展差距大的现象较为突出，在这个基础上发展农村市场经济，必定会出现消极阻碍因素。这就要求我们充分发挥精神文明建设的经济价值，运用各种宣传媒介，加强政治思想教育，普及法律知识，提高农民群众的民主意识和法制意识，抵制腐败和违规行为，遏制市场经济的负面效应，规范市场经济秩序，使乡村氛围文明，社会和谐友好，从而为乡村经济振兴创造安稳的社会环境，使农村经济发展协调稳定。二是精神文明建设有利于扫清思想上的障碍，为农村市场经济的发展提供精神动力和智力支持。当前，农民整体素质同城镇居民差距较大，部分农村地区农民群众"不想做""不敢做""不会做"等消极思想造成行动上的迟缓。实践表明，一切社会的经济活动，都是通过人的自觉活动来实现的。而人的文化水平、思想观念等都会对实践活动产生极大的影响。较高的文化水平是农民自觉进行实践活动的不竭动力，积极向上的价值观念是农民创业创新的精神支撑，消极负面的思想情绪则会局限农民的思维，阻碍农民的行动。精神文明建设能够引导农民积极向上，消除农民群众"靠、等、要"的思想，树立正确的社会理想、职业道德、创造精神和奉献意识，充分发挥自身价值，为经济发展提供强大的精神动力。人才是经济发展的根本动力，通过教育培训，农民提高了科技文化水平，掌握了现代科学技术，从而成为社会主义新型农民，充分调动乡村发展的内部力量和创新动力，满足社会化大生产和市场经济蓬勃发展的需要。总之，精神文明建设关乎农民整体素质的提升，而素质的提升又决定了经济发展状况。

第四，社会规范功能。社会规范是指调节整个社会成员活动的手段，即人们活动、行为应遵守的规则。社会规范一般包括风俗习惯、法律道德等。[1]近年来，农村精神文明建设极大地规范了农村的生产生活，但是还有部分偏远地

---

[1]　董鸿扬：《论社会规范》，《学术交流》1988年第5期，第105页。

区农村存在拐卖妇女儿童等违法犯罪行为,还需通过精神文明建设加强农村治理,引导规范农民行为。首先,法律规范作为社会规范的重要组成部分,它是由国家制定或认可的,并由国家强制力保证实施的行为规则。[①]法律对公民行为的否定、限定与肯定,起到调节约束人的行为的作用,打击了少部分农村尚存的"黄赌毒"等违法犯罪行为,在法律允许的范围内规范与引导农村生产生活。其次,农村精神文明建设借助于社会的风俗习惯及优秀文化作品等形式,对人们的生产生活进行规范与引导。例如,一部优秀的影视作品对农民人格的塑造与行为习惯具有引导功能,促使农民形成与社会发展规律相符的价值规范。通过移风易俗活动,发扬农村良好风俗,改变农村不合时宜的风俗习惯。再次,在农村精神文明建设中,实施育才工程,树立道德模范,提倡向英雄模范人物学习,有利于规范农民的价值观。最后,农村精神文明建设通过建立乡规民约,规范农村公共生活,提高农民社会公德意识。建议每家每户设立家规,以好家风带动全社会的好风气,形成乡风文明的社会氛围,有利于社会秩序的稳定。

第五,素质提升功能。马克思把实现人的自由全面发展作为社会发展的最终目的,诠释了以人为社会发展核心和主体的要义。人是各种社会关系的创造者和历史前进的推动者,人的全面自由发展是人类社会发展的最终目标。精神文明作为人不断地认识世界和改造世界的积极成果,不断内化为人的素质并提升人的主体地位,在有效作用于客观世界的同时,使人得到更全面自由的发展。而这一目标的最终实现,必然要通过加强精神文明建设,加强人的主体性建设,除此之外,别无他途。[②]这就要求农村精神文明建设要从农民的主体精神、主体能力、主体价值三方面入手,提升农民整体素质。在主体精神方面,通过开展乡村移风易俗活动提高农民的道德素质,彻底消除农民群众重男轻女、男尊女卑等旧习俗。加强社会主义理想、爱国主义宣传教育,激发农民群众内在精神动力。在主体能力方面,通过教育培训、宣传引导、边干边学等方式,提升农民技术水平。例如,开展新型职业农民教育培训和短期技术指导等,增强提高农民生产、

---

① 彭克明、苏庆国、崔建良:《新农村建设中环境保护法律途径的完善探究》,《农业经济》2011年第8期,第6页。

② 董耀鹏:《探索与思考——精神文明之管窥》,民族出版社2005年版,第55页。

经营和管理等认识能力和实践能力；紧跟数字信息的发展，利用互联网教学，将现代科技运用到农业生产中，通过现代农业信息网络推广帮助农民掌握先进生产技术、提高农业生产力水平。在主体价值方面，利用反映新时代爱国、奋进等积极向上的宣传读物、文艺节目、微电影等媒介增强农民群众的责任感和使命感，引导农民群众树立积极进取的人生观和价值观。

二、农村精神文明建设的特点

农村精神文明建设，不仅是社会主义精神文明建设的重要组成部分，而且是全面建成现代化和乡村振兴战略的重要内容。为了更好地开展农村精神文明建设，增强其针对性和实用性，就必须充分考虑农村历史文化、经济地理等因素发展的不平衡性与特殊性。因此，相较于城市来说，农村精神文明建设具有不平衡性和长期性等特殊性。

（一）农村精神文明建设的不平衡性

城乡发展不平衡主要是由两者历史文化、经济政治、自然地理等客观因素的差异造成的。城市交通便利、文明程度高，有利于经济发展。经济的发展促进了文化的交流与融合，城市居民更易于接受新信息、新理念、新思想，城市居民的政治文化、价值观念和生活方式等各方面更容易提升和改变。相比之下，村民信息闭塞严重，农民眼界、思想观念相对落后。总的来说，农村经济发展落后造成农民开展文化生活的意愿不强，农民思想观念落后使精神文明建设不被重视，这些都严重阻碍了农村精神文明建设的进程。

由于基层领导干部的主观认识造成农村经济发展与思想文化建设二者发展不协调。改革开放以来，党中央一再强调在抓好物质文明建设的同时抓好精神文明建设，但是基层干部对中央文件学习不到位，对精神文明建设的重要性认识不够，实际工作中存在"工具理性"和"被动治标"的观念误区。[①]前者是指，把精神文明建设当作物质文明建设的工具，只重视物质文明建设，忽视了精神

---

① 赵继伦、李焕青、孙友：《精神文明的时代审视》，人民出版社2004年版，第17页。

文化工作的开展。尽管调动了广大农民群众的生产积极性，促进了农村生产力的发展，提高了农民的生活水平，但是却忽视了精神文明建设对农民思想价值观念的塑造，放弃了精神文明建设的文化价值，导致物质文明发展起来的同时并没有与之相对应的精神文明的极大丰富。后者是指一些领导干部对待精神文明建设始终缺乏主动意识，不愿意花费时间、精力和金钱去搞精神文明建设，以应付上级领导干部的检查为标准。对于精神文明建设过程中出现的问题，不是从提高农民群众的思想道德素质入手的，而是遇到问题解决问题，这种消极被动的思想状态，在精神文明建设的方式上治标不治本，因此农民思想道德领域滑坡现象仍旧较为严重。面对这种建设现状，我们应该打破被动思维，发挥主观能动性，以建设好农民群众思想领域为本，实现精神文明建设"标本兼治"。

教育科学文化建设和思想道德建设的不平衡。教育科学文化建设属于"硬件"建设，需要大量资金支持，各地区经济水平的高低决定了其科学文化建设和文化基础设施建设的完备程度；思想道德建设则属于"软件"建设，当地领导者和思想政治工作者的重视程度及相关建设措施决定了其思想道德水平的高低。地区的教育科学文化水平是思想道德建设的肥沃土壤，思想道德建设在一定程度上推动了教育科学文化的发展。思想道德建设与教育科学文化建设二者既相互联系又相互独立，这就要求我们在搞农村文化建设时，既要把握二者相互促进的关系，坚持两个建设协同并进，又要重视二者的独立性。实际工作中，有些基层领导干部对政策理解有误，只浮于表面，不注重深层内涵。尽管文化基础设施建得很完善，但是不能做到用之于民，仅把它作为"拍照圣地"，向群众开放程度低，形式主义现象严重。还有一些干部认为搞好思想道德教育就达到了"文明村"的标准，而对学校和文化场所等基础设施建设投入不足，导致公共基础设施落后。虽然在提高农民思想和文化素质方面成果显著，但是公共文化机构运转较难，文化产品、文化服务供给不足，使农民群众幸福感并未得到有效提升。

对于历史社会发展等客观原因造成的城乡间发展不平衡，我们要加快城乡协同发展战略，逐步缩小差距，这是构建社会主义和谐社会的客观要求，也是社会主义本质的必然要求。精神文明建设为物质文明建设提供内在精神动力，在加强农村经济建设的同时,一定要加强农村精神文明建设。可以借鉴城市精神文明建设的成功经验,探寻具有农村自身特色的精神文明建设道路,统筹城乡发展,合理安排城乡精神文明建设资源,发挥资源优势,让城市精神文明之风吹进乡村,带动农村精神文明的发展,促进城乡精神文明建设协同发展。对于精神文明建设的两个方面,我们应加快调节教育科技文化建设和思想道德建设之间的协同性关系,避免实践过程中的认知错误,维护好精神文明建设自身的持续稳定发展。

(二) 农村精神文明建设的长期性

农村精神文明建设是关乎全面建成社会主义现代化国家的关键问题,是改革成败的关键所在,必须要引起我们的高度重视。与城市文化建设相比,农村文化建设的任务更艰巨,道路更漫长。马克思指出:"共产主义革命就是同传统的所有制关系实行最彻底的决裂;毫不奇怪,它在自己的发展进程中要同传统的观念实行最彻底的决裂。"①这就要求无产阶级和共产党员必须从铲除封建习俗的经济根源和观念根源入手,而上述任务又由封建习俗的根深蒂固决定了其必将是一个漫长而又艰难的过程。首先,铲除封建陋习的经济根源具有长期性。经济基础决定上层建筑,思想观念是经济生活的产物和物质生活的反映。由此可以看出,物质文明是精神文明发展的物质基础,精神文明建设发展的规模和程度总是要受到物质发展程度的制约。改革开放以来,党中央针对农业、农村、农民问题出台了许多政策措施,大大提高了我国农村的生产力,农业现代化和机械化程度不断提高,促进了农村市场经济的发展,使农村步入社会主义新农村建设的新时期。但也要看到自然经济仍然占据农村经济的主导地位,农业发展缓慢,农民收入来源单一、增收难、人均收入低的现象仍然存在。总体来说,文化建设的物质基础在不断发展和完善,但是问题尚在,任务依然艰巨。要想实现农业农村现代化,消除城乡差距,还要不断发展生产力,这也是一项长期而又艰巨的任务。其次,克服旧习惯势力的观念根源具有长期性。旧的习惯势力具有某种自发性、群众性与牢固性,不能轻易克服。封建陋习的彻底清除更是

----

① 《马克思恩格斯全集》(第1卷),人民出版社1995年版,第293页。

一个长期的过程,不可能一蹴而就。因此我们必须重视历史规律:一方面,尽管社会主义意识形态取代了长期占统治地位的封建意识形态,但文化的继承性使作为封建社会主流思想的儒家思想被保留了下来;另一方面,农民思想意识的相对独立和滞后性,使农村的封建思想和封建习俗依旧根深蒂固。这些不仅与现代精神文明的要求不相符合,甚至会产生对后者的对立与排斥。

(三)当前我国农村精神文明建设存在的三大问题

当前,我国农村精神文明建设,从宏观层面看,存在三大问题:

一是地区间发展的不平衡。东部经济发达地区的建设相对先进,中西部地区的建设较为落后,一些偏远贫困地区的建设相当落后。就全国范围来看,农村精神文明建设的不平衡包括四种类型:沿海地区农村精神文明建设程度高于内陆农村,郊区的精神文明建设程度高于偏远乡村,集镇的精神文明建设程度高于乡村,平原地区农村的精神文明建设程度高于山区。

二是滞后于物质文明建设。作为社会精神文明的某些要素,如科学文化教育水平,总是由社会生产力水平决定,和一定社会的经济基础、政治制度相一致。但是像个人理想、社会风气,特别是伦理道德等精神因素方面,与社会的经济发展水平关系并不密切,而是取决于多种因素,往往较生产力发展有一定滞后。[1]随着农村经济的发展,农村精神文明建设滞后的问题逐步凸显。部分农村地区农民群众还未养成健康卫生的文明习惯,陈规陋习、封建迷信仍然支配着相当一部分农民的思想和行为,铺张浪费、盲目攀比、厚葬薄养等较为落后的风俗礼仪在农村仍不同程度地存在,农村精神文明建设亟待加强。

三是明显滞后于城市发展。改革开放以后,农村面貌发生了翻天覆地的变化,但与城市相比,农村生产力发展较慢,导致农村教育文化、科技卫生等基础设施建设相对落后,阻碍了农村教育水平的提升,同时科学文化事业发展缓慢又导致物质文明建设动力不足。如此循环往复,造成农村精神文明建设滞后于城市。

---

[1] 蒋冰海:《精神文明引论》,上海人民出版社1993年版,第25页。

（四）农村精神文明建设的新任务、新要求

改革开放以来，特别是中国特色社会主义进入新时代，农村物质文明建设的发展解放了农民的思想观念，丰富了农民的文化生活，带来了广大农民群众精神面貌的变化，同时也对农村精神文明建设不断提出新要求。

首先，利用网络电商平台进行农村精神文明建设。随着高新科技特别是信息技术的迅猛发展，互联网已经成为经济发展的新渠道，也为我们加强农村精神文明建设提供了现代化手段。充分发挥互联网在助推农村经济发展中的重要作用，实施网络扶贫五大工程，大力发展农村电子商务，开拓农民创收渠道，让农产品走出乡村，建立扶贫网络，推动农村特色产业发展的同时，也将乡村文化及风土人情宣传出去，加强与外界的交流和互通。加强干部群众培训，支持大学生村官和大学生返乡开展创业创新，拓展农村青壮年就业创业渠道，增强农民就业创业能力。加强网上思想文化阵地建设，净化网络空间，加强网络伦理、网络文明建设，发挥道德教化引导作用，用人类文明优秀成果滋养网络空间、恢复网络生态。加快网络扶智工程，开展网络远程教育，加强农民社会主义理想教育、爱国主义教育和职业道德教育，提高农村地区教育水平。①

其次，农村精神文明建设要适应农村现实，坚持以农民为中心，满足农民群众日益增长的精神文化需求。充分利用农民闲余时间，点面结合"线下线上"构筑精神文明宣传体系。点上宣传突出线下农村文化墙、文化报建设。县、区、乡、镇应以各村为单位，建设农村文化墙，开展文化报，展现农村新面貌，为农村发展增加新动力。积极组建"农民艺术团"，开展乡村文艺巡演活动，用地方化的文艺节目来宣传中国好故事，宣传党和国家的方针政策、法律法规，传递向善向上的价值观和良好的家风乡风，弘扬中国精神。面上宣传突出线上媒体持续发声。充分发挥网络媒体力量，采取多样化的形式，持续推送精神文明建设经验、乡风文明典型塑造、特色活动的开展等综合报道、动态消息、专题专栏、评论员文章。通过这些日常活动，潜移默化地革除陈规陋习，引导农民群众向上向善，

① 中共中央宣传部：《习近平总书记系列重要讲话读本》，学习出版社、人民出版社2016年版，第204—206页。

拓展其视野、增强其文化自信,凝聚起农民群众强大的正能量和向心力。

最后,要广泛开展群众性精神文明创建活动。通过加强农村文化基础设施建设、倡导文明行为等形式,将物质文明建设和精神文明建设加以具体化,具有极强的实用性,推动农村精神文明建设的进程。群众性精神文明创建活动能够很好地将物质文明建设和精神文明建设结合起来,并顺利地落实到基层。例如,以创建文明村镇活动为基础,加强农村幸福院、乡村广场等特色载体建设力度,规划配套基本功能设施,为"美丽乡村、文明家园"建设注入新的生机和活力,满足农民群众精神文化需求。利用乡村广场,定期开展"家风家训"活动,讲述各家优良家风的故事,使良好家风家训成为乡村文明风尚的"净化器",促进村民相互学习、相互借鉴,以好家风涵养好民风,使农村社会环境和谐安定。

第三节　农村精神文明建设的战略地位

社会主义精神文明建设,是社会主义社会的重要特征,是建设中国特色社会主义的一项重大战略任务。作为社会主义精神文明的重要组成部分,农村精神文明建设关乎社会主义建设事业的成败。农村精神文明建设有利于减少城乡差距,在全社会形成团结互助、平等友爱的人际关系,营造良好的社会氛围。通过农村精神文明建设,大力发展文化教育事业,加速科学的现代化进程,提升农民素质,可以为我们顺利实现现代化的战略目标提供强大的精神动力和智力支持。

一、精神文明建设在中国特色社会主义"五大建设"中的地位

全面建成社会主义现代化国家、开创中国特色社会主义新局面,就是要在中国共产党的领导下,不断发展社会主义市场经济、社会主义民主政治和社会主义先进文化,促进社会主义物质文明、政治文明、社会文明、精神文明和生态文明五个方面协调发展。这既是全面建成社会主义现代化国家必须长期坚持的整体布局,也是发展中国特色社会主义的重要组成部分。经济建设、政治建设、

文化建设、社会建设和生态建设是我国社会主义现代化建设的五个子系统。根据辩证法的思想，它们既是独立的个体又统一于社会主义建设的整体。人类社会发展的历史证明，"五大建设"既是相互联系的整体，又有各自的发展规律，忽略任何一个方面，都会破坏整个系统的稳定性，从而引起社会动荡。建设富强民主文明和谐美丽的社会主义现代化强国，要求我们在维持社会稳定的前提下，大力推进社会整体的持续健康发展，亦即"五大系统"的协调发展。

习近平总书记形象地指出："当高楼大厦在我国大地上遍地林立时，中华民族精神的大厦也应该巍然耸立。"①建设中国特色社会主义，既需要强大的物质力量，也需要强大的精神力量。只有坚定不移地以经济建设为中心，大力发展生产力，才能为政治、文化、社会建设提供坚实的物质基础。精神文明是经济、政治、社会的反映，对经济、政治、社会建设有着重要的影响作用，要在建设好经济的基础上，不断完善精神文明建设，才能为经济、政治、社会建设提供思想保证、精神动力和智力支持。

政治文明是社会文明的一个重要方面，指人类完善社会民主与法制等各个方面取得的积极成果，表现为民主的发展、法治的完备、管理的科学和政治的进步。政治文明为物质文明和精神文明提供政治和法律保障。党的十六大把发展社会主义民主政治，建设社会主义政治文明，确定为全面建设社会主义现代化国家的一个重要目标。人是社会的主体，社会主义政治文明是个人发展与社会进步的统一，社会主义政治文明建设的最终目标是人类自身的发展和进步，而这离不开科学文化和思想道德教育，因此精神文明是实现政治文明的有效手段。

全面建设社会主义现代化国家，必须大力发展社会主义文化，建设社会主义精神文明。文化与经济和政治相互交融，文化建设为经济建设、政治建设、社会建设、生态建设提供内在动力。人民群众不仅是物质财富的创造者，也是精神财富的开拓者。胡锦涛同志在党的十七大报告中指出："充分发挥人民在文化建设中的主体作用……让人民共享文化发展成果。"②文化的进步反映着社会

---

① 中共中央宣传部：《习近平总书记系列重要讲话读本》，学习出版社、人民出版社2016年版，第187页。
② 《中国共产党第十七次全国代表大会文件汇编》，人民出版社2007年版，第35—36页。

文明并推动着人的全面发展,建设社会主义现代化国家既需要殷实富足的物质生活,也需要丰富健康的文化生活。同时文化建设要适时调整,达到与经济建设、政治建设、和谐社会建设和生态文明建设协调发展、同步前进的目的。

社会建设是经济、政治、文化、生态在社会领域的综合体现,良好的社会氛围为经济、政治、文化和生态建设提供外部保障。经济建设、政治建设、文化建设和生态建设对社会建设具有推动作用,精神文明建设是促使这五个方面全面协调可持续发展的重要途径。社会建设与人民幸福安康息息相关,而人的幸福感包括物质和精神方面的满足。党的十七大提出了加快推进以改善民生为重点的社会主义建设的重大任务。要在经济发展的基础上,推进社会体制改革,扩大公共服务,完善社会治理,促进公平正义,努力使全体人民学有所教、劳有所得、病有所医、老有所养、住有所居,共享改革发展成果。

社会主义生态文明是社会主义文明体系的基础,为物质文明、精神文明、政治文明建设提供了必不可少的生态支撑。人类物质生活离不开自然界,同样精神生活也与自然界息息相关。恩格斯说:"人们会……认识到自身和自然界的一致,而那种把精神和物质、人类和自然、灵魂和肉体对立起来的荒谬的、反自然的观点,也就愈不可能存在了。"[1]这反映了人与自然的和谐共生关系。马克思在指出自然界是"人的无机的身体"和"人的精神的无机界"后,继续阐述:"所谓人的肉体生活和精神生活同自然界相联系,也就等于说自然界同自身相联系,因为人是自然界的一部分。"[2]不仅人的肌体是属于自然界的,人的物质生活也同自然界紧密相关,人的性格、气质和情操的形成与自然环境亦有密切的联系。自然界的景观不仅可以陶冶情操、净化心灵,在一定程度上也能调整人的精神状态。同时人类对自然景物的感悟结合社会内容形成的精神成果又进一步满足人类自我修养的精神需求。不断推进生态文明建设,不仅创造了良好的生产生活环境,而且有利于人民群众精神文化生活水平的提高。因此,必须把生态文明建设的理念原则深刻融入和全面贯穿到"五大建设"的各方面和全过程。

---

[1] 《马克思恩格斯全集》(第20卷),人民出版社1971年版,第520页。
[2] 《马克思恩格斯全集》(第42卷),人民出版社1979年版,第95页。

中国共产党是中国特色社会主义现代化建设的领导力量,建设好中国特色社会主义,除了遵循"五位一体"整体布局外,还需要加强党的建设。这是实现乡村振兴和全面建成社会主义现代化国家的关键所在和根本保障,在政治文明建设过程中具有主导性地位。中国共产党只有先加强自我建设,不断提高自身执政水平,才能充分发挥领导干部的引领作用,推进经济、政治、文化、社会和生态文明五大建设。在建设中国特色社会主义的全过程中,我们要大力推进"五位一体"建设和党的建设相结合,并使它们相互协调、相互促进、共同发展。

中国特色社会主义经济建设、政治建设、文化建设、社会建设和生态建设是通向未来理想社会的必由之路,要把"以人为本"作为根本行动准则,要协调推进,既不能"顾此失彼",也不能"单兵突进"。其中经济建设是根本,政治建设是保证,文化建设是灵魂,社会建设是条件,生态文明建设是基础。[1]党的建设是"五大建设"得以顺利进行的保证与坚强后盾,是服从并服务于"五大建设"的。

二、精神文明建设在社会主义现代化建设中的基础性地位

精神文明建设是社会主义新农村的要求和特征,也是社会主义优越性的重要表现。全面建成社会主义现代化国家,既要求物质生活的现代化,也离不开精神文化生活的现代化。只有把精神文明建设好,才能满足人民群众的精神文化生活需求。[2]全面建成社会主义现代化国家的"短板"在农村,建设的着力点更应该在农村。

首先,精神文明建设为乡村振兴和全面建成社会主义现代化国家提供智力支撑。加强农村精神文明建设,广泛深入地开展社会主义思想教育,坚定农民走社会主义道路的信心,是农村精神文明建设的中心环节,也是建设社会主义新农村必须解决的问题。在此基础上,提升农民的文化水平、开拓其文化视野,培育本土文化精英,为实施乡村振兴战略提供智力支持。创新发展农村优秀传

---

① 《统筹推进"五位一体"总体布局》,人民网,http://theory.people.com.cn/n1/2017/0210/c148980-29072607.html。

② 习近平:《之江新语》,浙江人民出版社2007年版,第95页。

统文化,挖掘乡村文化特有的市场价值,推动乡村经济发展,才能有效激活乡村既有的文化资源,为全面建成社会主义现代化国家提供文化支撑。

其次,精神文明建设为乡村振兴和全面建成社会主义现代化国家创造良好的外部环境。乡风文明是乡村精神文明的重要组成部分,是乡村振兴的内在要求,乡风文明是社会进步的标志。党的十九大报告提出实施乡村振兴战略的总要求:产业兴旺、生态宜居、乡风文明、治理有效、生活富裕。这充分说明,乡风文明是社会主义农村建设和乡村振兴战略一以贯之的目标要求。实施乡村振兴战略,实际上就是建立生产发展、生活宽裕、乡风文明、村容整洁、管理民主的社会主义新农村。没有乡风文明,乡村振兴就无从谈起。只有通过开展农村精神文明建设,政府积极引导,学校教育、家庭教育和社会教育三方密切配合,积极培育文明乡风、良好家风、淳朴民风,营造有利于发展的精神和文化氛围,才能潜移默化地培养出三观端正的乡民以及营造和谐的乡村氛围,为乡村振兴创造良好的社会环境。

最后,精神文明建设为乡村振兴和全面建成社会主义现代化国家提供内在的精神动力。现阶段农村精神文明落后于物质文明的发展。作为农村发展的主力军,农民整体的文化素质较低、精神文明落后,直接影响乡村振兴战略的实施。乡村振兴需要依靠广大农民群众的力量,需要激发广大农民的热情和激情来参与建设美丽乡村。加强农村精神文明建设、乡风文明建设,彻底消除广大农民群众消极懒惰的思想,树立起"开天辟地、敢为人先的首创精神;顽强拼搏、百折不挠的奋斗精神;团结一致、互帮互助的友爱精神",有利于充分调动广大农民群众的积极性、主动性和创造性,为全面建成社会主义现代化国家、实施乡村振兴战略提供强大的精神动力。

三、农村精神文明建设与民主法制的关系

民主法制是精神文明建设顺利进行的基本条件和重要保障,二者相互促进、相互发展。民主与法制是人类文明发展的重大成果,是社会精神文明在一定历

史阶段的伴生物。①首先,民主与法制的完善促进精神文明的进步,民主与法制是社会精神文明发展程度的一种标志。精神文明建设是以全体人民为目标的,而民主与法制是保障人民当家做主,实现人民群众历史主体性的重要保证。民主法制的发展有利于激发农民群众参与精神文明建设的热情和激情,发挥主体性作用,使精神文明建设更加全面、有效和持久。其次,精神文明建设是健全民主与法制的前提,精神文明建设有利于法律的制定和实施。就法律制定而言,立法的原则和指导思想是精神文明的重要组成部分。因此,一部适合国家发展的法律,是建立在精神文明的丰富成果之上的。就法律执行而言,执法的关键在于强化领导干部的法制意识。这就要求我们加强精神文明建设,增强广大基层领导干部的思想道德素质、文化法律素质。就法律的遵守而言,法律效力的发挥必须有公民配合。守法必先知法,农民具有法制观念,才能以法律为准绳约束自己的行为。最后,社会实践活动对人们的精神生活有着决定性作用。农村精神文明建设最终使教育和管理相结合、自律和他律相结合。例如,通过普法教育,把他律转化为自律,有效减少"法盲"人数,消除农民"法不责众"的错误观念,打击农村知法犯法的心理和行为,也为农民维护社会利益和自身利益提供法律武器,从而推进农村民主法制进程。

习近平总书记指出:"中国要强,农业必须强;中国要美,农村必须美;中国要富,农民必须富。"②社会主义新农村建设既要物质生产的进步,又要精神生活的富足。这就要求政府不断加大强农惠农富农政策力度,深入推进农村各项改革,增强创新动力,推动农村经济高质量发展。同时要重视农村精神文明建设,把握各地区农村地理环境、生产力发展水平以及历史文化背景的差异,挖掘农村文化的有利资源,探寻适合当地农村精神文明发展的道路。"一概而论""不知变通"只会是死路一条。乡村领导干部应结合当地实际情况和发展过程中的问题,开拓具有地方特色的精神文明建设道路。某地的成功经验对于另一地区来说只能借鉴,不能照搬照抄。改革开放多年来,我国农村精神文明建设过程

---

① 蒋冰海:《精神文明引论》,上海人民出版社1993年版,第134页。

② 中共中央宣传部:《习近平总书记系列重要讲话读本》,学习出版社、人民出版社2016年版,第157页。

中出现的各种不同类型的成功案例，说明中国农村精神文明建设存在多样化的必要性和可行性。各地区领导干部必须遵循党的基本路线和建设中国特色社会主义文化的理论原则，坚持实事求是、因地制宜、与时俱进的工作方法，探索适合地区发展的道路，力争精神文明建设迈上新台阶。

第二章　新时代农村精神文明建设的内容构成及要素分析

在新时代,进一步加强农村精神文明建设,不仅需要进一步明晰新时代农村精神文明建设的主要内容,也需要对农村精神文明建设的基本要素进行进一步剖析。

第一节　新时代农村精神文明建设的内容构成

加强新时代农村精神文明建设,引导农民树立正确的价值观、更高尚的道德水准、牢固的法制意识、良好的精神面貌和健康的生活风尚,是新时代乡村振兴的必然要求。新时代农村精神文明建设是一项庞大而系统的工程,在内容上,涵盖了农村思想道德建设、教育科学文化建设、法制建设及生态建设等方面。

一、思想建设

思想是行动的先导,它引导并支撑行为;行为是思想的载体,它反映思想并巩固思想成果。精神文明建设的重点在于思想精神建设。在当前,加强思想精神建设,从内容上来讲,主要包括深入学习和宣传习近平新时代中国特色社会主义思想,大力开展社会主义、爱国主义、集体主义教育,以及加强农村宣传思想阵地建设。

（一）深入学习和宣传习近平新时代中国特色社会主义思想

我国是一个农业大国，"三农"问题是关系我国国计民生的根本性问题。解决"三农"问题，不仅要依靠发展农村经济，在某种意义上说，更要依靠农村精神文明建设的发展。党的十九大报告指出："经过长期努力，中国特色社会主义进入了新时代，这是我国新的历史发展方位。"①中国特色社会主义进入了新时代，我国的社会主要矛盾也转化为人民日益增长的美好生活需要与不平衡、不充分的发展之间的矛盾。而这一主要矛盾在农村表现得尤为突出。当前，广大农民群众日益增长的美好生活需要，不仅表现在经济发展方面，也表现在精神文明发展方面，还表现为广大农民群众日益增长的对党的创新理论和路线方针政策的认识和了解的需要与农村的思想理论宣传不能满足广大农民群众的需要之间的矛盾。这就要求我们在加强农村精神文明建设中，必须要大力加强对党的创新理论的宣传教育。党的十八大以来，习近平总书记立足于中国的现实国情，就农业现代化和新农村建设等"三农"问题，提出了一系列富有创造性建议的新方法、新举措，构成了习近平新时代中国特色社会主义思想的重要组成部分。习近平新时代中国特色社会主义思想，是马克思主义中国化的最新理论成果，是当代中国的马克思主义，是中国特色社会主义理论体系的重要组成部分。习近平新时代中国特色社会主义思想的核心要义是人民至上，习近平新时代中国特色社会主义思想的精髓是以人民为中心。习近平新时代中国特色社会主义思想，是新时代中华民族的精神支柱和力量源泉，是我们党和国家必须长期坚持的指导思想，自然也是我国农村精神文明建设的指导思想。因此，深入学习和宣传习近平新时代中国特色社会主义思想是加强我国农村社会主义精神文明建设的必然要求。深入学习和宣传习近平新时代中国特色社会主义思想，必须要高度重视习近平新时代中国特色社会主义思想的学习与宣传工作，要充分发挥党员领导干部模范带头作用，要充分调动广大知识分子，特别是专家学者学习、宣讲的积极性和主动性，将系统完整、逻辑严密、抽象原则的创新理论转化为简单质朴、通俗易懂的大众化语言文字，运用农民群众喜闻乐见的表达方式，

---

① 《中国共产党第十九次全国代表大会文件汇编》，人民出版社2017年版，第8页。

做好传播和阐释工作，真正使学习宣传入心入脑，真正用习近平新时代中国特色社会主义思想武装广大农民群众的头脑，占领农村意识形态主阵地，不断提高广大农民群众的思想理论水平、政策水平，帮助他们树立起正确的价值观念，坚定共产主义和中国特色社会主义理想信念。

（二）大力开展社会主义、爱国主义、集体主义教育

党的十九大报告提出，要"加强爱国主义、集体主义、社会主义教育，引导人们树立正确的历史观、民族观、国家观、文化观"①。爱国主义、集体主义、社会主义是帮助广大人民群众树立正确的世界观、价值观、人生观的思想基础。开展社会主义、爱国主义、集体主义教育，对于引导广大农民群众树立正确的人生观、世界观、价值观，坚定对马克思主义的信仰和中国特色社会主义的信念，切实担负起建设中国特色社会主义的伟大重任，具有重大的现实意义和深远的历史意义。社会主义教育的根本目的是帮助广大人民群众牢固树立共产主义的理想和中国特色社会主义的信念。爱国主义是指个人或集体对祖国的一种积极和支持的态度，揭示了个人对祖国的依存关系，是人们对自己家园以及民族和文化的归属感、认同感、尊严感与荣誉感的统一。爱国主义集中表现为民族自尊心和民族自信心，为保卫祖国和争取祖国的独立富强而献身的奋斗精神。爱国主义是一面具有最大号召力的旗帜，是中华民族的优良传统。爱国主义教育是思想政治教育的重要内容，指的是有关树立热爱祖国并为之献身的思想教育，其目的在于培养全体人民的民族自尊心和自豪感，树立为国家和民族无私奉献、英勇献身，为国家安全而奋斗的理想、信念，自觉维护国家和民族的尊严与利益，提高民族凝聚力，促进国家现代化建设。集体主义是无产阶级的思想意识和社会主义道德的内容之一。集体主义体现了社会主义条件下人与人之间的一种新型的社会关系，是社会主义社会调整个人与集体、个人与国家利益关系的根本指导原则。集体主义教育是引导干部、群众热爱集体、维护集体荣誉和集体利益的教育。中华人民共和国成立以来，社会主义、爱国主义、集体主义教育一直是我国精神文明建设的主要内容。在新时代，大力开展社会主义、爱国主义、集

---

① 《中国共产党第十九次全国代表大会文件汇编》，人民出版社2017年版，第34页。

体主义教育,必须要把传统的爱国主义、集体主义和社会主义教育与时俱进地加以创新和发展,这是社会主义精神文明建设顺利进行的保证。

(三) 加强农村宣传思想阵地建设

党的十八大以来,党和国家对宣传思想工作高度重视。习近平总书记强调,"宣传思想阵地,我们不去占领,人家就会去占领"①,"阵地是意识形态工作的基本依托"②。宣传思想阵地是支撑农村精神文明建设的重要平台。农村精神文明建设是党和国家意识形态工作的重要组成部分,加强农村宣传思想阵地的建设对于精神文明建设具有举足轻重的作用。加强农村宣传思想阵地建设,重要的是农村基层领导队伍、宣传工作干部、其他部门干部和群众要相互配合,形成强大的合力。领导队伍不仅要起到统筹引领作用和组织规划作用,而且一定要艰苦奋斗,以身作则,成为兼具理论功底和实践能力的行家里手,真正为人民群众所信服。此外,还要让广大人民群众真正成为思想建设的主体。2013年,习近平总书记在全国宣传思想工作会议上强调,"坚持人民性,就是要把实现好、维护好、发展好最广大人民根本利益作为出发点和落脚点,坚持以民为本、以人为本"③。要充分发挥广大农民群众的积极性和创造性,增强广大农民群众的认同感和参与度。加强农村宣传思想阵地建设,在形式上要创新宣传手段,既要运用好广播、电视、电影、报纸、横幅、标语等传统手段的宣传媒介,也要与时俱进地运用好多媒体、自媒体、微媒体等多种宣传手段。当然,要坚持实质重于形式的原则,内容才是根本。切忌东拼西凑、敷衍应付。思想建设的成果难以量化,注重宣传思想阵地建设的实际效果,就要努力构建一个全面性、系统性的覆盖体系。加强农村宣传思想阵地建设,前提是保证经费的供给,大力发展农村经济,完善农村文化基础设施的建设,夯实习近平新时代中国特色社会主义思想传播的物质基础。

———————

① 中共中央宣传部:《习近平总书记系列重要讲话读本》,学习出版社、人民出版社2016年版,第196页。

② 中共中央文献研究室:《习近平关于社会主义文化建设论述摘编》,中央文献出版社2017年版,第45页。

③ 《习近平在全国宣传思想工作会议上强调:胸怀大局把握大势着眼大事 努力把宣传思想工作做得更好》,《人民日报》2013年8月21日第1版。

二、道德建设

道德建设是健全以自治、法治、德治相结合的乡村治理体系的重要任务，是推动"三治"融合的强大动力。加强道德建设是精神文明建设的重要内容。农村社会能否长治久安，乡村社会文明程度能否不断提升，很大程度上取决于农民的思想道德素质。在当前，加强道德建设，从内容上来讲，主要包括大力开展社会公德、职业道德、家庭美德和个人品德建设，充分发挥榜样作用，大力激发社会正能量，大力开展志愿服务，以及加强诚信建设。

（一）大力开展社会公德、职业道德、家庭美德和个人品德建设

加强社会主义道德建设必须坚持"四德并举"。"四德"分别是社会公共生活领域中的道德、职业活动领域中的道德和家庭生活领域中的道德，即社会公德、职业道德、家庭美德以及作为"私德"的个人品德。在"四德"中，社会公德是框架，职业道德是支柱，家庭美德是核心，个人品德是基础。"四德"是一个有机的统一体，其形式由大到小，内涵由浅入深，共同构成一个完善的道德体系。其中，个人品德充分展现了个体的道德主体性，是一切道德建设的根基，为包括社会公德建设、职业道德建设和家庭美德建设在内的一切道德建设奠定了个体主体性的基础。加强"四德"建设，必须坚持社会公德、职业道德、家庭美德、个人品德建设的辩证统一。加强"四德"建设，必须要大力倡导及建设以"文明礼貌、助人为乐、爱护公物、保护环境、遵纪守法"为主要内容的社会公德，以"爱岗敬业、诚实守信、办事公道、服务群众、奉献社会"为主要内容的职业道德，以"尊老爱幼、男女平等、夫妻和睦、勤俭持家、邻里团结"为主要内容的思想道德，鼓励人们在社会生活中争做好公民、在工作单位中争做好职员、在家庭生活中争做好成员。此外，加强"四德"建设，一定要抓好特殊人群的道德建设，尤其要发挥农村基层党组织成员以及农村党员干部等的示范、引导与带头作用。

（二）充分发挥榜样作用，激发社会正能量

新时代，是实现中华民族伟大复兴的时代，也注定是一个英雄辈出、榜样引领的时代。榜样的力量是无穷的。在新时代，发挥榜样对于人性的启迪和鞭策作用，对于培育自尊自信、理性平和、积极向上的社会心态，培育知荣辱、讲正气、

做奉献、促和谐的良好风尚,具有重要的意义。党的十八大以来,广大农民群众的道德素质和社会文明程度不断提升,时代楷模、道德模范越来越受推崇,积极评选和培育农村榜样就是着力培育农村精神文明建设的带头人。充分发挥榜样在精神文明建设中的作用,首先要求我们要重视抓典型、树榜样,不仅要加大典型的培树力度,更要在给予精神推崇和道义支持的基础上给予物质激励和生活关心,推动形成好人好报、善有善报的正向效应和营造见贤思齐、力争上游的社会氛围,在改革创新、转型升级和高质量发展的新征程上凝聚起一股磅礴的社会正能量,奋力谱写新时代农村精神文明建设发展的新篇章。其次,要通过开展"美德少年"、"孝子孝媳"、见义勇为、"创业先锋"等各种模范、榜样评选活动,树榜样、树标杆,发现群众身边看得见、摸得着、学得到的"平民英雄""凡人善举",使广大农民群众学有榜样、赶有目标。再次,要给予先进模范、榜样以看得到的激励,大张旗鼓地予以嘉奖。最后,还要采取多种形式宣传和弘扬先进人物、先进事迹,用身边的故事感染身边的群众,引起群众的共鸣,使榜样的作用时代化、长期化、稳定化、创新化。

（三）大力开展志愿服务

志愿服务是现代社会文明进步的重要标志,是加强精神文明建设、培育和践行社会主义核心价值观的重要内容。"近年来,志愿服务在农村不断普及和发展,在新农村精神文明建设中发挥着提升农民道德品质、救助农村困难群体、推进农村民主管理、促进农村和谐发展的重要作用。"①在新时代,我们要围绕关爱他人、关爱社会、关爱自然等主题,着眼于讲文明树新风、大型社会活动的顺利进行、应急救援、扶危济困等方面,更好地发挥志愿服务活动对农村精神文明建设的助力作用,探索出一条以志愿服务助推农村新时代文明实践工作的快速发展道路。大力开展志愿服务,需要我们努力做到志愿服务生活化、近距离、低成本。志愿服务生活化主要体现在关爱留守儿童、特困家庭、"五保户",宣传和保护受到污染和破坏的农村生态环境。志愿服务近距离体现在志愿组织既要做到近距离与基层政府进行交流与沟通,又要做到面对面为广大农民群众服务。

① 李茂平:《志愿服务在新农村道德建设中的作用与优势》,《东南学术》2012年第4期,第171页。

志愿服务低成本就是要有效利用志愿组织松散、扁平的组织结构,更加灵活、快速地收集信息、制定决策,更加有效地组合运用社会各方面的资源而具有更低的生产成本效应。

(四) 加强诚信建设

民无信不立,业无信不兴,国无信不安。诚信是中华民族的传统美德,是人类社会公认的道德规范。农民诚信意识的提高,有利于促进农村经济发展,有利于形成文明的乡风。加强诚信建设,首先,要树立诚信意识,引导人们牢固树立诚信为本、操守为重、守信光荣、失信可耻的信用意识和道德观念。在广大农民群众中,广泛开展"诚实做人、诚信做事"的思想教育,深入开展"诚信兴业、文明服务"的宣传教育。对于农村基层党组织和广大党员干部来说,要积极践行"诚信服务、执政为民"的理念教育。当然,诚信意识的树立不可能一蹴而就,而是需要经历较为长期的过程。其次,要整治重点问题,严厉惩治政务机关以权谋私、权钱交易等问题,坚决打击制售假冒伪劣产品的商业行为。为此,要积极推行政务公开,加强政务诚信建设,积极引导行业道德规范和服务道德规范建设,加强商业诚信建设,大力营造"诚实守信、依法经营"的良好氛围,促进社会经济秩序健康运行。最后,要健全信用评价体系,建立诚信机制,保证诚信建设法制化、规范化、常态化,依靠政策、法律和制度解决诚信缺失的问题。只有不断提升农民自身素质,诚信原则才会被广泛地遵循,诚信才能成为农民自觉的行为。

三、教育科学文化建设

加强教育科学文化建设,既是精神文明建设的应有之义,也是广大农民群众在乡村振兴中改善生产生活状况的深层次需求,对于提高农村教育水平,提升农民的科学素质和文化素养,从而改进农民的生产和生活技能,提高农民的生活质量,促进农村的产业升级,具有重大的现实意义。教育科学文化建设,从内容上来讲,主要包括开展农村基础教育、农业技术推广和农业科普教育、农业职业技术教育,发展农村各项文化事业以及培育农村良好的社会风气等。

(一) 大力改善农村基础教育

基础教育从狭义上可以直接理解为义务教育,而从广义上拓宽其领域,则包括学前教育、高中教育、成人教育等领域。当前农村基础教育质量提升空间巨大,随迁子女、留守儿童问题突出。加强农村教育科学文化建设,首先要重视农村基础教育的全面普及和落实。这是建设社会主义新农村,培养新型农民的必然要求。目前,受我国城乡二元结构的影响,我国农村的经济发展相对落后。作为教育科学文化发展的物质条件与基础,农村落后的经济发展严重阻碍了农村义务教育事业发展的条件、规模、速度与质量。目前,广大农村,特别是老少边区依然有不少因为家庭经济困难,子女辍学的痛心现象。因此,大力改善农村基础教育,一方面需要各级政府建立健全保障农村基础教育的财政投入机制,满足农村文化教育事业发展所必需的经费投入、教育设施和师资队伍;另一方面,也要鼓励各类企业、农村合作社、民间组织等各种社会力量资助农村基础教育发展。同时,各级政府还必须制定有效的农村政策,改善农村生产生活条件,如实行税费改革等,千方百计增加农民的收入。

(二) 大力开展农业技术推广和农业科普教育

农业是整个国民经济的基础。农业的发展离不开现代农业技术的有力支撑。发展农业技术是现代农业发展的头等重要大事。进行农业科普教育,推广农业技术,是实施"科技兴农"战略、有效释放农村生产力、激发农业生产发展的强大推动力。当前,我国在农业技术推广和农业科普教育问题上,主要存在以下几个问题:一是农业基础设施以及农民的文化素质相对落后,导致中国农民对于现代高科技技术接纳能力差;二是在广大农村地区实行以一家一户为生产"单元"的家庭联产承包责任制条件下,小规模的生产方式与传统农业技术大体上是相匹配的,受限于有限的土地以及财力,农民对于生产技术革新的积极性并不高;三是农民作为市场的主体,只有当他们认为预期收益超过预期成本时才会考虑应用新技术,而新的农业生产技术应用在付出成本的同时还要承担一定风险。为此,大力开展农业技术推广和农业科普教育,一要加快农地制度改革,鼓励土地流转,培养更多的种粮大户、种菜大户、种花大户、养猪大户等。在此基础上,积极支持和鼓励广大农民群众引进先进的种植养殖技术和灌溉技术等生产技术,进一步推动农业生产的机械化、现代化,积极引导广大农民群众运用现代生产理念和组织制度管理农业,促进农村产业升级和产业结构调整。二要用现代经济管理知识培训农业生产者,改变农民的小农思想,让未来社会的农民不仅成为合格的现代农业生产者,也要成为优秀的农业生产的经营者和管理者。三要充分发挥农业技术先进分子的示范带头作用,用最真实的先进生产案例说服农民,让农民群众切实体会到新型农业技术的应用带来的农业生产方面的优势,从而成为农业技术推广和农业科普教育的积极支持者和参与者。

（三）大力开展农业职业技术教育

据相关调查,我国农民平均受教育的年限不足7年,许多农民没有接受过专门的职业技术和技能培训。然而,伴随着农业技术的不断改进,农业现代化、科技化和信息化的不断发展,现代农业对劳动者的素质要求越来越高,对劳动者数量的要求越来越少,加上市场经济的冲击,许多青壮年农民离开农村,走向城市,成了农民工,依靠打工维持生活。党的十九大报告提出了解决我国“三农”问题的乡村振兴战略。乡村振兴,关键在人,关键在高素质的职业农民。因此,在广大农村培育高素质的职业农民是实施乡村振兴战略迫在眉睫的事情。培育掌握具有专业农业职业技术的职业农民,唯一途径就是必须要大力开展农业职业技术教育。做好农村职业技术教育这项工作,首先,要从供给侧入手,加强有关农业职业技术教育的政策制定以及立法,维护农业职业技术教育政策和法规的稳定性,并加强督导与评估各个环节的工作,保障农业职业技术教育的实施效果。其次,要从需求侧入手,不能仅仅关注农业职业技术教育本身的经济功能、政治功能和社会功能,更要着力激发受教育者的求学意愿,既要促进主体需求的增长,又要保证个人价值的实现。①最后,对于职业教育的规划要充分考虑受教群体的年龄和需求。比如,对于年龄较小、积极性较强的农民,可以考虑系统完整的职业技术教育,通过学习拿到国家承认的职业技术教育文凭;对于年龄较大或不具备长期学习可行性的农民,可以考虑短期职业技能培训,根据不同的学生群体,建构不同的教育计划。

---

① 李雪蓉:《农村职业教育政策变迁历程、动因及启示》,《湖南社会科学》2013年第3期,第244—246页。

（四）大力开展农村各项文化事业

反映社会潮流、符合社会进步要求的文化，是社会主义新农村精神文明建设的鲜明特征和重要保障。农业发展、农村进步、农民富裕，都离不开社会主义先进文化的哺育和支撑。大力开展农村各项文化事业，首先，在制度上要求统筹规划，合理布局。认识程度与工作力度要同步到位。实现认知到位、计划到位、措施到位与督查到位的有效衔接和良性互动，实现文化教育形式多样化，各项文化服务完整化。党员干部与广大群众要共同参与，"主导在官，主体在民"，标本兼治，共同提高。实现长远规划与短期目标有机结合，正确认识开展农村各项文化事业的重要性和必要性，克服困难、加强力度、扎实推进，取得切实的成效。其次，需要加强农村公共文化服务体系建设，建立农村公共文化建设的长效机制，在政府加大对农村文化发展的投入和资源倾斜的同时，也要积极引导社会力量广泛参与农村公共文化服务，以弥补政府公共资源及服务的不足。再次，要加强农村公益性文化事业建设。公益性文化事业是社会主义文化事业的重要组成部分，是巩固全面小康社会成果、进一步实现农村社会主义现代化的内在要求。加强农村公益性文化事业建设，需要各级政府逐年加大对农村公益性文化事业的投入力度，保证农村公益性文化事业发展所需的经费。最后，各级政府以及乡村"两委"要充分发挥乡村文化遗产所蕴含的经济潜力，推动农村文化事业的大发展。

（五）大力培育农村良好的社会风气

社会风气直接反映人们的思想观念和行为方式，是社会文明程度的重要标志，是社会价值导向的集中体现。古人云：仓廪实而知礼节。当前，我国改革开放和现代化建设进入了一个关键时期，经济社会快速发展，取得了前所未有的成绩，各种文化相互激荡，都对人们的思想观念、生活方式和价值取向产生着深刻的影响。总体来讲，热爱祖国、积极向上、科学文明、团结友爱是当代社会精神文明的主流。同时，信仰缺失、道德滑坡、诚信稀缺、吏治腐败、生态恶化等不良社会风气也会相伴而生。在中国农村，不少地区还存在"宗教风""迷信风"等封建陈规，"攀比风""人情风""赌博风"等社会恶习，有碍观瞻、有损形象、有悖科学，更是危害健康。社会风气的优良程度直接影响农民的思想观念和行为方式,若不加以治理,必将阻碍精神文明建设,破坏现代社会文明风尚。为此,我们应将社会主义核心价值体系的具体要求纳入创建工作的目标任务中去,融入活动的方方面面。从基本礼仪规范抓起,广泛进行礼仪规范常识宣传教育,引导人们自觉摒弃陋习,做到懂礼貌、知礼仪、重礼节、讲道德。加强思想政治工作力度,注重人文关怀和心理疏导,引导人们用正确的方式去处理人际关系,与人沟通交流,促进家庭和睦、邻里融洽、单位和谐,真正将"乡风文明"建设任务落实到每个"社会细胞"。

四、法制建设

法制作为上层建筑的重要内容,是促进社会主义新农村建设的有力保障。加强农村法制建设,提升农民法律素质是社会主义新农村精神文明建设的内在要求,是构建社会主义和谐社会的客观需要,是依法治国、建设社会主义法治国家的内在需要,也是适应市场经济发展、全面建设社会主义现代化国家的需要。

法律素质是公民必须要具备的素质之一。改革开放以来,我国社会现代化进程不断加快,在社会主义市场经济的大背景下,广大农民群众的法制意识也在逐步增强,尤其在社会治安和婚姻、赡养等方面的法律意识有明显改进;但在整体上还存在诸多问题,尤其是在偏远农村或是贫困地带。这些问题主要体现在:农民对其自身所拥有的法律权益不够了解,缺乏合理使用法律武器维护自身权益的法律素养。比如,农村的"贿选""早婚"等现象,"随大流""法不责众"等观念就是农民法律意识淡薄的具体表现。为此,在加强农村的思想建设和道德建设以及教育科学文化建设的同时,还要进一步加强法制建设,帮助广大农民群众树立起正确的法制观,教会他们学法、守法、用法,从而助力农村的社会主义精神文明建设。

加强农村的法制建设,应从两个方面入手。一要完善涉农法律法规、规范农村行政执法、改革农村司法运行。重点在于,以完善农村市场经济为出发点,为农民法治意识的培育建立经济基础,以健全村民自治制度为切入点,为农民法治意识的培育提供政治前提,以发展农村文化教育事业为立足点,为农民法治意识的培育打好文化基础,以加强农村法制体系建设为落脚点,为农民法治意识的培育奠定制度基础。二要加强对农民的法律素质教育。一方面,要激发农民学习法律知识的积极性和主动性,切实使广大农民群众熟悉党和国家有关农业与农村经济的方针政策、法律和法规,提升其法律素质,树立法律意识;另一方面,要通过法制宣传和培训,让农民做到既能够维护自身的法律权利,又能够自觉履行法律义务。此外,农村法治建设的一个重点是加强农村干部的法治观念,要厉行"法治",杜绝"人治"。只要领导干部依法办事,公正执法,积极开展依法治理工作,逐步实现各项经济和社会事务管理的法制化,农村的广大农民群众就会潜移默化地自觉守法。

回顾农村法制建设已取得的成绩,令人深受鼓舞。展望农村法制建设未来的发展路程,依然任重道远。总体上讲,提高农民法律素质,是一个长期而系统的过程,不可能一蹴而就,既离不开广大农村人口的积极参与,也需要全社会的共同努力。

五、美丽乡村建设

党的十八大报告明确提出建设美丽中国,实现中华民族永续发展的奋斗目标,开启了我国生态文明建设的新时代。美丽乡村建设是美丽中国建设的基础和前提,是中国特色社会主义新农村建设的重要指标,是全面小康社会的重要内容,也是乡村振兴战略的题中应有之义。美丽乡村建设的最终目的是提升本地居民幸福感,全面增进农民民生福祉,让农民能够真正分享美丽乡村建设成果。在2013年中央一号文件中,第一次提出了要建设"美丽乡村"的奋斗目标。2015年6月1日,《美丽乡村建设指南》国家标准正式实施。指南明确了"美丽乡村"的内涵,即"经济、政治、文化、社会和生态文明协调发展,规划科学、生产发展、生活宽裕、乡风文明、村容整洁、管理民主、宜居、宜业的可持续发展乡村(包括建制村和自然村)"[1]。"这些先后出台的政策规划,不仅为建设美丽乡

---

[1]　应珊婷、郑勤:《〈美丽乡村建设指南〉国家标准解读》,《大众标准化》2015年第6期,第9页。

村、美丽中国指明了方向,也为以美丽乡村建设为主题深化农村精神文明建设提供了基本遵循。"①美丽乡村建设,既是生态文明建设的内在要求,也是农村社会主义精神文明建设的重要载体。

绿水青山可以带来金山银山,而金山银山却买不来绿水青山。加强农村精神文明建设,必须要把生态文明建设放在更加突出的地位。加强美丽乡村建设,改善生态环境与村容村貌,保护古村落遗址等人文历史遗产,传承乡村文化,是可以通过最直观的外在表现来体现精神文明建设的程度和水平的。在某种程度上,乡村生态文明的状况已经成为衡量乡村精神文明建设的一把尺子。加强美丽乡村建设的关键在于提高广大农民群众的思想道德素质和科学文化素质。因此,我们必须要加大对乡土文化和农民生活的教育和建设力度,让美丽乡村建设成为现代城市文明对于农耕文明和乡土文化的寻根回归之路。正如习近平总书记在湖北省鄂州市考察农村工作时所言,农村绝不能成为荒芜的农村、留守的农村、记忆中的故园,要让城里人看得见山、望得见水、记得住乡愁。

第二节　农村精神文明建设要素分析

农村精神文明建设要素,即是在精神文明建设中起到不同作用的各个组成部分,主要包括主体要素、影响要素、载体要素和动力要素。主体要素建设精神文明,影响要素陶染并反映精神文明建设,载体要素承载精神文明建设的各种形式,动力要素推动精神文明建设。加强农村精神文明建设,除了思想引导和理论武装外,还必须强化四种建设要素的建设,坚持四者的有机结合并努力取得新的突破。

一、农村精神文明建设主体要素分析

"建设社会主义新农村首先要解决的是建设者的问题,就是新农村建设的

---

① 刘奇葆:《以美丽乡村建设为主题 深化农村精神文明建设》,《党建》2015年第9期,第18页。

主体。弄清社会主义新农村建设主体的构成、角色定位、行为选择,这有利于调动各个主体的积极性,明确责任,落实任务,角色到位。"①对于新时代社会主义农村精神文明建设,政府起到"顶层设计"的主导作用,关联整体、统揽全局;党员、干部、各类组织等起到组织协调作用,黏合、凝聚各方力量,避免紊乱、低效局面;广大人民群众"唱主角",积极响应,全力配合。农村精神文明实践中,不同主体发挥不同作用,发展现状不同,存在的问题以及解决方式都不尽相同。

(一)农村基层党组织

农村基层党组织是农村基层组织的领导核心,是党的全部工作和战斗力的基础,是落实党的方针路线政策和各项工作的堡垒。农村基层党组织的形象决定了党在农民群众心目中的形象,新时期加强农村基层党组织建设能够不断加强和扩大党在农村的阶级基础和群众基础,夯实党在农村的执政基础。党的十九大报告强调,加强基层党组织建设"要以提升组织力为重点,突出政治功能"②,农村基层党组织应该做好思想政治工作,发扬密切联系群众的优良传统作风,"广泛凝聚群众智慧,把农民紧密团结在党组织周围,为加强新时代农村精神文明建设贡献力量"③。在新时代,农村精神文明建设对农村基层党组织的领导力、服务力、组织力和凝聚力等提出了更多新的要求。一是在大力学习和宣传、积极贯彻和落实党对于农村社会的路线、方针、政策方面,要努力扮演好一个"领导者",增强基层党组织的领导力和影响力。二是在服务农村广大人民群众时,应以解决群众遇到的实际问题和满足群众生活的利益诉求为出发点和落脚点,立足于农村发展实际,缩短党群距离、激发情感共鸣、增强群众对党建工作的认同感和信任度,努力扮演好一个"服务者",增强自身的公信力和号召力。三是在处理农村社会事务上,要坚决贯彻党的群众路线,保证农民群众的主体地位和主体作用,要努力扮演好一个"引导者"。

---

① 阎占定:《论农民是社会主义新农村建设的核心主体》,《中南民族大学学报》(人文社会科学版)2006年第6期,第86页。

② 习近平:《习近平谈治国理政》(第3卷),外文出版社2020年版,第51页。

③ 甘守义、李桂秋:《乡村振兴必须着力提升基层党组织组织力》,《党建》2019年第2期,第48页。

（二）农村党员、干部群体

农村基层党组织在农村精神文明建设中起着领导核心作用，农村党员、干部要落实好农村基层党组织的工作，组织协调党的领导与广大农民群众之间的关系。近年来，农村党员、干部的素质显著提升，但仍存在许多亟待解决的问题：党员干部群体"近亲繁殖""家族世袭""拉帮结派""以权谋私""欺上压下""组织生活虚化""监督软弱无力"等。针对上述问题，应从任用考核、素质培育与监督管理三方面去整治，避免腐败问题对党风廉政建设的干扰和损害，避免宗族势力架空基层政权，干扰正常工作。在任用考核党员、干部方面，可以采用遴选制、测试制，选拔优秀的毕业生、机关干部、复退军人等充实党员干部队伍。也要注意党员干部团队的年轻化，青年人观念新、思路活，精力充沛，勇于创新，能够更好地为农村精神文明建设贡献力量。在素质培育方面，始终以马克思主义为指导，加强民主集中制教育，树立党员干部正确的民主观、权力观和地位观；同时加强党性修养和道德作风教育。在监督管理方面，要扎好制度的笼子，把权力关进制度的笼子里，运用国家法律和党纪依法依规依纪处理不合格党员。此外，要广泛开展党内民主活动，积极探索并实施便于党员督导教育和管理、可操作性强的具体工作制度和程序，增强制度的针对性和落地性，各种规章制度不仅要写在纸上，更要铭记在心里。

（三）农村各类经济组织和社会组织

农村各类经济社会组织以地缘关系为纽带，在农民和国家之间扮演着中介者的角色。这些组织在全村的经济发展与精神文明建设方面有着不可替代的作用。农村各类经济组织能够连接各方资源，为农民提供农业技术指导、产品营销、资金服务等方面的帮助。各类社会组织能够发挥管理、监督、协商、议事等方面的作用，帮助建立和完善乡村社会治理体系，丰富农民的精神文化生活，促进村庄公益事业建设，表达村民的利益诉求，等等。二者的创新发展和有力结合将有贡献于新时代农村精神文明建设，有贡献于乡村振兴战略，有贡献于社会主义新农村建设的伟大实践。当前，农村经济社会组织的发展仍然处于较为自发、零散的状态，现有的农村经济社会组织存在规模较小、种类偏少、专业化程度不够、组织协调能力不足和管理制度不够完善等问题。为了进一步推动农村各类经济社会组织的建设,需要协调好以下各方关系。一是农村经济社会组织与基层党组织之间的关系。将基层党组织与各类组织的治理权力、治理能力和治理资源结合起来,树立权责明确、集中有力的乡土权威。二是农村经济社会组织与农村党员、干部之间的关系。二者在农村精神文明建设中同样起着组织协调作用,二者的有效结合能够完善治理结构和治理规则,给乡村社会治理和精神文化建设带来新气象。三是农村经济社会组织与农村广大非党员群众之间的关系。确保农村各类经济社会组织能够推动农民群众积极参与农村经济建设和精神文明建设,为村民发声,保护农民的主体作用,真正实现民办、民管、民受益。四是建设农村各类经济社会组织,不仅要追求数量上的提升,更要注重能力上的发展。政府要提供资金、人力、项目、管理等方面的支持,规范农村经济社会组织的发展,使之更好地代表民意,提升农民的满意度和认可度。

(四) 农村非党员群众

农民是农村经济社会存在和发展的主体,农民的生产和生活构成了农村社会活动的主要内容,农民依赖于他们"生于斯,长于斯"的农村土地,也同样是农村建设和发展的坚实基础和参与者。农村最广大农民群众才是社会主义精神文明建设的认识主体、实践主体及受益主体。进行新时代农村精神文明建设,农民既是创造者,也是享有者,必须坚持农民的主体地位,发挥农民的主体作用。在革命、建设、改革实践中,"我们党坚持群众路线和群众观点,高度重视和扎实做好群众工作,奠定了广泛而深厚的群众基础,赢得了广大群众的拥护和支持,也积累了群众工作的宝贵经验"[①]。农村非党员群众是农村中的大多数。所以,农村精神文明建设必须要依靠广大的农村非党员群众,需要他们的支持和参与。要调动广大的农村非党员群众支持和参与农村精神文明建设的积极性和主动性,首先,要增强广大非党员群众对党的情感认同、法理认同和利益认同,以群众的呼声为工作的导向,以群众的需要为工作的选择,培养党群、干群之间"鱼"和"水"的关系、"种子"和"土地"的关系。其次,要加强针对农民群众的思想道德和科学文化建设,不断提升农民群众的学习能力、创新能力、组织能力、应

---

① 秦健:《浅论新形势下农村群众工作创新》,《中国特色社会主义研究》2011年第4期,第81页。

变能力和风险应对能力等，培养和增强农民长期可持续发展的能力，为新型职业农民的培育和发展奠定坚实的基础。最后，要加强对非党员群众的思想教育，使他们能够从"等、要、靠"思想、小农思想以及封建迷信思想的羁绊中解放出来，强化他们对于精神文明建设的主体意识。

二、农村精神文明建设的影响要素分析

农村精神文明建设的影响要素，主要包括农民素质、农村政治民主环境、农村经济基础和农村文化环境四个方面。

(一) 农民素质

农民素质是指把农民看作一个社会群体或社会阶层所具有的群体素质。[①]农民思想政治觉悟与道德水平的高低，是决定新时代农村精神文明建设成败的关键。新时代农村精神文明建设的核心就是提高农民素质，培养出一大批高素质的社会主义新型农民。从长远来看，政府不可能包办新农村精神文明建设的一切，很多事情需要依靠农村的环境软实力、文化软实力来实现，这就依赖于农民自身素质、思想道德修养以及自身发展能力，确保实现农村精神文明建设当下和未来的可持续发展。改革开放以来，我国农民的素质有了明显的提升，但是大多数农民与社会主义新农村所要求的新型农民有着较大差距。首先，农村落后的科技文化水平阻碍了先进的农业生产装备和技术在农业生产中的应用。其次，农村文化生活单调匮乏制约了农村良好社会风气的形成。最后，农村教育水平的落后性限制了农民整体素质和自我发展能力的提高。由此造成了我国农民科技文化素质不平衡、思想道德素质滑坡、卫生健康素质较低等问题。提高农民的素质、培育新型农民是一项复杂的系统性工程，不可能一蹴而就。在新的历史条件下，提高农民的素质，应该着眼于文化素质、科技素质、经营管理素质、法律素质以及身体素质等方面全方位的提升，应该渗透到农民生活和工作的方方面面，既要着力抓好提高农民整体文化素质的工作，又要提升农民的

---

① 陈兴元、陈丹:《新农村农民思想道德建设提升路径研究》,《理论与改革》2012年第6期,第121页。

经营管理水平和适应市场的能力，以培养出千千万万个"有文化、懂技术、会经营"的高素质新型农民，为新农村产业发展建设、经济结构转型升级打好基础，为社会主义新农村精神文明建设提供根本支撑。

（二）农村政治民主环境

农村的政治环境因素，主要指国家宏观的政治制度与政治状况，以及基层民主自治的状况。就农村而言，基层民主自治的状况对于精神文明建设的影响更为直接。基层民主自治的核心是民主，内容包括民主选举、民主决策、民主管理与民主监督。基层民主自治的状况对于农村精神文明建设的影响极大。因此，加强农村精神文明建设必须要搞好基层民主自治。改革开放以来，民主、自由、平等、科学等理念深入人心，影响中国人的思想观念及其文化价值。农村基层民主政治建设的推进为我国广大农村地区带来了新的气象。但是随着改革开放的深入以及经济社会的发展，农村政治民主环境的建设也出现了许多新的问题。首先，农村政治民主建设的运行受到了农村经济发展水平相对落后及村民文化水平较低的约束。其次，乡镇人大代表选举制度的不健全，代表与选民联系程度的不紧密，导致乡镇人大工作在实施上也存在许多不足。最后，在村民自治过程中，一些地方存在金钱交易与功利化倾向。为新农村精神文明建设营造良好的民主政治环境，首先，应当大力发展农村经济，加强宣传教育，为农村基层民主政治建设奠定物质基础，使农民懂得如何参与自治管理及保护自己的民主权利。其次，依法保障农民参加各级人大选举并当选各级人大代表的权利，按足额比例选出农民代表，真正体现出社会主义政治制度的优越性和人民当家做主的宪法意志。最后，要对农民进行现代思想意识的注入和法治思维的建设，完善农村民主政治的法制建设，增强法规的操作性和威严性，加强各地方人大对农村基层民主政治建设的监督工作。通过以上措施，切实推进民主选举、民主决策、民主管理、民主监督进程，为农民生活创造一个安定、有序、和谐、友爱、互助的社会环境，为社会主义新农村精神文明建设筑牢基础。

（三）农村经济基础

农村经济基础，既包括国家宏观的经济制度与经济状况，更强调农村经济发展程度和经济状况。其中，乡村的经济发展程度和经济状况，作为精神文明建设的物质基础和条件,对精神文明的制约和影响是基础性的。因此,加强农村精神文明建设也内在地要求要发展好农村经济,从而更好地为精神文明建设提供物质基础的支撑。中华人民共和国成立70多年来,中国农村经济已经发生了翻天覆地的变化。当前,我国农业生产规模不断扩大,农业经济结构比以前更为合理,农业生产的抗风险能力显著提高,农村社会保障体系已初步形成并不断完善,农民群众基本的生活保障得到了有效落实。农村经济的发展有力地提高了农村经济的吸引力和内聚力,既有利于留住现有农村发展的中坚力量——农村青壮年劳动力,又可以吸引毕业生以及创业人士返乡发展。但是,当前农村的经济发展仍存在两大亟待解决的问题。一是一些农村地区"等、靠、要"依赖思想较为普遍和严重。二是城乡社会资源保障的分配依然严重失衡,农村社会保障基金严重不足。基于此,各级政府应当从三方面做好工作:一要充分发挥农民的主体作用,尊重农民的意愿,通过提高农民的受教育程度来解除农民素质对农民自身发展的束缚。二要提升广大农民群众适应市场经济发展的能力,积极推动农业的产业化发展,持续地推动农村社会物质财富和精神财富的增长。三要逐步完善社会分配的公平与效率,为健康的农村经济环境和农村道德建设提供强有力的经济政策支撑。[①]全面提升农村经济条件,为社会主义新农村精神文明建设提供强大的物质支撑。

(四)农村文化环境

农村文化环境包括农村社会的基本价值、观念、偏好和行为的风俗习惯以及其他因素。文化环境影响着人们的思维方式、认识活动、交往活动和实践活动。优秀的文化环境能够丰富人的精神世界,增强人的精神力量。农村集体经济富了,人居环境美了,文化环境也要焕发新的生机与活力,不仅要注重外在美,更要注重内涵美,为农村精神文明建设奠定基础,扫除障碍。精神文明的培育、道德取向的确立、文明风尚的形成,都离不开良好的社会文化环境的熏陶涵养。建设良好的农村文化环境,首先,需要形成良好的社会风尚。可以通过村"两委"建设"文化一条街"这样的宣传墙,设置"孝贤文化"专区,制作二十四孝图,大

---

① 陈兴元、陈丹:《新农村农民思想道德建设提升路径研究》,《理论与改革》2012年第6期,第122页。

力推进移风易俗，弘扬淳朴民风，提倡清正家风，让孝老爱老的传统美德在全村蔚然成风。其次，要加快推进新时代文明实践中心建设工程、文化惠民工程、优秀传统文化传承发展工程、乡村网络文化建设工程、乡村文化人才培育工程等各项文化建设工程，筑牢农村文化阵地。再次，要努力改进农村校园文化，鼓励农村学校树立切合本校实际的办学理念，并将这一办学理念与学校各项事业的发展有机结合起来，将促进师生的发展作为一切工作的出发点和落脚点。最后，针对近年来各种不良文化现象和有害信息仍然对农村精神文明建设产生不良影响，各级党和政府以及农村"两委"要扎实推进农村社会文化环境净化活动，综合治理，标本兼治，建立长效监督管理机制，着力优化网络环境，广泛开展文明网站创建活动，封堵删除有害信息；要大力整治出版物市场，严格规范出版发行秩序，采取有力的措施防止淫秽色情等低俗有害信息在社会上传播，引导各个文化单位坚持把社会效益而不是经济效益放在首位，强化文化市场的监管力度，为推进农村精神文明建设创造良好的文化环境。

（五）农村社会环境

社会环境，是与自然环境相对的，有广义和狭义之分。狭义的社会环境指的是人们在劳动过程中形成的赖以维持生存与发展的人与人之间关系的直接环境。广义的社会环境则包括社会政治环境、经济环境、法制环境、科技环境、文化环境乃至心理环境等更大范畴的一个概念。本书所讲的社会环境是狭义上的概念。狭义的社会环境，包括农村社会中人与人、个人与村集体组织、村民个人与村社会经济组织、村社会经济组织与村集体组织之间的关系状况，以及乡村的风俗习惯等。这些关系的状况以及风俗习惯对于精神文明建设都有着重要的影响。在当前的农村社会，人际关系与风俗习惯对于精神文明建设的影响尤为突出。从人际关系来看，宗族势力的影响不容小觑。在很多农村地区特别强调这种由血缘关系联系在一起的宗族关系。宗族，在本质上是一个利益共同体，在成员的认识上有一种一荣俱荣、一损俱损的观念。因此，同一宗族的人对内相互帮助、相互扶持，对外则更容易团结在一起，一致对外。这种情况在农村的基层选举中也常常反映出来。宗族观念与我们社会主义精神文明所提倡的人与人之间平等和谐的关系是有很大不同的。乡村中的风俗习惯是在一定条件下形成的,为乡村农民群众世代传承下来的约定俗成的具有浓郁地方特色的社会关系的综合反映。在风俗习惯中,包含着思想、道德等方面丰富的精神内容,其中,既有优秀传统文化的承继,也有腐朽封建的糟粕。因此,风俗习惯又分为良俗和陋俗。陋俗的存在,不利于人们科学文化素质的提高,也不利于人们思想道德觉悟的提升,更不利于基层社会治理。而良俗具有强大的正面教育作用,对危害社会的言行具有规范和制约的作用,可以引导人们形成真正的平等的人际关系,增强民族认同、国家认同,引导人们正确地处理好人与人,人与自然,个人与集体、国家的关系,维护社会稳定,促进经济发展与繁荣。因此,移风易俗就成为社会主义精神文明建设的一项重要内容。移风易俗,移与易的是陋俗,同时还要倡导和弘扬良俗。由此可见,社会环境,既是随着人类社会生产生活的不断演进而日益丰富和发展的,同时也是人类精神文明和物质文明发展程度的一个显著标志。良好的社会环境的塑造离不开精神文明建设强有力的支撑;同时,良好的社会环境也有利于社会的精神文明建设。

（六）农村的教育状况

列宁说过:"只要在我国存在文盲现象,那就很难谈得上政治教育。……文盲是站在政治之外的。必须先教他们识字,不识字就不能有政治,不识字只能有流言蜚语、传闻偏见,而没有政治。"[①]在这里,识字与不识字实际上讲的就是教育的问题,强调的是教育的重要性。从教育在社会主义精神文明建设中的地位来看,教育科学文化建设是构成社会主义精神文明建设的重要组成部分;而在教育科学文化建设中,教育又居于基础性地位。事实上,教育在整个社会主义精神文明建设中,既是其建设的重要内容,也是其建设的重要基础。从教育对社会主义精神文明的直接影响来看:一是它影响着社会主义精神文明建设的方向;二是它影响着社会主义精神文明传播的广度与深度;三是它影响着社会主义精神文明建设的基础与前景。从教育对社会主义精神文明的间接影响来看,一方面,现代文明的发展,关键在于科技的发展与人才的培养。但无论是科技的发展还是人才的培养都离不开教育,都是以教育为基础的。另一方面,当前,

---

① 《列宁全集》(第33卷),人民出版社1957年版,第59页。

乡村文化,既承继着良莠并存的传统文化,又遭受着外来文化的冲击。教育可以通过对传统文化和外来文化的"扬弃",取其精华、去其糟粕,实现对传统文化的创造性转化和创造性发展,使优秀传统文化能够做到古为今用,使外来文化做到洋为中用。改革开放以来,我国农村教育状况已经有了明显改善,但是与广大农民群众日益增长的教育需要和国家发展对农村发展人才的强烈需求相比,还有很大差距。教育经费短缺、教育结构不合理、教育质量不高、农民教育负担过重、教育观念落后等问题依然突出。这些问题的存在,对于农村社会主义精神文明建设的影响是极大的,必须下大力气加以解决。

三、农村精神文明建设载体要素分析

精神文明贵在建设。精神文明建设重在落实且难在落实,工作的出发点和落脚点就在"建设"上。加强农村精神文明建设,既要顶层设计、长远规划、统筹协调,也要注重当下,通过各种形式的精神文明创建活动,将思想、道德、文化、法制、观念等无形的东西融入有形的载体之中,让精神文明建设看得见、摸得着、落于实处,让精神文明建设更为直观和形象化。

(一)建设新时代文明实践中心

2018年,习近平总书记主持召开的中央全面深化改革委员会第三次会议审议通过了《关于建设新时代文明实践中心试点工作的指导意见》,提出在全国县一级建立新时代文明实践中心。新时代文明实践中心是指整合现有基层公共服务阵地资源,以县、乡镇、村三级为单元,通过志愿服务的形式,学习宣传习近平新时代中国特色社会主义思想、宣讲党的方针政策、培育主流价值、活跃文化生活、推动移风易俗的农村基层宣传思想文化活动和精神文明建设中心。同年8月,习近平总书记在全国宣传思想工作会议上又强调,要推进新时代文明实践中心建设,不断提升人民思想觉悟、道德水准、文明素养和全社会文明程度。新时代文明实践中心,是新时代农村社会主义精神文明建设的重要载体。建设新时代文明实践中心,首先,要准确把握新时代文明实践中心建设的政治意义,着力把新时代文明实践中心建设成为学习传播党的创新理论的大众平台。让党的创新理论和路线方针政策走进基层,让习近平新时代中国特色社会主义思想走进群众。增强人民群众对党的路线、方针、政策的认同感,让党的理论飞入寻常百姓家。其次,要准确把握新时代文明实践中心建设的现实意义,培养时代新人,弘扬时代新风。广泛开展志愿服务活动,发挥先进模范的引领示范作用,形成科学发展、环境宜人、和谐平安、风清气正的良好社会氛围。最后,还要清醒认识新时代文明实践中心建设的长期性和艰巨性,警惕一蹴而就的急功近利思想、宣传部门单打独斗的片面孤立思想和中心建成就一劳永逸的功成名就思想。建设新时代文明实践中心,要激发广大群众参与文明实践的积极性、主动性、创造性,形成人人参与、人人服务、人人受益的共建共治共享生动局面。

(二)积极发展农村文化产业

在经济文化一体化的今天,文化产业已经走到了国家经济发展的前沿阵地,涉及社会经济的各个领域,成为国民经济中不可或缺的支柱产业。我国农村地区文化资源非常丰富。在文化经济化的今天,发展农村文化产业有助于农村产业结构的改善和农村地区经济水平的提升。文化产业活力缺失、产业关联性不强、缺乏有针对性的发展规划,是当前一些农村地区文化产业发展中存在的主要问题。其主要成因在于文化产业发展思路及定位不清晰、文化产品的核心竞争力不足。为此,我们必须从宏观上转变发展观念、深化体制改革、创新文化产品、打造文化品牌,以保障农村文化产业市场在良好、规范、有序的环境中健康发展。同时,也要营造良好的市场氛围,积极推进文化产业管理制度建设,进一步推动农村文化产业的创新发展、联动发展,不断提升业界口碑,推动农村文化产业的健康发展。积极发展农村文化产业。在微观上,要注重把发展农村文化与发展当地旅游特色结合起来,深入挖掘历史文化资源和人文自然资源,大力弘扬民间工艺和民间艺术,积极发展文化旅游产业。这样做既能够建立多模式的文化交流,形成特色品牌文化,又能改善村容村貌,方便村民的生产生活。同时,还要发挥民间艺人、非物质文化遗产传承人、民间文化团体、文化企业等主体在农村文化产业发展中的作用。另外,还需要建立健全与农村文化产业相关的法律法规,使农村文化产业的知识产权得到保护。

（三）大力开展农村文化活动

农村文化活动既包括有声有色的文艺活动，也包括不断深入的文化交流。农村群众文化活动普及性强、参与面广，是满足农民群众精神文化需求的重要途径。近年来，随着农村精神文明建设的不断加强，我国农村文化建设有了一定的发展，但与社会主义新农村的要求还有一定的差距，还存在诸如农村文化活动数量少、主动性弱、影响面小等问题。主要原因是农村文化体制不健全、文化活动基础设施薄弱、缺少农村文化骨干等。大力开展农村文化活动，首先，需要加强农村文化活动场所等基础设施建设，实施农村信息文化共享工程，建设农村基层服务点、农村信息苑等，满足村民日益增长的文化需要。其次，还应该积极发挥农村文化阵地的作用，传承和发展传统的"耕读文化"，重视传统节日和民俗活动、民间技艺。比如，开展正月十五元宵节灯会，举办端午节包粽子、划龙舟等民俗活动，传承剪纸、皮影戏、捏面人等中国民间传统技艺，努力打造深受农民喜爱、家喻户晓的广场文化品牌项目。最后，应注重整合学校资源，强化师资力量，突出地域优势，打造特色乡村文化，通过内容积极健康、形式丰富多彩、风格清新质朴的文化建设活动，进一步优化农村的文化环境，提升农村居民的文化素养，扩大精神文明建设的成果。

（四）加强乡村文化教育

乡村文化是乡村居民在农业生产与生活实践中逐步形成并发展起来的道德情感、社会心理、风俗习惯、是非标准、思维方式、行为方式、价值观念、理想追求等的统称。乡村文化以言传身教、潜移默化的方式影响着乡村居民，是乡村居民生活的主要组成部分，也是乡村居民赖以生存的精神依托和意义所在。同时，它也是城市文化的根、乡村的"魂"。乡村文化，既是农村精神文明建设的基础，也是农村精神文明建设的重要载体。因此，农村文化教育也是农民素质和乡村文明提升的有效途径。改革开放40多年来，中国农村已经发生了翻天覆地的变化，传统意义上的乡村实际上已经不复存在了。在现在的乡村，无论是正在求学的青少年，还是外出打工的青壮年，抑或是出生于乡村现在居住在城市已经成为居民的人，都很难在心理上找到习近平总书记所说的"乡愁"。乡村文化的衰落，传统生活方式的消亡，传统文化生活的凋敝，建立在集体生产基础之上的农村公共生活方式的消失，以邻里亲密关系为特点的乡村日常生活形态的解构，这就是当今乡村呈现出来的文化景象。失去了文化的乡村，也就失去了灵魂。在当下的一些乡村，一些乡村居民对自我的认知已经出现了功利化或者说利益化的倾向，金钱和利益成为唯一的追求目标，甚至为此不惜铤而走险。造成乡村文化危机的原因，归根结底是内无传统的依赖、外无教育的填补。由此可见，加强乡村文化教育已经成为加强农村精神文明建设迫在眉睫的事情。

（五）开展乡规民约、家风家训教育

乡规民约是农村治理中一种重要的民间规范，具有非制度性、非强制性、非权威性和非规范性等特征。它在传承传统文化、推进村民自治、稳定社会秩序、完善法治建设等方面发挥着积极作用。家风家训是中国人治"小家"、为"大家"的历史传承与经验总结。家风家训作为一种无声的力量，对人有着潜移默化、深远持久的影响。乡规民约与家风家训对于社会主义精神文明建设具有重要作用，它们是社会主义精神文明建设的重要内容、载体与微观表现。积极开展乡规民约、家风家训教育在社会主义新时代既具有传统价值，又具有时代价值。将优良家风家训与乡规民约相结合，有利于弘扬社会主义核心价值观，有利于提高思想政治教育效果，对于新时代农村精神文明建设具有重要的意义。开展乡规民约、家风家训教育重在践行。从乡规民约教育来说，一要建立健全村民议事机构，强化村民执行机构贯彻执行乡规民约的职能。二要制定有效的奖惩措施作为保障。通过物质、精神等多方面的奖励措施激励全体村民自觉遵守乡规民约，通过批评教育等方式惩治违反乡规民约的村民。从家风家训教育来看，家庭是道德培育的苗圃，是人格发展的摇篮。"家风正则民风淳，民风淳则社稷安。"开展家风家训教育，需要我们进一步明确优秀家风家训发展方向，增添家风家训新的时代元素和时代精神，需要我们进一步挖掘优秀家风家训思想资源，利用各类媒体优势深入挖掘优秀家风家训新形式，需要我们进一步落实优秀家风家训行为实践，营造良好的家庭氛围和工作氛围。开展乡规民约与家风家训教育，最终使每一个人与每一个家庭都朝着"爱国守法，热心公益；学习进取，爱岗敬业；男女平等，尊老爱幼；移风易俗，少生优育；勤俭持家，保护环境"的方向努力。

四、农村精神文明建设动力要素分析

加强农村精神文明建设，必须要回答精神文明建设的动力问题。农村精神文明建设的动力主要来自经济发展的内在需要、人的精神的内在需求以及提升生活质量的内在需求。

(一) 经济发展的内在需要

"农村经济建设所需的新观念、新风尚要依靠精神文明建设来传播，所需的人文精神、创业精神要依靠精神文明建设来培育，所需的舆论氛围、社会环境要依靠精神文明建设来营造。"[1]新农村精神文明建设的目标之一是最终实现农业农村的现代化，追求农村经济发展的同时要注重提高农民的思想道德品质。加强农民的思想道德建设可以为农村经济发展提供道德支撑和精神力量。农村经济要想进一步发展，离不开精神文明建设对于人们思想道德和科技法制等方面的引导作用。没有精神文明跟进的物质文明富足，将会带来一个堕落的社会。邓小平指出："不加强精神文明的建设，物质文明的建设也要受破坏，走弯路。"[2]进行社会主义新农村精神文明建设，能够提高农民自身的综合素质，而农民综合素质的提高又会促进农村经济更好更快地发展，激发农村经济增长的内生动力，增加农民自身的收入，这是一个良性循环的过程。只有把精神文明建设和物质文明建设联系起来统一思考，才会变成一种自觉行动，而不是一句空洞的口号。

(二) 人的精神的内在需求

满足农民日益增长的精神文化需求，需要大力推进农村精神文明建设。精神文明建设最终都要转化为人的心理体验、精神生活。广大农民群众对美好精神生活的向往就是农村精神文明建设的目标。社会历史的发展趋势表明，随着生产力的进步、经济的发展以及物质生活资料的不断丰富，精神生活必然成为人民生活的重要维度。当前我国经济由高速增长阶段转向高质量发展阶段，将

---

① 吉炳轩：《加强农村精神文明建设 倡导健康文明新风尚》，《求是》2006年第8期，第12页。
② 《邓小平文选》(第3卷)，人民出版社1994年版，第144页。

把人民精神生活提到更重要的程度和更高的水平，这就对精神文明建设提出了进一步的要求。当今社会劳动生产率不断提高，劳动者有更多的时间提升精神生活，这为农村精神文明建设提供了良好的保障。在农村精神文明建设过程中，我们要加强统筹规划，做好长期规划。培养自尊自信、理性科学、务实进取、开放宽容的国民心态，坚持用社会主义先进文化引导农民形成正确的道德价值观念，全面提高农民的道德修养，才能在整个农村社会营造良好的道德氛围，从而为提高农民的生活质量提供强大的精神力量。

（三）提升生活质量的内在需求

精神文明建设最终的落脚点是广大人民群众的根本利益，我们要坚持心系群众、民生为本的出发点，优化民生工作，深化创建内涵，增强广大农民群众的幸福感。提升农民的生活质量，不仅要依靠各项政策法规的硬实施，也要靠农村精神文明建设的软约束。转变农民的思维方式、生产方式和生活方式，才能从根本上提升农民的生活质量。而这些都需要通过新时代农村精神文明建设来逐一实现。转变农民的思维方式，转变他们的思想观念，就能够让他们跟上时代的步伐，容易和愿意接受新事物，就更能善于抓住机遇，而机遇也回报那些充分准备着的人们。转变农民的生产方式，就能够实现由解决生存问题向解决发展问题转变，发挥比较优势，调整农村产业结构，更加适应社会主义市场经济的发展。转变农民的生活方式，才能革除许多陈规陋习、歪风邪气，提高农民的素质。改变一个地方的农民生活方式，才可以改变一个地方的人文品格和文化定式。同时，在政策上，需要落实最低生活保障，完善医疗养老服务，使广大农民群众能够实现老有所养、病有所医。只有使农民深刻地享受到农村精神文明建设的福祉，才能更好地发动农民、依靠农民，真正让广大农民群众成为精神文明建设的主力军。

第三章 改革开放以来河北省农村精神文明建设的发展历程与基本经验

改革开放以来，特别是党的十八大以来，河北省坚持把学习宣传贯彻习近平新时代中国特色社会主义思想作为首要的政治任务，坚持以社会主义核心价值观为引领，正风化人，坚持以人民为中心的发展思想创建文明村镇，坚持文明创建活动与基层社会治理深度融合，坚持服务"三个圆满收官"工作大局，推动全省农村精神文明建设工作取得新的重大成果，党的创新理论更加深入人心，全省农村文明程度和农民道德素质明显提高，促进了乡村振兴和发展环境优化，广大群众的获得感、幸福感、安全感显著增强，为夺取疫情防控和经济社会发展"双胜利"凝聚了强大精神力量。回顾改革开放以来河北省农村精神文明建设的发展历程，总结建设经验，探寻农村精神文明建设的规律性，展望未来，是为了进一步推动新时代河北农村精神文明建设实现从量变到质变，使农村精神文明建设在新时代展现新样貌，实现新发展。

第一节 改革开放以来
河北省农村精神文明建设的发展历程

改革开放40多年来，河北省在努力搞好物质文明建设的同时，也大力开展精神文明建设，在努力搞好城市精神文明建设的同时，也在不断探寻农村精神文明建设的发展道路。河北省农村精神文明建设在改革开放的大潮中实现了再起步，在全面推进现代化建设中得到了进一步丰富，进入21世纪之后，又得到进一步拓展。

一、农村精神文明建设在改革开放大潮中再起步

精神文明有广义和狭义之分。狭义的精神文明主要包括农村思想道德建设和农村科学文化建设两个方面。中华人民共和国成立之后,中国共产党领导中国人民在医治战争创伤,迅速恢复国民经济,实现对个体农业、手工业和资本主义工商业社会主义改造以及全面社会主义建设的同时,在中国的广大农村实行民主改革、普及科学文化、革除封建陋习、加强道德建设、移风易俗,除旧布新,使农村精神文明建设呈现出新的样貌。但十年"文化大革命"对农村精神文明建设造成了极大破坏。"文化大革命"结束后,党的十一届三中全会拨乱反正,做出了把全党工作重点转移到社会主义现代化建设上来的战略决策,中国改革开放的大幕也就此拉开。中国的改革从农村起步,农村的改革从实行以家庭联产承包责任制为基础统分结合的双层经营体制开始。这一体制的实行突破了"一大二公"、高度集中的人民公社体制,赋予了农民充分的生产经营自主权,调动了广大农民的生产经营积极性,解放了农村生产力,极大地促进了农村经济的发展。随着农村经济的不断发展,农民对于精神文明建设的需要也在不断增长。1979年9月叶剑英在庆祝中华人民共和国成立三十周年大会上的讲话中,首次提出了"我们要在建设高度物质文明的同时……建设高度的社会主义精神文明"①,并将之作为我国社会主义现代化建设的重要目标。1980年12月,邓小平在中共中央工作会议上进一步指出:"我们要建设的社会主义国家,不但要有高度的物质文明,而且要有高度的精神文明。"②社会主义精神文明建设目标提出后,改变村容村貌、转变社会风气、移风易俗、普及科学文化、形成良好的道德风尚等精神文明创建活动,在燕赵农村大地上再次兴起并蔚然成风。

1981年11月,驻保定的51034部队112师为了密切军民关系,与保定新城

① 《三中全会以来重要文献选编》(上),人民出版社1982年版,第234页。
② 《邓小平文选》(第2卷),人民出版社1983年版,第367页.

县崔中旺村率先搞起了军民共建文明村活动。这一活动的开展，极大地密切了军民关系，也使村里发生了可喜的变化：村容村貌得到了整治，赌博、偷盗、打架斗殴现象得到了有效控制，社会风气迅速好转，社会秩序明显改善。1982年1月，驻保定51034部队在崔中旺村召开了军民共建文明村现场会，保定地委要求各县大力学习推广崔中旺村军民共建经验。军民共建文明村这一活动的出现，标志着河北省在探索农村精神文明建设过程中，开始找到了一条由群众自己创造并能吸引和组织广大群众参与社会主义精神文明建设的新途径。河北省委在总结保定经验的基础上指出，文明村建设适应了"四个需要"：一是"适应了建设良好社会风气和社会秩序的需要"；二是"适应了农民在发展生产中对科学技术和文化建设的需要"；三是"适应了农村基层社会生活实行民主管理和群众自治的需要"；四是"适应了新形势下加强农村思想政治工作的需要"。并进一步提出了要以"共建"带"自建"，向"横宽纵深"发展。在河北省委的指导和要求下，1982年，邯郸峰峰矿区、煤炭部49工程处和铁三局6处与周围农村结对开展工农共建精神文明活动，并取得了较好的成效。自此文明村建设活动也在全省农村进一步全面展开。1983年1月，驻保定51034部队与保定地委联合召开军民共建精神文明现场会，交流全区军民共建文明村经验。这一经验得到中央办公厅、国务院办公厅、中央军委办公厅的肯定。由此，发端于崔中旺村的军民共建精神文明活动开始走向全国。1983年10月，中宣部和中央书记处农村政策研究室在苏州召开的全国文明村（镇）建设座谈会上总结了1981年底以来全国文明村（镇）建设经验，指出，建设文明村是建设中国特色社会主义新农村的一条新路子，是人民群众的一个伟大创造。与此同时，为响应1982年2月中央转发的中宣部《关于深入开展"五讲四美"活动的报告》，从1982年到1984年，河北省各地普遍开展了"文明礼貌月"活动。在这一活动中，农村重点解决的问题是"五乱"，即粪土乱堆、柴草乱垛、垃圾乱倒、畜禽乱放和树木乱砍。这些活动的开展，有效地推动了河北省农村精神文明建设。

二、农村精神文明建设在全面推进现代化建设中得到进一步丰富

　　1982年,党的十二大明确将物质文明和精神文明两个文明一起抓作为建设社会主义的一个战略方针。1986年,党的十二届六中全会通过的《中共中央关于社会主义精神文明建设指导方针的决议》指出,社会主义精神文明建设是关系社会主义兴衰成败的大事,明确了社会主义精神文明建设的战略地位、根本任务和基本指导方针,成为新时期加强我国社会主义精神文明建设的纲领性文献。1986年11月,河北省委三届三中全会召开。会议要求把提高河北省人民思想道德素质和科学文化素质、培养"四有"新人作为精神文明建设的首位任务,提出要搞好"六抓六治六变"(抓商品生产,治穷变富;抓思想教育,治旧变新;抓文化科学技术,治愚变智;抓社会公共秩序,治乱变安;抓行业服务质量,治差变优;抓城乡环境建设,治脏变美)的精神文明创建活动。为落实党的十二届六中全会和省委三届三中全会精神,河北省广大农村积极开展"遵纪守法户""文明新风户""双文明户(小康户、文明户)"文明农户创建活动。1985年8月,有10个文明乡镇、93个文明村获河北省第一届省级精神文明评选表彰。1986年3月,中央书记处研究室、中央党校的有关专家到衡水进行考察后指出,从农户入手抓两个文明建设,是农村社会主义精神文明建设的一个有益尝试。1986年,邢台地区柏乡县南大江村为解决人们红白喜事负担重的问题,自发地创建了红白理事会。沧州南皮、孟村一带的农村妇女为了解决村民赌博问题,自发成立了妇女禁赌会。作为自发的群众组织,红白理事会和妇女禁赌会的出现,引起了河北省委的高度重视,并将之作为农村精神文明建设的重要内容,在全省农村加以推广。1986年12月,民政部在沧州召开了由各省、市、自治区有关负责同志参加的红白理事会现场经验交流会,总结推广河北省农村群众自治组织建设经验。1989年5月,省精神文明建设委员会在井陉县召开会议,决定在全省推广红白理事会、妇女禁赌会、道德评议会、农民技术协会和村民议政会。至此,军民共建、文明村镇建设以及群众移风易俗自治组织建设,成为河北省农村精神文明建设的三大特色。

　　党的十三届四中全会后,以江泽民同志为核心的第三代中央领导集体,在

坚持以经济建设为中心的同时,也着力解决在两个文明建设过程中存在的抓物质文明建设一手硬、抓精神文明建设一手软的问题。1996年召开的党的十四届六中全会审议并通过了《中共中央关于加强社会主义精神文明建设若干重要问题的决议》,对我国跨世纪的精神文明建设做出了全面部署。同年10月,河北省委召开的五届三次全会审议通过了《河北省1996—2000年社会主义精神文明建设实施纲要》,推动了全省农村以农户为基础、以小城镇为龙头、分户—村—镇三个层面开展的文明村镇创建活动进一步开展。1997年,省精神文明建设委员会在唐山遵化召开全省创建文明村镇活动现场会后,进一步将文明村镇创建活动细化为"三榜定星"(农户认星、村民小组组织群众评星和村评委定星)的"十星级"(致富星、科技星、计生星、守法星、文化星、养教星、和睦星、义务星、卫生星、新风星)文明农户评比活动。1998年7月,省精神文明建设委员会在邱县召开现场会,总结邱县开展"十星级"文明农户评比活动的经验,并进一步推动这一活动在全省农村开展。到1990年,全省开展这一活动的行政村达到60%左右。在此基础上,结合读书兴农活动的开展,在河北全省农村又大力推进宣传文化示范工程建设。截至1999年底,河北全省建成了千余个藏书量在5000册以上的农村图书室,并不断完善,使之成为一个集读书、科普教育、文化娱乐为一体的村级文化阵地。党的十五届三中全会后,河北省以文明城镇建设为抓手,以素质教育、文化设施建设和环境建设为重点,发挥小城镇在农村精神文明建设中的辐射作用,推动农村精神文明建设的进一步发展。到2000年底,已有50个县、乡镇、村被省委、省政府授予创建文明村镇工作先进单位称号,其中23个县、乡镇、村被中央文明委命名为全国创建文明村镇工作先进单位。为了进一步推动农村精神文明建设的开展,河北省还开展了文化卫生科技"三下乡"活动,通过实施"百县千乡宣传文化站"示范工程,帮助贫困县建成了40个乡镇精神文明建设活动中心,通过"双千扶贫"活动,帮助1000个贫困村建设了文化设施。

三、农村精神文明建设在新世纪得到进一步拓展

2000年10月,党的十五届五中全会强调指出:"建设社会主义精神文明,发

展有中国特色社会主义文化,是社会主义现代化建设的重要内容和保证。"①为认真贯彻落实党的十五届五中全会、河北省委五届九次全会精神,河北省委紧紧围绕中央和省委总的工作部署,出台了《关于"十五"时期加强社会主义精神文明建设的若干意见》,明确了"十五"时期全省精神文明建设的指导思想、任务目标和工作措施。为此,全省开展了以"三大创建"为主体的群众性精神文明创建活动。其中,在河北省广大农村地区,围绕提高农民素质、奔小康和建设社会主义新农村,广泛开展了创建文明村镇活动。这一活动主要包括两个方面,即"十星级"文明农户活动和创建文明小城镇活动。开展"十星级"文明农户活动,是适应家庭承包这一农村经济体制,着眼于农民家庭,积极引导群众勤劳致富、学习科技、履行义务、遵纪守法、讲究道德、计划生育、学习文化、弘扬新风、尊老爱幼、讲究卫生,逐步形成了民主评议、动态管理、部门"包星"一系列工作机制。创建文明小城镇活动,是紧紧抓住小城镇这一农村发展的龙头,着眼于小城镇人口的大量增加,抓进城农民向市民的转化;结合小城镇的发展规划,同步开展文化设施建设和环境的绿化美化;通过小城镇的辐射作用,成区成片地带动农村的精神文明建设。从1996年启动这一活动以来,河北省开展这一活动的小城镇达104个,建成了24个以文明城镇为依托的农村精神文明示范区。特别是,为解决太行山革命老区文化设施严重不足问题,提高老区人民的科学文化素质和致富能力,丰富群众精神文化生活,河北省文明委组织实施了"太行山革命老区宣传文化工程",投资6000多万元在太行山区资助建设了18个县级宣传文化中心、50个乡镇宣传文化站、125个村宣传文化室。

2002年11月,党的十六大报告指出:"全面建设小康社会,必须大力发展社会主义文化,建设社会主义精神文明。"②2003年10月召开的党的十六届三中全会强调社会主义物质文明、政治文明和精神文明要协调发展。为了贯彻党的十六大和十六届三中全会精神,河北省积极开展以"四优一满意"为主要内容的精神文明创建活动,大力推进创建文明小城镇活动,继续推进"百县千乡宣

① 《十五大以来重要文献选编》(中),人民出版社2001年版,第1393页。
② 《中国共产党第十六次全国代表大会文件汇编》,人民出版社2002年版,第37页。

传文化工程"。截至2002年底,河北省又有6个县完成宣传文化中心建设,20个乡镇建起了宣传文化站,乡镇宣传文化站总数已达到100个。2003年,以唐山为重点的创建文明生态村活动试点工作取得积极成果。全省试点村,市一级抓了1123个,县一级抓了1100个。同时,创建文明村镇活动也取得了新进展。邯郸市的精神文明"八大员"活动,邢台的"五个一"进家庭活动,保定市的百万农民培训活动,灵活多样,贴近群众。文化科技卫生"三下乡""星火科技下百县""百万农民健康促进行动""婚育新风进万家"等活动,为提高农民群众的思想道德素质和科学文化素质创造了条件,提供了帮助,在促进广大农村精神文明建设中发挥了重要作用。河北省又有28个县(市)乡(镇)、村的精神文明建设工作受到中央文明委的表彰,有11个县城、45个乡镇、106个村分别被省委、省政府命名为文明县城、文明乡镇和文明村。

2004年2月,河北省委六届五次全会提出了到2020年把全省农村基本建成生态文明村的要求。创建生态文明村,是创建文明村活动在新形势下的拓展和延伸,是在广大农村落实科学发展观,推动小康社会建设的必然要求,也是在广大农村坚持以人为本,践行立党为公、执政为民的重大举措,同时,也是在广大农村建立新的生活方式,改善人居环境的一场伟大的革命。按照这个要求,河北省委、省政府提出了分"三步走"实施的奋斗目标:第一步,到2005年把全省10%左右的行政村建成生态文明村;到2010年,再使20%左右的行政村进入生态文明村行列;到2020年,实现全省农村基本建成生态文明村的目标。省委六届五次全会后,创建生态文明村活动呈"燎原之势",在全省农村迅速开展起来。截至2005年底,全省已有7374个行政村基本完成了生态文明村创建任务,占全省行政村总数的15%,超额完成了省委、省政府提出的年底前10%左右行政村建成生态文明村的要求。

2006年,党的十六届六中全会通过的《中共中央关于构建社会主义和谐社会若干重大问题的决定》,向全党提出了"把社会主义核心价值体系融入国民教育和精神文明建设全过程、贯穿现代化建设各方面"[①]的要求。2007年,党的

---

① 《中共中央关于构建社会主义和谐社会若干重大问题的决定》,人民出版社2006年版,第22页。

十七大报告提出要"切实把社会主义核心价值体系融入国民教育和精神文明建设全过程,转化为人民的自觉追求"①。为贯彻党的十六届六中全会、党的十七大报告精神,河北省委七届三次全会把满足人民群众精神文化需求作为改善民生的重要内容,做出了推动社会主义文化大发展大繁荣,建立健全公共文化服务体系、大力发展公益性文化事业的决策部署。到2010年底,全省县宣传文化中心总数达到64个、村民中心2万个、新农村书屋11440个,农村公益电影放映覆盖99%行政村,农村文化体育设施进一步普及,城乡基层公共文化服务体系不断完善,文化服务能力得到加强。文明村镇创建活动也取得了新的进展。农村"三化"建设、"十星级"文明农户、文化广场、文明集市等"四个一批"创建工作进一步深入,在全省推出了400个示范点,建成文明生态村2.5万个,文化科技卫生"三下乡"、专业技术人员"进万村兴百业"等活动也深受广大农民群众欢迎。

2011年,中共中央办公厅、国务院办公厅印发了《关于进一步加强新形势下农村精神文明建设工作的意见》,对农村精神文明建设工作提出了总体要求、基本原则与工作思路,强调要广泛开展以文明小城镇、文明村、文明户和文明集市为重点的文明村镇创建活动,深入开展城乡共创活动,积极开展农村志愿服务活动以及形式多样、丰富多彩的群众文化活动,进一步加强农村思想文化阵地建设,加快提升农村社会文明程度。为落实中央要求,河北省委从河北实际出发,对农村精神文明建设作出新的部署,紧紧围绕提高公民文明素质和社会文明程度,以"培育新农民、倡导新风尚、发展新文化"为主要内容,以"三化"建设、乡风文明、文化阵地建设、文明集市创建为重点,进一步推动农村精神文明创建活动。2012年,党的十八大报告提出,要推动社会主义精神文明和物质文明的全面发展。2013年8月,习近平总书记在全国宣传思想政治工作会议上进一步强调:"只有物质文明建设和精神文明建设都搞好,国家物质力量和精神力量都增强,全国各族人民物质生活和精神生活都改善,中国特色社会主义才能顺利向前推进。"②为深入贯彻党的十八大、习近平总书记在全国宣传思想政治

---

① 《中国共产党第十七次全国代表大会文件汇编》,人民出版社2007年版,第33页。
② 习近平:《习近平谈治国理政》(第1卷),外文出版社2018年版,第153页。

工作会议上的讲话精神,党的十八届五中全会、第二次全国改善农村人居环境工作会议和河北省委八届十二次全会精神,2016年1月,河北省委、省政府审议通过了《关于加快推进美丽乡村建设的意见》,提出到2020年基本实现美丽乡村建设全覆盖,大力推进"四美五改"("四美"即环境美、产业美、精神美、生态美,"五改"即改房、改水、改路、改厕、改厨),实施12个专项行动(民居改造、安全饮水、污水治理、街道硬化、无害化卫生厕所改造、清洁能源利用等),不断提高美丽乡村建设水平。2017年,河北省文明委又制定印发《河北省2017—2020年文明村镇创建行动计划》,确定到2020年,全省50%以上的村镇达到县级及以上文明村镇标准,建成20个左右的省级农村精神文明示范县,并力争有3个以上进入全国百个示范县行列。从2018年起,河北省文明委制定标准、强化措施,推动开展了为期3年的文明礼仪规范、婚丧嫁娶革新、公共场所治乱、交通秩序整治、城乡环境提升、户外广告提质、市场建设便民、"厕所革命"推进、绿色节俭强化、质量文化培育等"十大专项行动",着力提升全省社会文明素质。

2018年7月,中央全面深化改革委员会第三次会议审议通过《关于建设新时代文明实践中心试点工作的指导意见》之后,河北省委就把大力建设新时代文明实践中心作为深入宣传习近平新时代中国特色社会主义思想的一个重要载体,召开全省建设新时代文明实践中心试点工作观摩交流活动,积极推动新时代文明实践中心试点建设。截至2020年底,已建成20个全国试点县(市、区)新时代文明实践中心、322个乡镇新时代文明实践所和5946个新时代文明实践村站。同时,精神扶贫、文化扶贫工作也取得显著成效:探索形成了文明单位结对帮扶"10个一"模式("10个一"模式即结对帮扶乡村建设一个村民中心、一个文化广场、一条文明示范街、一批善行功德榜、一套村规民约、一个红白事理事会、一个道德讲堂、一支志愿者队伍、一支新乡贤骨干队伍、开展一系列文明创建活动)和文明校园结对帮扶"1+5"模式(即教育教学帮扶这个"1"和精神文化帮扶的5方面内容:传播文明理念、推动爱心传递、帮扶脱贫志气、提升脱贫智力、开展校外培训);全省6800多个市级以上文明单位结对帮扶贫困乡村项目1.78万个,帮扶对象3.13万人次,款物折计28.7亿元;1009所市级以上文明校园与1146所贫困地区中小学校结成了对子。以移风易俗、农村人居环境整治为重点的文明村镇创建工作继续扎实开展：2020年，共有186个村镇被评为省级文明村镇，279个村镇保留省级文明村镇荣誉称号；105个村镇被评为全国文明村镇，157个村镇保留全国文明村镇荣誉称号。此外，河北省各地广泛开展文明家庭创建活动，推动了爱国爱家、相亲相爱、向上向善、共建共享社会主义家庭文明新风尚的进一步形成，全省90%以上的行政村都建立和完善了村民议事会、红白理事会和村规民约，使村民自治功能得到了较好发挥，大力宣传推广邯郸肥乡区"零彩礼""集体婚礼"和利用农村文化礼堂俭办婚礼的经验做法，树"千村百镇"移风易俗先进典型，促婚事新办、丧事简办、祭扫雅办、节俭操办，使铺张浪费、攀比斗富之风得到初步遏制，移风易俗成效显著。在中共河北省委的领导下，经过20年的不懈努力，河北省农村精神文明有了极大的改观，精神文明建设也伴着新时代的春风登上了一个新台阶。

第二节　改革开放以来河北省农村精神文明建设的基本经验

社会主义精神文明是人民群众群策群力、共建共享、改造社会、建设美好生活的创举，是提升国民素质和社会文明程度的有效途径，也是中国特色社会主义的重要特征。改革开放以来，河北省委、省政府始终高度重视农村精神文明建设，坚持从河北农村的实际出发，大处着眼，小处着手，以创建文明户、文明村、文明乡镇为抓手，以新文明实践中心为载体，推动精神文明建设不断普及和深入，产生了广泛的社会影响，取得了丰硕的成果，也积累了丰富的经验。这些经验主要包括以下几条。

一、高度重视农村精神文明建设

首先，农村经济社会的发展进步也是包括五个文明建设在内的"五位一体"的全面发展进步。从物质文明、精神文明、政治文明、社会文明和生态文明之间的关系来看,五者之间是相互作用、相互影响、相互制约、相辅相成、有机统一的。其中,物质文明建设是其他四项文明建设的物质基础,对其他四项文明建设起着决定性作用。而精神文明建设则为物质文明建设、政治文明建设、社会文明建设和生态文明建设的发展提供思想保证、精神动力和智力支持。离开了精神文明建设,农村的其他四项文明建设也必然会受到严重的影响和制约。因此,农村精神文明建设是农村经济社会发展进步不可或缺的重要组成部分。

其次,精神文明作为国家的上层建筑,在国家政治生活中扮演着极其重要的角色。我们知道,经济基础决定上层建筑,上层建筑对经济基础又具有反作用。精神文明对农村经济社会发展的反作用,直接表现为精神文明对农村经济社会发展的指导作用。这种指导作用即体现为农村经济社会发展必须坚持以中国特色社会主义理论为指导,必须坚持党在社会主义初级阶段的基本路线,必须坚持党在中国特色社会主义建设中形成的基本经验。从党的基本理论来看,邓小平在20世纪80年代就提出了"两手都要抓、两手都要硬"的思想,明确精神文明建设是中国特色社会主义理论体系的重要组成部分。从党的基本路线和基本纲领来看,坚持以马克思主义为指导是贯彻党的基本路线和基本纲领的应有之义。从党的基本经验来看,党的十六大总结了党领导人民建设中国特色社会主义必须坚持的十条基本经验,其中之一就是"坚持物质文明和精神文明两手抓,实行依法治国和以德治国相结合",将社会主义精神文明作为中国特色社会主义的重要特征,强调要建设社会主义精神文明,不断提高全民族的思想道德素质和科学文化素质,为现代化建设提供强大的精神动力和智力支持。由此可见,农村经济社会的发展,是离不开精神文明建设的。

最后,精神文明建设既是保证农村改革发展正确方向的重要保障,也是推动农村改革发展的强大动力。一方面,加强精神文明建设,可以保证农村改革发展的正确方向。坚持四项基本原则,既是党在社会主义初级阶段基本路线的一个"基本点",也是社会主义精神文明建设的重要内容。四项基本原则是立国之本。离开了四项基本原则,农村的改革发展就会偏离社会主义方向。因此,只有坚持四项基本原则,加强社会主义精神文明建设,才能确保农村改革发展的社会主义方向。另一方面,精神文明建设也可以为农村改革发展提供思想保证和强大的精神动力。改革,既是一项极其艰巨复杂的系统工程,也是一场触及灵魂的深刻变革,必然会使人们对改革产生这样或那样不同的认识,受到各种外来错误思想的影响。这就需要通过加强精神文明建设,用正确的思想去武装人们的头脑,帮助人们树立起正确的世界观、人生观和价值观,统一人们的思想和意志,凝聚起改革共识,为改革发展提供思想保证。同时,也只有树立起正确的世界观、人生观和价值观,人们才能获得强大的精神支柱,才能拥有战胜一切困难的勇气和力量,才能保证在任何情况下都不会迷失前进的方向,从而积极投入农村改革的大潮,成为农村改革的促进派。此外,精神文明建设还可以为农村改革发展营造一个安定团结的政治局面和精神振奋、积极健康向上的社会风气,从而有利于推动农村的改革与发展。

二、以党政为主导

党的十九大报告指出,中国共产党领导是中国特色社会主义的本质特征,也是中国特色社会主义制度的最大优势。党政军民学,东西南北中,党是领导一切的。党作为最高政治领导力量,对于经济社会发展负有领导责任。党既要领导经济建设、政治建设、社会建设和生态文明建设,也要领导精神文明建设。因此,领导精神文明建设是各级党委和政府的重要职责,是各级党员干部的"分内"之举。党对精神文明的领导,主要表现在两个方面:一是制定指导精神文明建设的路线、方针、政策,提出精神文明建设的目标、任务及必须坚持的基本原则,制定精神文明建设的发展战略等;二是各级党委和党员领导干部忠实地贯彻执行党关于精神文明建设的各项要求和规定,将抽象的路线、方针、政策、原则与总的目标、任务、战略、决策部署转化为具体的建设行动。这两个方面相辅相成。坚持党对农村精神文明建设的集中统一领导,就是要坚持以各级党委和政府为主导,推动农村精神文明建设的开展,就是要把农村精神文明建设工作纳入各级党委、政府的全局性工作之中,将农村精神文明建设工作作为一项重要的工作,经常研究,统筹谋划,并成立专门机构,安排专职人员,具体领导,分工负责。各级党委、政府的"一把手"要对农村精神文明建设工作,做到亲自动员、亲自部署；县、乡党委、政府"一把手"要亲自抓、负总责，各村党委（或党支部）、村委会要把农村精神文明建设工作作为"最大的村务"之一，抓住、抓紧、抓好；各级文明委或精神文明建设工作领导小组要通过制订规划、宣传发动、组织观摩、选树典型、督促指导等多种形式，协调有关部门大力推进农村精神文明建设工作；社会各界要积极投入农村精神文明建设工作，形成抓精神文明建设工作的巨大合力；要形成"一把手"亲自抓、党政群齐抓共管、全社会积极参与的农村精神文明建设工作新格局。以党政为主导，必须建强农村"两委"班子，坚持选好配强村党支部书记，注意选拔党员群众拥护、"双带"（带头致富、带领群众致富）能力强的村"两委"班子带头人，使之成为农村精神文明建设的"好当家"，密切党群、干群关系，不断提高村"两委"的凝聚力、创造力和战斗力。要充分发挥广大党员的先锋模范作用，党员、干部做给群众看，带领群众干，用自身实实在在的行动，赢得群众的信服和支持。

三、以农民群众为主体

2017年，中央文明委在《关于深化群众性精神文明创建活动的指导意见》中指出，"必须坚持以人民为中心的发展思想，牢固树立依靠人民、为了人民的思想理念，增进人民福祉，促进人的全面发展，动员人人参与，实现共建共享"，这是精神文明建设的重要指导原则。刘云山在主持中央文明委第三次全体会议时强调，精神文明建设是人民群众的事业，必须坚持为了人民、依靠人民、造福人民。坚持以人民为中心，加强农村精神文明建设，就是要把一切为了人民，让人民群众过上更加美好的生活作为我们精神文明建设的出发点和落脚点，就是要使精神文明建设贯穿农村经济社会的各个领域，体现在农民群众的实际生产生活的各个环节。就是要深入基层、深入群众，了解群众的所需所盼，使精神文明建设接地气、连民心，急群众之所急，想群众之所想，解群众之所难。就是要使精神文明建设由虚转实，在落细、落小、落实中体现为民情怀，丰富农民群众的精神文化生活，满足不同层次的精神文化需要，使农民群众受益其中。坚持以人民为中心，就是要把一切依靠群众，作为精神文明建设的着力点。坚持一切依靠群众,就必须要从农民群众的立场、观点出发看问题、做决策,要多办群众看得见、摸得着的好事、实事,多解群众牵肠挂肚的急难、愁事,使精神文明建设融入农民群众生产生活,让农民群众能够感受到精神文明建设所带来的实实在在的成效。只有这样,才能引导农民群众积极参与到精神文明建设中来,并使之成为农村精神文明建设的主体力量。这也要求我们要始终把充分依靠群众、广泛发动群众贯穿精神文明建设工作的始终,坚持群众自愿参与、自己动手、自我完善,顺应民意、启发民智、依靠民力,要充分运用宣传发动、典型引路、以奖代补等办法,凝聚群众的智慧和力量,充分调动群众的积极性和创造性,最大限度地把农民群众组织到精神文明建设中来。坚持以人民为中心,推进精神文明建设,还必须要密切联系群众,聚焦人民群众反映强烈的突出问题,凝聚群体共识,群策群力;精神文明建设方案要交给农民群众讨论,而不是少数领导和专家坐而论道;还必须要把群众满意不满意、高兴不高兴作为评价精神文明建设成果的重要标准,真正使农村精神文明建设成为农民群众的"满意工程"。

四、以农村经济发展为基础

经济基础决定上层建筑,有什么样的经济基础就会有什么样的上层建筑。从精神文明建设和经济发展的关系来看,虽然精神文明建设有其自身的发展规律,但精神文明建设也是离不开经济发展这个物质基础的。一般来说,经济越发展,精神文明建设的条件就越好。改革开放40多年来,河北农村经济社会发生了翻天覆地的变化,广大农民的生活水平也从追求温饱到实现全面小康,并向着共同富裕的目标迈进。但当前,我国仍处于并将长期处于社会主义初级阶段的基本国情没有变,我国作为世界上最大的发展中国家的国际地位也没有变。社会主要矛盾虽然已经转化为人民日益增长的美好生活需要同不平衡不充分的发展之间的矛盾,但解决不平衡不充分的发展依然是河北省农村经济社会发展的主要任务。解决这一任务,还必须要始终坚持以经济建设为中心不动摇,聚精会神搞建设、一心一意谋发展,努力发展经济。农村的各项工作都要服从和服务于这个中心,而不能离开、更不能干扰这个中心。经济不发展,就不能为精神文明建设创造良好的物质基础,就会影响和制约精神文明建设。因此,加强精神文明建设,必须要把发展经济作为第一位的任务,实现经济发展与精神文明建设相互促进、相辅相成。一方面,通过发展经济,激活农村的消费市场,扩大内需,拉动农村经济增长,为修建道路、美化村庄、完善基础设施创造条件,为外出务工人员返乡创业提供机会,为精神文明建设提供物质保障;另一方面,通过大力开展精神文明建设活动,丰富农村文化生活,提高广大农民的科学文化素质和思想道德素质,优化发展环境,为外地客商前来投资、办企业、搞旅游创造条件,从而形成新的经济增长点。

五、以创建文明农户、文明村和文明小城镇活动为抓手

创建文明农户、文明村和文明小城镇,是农民群众建设社会主义精神文明的生动实践和伟大创造。河北省是这一文明创建活动的发源地。创建文明农户活动即创建"十星级"文明农户活动,是河北省在总结各地经验的基础上,引导农民群众广泛创建精神文明活动的有益尝试。创建文明农户活动,旨在将农村两个文明建设落实到千家万户。各"星"文明农户的评选标准由各市、县依据本地实际制定,目的在于引导农民群众广泛参与。"十星级"文明农户创建的工作机制,包括民主评议、三榜定星、动态管理、部门包"星"责任制和分类指导。创建文明农户活动极大地激发了广大农民学习先进、争做先进的巨大热情,使许多农村出现了"小孩门前数星星,妇女串门议星星,田间地头谈星星,男女老少争星星"的创建热潮。特别是,通过养教星、和睦星、科技星、文化星、义务星、卫生星和新风星的评比,推动了农村爱国主义、集体主义和社会主义教育的广泛开展,提升了农民群众的思想道德觉悟和文化素质,活跃了农村文化生活,有力地促进了农村精神文明建设。创建文明村活动,旨在运用集体的力量解决农民关心而一家一户难以解决的问题。创建文明村活动,一是抓村容村貌,通过组织群众治理"五乱"、改水改厕和进行新村规划和建设,改善农民的生活环境。二是抓文化阵地建设,通过在原有的青年之家、民兵之家的基础上新建村图书室和文化体育场所,改善农民的精神文化生活条件。三是抓群众移风易俗自治

组织建设,通过在全省广泛开展红白理事会、妇女禁赌会、道德评议会等群众性自治组织建设活动,引导农民群众移风易俗,抵制陈规陋俗,倡导文明新风。创建文明小城镇活动,旨在推动小城镇作为农村精神文明建设龙头的引领示范作用。在明确重点的基础上,各地结合自身实际情况,做好素质教育、文化建设和环境建设三篇大文章,动员广大农民群众广泛参与,量力而行,分步推进,以小城镇为依托,创建农村精神文明示范区。经过改革开放40多年的发展,文明农户、文明村和文明小城镇活动的创建,内容从农村思想道德建设、科学教育事业、基层社会治理、村容镇貌改造、移风易俗到建设文明科学健康生活方式不断丰富,活动成效显著。

六、以创建生态文明村、改善农村人居环境为重点

创建生态文明村、改善农村人居环境,是农民群众最关心、最直接、最现实的问题,也是精神文明建设的重要内容,又是农民群众建设美好家园的一场伟大革命。河北省在创建生态文明村、改善农村人居环境方面的主要做法,一是各级党委、政府高度重视,认真研究谋划,深入开展宣传发动,狠抓组织实施,为深入持久开展创建活动营造了良好的社会氛围。二是各地立足当前,着眼长远,明确创建目标,科学制订创建规划,坚持先易后难、因地制宜、分类指导的原则,分示范性、普及型和过渡型三个层次推进,不搞"一刀切""齐步走"。三是从与农民群众生产生活密切相关、农民群众最迫切希望解决又最能凝聚民心的"三化"(道路硬化、村庄绿化和街院净化)建设入手,突出重点,让农民群众能够得到实实在在的利益。在此基础上,全面提升管理水平,协调推进,确保建成一批、巩固一批,建成一村、巩固一村,建成一项、巩固一项。四是尊重群众,尊重规律,注重处理好党委与政府、社会与农民群众的关系,坚持党委、政府引导而不强制,部门帮建而不包办,社会支持而不旁观。农民群众既是创建生态文明村、改善农村人居环境的直接受益者,也是建设的主体力量,要充分发挥农民群众的作用,让他们在创建和改善活动中唱主角、挑大梁。通过大力开展道路硬化,把路通到老百姓的家门口,改变了农村"晴天一身土、雨天两脚泥"的状况;通过

大力开展街院净化、清运积存垃圾、建沼气池、改水改厕、建设养殖小区等方式，有效地治理了"五乱"现象；通过大力开展村庄绿化，鼓励广大农民在村庄周围、村道两侧、房前屋后植树栽花，美化了村庄，优化了生态环境；通过大力开展住宅美化，治理"空心村"，为群众提供更加方便、更加舒适、更加美观的居住条件，使农民群众看到了实实在在的利益，得到了实实在在的好处。创建生态文明村、改善农村人居环境，使广大农村的基础设施和生态环境建设得到加强，村容村貌、群众精神面貌和党群关系都发生了可喜的变化。广大农民群众参与创建和改善活动的积极性被调动起来了，热情越来越高，成效日益显著，一批环境整洁、绿树环绕、民风淳朴、人际关系和谐的社会主义新农村脱颖而出，对广大农村产生了强大的影响力和带动力，展现了农村发展的美好前景。

七、以文化建设为支撑

从内容上来说，精神文明建设，既包括思想道德建设，也包括科学文化建设。思想道德建设解决的是精神支柱和精神动力问题，教育科学文化建设解决的是科学文化素质和现代化建设智力支持问题；两个方面密不可分，缺一不可。文化建设是精神文明建设不可缺少的重要组成部分，它既是物质文明建设的重要条件，也是提高人民群众思想道德觉悟的重要条件。加强农村精神文明建设，必须要以文化建设为支撑。只有不断加强文化建设，才能为精神文明建设夯实基础。河北作为一个经济大省，也应该是一个文化大省。事实上，燕赵大地是一片有着深厚文化底蕴的沃土，它孕育了人类早期的泥河湾文化、磁山文化、三祖文化，培育过以荀子、董仲舒、关汉卿、祖冲之等为代表的一大批杰出的思想家、文学家、科学家。河北的革命文化也独具影响力，中国共产党的创始人李大钊不仅诞生在河北，而且最早在河北传播先进思想。在中国革命和建设的漫长过程中，厚重的河北革命和建设文化影响和教育了一代又一代河北人民。这些珍贵的文化遗产也是我们今天加强农村精神文明建设的宝贵财富。加强农村精神文明建设，首先，必须要努力提高广大农民群众的思想道德素质和科学文化素质，引导广大农民群众坚定中国特色社会主义共同理想，培育新时代的河北人文精神。其次，还必须要大力推进农村文化体制改革，促进农村文化事业和文化产业的大发展，培育充满活力的文化建设主体。再次，要大力加强农村基础文化设施建设，完善服务功能，使每一个村都有文化室、每一个村都有文化墙、每一个村都有文化活动，丰富农民群众的文化生活，使之对农民群众素质的提高发挥潜移默化的作用。最后，要广泛开展群众性文化活动，大力开展各种形式的精神文明创建活动，引导广大农民群众明辨是非荣辱，移风易俗、树立新风，崇尚文明、追求进步，营造文明和谐的人际关系，不断满足农民群众的精神文化需求；要继续组织优秀文化活动和文艺作品进农村，深入推进文化、科技下乡活动。经过40多年改革开放的发展，河北省广大农村精神文明建设有了很大的发展，农民群众的综合素质和农村文明程度得到了进一步提高。

第四章 改革开放以来河北省农村精神文明
建设的典型与新时代发展战略

改革开放40多年来，河北省在农村精神文明建设取得巨大成就的同时，也涌现出了一批富有地方特色、可复制推广的农村精神文明建设的先进典型。这些先进典型，对于进一步加强河北省新时代农村精神文明建设，具有重要的启迪意义。总结经验，树立典型，是为了更好地展望未来。在新时代，要进一步加强河北省农村精神文明建设，还必须要认真研究农村精神文明建设的经验，制订农村精神文明建设的中长期规划，制定和实施新时代农村精神文明建设的发展战略。

第一节 河北省农村精神文明建设的典型

改革开放以来，河北省的一些农村地区在开展农村精神文明建设过程中，从本地实际出发，因地制宜，敢于创新、勇于创新，走出了一条适合本地的农村精神文明建设路子，既为河北省其他农村地区精神文明建设提供了有益的经验借鉴，也为它们注入了精神动力。其中，石家庄岗上村在探索中形成的"岗上经验"、保定中鲁岗村的"四进家"活动、沧州的"青县模式"和邯郸"欢乐乡村"文化工程最具影响力。

一、石家庄岗上村的"岗上经验"

岗上村位于藁城市西部，紧邻省会石家庄。与其他地方农村相比，岗上村既无优越的自然禀赋，也无国家优惠政策的扶持；但自改革开放以来，在上级党委的领导下，紧紧围绕社会主义新农村建设，以"五个好"为目标，以《功德录》为抓手，深入开展农村精神文明建设，取得了斐然成绩，推动了经济社会的快速发展。岗上村连续20多年保持了省级文明村荣誉称号，并多次获评"全国文明村""全国创建文明村镇先进单位""全国民主法治示范村"等荣誉称号。岗上村加强农村精神文明建设的做法和经验主要有如下几条。

（一）充分发挥各方力量

精神文明建设工作能不能做好、干出成效，关键在于能不能充分调动各方面力量。首先，村干部要率先垂范、真抓实干，这是岗上村精神文明建设卓有成效的关键所在。岗上村农村精神文明建设之所以能够取得成效，关键在于有一个好支部、有一个好支书。20世纪80年代初，郑梦辰担任了岗上村党支部书记后，决定以德治为抓手，通过建立《功德录》的方式，带动各项工作的开展。郑梦辰和党支部一班人，不仅几十年如一日登记《功德录》，而且率先垂范，身体力行，要求群众做到的支部班子成员自己首先做到，班子成员的言行也要接受村道德评议会的监督，家里的红白事也不搞特殊，完全按照村里的规定执行。正是由于有了这样一个好支部、这样一个好支书，岗上村的社会风气才实现了根本好转，使助人为乐、见义勇为、尊老爱幼、崇尚科学、勤劳致富、邻里和睦蔚然成风。其次，充分发挥广大农民群众在精神文明创建中的主体作用。广大农民群众是精神文明建设的主体，只有发挥好广大农民群众的主体作用，精神文明建设才能长长久久。发挥好广大农民群众的主体作用，就是要在精神文明建设活动中努力实现农民自我教育、自我管理。岗上村发挥广大农民群众主体作用的载体主要是《功德录》、群众道德评议会、红白理事会。通过《功德录》弘扬善行善举，唱响正能量，催生人们内心崇德向善的"种子"；通过群众道德评议会组织群众评议自己的言行，褒优贬劣，扬善抑恶，实现村民自我教育、自我管理；通过红白理事会教育群众移风易俗，引导群众树立崇尚科学、健康向上的文明意识。岗上村农村精神文明建设富有成效的关键就在于把群众广泛动员和组织了起来,实现了让群众自己教育自己、自己管理自己。

(二)依托有效载体

精神文明重在建设。精神文明建设必须要依托有效的载体开展,才能卓有成效。岗上村每年一度的"遵纪守法户""双文明户""好媳妇""好婆婆""好青年""文明家庭"和"十星级"等的评选活动就是这样的有效载体。评选活动先由村民小组道德评议会初评,后由村道德评议会定评。评选的主要依据就是《功德录》。通过各类道德评选活动扬善抑恶、扶正祛邪、涵养民德、匡正村风,收到了良好效果。

(三)充分发掘、利用当地精神文明建设资源加强对村民的文明教育

充分发掘、利用当地精神文明建设资源对村民进行文明教育,是提升农民素质、加强精神文明建设的重要途径。岗上村的做法,一是通过典型的人或事开展文明示范教育。岗上村的《功德录》就是善行善举的光荣榜,村民都以榜上有名引以为荣。上榜《功德录》的人和事就在身边,可亲、可敬、可学、可比,触动灵魂。二是通过家庭美德评比开展家庭美德教育。家庭是社会的细胞,是社会稳定的基础。家庭和睦对农村精神文明建设具有重要的促进意义。岗上村通过广泛开展"星级家庭""模范夫妻""好媳妇""好婆婆"等多种形式的家庭美德评比活动,教育广大群众要努力做到家庭成员之间尊老爱幼、团结和睦、互敬互爱,勤俭持家。三是通过开展公评公议进行文明认知能力教育。公评公议,就是把村里的一些较为典型的事一件件摆出来,让群众来进行道德评判,实现好事大家赞、坏事大家管,弘扬了正气,打击了歪风,匡正了人们的道德观念,提高了人们的道德认知。

(四)加强农村文化建设

治穷先治愚,求富先求知。加强农村文化建设,是拔掉农村"穷根"的根本途径,也是农村精神文明建设的基础工程。为了加强农村文化建设,岗上村的做法,一是大力加强农村公共文化服务基础设施建设。从20世纪80年代初,岗上村就建起了村民图书室,现在藏书已逾7万册,是河北省藏书量最大的农村图书馆。二是组建一支富有岗上特色的农村文化队伍。岗上村专门成立了一支

文艺宣传队,将发生在身边的典型人事编排成文艺节目,通过舞蹈、相声、小品、数来宝等形式,在街头巷尾广泛表演,演身边事,讲身边理,用喜闻乐见、健康向上的文艺节目寓教于乐,使人们在愉悦身心的同时也受到了教育。

(五)构建精神文明建设长效机制

岗上村精神文明建设之所以搞得好,不仅仅是因为村"两委"高度重视,更是因为他们构建了保障精神文明建设的长效机制。一是好人好事宣传表彰机制。上榜《功德录》的好人好事都要在村大喇叭里及时播报、循环播报。各类评比表彰大会,都要为获奖/获誉者送牌匾、戴红花、发放纪念品。发生在身边的典型好人好事还会被编排成舞蹈、相声、小品等群众喜闻乐见的文艺节目,通过表演,加以表彰。同时,还在村里建立道德坊、功德碑、孝德墙、光荣榜、好人窗,使好人美名远扬。不仅如此,岗上村还非常重视对善行美德进行总结、提炼、概括,通过市、省乃至全国的主流媒体报道岗上村的德治模式和好经验。二是道德模范的定期评选机制。岗上村在长期的德治实践中,逐步形成了"一月一小结、半年一初评、年终总表彰"的常态化评议评选机制。评议评选,标准公开,过程透明,结果公示,确保公开、公正、公平。三是在商户、学校、工厂、社区积极开展"善德教育、善行宣传和模范评选"三位一体的教育机制。四是激励保障机制。其中,既有以广播宣传、各种表彰、戴红花、送奖匾、节假日走访慰问等为主要形式的精神激励,也有物质激励,岗上村规定见义勇为最高可奖10万元。同时,还建立了先进典型帮扶机制,出实招、做实事,为模范典型生活、就业等方面解难纾困。

(六)营造精神文明建设良好氛围

古人说,近朱者赤,近墨者黑。环境对人的影响是巨大的。岗上村为了营造精神文明建设的良好氛围,紧紧抓住每日的一件件小善小德,于细微处见精神,动用一切可以动用的媒体力量,大力加强舆论引导,大张旗鼓地褒扬各类先进模范、道德榜样,弘扬社会正气,使广大村民在耳濡目染中潜移默化、根植心田,自觉身体力行,践行善行义举。现在,在岗上村好人好事处处可见、时时可寻、人人争做已经成为一种常态。

二、保定中鲁岗村的"四进家"活动

保定市竞秀区韩村乡中鲁岗村原本是一个偏僻小村，从20世纪90年代开始，他们在"三个文明"的创建活动中，通过不断地探索、实践，逐渐形成了颇具特色的精神文明创建"四进家"活动。"四进家"活动即将市场经济知识、科学技术知识、法律知识、文化娱乐活动送到广大农民家庭的活动。"四进家"活动的持续开展，使中鲁岗村精神文明面貌有了极大的改观，村民的文明素质有了极大的提升，出现了家家守法纪、人人讲文明，治安良好、社会稳定的景象。"四进家"活动，不仅深受村民的欢迎，而且也带动了经济的快速发展，使中鲁岗村呈现出一派政通人和、安居乐业、蓬勃向上的动人景象。中鲁岗村也因此被评为保定市委、市政府首批小康村、文明村、吨粮村、先进基层党组织、普法先进单位、卫生达标单位，荣获省级文明村荣誉称号。

中鲁岗村"四进家"精神文明创建活动的主要做法如下。

（一）建强一个好支部，选出一个好支书

农村基层党组织是党在农村全部工作和战斗力的基础。老百姓常说，"要想富，看支部"。搞好农村精神文明建设也离不开一个好的基层党组织、一个好的党支部。一个好的党支部关键还要有一个好支书。1985年，刚刚当选为中鲁岗村党支部书记赵玉林面对着集体空、群众穷、人心散、治安乱的村子实际，首先和支部成员、村干部统一了思想，将心想群众、事为群众，全心全意为村民谋利益作为村"两委"行事准则，把做大做强村集体企业作为突破口，带领村"两委"励精图治，带领群众走上一条共同富裕的道路。村集体没有资金，赵玉林就把自己家里的一辆车卖掉，作为企业启动资金。村集体企业资金周转有困难，在赵玉林的带领下，村"两委"在千方百计筹资的同时，决定把困难留给自己，推迟干部及其家属工资的领取，保证群众工资的正常发放。在赵玉林的带领下，村"两委"廉洁奉公，处处吃苦在前，享受在后，体现着共产党人的高风亮节，赢得了村民的一致拥戴。到1995年时，村集体的固定资产就达到了1100多万元，年产值超过5500万元，人均收入超过3500元。村子富了，按照当时上级的政策，村干部工资可以提高80%。但村"两委"干部集体决定一分不提，将钱全部用于村公共事业的建设。随着村集体经济的进一步发展，他们先后投入几十万元用于修建村小学教学楼，硬化村内外道路，安装路灯，兴建幼儿园、洗澡堂、骨灰堂，还挖塘栽藕养鱼，逢年过节无偿为村民提供鱼藕，每年组织村民免费外出参观旅游，为65周岁以上老年人每月发放养老金。同时，村里还为村民生老病死、婚丧嫁娶提供无偿服务。村"两委"在赵玉林的带领下，心里时时想着群众，事事处处关心群众，群众也支持和拥戴村"两委"，爱国、爱村、爱家蔚然成风。

（二）壮大集体经济，走共同富裕道路

物质文明和精神文明是相辅相成的关系。精神文明建设不是空中楼阁，也需要一定的物质基础为之提供保障。精神文明建设反过来也会促进物质文明建设的发展。中鲁岗村党支部深刻地认识到，搞好物质文明是搞好农村精神文明建设的基础，也是进一步提升精神文明水平的前提。搞好农村精神文明建设的物质基础不是私营经济，也不是个体经济，而是走共同富裕道路的集体经济。只有集体经济发展了，村民才能走上共同富裕的道路。只有实现了共同富裕，村民才会心向集体，才能形成正确处理集体与个人利益关系的主体意识，集体主义意识才能形成。正是由于中鲁岗村村"两委"有着这样的远见卓识，坚持走集体经济发展的道路，把共同富裕作为奋斗的目标，并通过发挥自身的先锋模范作用，带头苦干实干，才使中鲁岗村经济社会发生了翻天覆地的变化，广大村民生活水平有了极大的提高，村容村貌有了极大的改善。在这一过程中，广大村民逐步认识到，个人与村集体实际上是一个命运共同体，只有集体发展了，个人才能有更好的发展。在此基础上，广大村民也逐步形成了处处想着集体、事事为了集体的主人翁意识，从而为精神文明建设打下了坚实的基础。

（三）全面提高村民素质

中鲁岗村村"两委"在带领广大群众建设美好家园的过程中认识到，村民素质是影响村经济社会发展的决定因素。村集体经济的发展离不开村民的高素质，村精神文明建设同样也离不开村民的高素质。村民的素质是中鲁岗村进一步发展最为关键的因素。只有广大村民的思想道德素质和科学文化素质都得到了极大的提高，中鲁岗村经济社会发展才能跃上一个新的台阶。基于此，中鲁岗村村"两委"决定将提升村民素质作为一项重要的基础工程。在全村深入开展"四进家"活动。一是市场经济知识"进家"。通过"走出去"与"请进来"，引导广大村民学习市场经济知识，转变小农经济的落后思想观念。二是科学技术知识"进家"。通过加大教育投入、招聘各类人才、请专家学者办班授课、与科研院所联营等方式，实现了科技知识、科技意识、科技操作"进家"。三是法律知识"进家"。通过发放普法材料、加强法制宣传教育、制定村规民约等，做到了让村民知法、守法。四是文化娱乐活动"进家"。通过结合村里实事编排村民喜闻乐见的小节目由村民自唱自演、举办"乐在家庭"演唱会、建好"五室"（广播室、文化活动室、图书室、党建室、优生优育宣传室）实现了寓教于乐。在开展"四进家"活动中，中鲁岗村党支部要求全体党员、干部要率先垂范，为此，村"两委"进一步健全了各项规章制度。为使各项规章制度落到实处，村"两委"又制定了党员、干部责任管理考核办法，使责任与收入挂钩，极大地调动了广大党员、干部履职尽责的积极性，党员、干部模范带头作用的发挥也得到了有效保障。党员、干部模范带头，广大群众也不甘落后，使精神文明建设的"四进家"活动结出了累累硕果。

三、沧州的"青县模式"

青县位于河北省沧州市北部，是一个名不见经传的北方小县，总面积不到1000平方千米，总人口不足40万，其中近85%为农业人口。在青县党委和政府的领导下，经过十多年的大胆探索、创新，在农村精神文明建设方面所创造的"青县模式"闻名遐迩，为各地广为学习和借鉴。

自2004年以来，青县按照省、市的要求，以农村"四个一批"建设为抓手，扎实推进农村精神文明建设，取得了良好的成效。文明治县，以"文"兴县，使青县焕发出勃勃生机，展现出美好的发展前景，主要做法如下。

（一）加强组织领导，为农村精神文明建设提供保障

加强农村"四个一批"建设，是提升农村文明程度的重要手段。青县文明委高度重视，把它作为为群众办实事、深化新农村建设的重要抓手。

1.健全机构

成立了"四个一批"建设工作领导小组,负责全县工作的组织、协调和指导。领导小组制定了目标责任制和考核办法,工作责任明确到村镇、到人。建立了县、乡、村三级管理体系,形成了文明委总体指导,镇村具体负责,相关部门直接参与,群众齐抓共建的工作运行机制。

2.科学规划

按照"以点带面、逐步推开"的原则,县文明委制定了《青县"四个一批"建设指导意见》,确定了创建工作分三步推进,即2010年作为试点示范阶段,2011年开始每年完成15%的创建任务,2015年全面推广建设。

3.加强指导

实行县乡领导、县直部门包村制度,负责指导、协调、督导。自工作开展以来,各级干部、部门下基层260余次,保证了"四个一批"建设扎实推进。

(二) 结合实际工作,赋予"四个一批"建设丰富内涵

第一,坚持四个结合,积极推动"十星级"文明户创建工作。一是坚持民主评议与农村道德评议活动相结合。2002年,青县村成立了道德评议会,以评议会为依托开展评"十星级"活动,能够动员群众广泛参与,既有民主性,又能充分调动群众积极性。具体操作办法是"三榜定星",即农户认星、小组评星和道德评议会定星。每半年组织一次初评,年底总评。在评星标准上"求高不求低",在评定数量上"求精不求滥"。二是坚持动态管理与"文明风尚进万家"宣传教育活动相结合。自2008年以来,青县深入开展了"文明风尚进万家"宣传教育活动,把"十星级"文明户评选作为重要内容,在道德建设公开栏中设立了"文明十星榜",半年、年终定期公布评选结果,对群众起到了良好的教育监督作用。此外,还根据实际对达到和违反标准的农户随时增减星,实施动态管理。三是坚持典型带动与"感动青县——道德模范评选表彰"活动相结合。近年来,青县十分注重道德典型挖掘、宣传工作,以"感动青县——道德模范评选表彰"活动为载体的一系列活动开展扎实有效。在评"十星级"中评模范,以评模范带动评"十星级",收到良好效果,发掘出一大批道德典型。这些道德典型,既有村级层面的"孝敬模范""教子模范",也有县级层面的道德模范;既有市级层面

的"沧州好人""沧州骄傲",也有省级层面的省道德模范、"感动河北十大年度人物";既有人成为"感动中国"候选人,也有人荣登"中国好人榜"。对于道德典型,县委每年在群英会上予以隆重表彰。青县电视台《德化人生》栏目期期都有农村道德典型播报。《德化人生》栏目不仅成为人们茶余饭后热议的话题,也已成为国家级注册品牌。中央、省、市媒体也多次对青县农村精神文明建设典型进行报道。四是坚持鼓励引导与落实奖惩机制相结合。青县在宣传表彰的同时,也将精神鼓励与物质奖励结合起来。通过制定和落实奖励制度,激励人们争"十星级"、创"十星级"。对连续三届的满星户,村民大会上予以表彰,《德化人生》栏目予以报道,并给予一定的物质奖励;对省级以上道德先进个人予以3000—1万元奖励;鼓励有条件的镇村设立精神文明奖,奖励"十星级"文明户。近年来,清州镇、陈嘴乡、马厂镇等8个乡镇,耿官屯、东姚庄等70多个村拿出了专项资金,连年奖励"十星级"示范户、移风易俗先进家庭、大学生、孝敬模范等先进典型,对群众创"十星级"起到极大的推动作用。此外,青县还联合农行、信用社等金融单位,以评"十星级"为参照,开展小额惠农贷款。

(三)突出"三化"重点,加强文明示范村建设

青县紧紧围绕道路硬化、街院净化、村庄绿化三个重点,持续推动示范村建设。一是以新农村建设为背景,为示范村建设注入强大动力。青县县委将"四个一批"建设与新农村建设纳入同一轨道,一同部署、一同推进,一同考核、一同奖励,寻求共性、互相借力,重点加强"三化"支持力度。从成效上看,这种对接,既形成了合力,也充分调动了部门参与积极性。二是以新民居建设为切入点,带动示范村建设实现新突破。近年来,青县采取就地改建、异地迁建、多村联建等方式,积极推进新民居建设,不断加快城镇化发展进程,以城郊区域和乡镇驻地、产业聚集区为重点,积极推进新民居中心社区建设。三是以落实奖补帮扶措施为动力,增强示范村建设后劲。一方面,县财政每年拿出1000万元资金,专项补贴以文明示范村为代表的新农村建设;强化帮扶措施,实行帮扶责任制,组织县直47个单位对口支援参与"四个一批"建设,对于创建村,各单位按照"三帮"要求帮规划、帮资金、帮办实事。另一方面,县财政采取积极申请农村公益事业"一事一议"直补资金等措施,加大对创建村的支持。四是以"志愿者在行

动"活动为载体,为示范村建设注入活力。自2007年以来,青县组织开展了"志愿者在行动"活动,全县设立注册志愿者分会13个,发展乡镇志愿者组织11个、民间组织5个、农村志愿者小组79个,志愿者总人数近9000人。这支队伍已经成为新农村建设,特别是农村"四个一批"建设和文化建设的生力军。

(四) 坚持德法并举,倾力打造农村文明集市

一是明确标准,做到对商户边宣传边教育。文明集市创建以来,青县针对目前农村集贸市场存在的硬件设施差、管理不到位、伪劣农资和不合格食品容易流入、存在欺诈行为等群众反映强烈的突出问题,从市场监督管理、设施建设、卫生整治、诚信经营四个方面入手,制定了农村文明集市的四项标准,联合工商、税务、城管等部门,通过发放明白纸、树立宣传牌、电视宣传等形式,营造创建氛围、加强商户教育。二是诚信创建,做到创建工作引导先行。近年来,青县重点在农村集市继续深入开展了"创建诚信一条街",创建"诚信商家"、诚信联盟等活动,通过签订责任书、建立商户诚信档案等形式,加强了商家职业道德建设。三是整合资源,做到综合治理、依法管理。在创建文明集市过程中,青县整合工商、税务、金融、城建、质检等12个部门的创建资源,明确分工,相互协调,以法规和管理促规范。强化了各职能部门的维权责任,不断完善道路、摊位硬件建设,健全了农村维权网络,严厉打击制售假冒伪劣、开展市场"五乱"治理,加大力度治理市场卫生死角和积存垃圾,积极探索和建立农资市场长效监管机制,取得明显成效。在电视台《今日乡村》和《督察视点》节目中专门设立了农村文明集市建设专题跟踪报道,曝光脏乱差情况,对改善农村市场环境起到了极大的推动作用,解决了很多多年遗留问题。

(五) 从群众实际需求出发,推动农村文化广场建设

自"四个一批"创建以来,青县从群众实际需求出发,在农村文化广场建设中,突出抓好三方面的工作。一是因地制宜搞建设,充分考虑村庄特色。按照村庄布局和经济条件的不同,青县提出了因地制宜原则和"八有"标准。因地制宜就是建文化广场要按照群众意愿和需求,符合实际,突出特色,力求一园一景,可一步到位或分期建设。充分体现广场的娱乐休闲、文化健身功能。有的村利用改造空心村地基、村内池塘、废弃荒地,既美化了环境,又解决了用地问

题。"八有"即要求每个广场要有运动场地、健身器材、休憩设施、卫生公厕、垃圾桶、照明设施、花草树木和管理机制,使群众锻炼有去处,求知有阵地,娱乐有场所。二是突出文化内涵,提升广场档次品位。农村文化广场的突出特点和灵魂在于文化。为此,青县坚持新建文化广场突出文化内涵的同时,对原有广场进行了文化提档改造,选择8个重点村进行示范。要求各村确定广场文化主题,根据实际建设亭台楼榭、农村舞台和农民书屋,修建文化墙、青少年教育实物,设置公德榜、文化石、文化雕塑、宣传橱窗等,聚集文化资源,延伸服务功能。三是积极发挥作用,引领农村文明风尚。丰富群众精神文化生活,让群众饱尝"文化大餐",是文化广场建设的落脚点。青县着力在发挥广场作用上下功夫。近年来,青县充分利用文化广场组织文化"三下乡"、农村秧歌赛、消夏晚会等活动,举办"知青县、爱青县、兴青县"文化艺术节,举行"激情广场"文艺巡演,开展"德化人生 走近你我"基层行活动。文化部门还指导组建农民文艺团体,培养文艺骨干,吸引农民参与广场文化活动,促进了农村群众文化繁荣,使农村文化广场真正成为农村精神文明建设的重要阵地。

(六)强化制度管理,确保"四个一批"建设规范发展

在"四个一批"建设农村精神文明创建过程中,青县非常注重建立健全机制、加强管理培训。一是制定了《"三化"建设示范村标准》《文化广场管理制度》,修订了《十星级文明农户创建管理办法》等,加强"四个一批"软件建设。二是坚持边创建边完善,对"三化"建设示范村,重点加强环境卫生管理长效机制建设;对"十星级"文明户示范村,重点落实好民主评议、动态管理机制,完善奖惩机制;对文化广场建设示范村,重点加强广场的利用;对文明集市创建点,重点探索商户诚信联盟制度。三是采取以会代训、学习参观等形式,加强镇村建设、管理人员的培训教育,为"四个一批"建设活动深入开展打下了基础。

多年来,青县在加强农村精神文明建设方面,始终坚持以"四个一批"建设为抓手,大力弘扬真善美,积极倡导良风美俗,倾力打造"道德青县·爱心之城",使青县农村孝老敬老蔚然成风,矛盾纠纷明显减少,治安状况明显改善,社会秩序和谐稳定,乡村面貌大为改善,群众的安全感、幸福感不断增强,农民素质和农村文明程度都有了很大提升。与此同时,农村精神文明建设也为青县经济社

会发展注入了生机和活力，成为青县的一张闪亮"名片"，由此吸引了很多企业到青县投资，使青县这个没有任何经济资源优势的农业县实现了财政收入的连年大幅度增长。

四、邯郸"欢乐乡村"十百千万农村文化工程

从2010年初开始，邯郸市委、市政府在广泛调研的基础上，把乡村文化建设作为加强农村精神文明建设的基础工程，实施了以乡村文化建设为主要内容的"欢乐乡村"十百千万农村文化工程①，初步探索出一条"政府主导、文企联姻、市场运作、群众参与"的农村文化活动的新路子。"欢乐乡村"，极大地活跃了全市农村的文化生活，现在已经成为属于农民群众自己的没有围墙、永不落幕的乡村大剧场，也成为在新时代进一步加强农村精神文明建设的有效载体。

邯郸"欢乐乡村"十百千万农村文化工程的具体做法，可以概括为"三激活两创新"。

（一）打造"十项活动"，激活主体

乡村文化建设的主体是农民，实施"欢乐乡村"十百千万农村文化工程必须要突出农民群众的主体地位。邯郸市在开展"欢乐乡村"活动中，始终坚持以农民群众的文化需求为导向，把农民群众作为文化活动的主体，把舞台交给农民，让农民唱主角，精心策划了让农民群众喜闻乐见的"十项活动"②，再通过由村→乡→县→市自下而上的层层选拔，每项活动推出全市百名优秀人才。"欢乐乡村"文化活动市、县新闻媒体全程跟踪，电视台实况转播，盛况空前。文化活动极大地激发了广大农民群众的参赛热情，许多地方都出现了一人参赛、全

---

① 邯郸"欢乐乡村"十百千万农村文化工程，是指充分利用现有农村文化阵地和资源，以十项活动为平台，每项活动推出百名优秀人才，打造千支乡村文化队伍，使其成为活跃在乡村的星星之火，带动百万人参加，实现"以十带百、以百带千、以千带百万"。

② "十项活动"即欢乐乡村"田野之歌"农民合唱赛、"布谷之声"农民歌手擂台赛、"说唱脸谱"农民戏曲票友大赛、"乡音乡情"农民器乐大赛、"快乐的舞步"农民秧歌舞大赛、"品味幸福"农民民俗绝活儿（手工艺品）展示、"情趣乡村"农民小品曲艺比赛、"美丽新家园"农民摄影作品展、"多彩的生活"农民书画剪纸比赛和"魅力家乡"农民舞狮舞龙大赛。

家上阵、全村加油的景象,成千上万的农民群众获得了登台展示才艺的机会,一批乡土文艺明星脱颖而出,全市农村文化活动由此出现了"井喷"之势。市委、市政府因势利导,及时表彰,不断将活动引向深入。目前,有1000名乡土文艺明星荣获邯郸市"乡村艺术家"称号,有200个行政村被命名为"文化示范村",有100户农家获得"特色文化户"称号。在"欢乐乡村"文化活动中涌现出的一大批乡土明星,不仅是乡村文化活动的骨干,而且也是乡村文化活动的组织者、推动者,在乡村文化活动中发挥着越来越重要的作用。

(二)构建四级文化活动网络,激活阵地

"欢乐乡村"文化活动开展以来,全市初步构建起了市、县、乡、村四级文化活动网络。市一级重点抓全市性大型活动,强化文化导向;县一级重点发展县域特色文化;乡一级重点建好示范村、示范户;村一级重点建好文化活动中心、"文化一条街",搞好家庭文化室和庭院文化展。四级文化活动网络各有重点,各具特色。此外,全市还通过各类共建,统筹有限的资金和资源,逐步实现了农村公共文化服务资源的共建、共享、共管,极大地提高了农村公共文化阵地的使用效率以及建设和管理水平。

(三)大力培养乡土文化人才,激活两支队伍

邯郸市在实施"欢乐乡村"十百千万农村文化工程活动中,注重发挥专业和民间两支队伍的作用。一是充分发挥各级公共文化服务部门的人才优势,打造服务乡村文化活动的"专业"团队。一方面,通过成立"名人名家艺术团",开展"文艺进乡村、欢乐手牵手"下基层公益文艺演出,直接服务于乡村文化生活;另一方面,通过包片、包点与百名乡村优秀文化人才、千支乡村文化队伍结对子,重点培训、帮扶乡村文化骨干,有效地提升乡村文化活动水平。二是通过扶持发展民间文化队伍,培养乡土文化能人,建立市、县、乡三级乡村优秀文化人才档案库,为乡村文化活动的广泛开展提供各方面的支持和帮助,充分发挥乡土优秀文化人才队伍在乡村文化活动中的组织、带头作用。

(四)创新文化活动方式

一是邯郸市在实施"欢乐乡村"文化工程的过程中,鼓励农民群众自创自编、自导自演、自我发展,努力实现由"送文化"向"种文化"的转变,力争实现

乡村文化活动的可持续发展。二是为乡村文化活动创新发展搭建平台,使一些优秀乡村文化活动能够脱颖而出。比如,组织"欢乐乡村""邯郸红歌汇""写村歌、赞家乡"优秀村歌征集活动,使许多独具特色的村歌从中脱颖而出,在"激情新农村·幸福新农民"中国村歌之星评选活动中,一首获"全国十佳村歌"、五首获优秀村歌。再比如,武安市西关街王转婷等表演的快板小品剧《三亲家》,通过诙谐幽默的表演宣传了婚育新风;鸡泽县的《五个老太赞新风》,用浓郁的方言赞美了农村新貌;广平县卢董村农民艺人边书斌自创山东快书,用自己的切身感受来讴歌新时代、新生活;大名县埝头乡组建了由40人参加的农民红歌宣传队;磁县依托农民兴趣协会在全县成立了戏曲、音舞、收藏、剪纸、书画、摄影等8个协会;邯山区南街村自办了农民书画社、野草诗社和"新声"文学社。文化活动形式的创新发展,使乡村文化呈现出勃勃生机。

（五）创新乡村文化发展机制

一是积极引导社会资金以多种方式投入乡村公益文化事业,充分发挥社会力量的作用,吸引有经济基础和社会责任感的企业资助农村文化建设,促进了农村公益文化服务投入的多元化、社会化。二是积极培育民间文化市场,增强农民参与文化的激情。比如,邱县探索以民间资本"入股"方式发展农村文化,发展"百家书""股份球""股份戏";永年区农民军乐团、复兴区农民剪纸协会在服务村民的同时,也积极开拓文化市场,已经初具乡村文化产业的雏形。

第二节　新时代河北省农村精神文明建设的战略构想

农村精神文明建设是关系整个社会主义精神文明建设全局乃至整个社会主义现代化建设全局的一个战略任务。随着中国特色社会主义进入新时代,开启全面建设社会主义现代化国家新征程,对农村的物质文明、政治文明、社会文明和生态文明提出了新要求,对农村的精神文明也提出了更高的要求。为了推动农村经济社会的全面发展,以习近平同志为核心的党中央提出了乡村振兴的重大战略。乡村振兴,文明先行。对新时代河北省农村精神文明建设发展战略进行深入研究,是新时代进一步加强河北省农村精神文明建设发展的必然要求。

河北省作为一个农业大省,农村精神文明建设状况直接关系着河北省精神文明建设的状况,关系着河北省农村改革、稳定与发展的大局与前景。农村作为河北省精神文明建设的战略重点之一,客观上既要求党和政府给予特殊的支持和关注,也要求党和政府明晰长远的发展规划,制定出符合河北农村实际的发展战略。一步一个脚印,久久为功,河北省农村精神文明建设就一定会绽放出绚丽夺目的光彩。

一、新时代河北省农村精神文明建设的指导思想

新时代河北省农村精神文明建设,必须高举中国特色社会主义伟大旗帜,坚持以马克思列宁主义、毛泽东思想、邓小平理论、"三个代表"重要思想、科学发展观和习近平新时代中国特色社会主义思想为指导,坚持党的基本路线、基本理论和基本经验,深入贯彻党的十九大和十九届二中、三中、四中、五中全会以及河北省委九届十次、十一次、十二次会议精神,增强政治意识、大局意识、核心意识、看齐意识,加强党对"三农"工作的全面领导,坚持稳中求进工作总基调,牢固树立新发展理念,落实高质量发展要求,紧紧围绕统筹推进"五位一体"总体布局和协调推进"四个全面"战略布局,牢固树立和贯彻新发展理念,坚持以人民为中心的发展思想,坚持把解决好"三农"问题作为全党工作重中之重,坚持农业农村优先发展,按照产业兴旺、生态宜居、乡风文明、治理有效、生活富裕的总要求,以培育和践行社会主义核心价值观为根本,加强思想道德建设,发展教育科学文化,弘扬中华优秀传统文化和传统美德,弘扬革命文化和社会主义先进文化,深化群众性精神文明创建活动,培育社会文明新风,全面提升国民素质和社会文明程度,以科学的理论武装人,以正确的舆论引导人,以高尚的精神塑造人,以优秀的作品鼓舞人,着力构筑中国精神、中国价值、中国力量,巩固马克思主义在意识形态领域的指导地位,巩固全党全国各族人民团结奋斗的共同思想基础,培育有理想、有道德、有文化、有纪律的社会主义公民,提高全民族的思想道德素质和科学文化素质,团结和动员各族人民,为实现"两

个一百年"奋斗目标、实现中华民族伟大复兴的中国梦,把我国建设成为富强、民主、文明的社会主义现代化国家,提供坚强思想保证、强大精神动力、丰润道德滋养、良好文化条件。

二、新时代河北省农村精神文明建设的基本原则

一是必须坚持以马克思主义为指导。要深入贯彻落实党的十九大、十九届二中、三中、四中、五中全会和河北省委九届十次、十一次、十二次会议精神,坚持正确的政治方向,始终把培育和践行社会主义核心价值观作为农村精神文明建设的灵魂工程和根本任务,把社会主义核心价值观贯穿到农村精神文明建设各项工作的始终,为乡村振兴注入强大的精神力量。

二是必须坚持党对农村精神文明建设工作的领导。各级党委、政府要切实负起主体责任,健全完善党委统一领导、党政齐抓共管、文明委组织协调、有关部门各负其责、全社会共同参与的领导体系和工作机制,确保党在农村精神文明建设工作中始终总揽全局、协调各方,为农村精神文明建设提供坚强有力的政治保障,推动精神文明建设各项工作落到实处、取得实效,切实提升做好新时代精神文明建设工作的能力和水平。

三是必须坚持物质文明和精神文明两手抓、两手都要硬,促进物质文明与精神文明协调发展。习近平总书记指出,"实现中国梦,是物质文明和精神文明均衡发展、相互促进的结果"[1],"是物质文明和精神文明比翼双飞的发展过程"[2]。物质文明是精神文明发展的基础,能够为精神文明建设提供物质条件和实践经验,精神文明建设是物质文明建设的精神动力和思想指引,二者互为因果、相得益彰、相辅相成。现在,全面小康社会已经建成,全体人民不仅物质生活水平显著提高,而且精神文化生活日益丰富。在此基础上,追求更加美好的生活需要已经成为新时代的主要任务,这就要求我们在为实现中华民族伟大复

---

①　习近平:《出席第三届核安全峰会并访问欧洲四国和联合国教科文组织总部、欧盟总部时的演讲》,人民出版社2014年版,第16页。

②　习近平:《在联合国教科文组织总部的演讲》,《人民日报》2014年3月28日。

兴不懈奋斗的每个阶段、每个环节,都要推动物质文明与精神文明协调发展。

四是必须坚持以人民为中心。坚持以人民为中心,必须坚持农民主体地位,牢固树立依靠人民、为了人民的思想理念,增进人民福祉,促进人的全面发展,充分尊重农民意愿,切实发挥农民在精神文明建设中的主体作用和首创精神,调动广大农民群众的积极性、主动性、创造性,为农民多办好事实事,不断丰富农民群众的精神文化生活,不断提升广大农民的文明素质,使广大农民群众在精神生活方面有获得感、幸福感。

五是必须坚持重在建设。重在建设,就是要把"建设"作为工作的出发点和落脚点。只有脚踏实地、实事求是地从河北省农村的实际出发,才能找到农村精神文明建设的新路子。重在建设,立破并举,强化问题导向,补齐工作短板,贵在坚持、久久为功、务求实效。在新时代,精神文明重在建设,就是要大力发展农村科教文卫事业,抓好农村的文化推广工作,广泛开展群众性的精神文明创建活动,以广大农民群众喜闻乐见的形式去占领思想文化阵地,丰富群众的精神生活。只有在"建设"方面抓出成效,新时代农村精神文明建设才能真正硬起来。

六是必须坚持从河北农村的实际出发,不断改革创新。新时代农村精神文明建设必须要从实际出发,鼓励先进,照顾多数,把先进性的要求同广泛性的要求结合起来,这样才能连接和引导不同觉悟程度的人们一起向上,形成凝聚亿万人民的强大精神力量。精神文明建设重在建设、贵在坚持、关键在创新。创新是一个民族进步的灵魂,是一个国家兴旺发达的不竭动力。农村精神文明建设,只有坚持解放思想、实事求是、与时俱进,不断创新内容形式、方法手段和体制机制,激活主体、激活要素、激活市场,调动各方力量投身农村精神文明建设,激发农村精神文明建设的内在动力,才能保持旺盛的生机和活力。

七是必须坚持统筹城乡、因地制宜、循序渐进。统筹城乡精神文明建设,合理配置城乡精神文化建设资源,促进城市和农村精神文化建设更加紧密地联系起来协调发展,城乡联动、以城带乡,使城市的资源辐射到农村,城市的文明延伸至农村,让城乡群众共享精神文明建设成果,让城乡在相互融合中提升文明程度。统筹城乡精神文明建设,要坚持规划先导,使农村与城市的精神文明建设同规划、同安排、同布置、同实施,实现城乡文明创建一体推进,要以创建活动为载体,以整治环境为突破口,加大村镇改造和风貌整治力度,提升农村文明程度,要破除体制机制弊端,充分发挥好党委、政府与市场两个作用,推动城乡要素自由流动,探索建立组织领导、目标管理、奖惩激励、投入保障等最大限度整合并充分利用城乡资源的机制,为统筹城乡精神文明建设提供制度保障。必须科学把握各地农村的差异性和发展走势分化特征,做好顶层设计,因势利导,分类施策、突出重点,体现特色,既尽力而为,又量力而行,不搞层层加码,不搞"一刀切",不搞形式主义和形象工程,因地制宜、循序渐进、久久为功,扎实推进。

三、新时代河北省农村精神文明建设的战略目标

中国特色社会主义进入新时代,既是我国现代化建设新的历史方位,也是河北省农村精神文明建设新的历史方位。新时代、新阶段,对于河北省农村精神文明建设也必然提出新的要求、更高的目标。在新的历史起点上,科学规划河北省农村精神文明建设的战略目标,谋划战略步骤、战略举措,是推动新时代河北省农村精神文明建设发展的内在要求。

在新时代,河北省农村精神文明建设的总目标和总任务是要适应新时代建设经济强省、美丽河北的需要,着力培育新农民、倡导新风尚、发展新文化,着力提高农民思想道德文化素质和农村社会文明程度,为河北省乡村振兴提供思想保证、精神动力和文化环境。

具体来说,新时代河北省农村精神文明建设的战略目标如下。

一要坚定不移加强党的全面领导,层层压实各级各部门责任,不断完善常态长效机制,切实做到思想认识到位、组织领导到位、统筹协调到位、工作保障到位,不断提升全省农村精神文明建设的整体水平。

二要坚定不移强化党的创新理论武装,推动习近平新时代中国特色社会主义思想更加深入人心,坚持不懈用习近平新时代中国特色社会主义思想武装头脑、指导实践、推动工作,始终把政治建设摆在首位,坚持领导干部学在前作表率、干在前作示范,持续抓好党员干部学习教育、创新理论宣传宣讲和理论指导

实践，扎实推进"六进"和学校"三进"工作，在学懂弄通做实上下功夫，在广大农村深入开展"听党话、感党恩、跟党走"宣讲活动，以农民群众喜闻乐见的方式，深入开展习近平新时代中国特色社会主义思想学习教育，推进河北省农村思想政治工作，建强用好县级融媒体中心，进一步推动党的创新理论在燕赵农村大地落地生根、开花结果。

三要坚定不移贯彻以人民为中心的发展思想，持续深化群众性精神文明创建活动。结合开展"三基"建设年活动，深化群众性精神文明创建活动，深入开展文明村镇、文明单位、文明家庭、文明校园创建活动，持续深入开展"文明村屯、干净人家"活动，丰富精神文明创建载体，抓好全省文明村镇评比表彰工作，推动市、县两级文明村镇创建活动制度化常态化，稳步扩大创建规模，加强新时代文明实践中心建设，推进从试点县向县级行政区全面覆盖，不断提升文明实践中心建设质量和水平，健全志愿服务体系，让广大农民群众成为精神文明创建的最大受益者。开展形式多样的群众文化活动，结合"农民文化节"等平台，继续实施文化惠民工程。孕育农村社会好风尚。普及科学知识，推进农村移风易俗，革除高价彩礼、人情攀比、厚葬薄养、铺张浪费等陈规陋习，反对迷信活动，推动形成文明乡风、良好家风、淳朴民风。

四要坚定不移践行社会主义核心价值观，大力培育时代新人和弘扬时代新风，坚持把加强青少年思想道德教育作为基础性、战略性工程来抓，深入开展中国特色社会主义和中国梦宣传教育，着力实施新时代公民道德建设工程，切实抓好培育文明风尚行动，使广大农民养成文明健康绿色环保生活方式，深化移风易俗，加强社会信用体系建设，大力弘扬以爱国主义为核心的民族精神和以改革创新为核心的时代精神。要加强乡村公共文化基础设施建设，推进城乡公共文化服务体系一体化建设，创新实施文化惠民工程，深入挖掘、继承创新燕赵优秀文化，把保护传承和开发利用结合起来，赋予中华农耕文明新的时代内涵。持续推进农村移风易俗，推广积分制、道德评议会、红白理事会等做法，加大高价彩礼、人情攀比、厚葬薄养、铺张浪费、封建迷信等不良风气治理力度，加强家庭、家教、家风建设，广泛开展农村文明家庭评选活动，注重发挥党员干部树立良好家风的带头作用，开展家风家教宣传展示活动，促进形成社会主义家庭文明新风尚,加大对农村非法宗教活动和境外渗透活动的打击力度,推动形成适应新时代要求的文明乡风、良好家风、淳朴民风。

五要坚定不移围绕中心、服务大局,为贯彻新发展理念和构建新发展格局提供强大的精神动力。聚焦贯彻落实党的十九届五中全会、中央经济工作会议精神和习近平总书记对河北工作一系列重要指示,围绕党的十九大以来河北省政治生态、经济生态、自然生态、社会生态发生的历史性新变化,围绕2021年以来抗击新冠肺炎疫情取得的重大成果,围绕办好"三件大事"取得的阶段性成效,围绕决战脱贫攻坚、决胜全面建成小康社会取得的决定性成就,大力宣传河北发展重大成就、"十四五"河北发展的宏伟蓝图和明年河北发展的主攻方向,引导广大干部群众在开展"三重四创五优化"活动中比学赶超,在推进重大国家战略和国家大事中担当作为,在实施扩大内需战略、乡村振兴战略、创新驱动发展战略上创先争优,在推进转型升级、深化污染防治、防范化解风险上攻坚克难,进一步激发燕赵儿女砥砺前行的壮志豪情。

四、新时代河北省农村精神文明建设的战略布局

农村作为社会主义精神文明建设的战略重点,本身也是一项系统工程。在新时代,要进一步加强河北省农村精神文明建设的发展,必须要围绕河北省新时代农村精神文明建设发展目标,进行战略性布局。

一要进一步加强和改善党对新时代农村精神文明建设的领导。党的十九大报告指出,"中国特色社会主义最本质的特征是中国共产党领导,中国特色社会主义制度的最大优势是中国共产党领导,党是最高政治领导力量","党政军民学,东西南北中,党是领导一切的"。[①]加强和改善党对精神文明建设的领导是搞好新时代农村精神文明建设的根本保证。加强和改善党对精神文明建设的领导,关键在于加强农村基层领导班子队伍建设。这是一项保证农村全面发展和稳定的"强基固本"的政治社会工程,是党和政府联系农民群众的桥梁和纽带。

---

① 《中国共产党第十九次全国代表大会文件汇编》,人民出版社2017年版,第16页。

农民群众的顺口溜说得好，"给钱给物不如建个好支部，选一个好支书"。因此，建设一支强有力的农村基层党组织，使之成为农村精神文明建设的领头雁和"火车头"，是农村精神文明系统工程建设的关键所在。改革开放以来，河北省农村改革开放和现代化建设的伟大实践告诉我们：凡是农村经济社会发展比较好的地方，都是因为有一个坚强的党委（党支部）领导班子；凡是农村经济社会发展较差的地方，最根本的原因都在于党的领导弱化、党的建设虚化、党的组织软弱涣散。加强农村基层领导班子队伍建设，必须加强对农村基层领导班子及广大党员的培训，实行继续再教育，提高他们的政治素质和业务能力，建立农村基层领导班子的民主监督机制，建立明确岗位责任和奖惩分明的激励机制。

二要实施新时代燕赵农民素质提升战略。中国的现代化，关键是农村的现代化；农村的现代化关键是农民的现代化；农民的现代化的本质是农民素质的现代化。提高广大农民群众的思想道德素质和科学文化素质，努力培养能够适应新时代全面建设社会主义现代化要求的新时代农民，是河北省新时代农村精神文明建设的根本任务。新时代农村精神文明建设，既离不开党的领导，也离不开广大农民群众这一主体。改革开放以来，河北省农村广大人民群众的思想道德水平和科学文化素质都得到了极大的提高，这是一个不争的事实。同时，我们也必须看到，随着中国特色社会主义进入新时代，广大农民群众还普遍存在理论素养较低，政策水平不高，缺乏现代农业科学知识，现代社会所必需的市场竞争意识、风险意识、创新意识和民主法治意识不强等问题，整体素质还有待于进一步提升。实施新时代农民素质提升战略，就是要依据《关于深化群众性精神文明创建活动的指导意见》《乡村振兴战略规划（2018—2022年)》《新时代公民道德建设实施纲要》《中共中央关于制定国民经济和社会发展第十四个五年规划和二〇三五年远景目标的建议》《关于全面推进乡村振兴加快农业农村现代化的意见》的精神要求，锚定《河北"十四五"规划和二〇三五年远景目标纲要》对农村精神文明建设发展的要求，大力开展马克思主义理论，特别是马克思主义中国化的最新理论成果——习近平新时代中国特色社会主义思想的学习教育，扎实推动习近平新时代中国特色社会主义思想进企业、进农村、进机关、进校园、进社区、进网站，建好用好"学习强国"和"河北学习"平台，用习近平新时代中国特色社会主义思想武装农民群众、教育农民群众；深入开展理想信念教育，使广大农民群众牢固树立起中国特色社会主义共同理想，将最高理想与共同理想结合起来；广泛开展爱国主义教育和以集体主义为核心的价值观教育，将爱国主义教育与社会主义教育、爱家乡教育结合起来，践行社会主义核心价值观；深入开展民主法制与道德教育，帮助广大农民群众树立民主观念，提升民主素质，培育广大农民群众的道德观念和法治观念。

三要实施新时代燕赵农村乡土文化发展战略。习近平总书记指出："文化是一个国家、一个民族的灵魂。文化兴国运兴，文化强民族强。没有高度的文化自信，没有文化的繁荣兴盛，就没有中华民族伟大复兴。"①文化建设，作为提高人民群众思想道德水平的重要条件，既是物质文明建设的重要条件，也是精神文明建设不可缺少的基本方面。"燕赵多慷慨悲歌之士"，河北自古就是中华文化的发祥地，历史悠久、人杰地灵、名人辈出，燕赵文化博大精深。新时代河北省农村精神文明建设，只有立足于燕赵大地，以现实为基础，结合新时代要求，对燕赵历史优秀传统文化进行创新性改造和创造性发展，才能结出累累硕果。实施新时代燕赵农村乡土文化发展战略，必须要坚持以社会主义核心价值观引领文化建设，弘扬"西柏坡精神""唐山抗震精神""塞罕坝精神""李保国精神"，培育奥运"拼搏精神"；必须深入挖掘梳理燕赵历史优秀文化资源，着力弘扬燕赵历史优秀传统文化，打造独具河北特色的优秀传统文化品牌和活动，大力推动戏曲繁荣发展，做好河北梆子、评剧等地方剧种的保护传承发展；必须要加强对燕赵历史优秀文化发展的领导，加大对燕赵历史优秀文化的投入，大力弘扬燕赵历史优秀文化，做好宣传工作，制定有利于燕赵历史优秀文化发展的切实可行的政策措施；必须要坚持"双为"方向和"双百"方针，大力发展燕赵文化产业，将燕赵文化普及与燕赵文化精品创作结合起来；必须优化城乡文化资源配置，加强文化设施和文化项目建设，完善农村文化基础设施网络，增加农村公共文化服务供给，完善冀云·融媒体平台，建强用好县级融媒体中心，深入开展全民阅读活动，建设"书香河北"，提升农村文化品位。

---

① 《中国共产党第十九次全国代表大会文件汇编》，人民出版社2017年版，第33页。

四要实施新时代燕赵农村科教发展战略。乡村振兴,必须要有科教发展做支撑。科教兴冀是河北省实现经济社会现代化的一项重大战略,对于建设经济强省、美丽河北意义重大。实施新时代燕赵农村科教发展战略,既是实现河北省文化强省、教育强省、人才强省建设目标的必然要求,也是实现河北省"十四五"规划提出的提高广大人民思想道德素质和科学文化素质的必然要求。实施新时代燕赵农村科教发展战略,必须要调整农业学科布局和研发布局,持之以恒加强农业基础研究,面向国家和省重大战略需求,布局建设河北农业实验室,加强农业基础学科建设,支持省属高校和科研院所组建农业科教联合体,对接京津创新资源,打造若干京津冀农业科技协同创新链;必须加大创新人才引进力度,坚持以人才引领产业、以产业集聚人才,持续推进"巨人计划",实施名校英才入冀工程,坚持以平台引项目、聚人才,实现集约引才、高效聚才,打造高水平科教人才聚集平台,深入推进科教体制改革,健全人才激励和保障机制;必须深化教育改革,加强农村地区普通教育的发展,大力发展农村职业教育,下大力气建设和完善各种农民培训中心,提升全民素质,把科教兴农落到实处。

五要实施新时代燕赵农民思想道德建设发展战略。加强思想道德建设,既是精神文明建设的重要内容,也是实施乡村振兴战略的题中应有之义。中共中央、国务院印发的《乡村振兴战略规划(2018—2022年)》明确提出,构建新时代自治、法治、德治相结合的乡村治理模式,必须坚持自治为基、法治为本、德治为先,以德治滋养法治、涵养自治,让德治贯穿乡村治理全过程。实施新时代燕赵思想道德建设发展战略,必须要把社会公德、职业道德、家庭美德、个人品德建设作为着力点,用良好家教家风涵育道德品行,以先进模范引领道德风尚,以正确舆论营造良好道德环境,以优秀文艺作品陶冶道德情操;必须要加强新时代文明实践中心建设,大力推进媒体融合发展,抓好县级融媒体中心建设,发挥各类阵地道德教育作用,推动乡村广泛开展中国特色社会主义文化、社会主义思想道德学习教育实践,引导广大村民提高思想觉悟、道德水准、文明素养;必须推进诚信建设,强化农民的社会责任意识、规则意识、集体意识和主人翁意识,建立健全农村信用体系;必须要紧紧抓住党员干部这个"关键少数",抓好青少年这个重点人群,抓好社会公众人物这一影响巨大的群体;必须深入宣传道德模范、身边好人的典型事迹,建立健全先进模范发挥作用的长效机制;必须广泛开展弘扬时代新风行动,弘扬中华孝道,强化孝敬父母、尊敬长辈的社会风尚,广泛开展移风易俗行动,充分发挥礼仪礼节的教化作用,强化道德实践养成,深化道德领域突出问题治理,建立道德激励约束机制,引导农民自我管理、自我教育、自我服务、自我提高,遏制大操大办、相互攀比、"天价彩礼"、厚葬薄养等陈规陋习。

六要建强新时代燕赵文明实践中心。建设新时代文明实践中心,是党中央的重大决策部署,是推动习近平新时代中国特色社会主义思想深入人心、落地生根的重大举措,是进一步加强和改进基层思想政治工作的迫切需要,是推动乡村全面振兴、满足农民精神文化生活新期待的战略之举,也是加强农村精神文明建设的重要平台。因此,必须要把新时代文明实践中心建设作为一项基础性、战略性任务,发挥好县一级的主体作用和枢纽功能,聚焦培养时代新人、弘扬时代新风,着力整体统筹工作内容、建立有效运行机制、科学统筹调配资源、层层压紧压实责任,积极探索、大胆创新。建强新时代燕赵文明实践中心,必须点、线、面结合,打破部门壁垒,以整合资源为前提,在搭建综合平台上下功夫;必须以志愿服务为主导形式,在构建专业力量上下功夫,开展"点单式"志愿服务,组建百姓宣讲队伍,通过身边人讲身边事、身边事教育身边人的方式,让广大群众接受文明洗礼,传扬文明乡风,健全志愿服务体系,广泛开展学雷锋活动和志愿者服务关爱行动;必须以丰富载体为关键,探索推行村(社区)实践站"点单"、文明实践中心"派单"、相关服务单位"接单"、镇(街道)实践所"配套"、群众"点评"的模式,积极开展"送理论、送政策、送文化、送科技、送文明"的文明实践五送活动,在增强活动效果上下功夫;必须以机制建设为保障,强化领导机制,给予资金保障,完善激励机制,完善督导机制,并完善考核机制,将其纳入精神文明建设考核特别是文明乡镇、文明单位评选的重要内容,推动新时代文明实践中心建设常态长效,在推动常态长效上下功夫;必须结合时代要求和地方特色积极探索、扬优成势,依托"两微一端"、县区融媒体"点单"相结合的方式,依据群众需求制订实践方案,提高实践内容针对性,增强文明实践活动的吸引力、感染力、渗透力,既开展面向广大群众的普适性文明实践活动,又针对基层特殊群众开展特殊性文明实践活动,切实增强群众参与文明实践活动的获得感。

七要实施新时代燕赵美丽乡村建设战略。精神文明建设是一项系统工程,它不仅包括思想道德建设和教育科学文化建设,同时还包括生活环境的建设和保护。美丽乡村建设,既是乡村振兴的内在要求,也是农村精神文明建设的具体体现。实施新时代燕赵美丽乡村建设战略,必须牢固树立和践行"绿水青山就是金山银山"的理念,尊重自然、顺应自然、保护自然,加快转变生产生活方式,推动乡村生态振兴,建设生活环境整洁优美、生态系统稳定健康、人与自然和谐共生的生态宜居美丽乡村;必须推进农村生活垃圾治理,建立健全符合农村实际、方式多样的生活垃圾收运处置体系,实施"厕所革命",梯次推进农村生活污水治理,开展农村人居环境整治行动,全面提升农村人居环境质量,加快补齐突出短板;必须科学规划村庄建筑布局,大力提高农房设计水平,突出乡土特色和地域民族特点,全面推进乡村绿化,治理公共空间和庭院环境,消除私搭乱建、乱堆乱放,着力提升村容村貌;必须推进实用性村庄规划编制实施,建立农村人居环境建设和管护长效机制;必须深化农村危房改造,提高农房建设质量,加强历史文化名村保护力度,传承优秀地域文化和特色民居风貌,保护传统村落和乡村风貌。

八要实施新时代燕赵农村精神文明建设保障战略。物质文明、政治文明、精神文明、社会文明、生态文明协调发展是中国特色社会主义发展的总体布局,也是中国特色社会主义发展的必然要求。但长期以来,精神文明建设滞后于物质文明的发展,抓物质文明一手硬、抓精神文明一手软也是不争的事实。抓精神文明一手软,成因是多方面的。其中,精神文明建设缺乏有力的制度保障是关键。因此,加强河北省农村精神文明建设,必须要加强农村精神文明的制度保障,实施新时代燕赵农村精神文明建设保障战略。加强农村精神文明的制度保障,必须要编制农村精神文明建设中长期规划,要制定从省—市—区县—乡镇—村(社区)的精神文明建设目标规划体系,将精神文明建设的年度、中期、长期规划或宏观、中观和微观的规划结合起来,循序而进,量力而行;必须要加大对农村精神文明建设的投入,提高精神文明建设在政府财政收入中的比重,制定优惠政策,多方扩大经费来源,促进精神文明建设的产业化;必须要将农村精神文明建设作为领导干部考核的重要内容,加强对农村精神文明建设的领导;必须要加强农村精神文明建设的立法,形成责权明确、关系协调、制度完善、管理科学的精神文明建设管理体制,制定导向正确的精神文明建设奖惩制度;必须建立有效的农村精神文明建设的检查监督制度,激发广大农民群众对某些不文明现象进行判别和评估,促进人们在思想道德方面的自我教育和自我修养。

第五章 加强新时代党对农村
精神文明建设的领导

精神文明建设关键在党，坚持党的领导是搞好农村精神文明建设的根本保证，全面从严治党是搞好农村精神文明建设的前提。在新时代，进一步加强农村精神文明建设，不仅要继续坚持党对农村精神文明建设的领导，还必须要进一步加强和改善党对精神文明建设的领导。

第一节 精神文明建设关键在党

1996年，党的十四届六中全会通过的《中共中央关于加强社会主义精神文明建设若干重要问题的决议》中就指出："建设物质文明关键在党，建设精神文明关键也在党。"①"建设精神文明关键在党"，不仅深刻地揭示了社会主义精神文明建设的规律，也为我们党在新时代进一步加强农村精神文明建设指明了方向。

一、这是由党的性质和执政地位决定的

中国共产党，作为中国特色社会主义事业的领导核心，不仅是建设物质文明、政治文明、社会文明和生态文明建设的关键，也是精神文明建设的关键。党

---

① 《中共中央关于加强社会主义精神文明建设若干重要问题的决议》，人民出版社1996年版，第22页。

在精神文明建设中的这一"关键"地位是由党的性质和执政地位、领导核心地位决定的。

首先,党的性质决定了党是社会主义精神文明建设的倡导者。从党的性质来看,中国共产党是由以马列主义、中国特色社会主义理论体系武装起来的工人阶级的先锋队、中国人民和中华民族的先锋队。党的先锋队性质即先进性,不仅体现在它是以马列主义为指导、以工人阶级作基础、由社会中优秀分子所组成、以民主集中制为组织原则的,而且还体现在它也是代表社会发展进步方向的。党的先进性决定了它在社会主义现代化建设的伟大实践中,不仅要发展好经济,搞好物质文明建设,发展好民主政治,搞好政治文明建设,保障和改善好民生,搞好社会建设,建设美丽中国,搞好生态文明,而且要推动社会主义文化繁荣发展,搞好精神文明建设。中国共产党人的奋斗目标、价值取向决定着社会主义精神文明建设的方向,共产党人的指导思想、理想信念为社会主义精神文明建设的正确发展方向提供科学指导。

其次,党的执政地位决定了党是社会主义精神文明建设的领导者和组织者。从理论上说,党的领导是社会主义精神文明建设的根本保证。社会主义精神文明建设是中国特色社会主义现代化建设事业的重要组成部分。中国共产党,作为中国唯一的执政党,是中国特色社会主义事业的领导核心,肩负着实现中华民族伟大复兴、建设中国特色社会主义现代化强国的历史重任,自然也肩负着加强社会主义精神文明建设的历史责任。同时,也只有坚持党的领导,才能建设好社会主义精神文明。作为执政党,中国共产党可以依靠国家的力量,科学领导,积极组织推动,通过制定相关政策、构建长效机制、制定有效的战略措施、加强顶层设计、进行广泛的宣传教育、调动各方面的积极性,为精神文明建设提供人、财、物等各方面所需要的保障。从具体实践来看,一个地方、一个部门、一个单位、一个乡村精神文明建设的状况,关键取决于那里的党政主要领导干部的重视程度。只要党政主要领导干部高度重视,并采取切实可行的措施,精神文明建设就能有显著的成效;相反,如果党政主要领导干部思想上不重视精神文明建设,在实际工作中贯彻打折扣,执行不力,精神文明建设不仅难以取得进步,甚至还会出现滑坡的问题。

最后，党的执政地位和领导核心地位决定了党也是社会主义精神文明建设的推动者和实践者。中国共产党不仅是精神文明建设的倡导者、领导者和组织者，也是社会主义精神文明建设的具体推动者和实践者。1996年，党的十四届六中全会通过的《中共中央关于加强社会主义精神文明建设若干重要问题的决议》明确提出："共产党员要在全社会发挥表率作用，党的领导干部要在全党发挥表率作用。"①作为具体推动者，党的各级领导干部的率先垂范在精神文明建设中发挥着重要的作用。据《论语》记载，季康子曾问政于孔子，孔子曰："政者，正也。子帅以正，孰敢不正？"（《论语·颜渊第十二》）在孔子看来，在上位的为政者能够做到正己，就可以做到不令而行，上行下效，使天下人都归于正道。子路也曾问政于孔子，孔子曰："其身正，不令而行；其身不正，虽令不从。"（《论语·子路》）孔子认为，作为一个当权者，更多的时候应该以身作则，依靠个人的言行和魅力来影响和感召他人，而不仅是靠发布施令。自己做得好，不用命令别人也会跟着学；如果自己做得不好，即便你依靠行政强制去推行，也是没有用的。2012年12月26日，习近平总书记在中央军委扩大会议上的讲话中也指出："作风建设要从领导干部做起，领导干部首先要从中央领导做起。……上有所好，下必甚焉。上有不好，下必效焉。各级都要带好这个头。"②由此可见，加强精神文明建设，各级领导干部必须要严于律己，以身作则，发挥以上率下的带头作用。作为具体实践者，广大党员也是精神文明建设的骨干力量。在精神文明建设的各项工作中，作为党员，必须要积极努力、扎实工作、廉洁奉公、勤政为民，要求别人不做的，自己首先不做；要求别人做的，自己要首先做好，要充分发挥党员的先锋模范作用。

二、坚持党的领导是精神文明建设的根本保证

中国共产党是中国特色社会主义事业的领导核心。坚持党的领导，既是搞

---

① 《中共中央关于社会主义精神文明建设指导方针的决议》，人民出版社1986年版，第22页。

② 中共中央纪律检查委员会、中共中央文献研究室：《习近平关于党风廉政建设和反腐败斗争论述摘编》，中国方正出版社2015年版，第68页。

好物质文明、政治文明、社会文明和生态文明的根本保证，也是搞好精神文明建设的根本保证。坚持党的领导，可以为农村精神文明建设指明方向，提供科学理论指导，以强大组织动员能力为农村精神文明建设注入强大动力，以强大制度建设能力为农村精神文明建设提供制度保障。

（一）坚持党的领导为农村精神文明建设指明方向

邓小平指出："我们的国家已经进入社会主义现代化建设的新时期。我们要在大幅度提高社会生产力的同时，改革和完善社会主义的经济制度和政治制度，发展高度的社会主义民主和完备的社会主义法制。我们要在建设高度物质文明的同时，提高全民族的科学文化水平，发展高尚的丰富多彩的文化生活，建设高度的社会主义精神文明。"①他进一步强调，物质文明和精神文明两手都要抓，两手都要硬。如果"不加强精神文明的建设，物质文明的建设也要受破坏，走弯路。光靠物质条件，我们的革命和建设都不可能胜利"②。2014年，习近平总书记在联合国教科文组织总部的演讲中指出，实现中国梦，"是物质文明和精神文明均衡发展、相互促进的结果。……是物质文明和精神文明比翼双飞的发展过程"③。2015年，他在会见第四届全国文明城市、文明村镇、文明单位和未成年人思想道德建设工作先进代表时又指出："实现中华民族伟大复兴的中国梦，物质财富要极大丰富，精神财富也要极大丰富。我们要继续锲而不舍、一以贯之抓好社会主义精神文明建设，为全国各族人民不断前进提供坚强的思想保证、强大的精神力量、丰润的道德滋养。"④精神文明建设之所以如此重要，是因为精神文明建设不仅可以为其他四项建设提供智力支持和精神动力，还可以为之提供思想政治保证。建设精神文明的关键在坚持党的领导。党对精神文明建设的领导首先是方向领导。邓小平曾说过，"我们要实现的'四个现代化'，是社会主义的现代化"⑤。1994年，江泽民同志在天津考察工作时指出，我们搞的是社会

---

① 《邓小平文选》(第2卷)，人民出版社1994年版，第208页。
② 《邓小平文选》(第3卷)，人民出版社1993年版，第144页。
③ 习近平：《在联合国教科文组织总部的演讲》，《人民日报》2014年3月28日。
④ 习近平：《习近平谈治国理政》(第2卷)，外文出版社2017年版，第323页。
⑤ 中共中央党校教务部：《〈邓小平文选〉(第2卷)辅导教材》，人民出版社1994年版，第75页。

主义市场经济,"社会主义"这几个字是不能没有的,这并非多余,并非"画蛇添足",而恰恰相反,是"画龙点睛"。①习近平总书记也指出,我们的中国特色社会主义,是社会主义而不是其他什么主义。②坚持党的领导,就是要坚持我国各项建设的社会主义方向,坚持马克思主义在意识形态的指导地位,坚持党在社会主义初级阶段基本路线不动摇,坚持社会主义建设"五个文明"一起抓。坚持党的领导,既关系着党和国家的前途命运,也关乎精神文明建设的方向。

(二) 坚持党的领导为农村精神文明建设提供科学理论指导

马克思主义认识论告诉我们,理论来自实践,又随着实践的发展而发展;同时,理论还需要回到实践中去,发挥对实践的指导作用,从而达到改造世界的目的。马克思在1843年撰写的《〈黑格尔法哲学批判〉导言》中进一步指出:"理论一经掌握群众,也会变成物质力量。"③

中国共产党是一个高度重视理论指导的党,从成立伊始就把马克思主义写到了自己战斗的旗帜上。马克思主义是关于自然、人类社会和思维发展最一般规律的理论体系。马克思主义的创立,实现了社会主义从空想到科学的发展,在马克思主义的指导下,社会主义实现了从一国到多国的发展。马克思主义是已经被实践证明了的科学的理论体系。思想建党、理论强党是党在百年的奋斗历程中总结出来的一条加强自身建设的基本经验。中国共产党在自身百年的奋斗发展过程中,将马克思主义与中国革命、建设和改革开放与现代化建设的具体实际相结合,实现了马克思主义的两次历史性飞跃。第一次飞跃的理论成果属毛泽东思想,第二次飞跃的理论成果属中国特色社会主义理论体系。正是因为有了马克思主义及马克思主义中国化的理论成果的指导,中国共产党才能领导中国人民取得新民主主义革命、社会主义革命的胜利,取得社会主义建设的成功,取得中国特色社会主义建设的巨大成就。习近平总书记在庆祝中国共产党成立100周年大会上的重要讲话中指出:"中国共产党为什么能,中国特色社

---

① 李君如、严书翰:《毛泽东、邓小平、江泽民关于社会主义的论述》(专题摘编),中共中央党校出版社2007年版,第55—156页。

② 《习近平总书记系列重要讲话读本》,学习出版社、人民出版社2014年版,第13页。

③ 《马克思恩格斯选集》(第1卷),人民出版社1995年版,第9页。

会主义为什么好,归根到底是因为马克思主义行!"①

　　社会主义精神文明建设,作为中国特色社会主义建设的重要组成部分,同样需要坚持以马克思主义为指导。1986年,党的十二届六中全会通过的《中共中央关于社会主义精神文明建设指导方针的决议》中就明确指出:"坚持以马列主义、毛泽东思想为指导,是我国社会主义现代化事业的根本,也是社会主义精神文明建设的根本。作为工人阶级的科学世界观和全人类精神文明的伟大成果的马克思主义,是社会主义事业和党的领导的理论基础,是社会主义意识形态的最重要的组成部分,对整个精神文明建设起着重大的指导作用。我们的理想建设、道德建设、文化建设、民主法制观念建设,都离不开马克思主义的指导,离不开马克思主义的理论建设。"②党的十九大报告进一步强调,发展中国特色社会主义文化必须坚持以马克思主义为指导。坚持以马克思主义为指导,就必须要坚持党的领导。坚持党的领导,不仅体现在坚持党的政治方向的领导上,也体现在党的指导思想的领导上。坚持党的领导,是坚持以马克思主义为指导的基本前提和根本保证,坚持以马克思主义为指导要求必须坚持党的领导,两者不可分割。坚持党的领导与坚持以马克思主义为指导在本质上是一致的。坚持以马克思主义指导社会主义精神文明建设,从理论上来讲,一是可以为社会主义精神文明建设展现建设的愿景与符合时代特点的时代前景,引导人们认识和把握精神文明建设的规律。二是可以为精神文明建设提供具有时代内涵的思想引领、价值规范。三是可以为精神文明建设提供方法论的指导,引导人们在精神文明建设中科学辩证地认识、分析和解决问题。习近平总书记曾说过:"每个时代总有属于它自己的问题,只要科学地认识、准确地把握、正确地解决这些问题,就能够把我们的社会不断推向前进。"③在新时代,精神文明建设坚持以马克思主义为指导,关键是要以马克思主义中国化的最新理论成果,即习近平新时代中国特色社会主义思想为指导。因此,学懂弄通悟透习近平新时代中国特色社会主义思想,是加强农村精神文明建设的必然要求。

---

① 习近平:《在庆祝中国共产党成立100周年大会上的讲话》,人民出版社2021年版,第13页。
② 《中共中央关于社会主义精神文明建设指导方针的决议》,人民出版社1986年版,第23页。
③ 习近平:《之江新语》,浙江人民出版社2007年版,第235页。

（三）坚持党的领导为农村精神文明建设提供组织保障

搞好农村精神文明建设，关键在党、关键在人、关键在干。1986年，党的十二届六中全会通过的《中共中央关于社会主义精神文明建设指导方针的决议》强调指出："从中央到基层的各级党组织，必须用更多的时间和精力来加强对精神文明建设的领导。"[①]2016年，中央一号文件在关于"加强和改善党对'三农'工作领导"中明确提出要"深化农村精神文明建设"。[②]2019年，中共中央印发的《中国共产党农村工作条例》以专条对"加强党对农村社会主义精神文明建设的领导"进行了阐述。2021年，中央一号文件再次对"加强新时代农村精神文明建设"提出了明确要求。各级党委和政府，对于农村精神文明建设都负有领导责任、组织责任和推动责任。农村基层党组织，是农村精神文明建设的直接领导者、组织者和推动者。坚持党对农村精神文明建设的领导，关键是要发挥好各级党委和政府，特别是基层党组织的领导、组织和推动作用。坚持党的领导，充分发挥基层党组织的领导、组织和推动作用，首先表现在领导农村精神文明建设的顶层设计、整体推进上。农村精神文明建设，是一项系统的建设工程，只有加强顶层科学设计、整体推进，久久为功，才有可能做出成效。其次表现在我国广大农村地区横向到边、纵向到底的党的基层组织全覆盖上。党的力量来自党的组织。中组部内部统计数据显示，截至2021年底，中国共产党党员总数为9671.2万名，基层党组织总数为493.6万个，其中，中国共产党农牧渔民党员共有2592.3万名，乡镇基层党组织29649个，行政村党组织491129个。[③]《中国共产党农村基层工作条例》要求农村基层党组织应"努力成为宣传党的主张、贯彻党的决定、领导基层治理、团结动员群众、推动改革发展的坚强战斗堡垒"[④]。由此可见，基层党组织不仅必须要努力具备宣传能力、执行能力、领导基层的治理能力，还必须努力具备组织动员能力。动员能力在基层党组织的诸项

---

① 《中共中央关于社会主义精神文明建设指导方针的决议》，人民出版社1986年版，第23页。
② 《中共中央国务院关于落实发展新理念加快农业现代化实现全面小康目标的若干意见》，人民出版社2016年版，第35页。
③ 《截至2021年底 中国共产党党员总数为9671.2万名》，新浪财经网，https://finance.sina.com.cn/china/gncj/2022-06-29/doc-imizirav1131920.shtml。
④ 《中国共产党农村基层组织工作条例》，人民出版社2019年版，第6页。

能力中属于核心能力。如果没有动员能力，其他各项能力也都将会成为空中楼阁。同时，只有具备了较强的组织动员能力，才能调动广大农民群众建设社会主义精神文明的积极性、主动性与创造性。农村基层党组织，是由广大农村党员组成的，广大党员是农村精神文明建设的骨干力量，所以，在农村精神文明建设中还要充分发挥党员的先锋模范作用。再次，还表现在广大农村已经初步培养造就了一支以懂农业、爱农村、爱农民为基本要求的政治过硬、作风过硬的基层党组织干部队伍。老百姓常说，村看村，户看户，群众看党员，党员看干部。基层党组织干部队伍，作为农村的"关键少数"，既是农村经济社会发展的领头羊，也是农村精神文明建设的"主心骨"。农村精神文明建设搞得如何，在很大程度上取决于农村基层党组织强不强，基层党组织书记行不行。正因为这样，2018年，习近平总书记参加十三届全国人大一次会议山东代表团的审议时，在谈到乡村组织振兴时指出，要努力"打造千千万万个坚强的农村基层党组织，培养千千万万名优秀的农村基层党组织书记"①。

（四）坚持党的领导为农村精神文明建设提供制度保障

作为中国改革开放和社会主义现代化建设的总设计师，邓小平始终强调"制度是决定因素"②。1980年8月18日，邓小平在中央政治局扩大会议上发表《党和国家领导制度的改革》的讲话，把组织制度、工作制度摆在异常重要的位置，明确指出："这些方面的制度好可以使坏人无法任意横行，制度不好可以使好人无法充分做好事，甚至会走向反面。"③他提出，制度问题"更带有根本性、全局性、稳定性和长期性"④。2019年7月9日，习近平总书记在中央和国家机关党的建设工作会议上的讲话中也指出："制度制定很重要，制度执行更重要。"要求我们既要做好建章立制工作，空白缺位的抓紧建立，不全面的尽快完善，成熟经验及时推广，更要注重落地见效，有规可依了，要着力解决有规不依、落实

---

① 《乡村振兴战略这篇大文章，应该如何谋划？》，中国网，http://www.china.com.cn/lianghui/news/2019-03/08/content_74549329.shtml。

② 《邓小平文选》(第2卷)，人民出版社1994年版，第308页。

③ 《邓小平文选》(第2卷)，人民出版社1994年版，第333页。

④ 《邓小平文选》(第2卷)，人民出版社1994年版，第333页。

不力等问题,强化制度执行力,加强制度执行监督,切实把我国制度优势转化为治理效能。"①这为我们进行农村精神文明建设奠定了制度基础。

长期以来,我国的精神文明建设往往是由道德规范和传统习惯来维系的,而道德规范和传统习惯是精神文明建设的"软"性因素,并不具有强制性。由道德规范和传统习惯推动的精神文明建设虽然也取得了不小的成绩,但与社会主义现代化建设的目标还是存在一定差距的,不能适应新时代对农村精神文明建设的要求。因此,通过加强制度建设,大力推动农村精神文明建设是新时代精神文明建设的必然要求。

加强精神文明制度建设,离不开党的领导。中国共产党是执政党,是农村精神文明建设的直接领导者、组织者和推动者,也是农村精神文明制度的建设者。首先,中国共产党可以通过制度建设,对农村精神文明建设作出宏观的战略安排,推动农村精神文明建设的发展。比如,1996年党的十四届六中全会通过的《中共中央关于加强社会主义精神文明建设若干重要问题的决议》明确了精神文明建设的战略地位、根本任务、主要目标、基本内容、指导思想,特别是明确了党组织和党员在精神文明建设中的责任,极大地推动了精神文明建设的发展。其次,通过加强制度建设,调动各级党委和政府加强农村精神文明建设的积极性。老百姓常说,老大难,老大难,老大重视就不难。这话虽然不够严谨,但也切中要害。要搞好农村精神文明建设,关键还在于各级党委和政府的高度重视。各级党委和政府是否高度重视的关键在于相关的制度规定。比如,在农村精神文明建设实践中,一些农村地方探索通过制定党员干部责任制,强化考核,将奖惩、职务晋升与农村精神文明建设结合起来,既为其提供一定的动力,也给予其一定的压力,来提升各级党委和政府对农村精神文明建设重要性的认识,增强其行动的自觉,取得了不错的效果。再比如,还有一些地方通过积极探索五级书记抓农村精神文明建设的机制体制的构建,推动农村精神文明建设的开展,也取得了不错的成效。再次,还可以通过加强制度建设,表扬与督促、评

---

① 《制度制定很重要,制度执行更重要》,央广网,http://m.cnr.cn/news/20200709/t20200709_525160626.html。

先与评优等,调动广大党员参与农村精神文明建设的积极性,充分发挥先锋模范作用。最后,还可以通过制定文明行为准则、引导修订乡规民约等方式,进一步规范广大农民群众的言行,提升农村精神文明建设水平。

第二节　以优良的党风促进农村精神文明建设

以优良的党风促政风带民风,是我国加强精神文明建设的重要途径。优良的党风,有利于好的政风和民风的形成;反之,就会给政风和民风带来消极的影响。优良党风的形成有赖于全面从严治党。从这个意义上讲,加强农村精神文明建设必须要全面从严治党,搞好党风建设。

一、党风问题关乎精神文明建设的成败

党风是指党的组织和党员在思想、政治、工作、生活和学习等各方面表现出来的一贯态度和行为方式,体现着党的精神风貌。党风建设是党加强自身建设的重要内容。由于中国共产党是中国唯一的执政党,党风问题,就不仅仅是党的自身建设问题,也是一个关乎政风、民风的问题,是精神文明建设的一个核心问题。

（一）党风建设是精神文明建设的重要组成部分

精神文明建设,从内容上来说,主要包括思想道德建设和教育科学文化建设两个方面。思想道德建设是精神文明建设的灵魂。思想道德建设的主要任务是开展“五讲四美三热爱”教育,帮助人们树立正确的世界观、人生观、价值观,引导人们牢固树立共产主义远大理想、建设中国特色社会主义共同理想。党风建设,从内容上来说,又可以具体分为思想作风建设、学风建设、工作作风建设、领导作风建设和生活作风建设等方面。由于中国共产党是由社会中具有共产主义觉悟的优秀分子组成的。因此,在党风建设中,我们对于广大党员、干部的要求是高于一般群众的,广大党员、干部的一言一行都应当体现党的性质和宗旨,

体现先进性。在思想作风上，广大党员、干部应当牢固树立远大的共产主义理想和建设中国特色社会主义共同理想，牢固树立马克思主义科学的世界观、人生观和价值观，牢固树立全心全意为人民服务的思想；在学风上，坚持理论联系实际，实事求是，求真务实，反对教条主义、官僚主义、主观主义、形式主义；在工作作风上，谦虚、谨慎、不骄、不躁，艰苦奋斗，忠于职守，勤奋好学，精通业务，任劳任怨，脚踏实地，勇于开拓，顾全大局；在领导作风上，要密切联系群众，急群众之所急，想群众之所想，走好群众路线，把实现好、维护好、发展好最广大人民群众的根本利益作为一切工作的出发点和归宿；在生活作风上，要做到清正廉洁、公私分明、先公后私、公而忘私、大公无私。由此可见，党风建设的内容要求，不仅与精神文明建设的要求相一致，而且在精神文明建设中属于更高的标准与要求。

(二) 搞好精神文明建设的关键在执政党的党风

中国共产党的执政地位决定了党在国家社会政治生活中处于领导核心的地位，也决定了党是精神文明建设的倡导者、领导者、组织者、推动者和实践者，党应当成为精神文明建设的表率。因此，党风对于精神文明建设具有引导、制约和决定性的直接影响作用。党风和社会风气是相辅相成的。良好的党风可以促进良好社会风气的形成；反之，党风不正，必然会对社会风气的形成产生不良的影响，这不仅不利于精神文明建设的顺利进行，而且还存在亡党亡国的危险。正是由于党风问题如此重要，毛泽东指出："只要我们党的作风完全正派了，全国人民就会跟我们学。党外有这种不良风气的人，只要他们是善良的，就会跟我们学，改正他们的错误，这样就会影响全民族。"①邓小平指出，"党是整个社会的表率"②，"端正党风，是端正社会风气的关键"③。陈云也曾指出："抓社会主义精神文明建设，关键是搞好执政党的党风。"④习近平总书记在十八届中央政治局第十六次集体学习时强调："党的作风就是党的形象，关系人心向背，关系党

---

① 《毛泽东选集》(第3卷)，人民出版社2006年版，第812页。
② 《邓小平文选》(第2卷)，人民出版社1994年版，第177页。
③ 《邓小平文选》(第3卷)，人民出版社1993年版，第144页。
④ 陈云：《陈云文选》(第3卷)，人民出版社1995年版，第348页。

的生死存亡。执政党如果不注重作风建设，听任不正之风侵蚀党的肌体，就有失去民心、丧失政权的危险。我们党作为一个在中国长期执政的马克思主义政党，对作风问题任何时候都不能掉以轻心。"①由此可见，党风问题绝不是什么小问题，而是一个关系到整个社会风气形成，关系到精神文明建设兴衰成败，乃至党的生死存亡的大问题。因此，加强农村精神文明建设，必须要紧紧抓住党风建设这个牛鼻子。

二、腐败是党风建设的毒瘤

2013年，习近平总书记在第十八届中央纪律检查委员会第二次全体会议上的讲话中指出："腐败是社会毒瘤。如果任凭腐败问题愈演愈烈，最终必然亡党亡国。"②2014年，他在第十八届中央纪律检查委员会第三次全体会议上的讲话中又进一步指出："滋生腐败的土壤依然存在，反腐败形势依然严峻复杂。"③腐败问题是关系到党和国家生死存亡的大问题。腐败现象的存在，严重损害着党和政府形象，破坏着党和政府同人民群众之间的血肉联系，侵蚀着党的执政根基，是影响党风建设的巨大毒瘤。

（一）农村基层干部腐败的主要表现及其成因

在广大农村地区，客观地说，绝大多数基层干部还是为民、务实、清廉、敢于担当的，但不可否认的是，也确实存在一些基层干部利用手中的权力贪污受贿、侵占集体资产、截留私分、虚报冒领、吃拿卡要、优亲厚友、公权私用等腐败问题。从腐败金额来看，相对较小，大多属于"微腐败"，但涉腐范围很广，且就发生在老百姓身边，直接侵害着广大农民群众的合法权益，危害极其深远。认真分析部分农村基层干部腐败的原因，主要有三方面：一是理想信念缺失。一些农村党员干部在掌"权"之后，放松了对自己主观世界的改造，世界观、人生观、价值观发生了扭曲，理想信念出现动摇，面对一些利益的诱惑，不能正确对

---

① 《习近平关于党风廉政建设和反腐败斗争论述摘编》，中国方正出版社2015年版，第8页。
② 《习近平关于党风廉政建设和反腐败斗争论述摘编》，中国方正出版社2015年版，第5页。
③ 《习近平关于党风廉政建设和反腐败斗争论述摘编》，中国方正出版社2015年版，第97页。

待人民赋予的权力，忘记了党的宗旨，产生了拜金主义、享乐主义和极端利己主义的思想倾向。二是权力高度集中且缺乏有效监督。一方面，在广大的农村地区，村"两委"是乡村权力的象征，而乡村权力又实际上高度集中于村党组织书记和村主任手中，乡村的大小事务都由他俩说了算；另一方面，我国的广大乡村大多位置偏远，上级的监督很难延伸到乡村，而广大村民因为畏惧与害怕也很难发挥监督作用，剩下的"同级监督"，事实上不过是自己监督自己。在广大乡村，对权力的监督几乎空白。在权力高度集中且权力缺失监督的情况下，绝对的权力必然会导致绝对的腐败。三是自身素质不高，法律意识淡薄。在我国农村地区，广大农民群众受教育程度普遍不高，法律知识普遍掌握较少，法律意识极其淡薄，很多时候，是在对有关法律"懵懂无知"的状态下干事情、做决策的。比如，有的村干部就认为，只要是集体讨论决定的，就不违法，集体讨论的就是"法"。有的村干部还认为，作为村干部就理应吃点、喝点、拿点、占点，这也并不违法。

（二）农村基层干部腐败问题的治理应"多管齐下"

古人说："吏不良，风俗薄。"（《汉书·龚胜传》）"大臣无耻，凡百士大夫法则（仿效）之，以及士庶人法则之。"（《龚自珍·明良论二》）农村基层干部腐败问题的存在，严重败坏着党在农村的形象，影响着农村精神文明建设的开展。因此，治理农村基层干部腐败问题刻不容缓。

一要进一步加强对农村基层干部的思想政治教育。农村基层干部腐败问题的出现根本原因还在于思想上。只有从思想上加强教育，提高认识，奠定不想腐的思想基础，才能从根本上杜绝腐败。为此，需要从三个方面开展思想政治教育。首先，要开展理想信念教育。理想信念是世界观的核心，是人生观、价值观的"总开关"。农村基层干部腐败问题的出现，实际上就是从理想信念动摇开始的。由于正确的理想信念是建立在科学理论基础之上的，理论上的坚定是政治上的坚定的前提和基础。因此，开展理想信念教育必须要开展马列主义学习教育，在当前特别是要开展习近平新时代中国特色社会主义思想学习教育。通过马列主义学习教育提升广大农村基层干部的思想觉悟、政策理论水平，帮助他们牢固树立起马克思主义的世界观、人生观、价值观，坚定对共产主义的信仰和对社会主义的信念，坚定对建设中国特色社会主义的信心，树立起全心全意为人民服务的宗旨,从思想上解决根本问题。其次,要加强权力观和政绩观教育。通过教育,广大农村基层干部深知,手中的权力是人民赋予的,是公权力,只能为民所用,公权绝不能私用。人民可以赋予你权力,也会监督你权力的运用,当你滥用权力、以权谋私时,人民也会收回你手中的权力,并对你加以惩罚。要使广大农村基层干部深刻认识到,民心是最大的政治,民生就是最大的政绩,牢固树立正确的政绩观,要懂得领导不是特权,而是做好服务。只有做好服务,把老百姓的利益始终放在最高位置,处处为老百姓着想,老百姓才会满意你、爱戴你、支持你。最后,要加强廉政教育。通过以案说法,用正面教育激励广大基层干部,增强自律的思想自觉,以反面教育警醒广大基层干部,形成强大的威慑力和震撼力,让"不想腐"的思想深入头脑。

二要进一步提升农村基层干部的法律意识。农村基层干部出现腐败问题,一个很重要的原因是不知法、不懂法、法律意识淡薄。中国的农村社会,在改革开放的大潮中虽然不断从传统社会向现代社会转变,但从现实看,本质上还是一个传统的熟人社会。熟人社会讲的是风俗习惯、人情世故、家族影响、德治,并不注重现代法治。这就使农村基层干部很难不受"圈子文化""人情世故"的影响。因此,进一步提升农村基层干部的法律意识势在必行。提升农村基层干部的法律意识,不仅需要广大农村基层干部认真学法,同时还要加强普法宣传,经常邀请法律专家、法律工作者结合农村实际、结合身边事例给基层干部讲法,不断提升基层干部的法律意识,学会运用法治思维处理问题,使之能够做到知法、懂法、遵法、守法。守住了法,想问题、办事情就不会"逾矩",就守住了做人的底线。

三要进一步强化对权力的监督。权力不受监督,或监督不到位,是腐败滋生的重要原因。加强对权力的监督就成为治理农村基层干部腐败问题的重要途径。加强对权力的监督,首先就要让权力在阳光下运行。这就要求尊重广大农民群众的知情权、参与权。对于乡村事务,党务要公开,政务也要公开,特别是对于涉及群众利益的事项无论大小都要详细公开,特别是涉及财务支出,每一笔都要向群众讲清楚是什么、为什么、用在了哪里以及是如何使用的,要让群众都能了解,也都能明白。对于乡村的重大事项决策、重要项目安排、大额资金的使用,必须要摆在桌面上,都要经过村代会或村民大会讨论决定,坚决杜绝私下操作、个别人说了算,要充分保障广大农民群众村内重大事务的参与权。其次,要为基层干部的权力开列正面清单和负面清单,要责任到人。对于正面清单的权力内容要确保权责一致,权力的使用与监督相结合,要求我们的基层干部要努力履职,接受监督,消除权力寻租空间。对于履职不力、违反原则的要勇于问责、敢于问责、严肃问责。最后,还要构建起科学、合理的监督体系。其中,既要强化上级党委和政府对乡村干部权力使用的监督,也要加强对大额资金使用、重大事项、重要项目的专项监督,同时还要充分发挥群众监督与舆论监督的力量,实现内外监督、常规监督与专项监督相结合,形成全方位、多层次的监督体系。

三、加强精神文明建设必须要从端正党风做起

党风建设与精神文明建设息息相关,端正党风对于农村精神文明建设具有决定意义。党的十四届六中全会通过的《中共中央关于加强社会主义精神文明建设若干重要问题的决议》明确指出:"加强精神文明建设,首先要从严治党,搞好党风。"①

(一)端正党风需要进一步弘扬党的优良作风

党的优良作风是党在长期的革命、建设、改革开放和现代化建设的伟大实践中形成的宝贵财富。端正党风必须进一步发扬党的优良作风。首先,要进一步保持同人民群众的血肉联系。与群众保持血肉联系是我们党革命、建设和改革取得胜利的最大优势,脱离群众也是党执政后面临的最大危险。在党的十八大报告中就将脱离群众的危险作为当前我们党面临的四大危险之一。党的百年发展历史告诉我们,党发展壮大的百年史也是党密切联系群众的百年史。党和人民群众的关系是,党是须臾也离不开人民群众的。习近平总书记在党的十九大报告中就明确指出:"我们党来自人民、植根人民、服务人民,一旦脱离群众,

---

① 《十四大以来重要文献选编》(下),人民出版社1999年版,第2067页。

就会失去生命力。"①党不能离开人民群众，这就要求我们党必须要真正做到权为民所用、利为民所谋、情为民所系，始终把实现好、维护好、发展好人民群众的利益作为我们的出发点和落脚点。其次，要坚持做到求真务实。1992年，邓小平在南方谈话中就提出了"空谈误国，实干兴邦"。2012年，习近平总书记在参观《复兴之路》展时再次提出"空谈误国，实干兴邦"。②求真，就是我们透过事物的现象，抓住事物的本质，掌握事物的发展规律。务实，就是在掌握事物发展规律的基础上，按照规律办事，指导我们的实践，以达到理论与实践的结合。坚持求真务实，要求我们在实际工作中要从实际出发，实事求是，脚踏实地工作，不做表面文章，不搞形式主义。再次，要进一步开展好批评与自我批评。批评与自我批评是我们党的三大优良作风之一，是党内民主的重要组成部分，是严肃党内政治生活的一种有效方式，也是加强党风建设的重要法宝。开展批评与自我批评，需要我们的广大党员要有无私的勇气，对自己、对他人的缺点和错误敢于揭短亮丑；要有正确的态度，坚持用事实说话，有什么问题就讲什么问题，不抓辫子、不扣帽子、不打棍子，对待别人的批评要虚心接受，有则改之无则加勉；要运用科学的方法，要坚持与人为善，要从团结的愿望出发，真心实意帮助同志。

（二）端正党风要求我们必须加强理论学习，提升党性修养

党性与党风的关系，就是内容与形式的关系。党性是本质的，党风则是党性的外在表现形式。加强理论学习是加强党修养的重要途径。事物发展的内外因关系原理告诉我们，内因是事物变化的根据，决定着事物的性质和发展方向。一个基层干部出现腐化问题，根本的原因是他的世界观、人生观和价值观发生了扭曲。思想的问题最终还需要从思想上解决。因此，加强理论学习，用马克思主义理论武装头脑，可以帮助我们的广大干部坚定理想信念，加强党性修养，牢固树立起正确的世界观、人生观和价值观。

---

① 《中国共产党第十九次全国代表大会文件汇编》，人民出版社2017年版，第53页。
② 习近平：《习近平谈治国理政》（第1卷），外文出版社2018年版，第44页。

（三）端正党风需要坚持以问题为导向，进一步加强制度建设

加强党风建设，一方面，既需要抓住重点人群，也需要坚持以问题为导向，找准突出问题，具体问题具体分析，进一步提高解决问题的针对性，使党风建设能够做到有的放矢；另一方面，加强党风建设不能成为一阵风，刮过就过去了。党风建设需要常抓不懈，这就要求必须要加强相关的制度建设，构建起加强党风建设的长效机制。加强制度建设，还必须要加强制度的执行力建设，绝不能让制度成为挂在墙上的摆设，成为田地里的"稻草人"，成为不带电的"高压线"。只有树立起制度的权威，才能使广大党员、干部敬畏制度，不触犯制度，党风建设才能抓出成效。

第三节　新时代要进一步改善
党对精神文明建设的领导

1986年，党的十二届六中全会通过的《中共中央关于社会主义精神文明建设指导方针的决议》强调指出："从中央到基层的各级党组织，必须用更多的时间和精力来加强对精神文明建设的领导。"[①]2016年，中央一号文件在关于"加强和改善党对'三农'工作领导"中明确提出，要"深化农村精神文明建设"。[②]2019年，中共中央印发的《中国共产党农村工作条例》以专条对"加强党对农村社会主义精神文明建设的领导"进行阐述。2021年，中央一号文件再次对"加强新时代农村精神文明建设"提出明确要求。在新时代，加强党对农村精神文明建设的领导，还必须要从加强农村基层党组织干部队伍、加强宣传思想工作队伍建设和充分发挥党员的先锋模范作用三个方面进一步改善党对精神文明建设的领导。

---

① 《中共中央关于社会主义精神文明建设指导方针的决议》，人民出版社1986年版，第23页。
② 《中共中央国务院关于落实发展新理念加快农业现代化实现全面小康目标的若干意见》，人民出版社2016年版，第35页。

一、进一步加强农村基层党组织干部队伍建设

农村基层党组织是我们党在农村执政的组织基础,农村基层干部是我们党在农村执政的骨干力量。农村基层党组织干部是农村经济社会发展的领头雁,对农村经济社会的发展起着举足轻重的作用。当前,我国农村基层党组织干部队伍的现状与广大农民群众的期望相比,还存在一些差距:一是文化程度整体不高;二是工作能力不强;三是工作积极性不高;四是工作方法简单;五是民主意识淡薄。实践证明,农村工作搞得好不好,关键在干部。因此,加强农村精神文明建设,必须要进一步加强农村基层党组织干部队伍建设。

进一步加强农村基层党组织干部队伍建设,一要在农村基层党组织干部的选聘上进一步扩大选聘渠道,坚持民主、竞争和择优录取的原则,力争将品行好、观念新、能力强、懂经营、会管理、有本领的优秀党员群众选出来,充实到农村各级领导干部队伍中。同时,选聘回村创业的优秀大学生到农村党的各级领导干部队伍中锻炼和履职,优化农村干部的知识结构。二要多措并举提升农村党的各级领导干部队伍的素质。教育培训是提升素质的重要途径,面对搞好农村精神文明建设的任务,就必须通过各种形式和途径进行多元化的培训。从培训的质量上来看,实行全员覆盖、务实管用;从培训的内容上看,有的放矢是重要的把手,要着眼于当前搞好农村精神文明建设的任务需要;从培训的方式上来看,以灵活多样为基本原则,既可以采用讲授的方式进行理论的提升,也可以通过现场教学的方式,通过参观学习,对农村党的各级领导干部产生强烈的视觉冲击和心理震撼;从培训的管理上来看,对培训的整个过程建立台账,对培训效果进行动态跟踪和考察,不能走过场,对于后续培训效果不好的可以进行复训。三要构建农村基层党组织干部队伍的激励机制,激发农村干部队伍的活力。首先,从经济待遇上激励干部,不断地提高农村党组织领导干部的岗位补贴,体现党和政府的关怀。其次,从政治待遇上看,对优秀的农村各级干部进行常态化选拔,使其进入到乡镇公务员队伍中,发挥好榜样的作用。四要建立干部履职制度,干部坐班制度化,涉及村里的重大问题,由村"两委"及时地向乡党委或镇党委汇报和备案,同时对不作为的村干部调整制度,在思想上、组织上和行动

上与中央和上级单位不一致的、对工作推诿扯皮的农村各级干部,应做调整处理。

二、建设一支强有力的农村宣传思想工作队伍

1996年,党的十四届六中全会通过的《中共中央关于加强社会主义精神文明建设若干重要问题的决议》明确提出:"按照政治强、业务精、作风正的要求,造就一支高素质的宣传思想文化教育队伍,是建设社会主义精神文明的迫切需要。"[1]2019年,中共中央在《中国共产党农村工作条例》中明确指出,加强党对农村社会主义精神文明建设的领导,必须要"培育和践行社会主义核心价值观,在农民群众中深入开展中国特色社会主义、习近平新时代中国特色社会主义思想宣传教育,建好用好新时代文明实践中心。加强农村思想道德建设,传承发展提升农村优秀传统文化,推进移风易俗。加强农村思想政治工作,广泛开展民主法治教育。深入开展农村群众性精神文明创建活动,丰富农民精神文化生活,提高农民科学文化素质和乡村社会文明程度"[2]。从党领导农村精神文明建设的内容来看,加强党在农村的宣传思想工作是加强农村精神文明建设的重要途径,这就要求我们必须要建设一支"政治过硬、本领高强、求实创新、能打胜仗的宣传思想工作队伍"[3]。

习近平总书记在全国宣传思想工作会议上对宣传思想干部提出了更高的要求,他指出:"宣传思想干部要不断掌握新知识、熟悉新领域、开拓新视野,增强本领能力,加强调查研究,不断增强脚力、眼力、脑力、笔力。"[4]其中,"强脚力",强调的是宣传思想工作者要深入实际、深入一线、深入群众,要使宣传思想工作反映"乡心",透着"乡音",能够"接地气",让广大农民群众想听、爱听;"强眼力",强调的是宣传思想工作者要有一双慧眼,能够于细微处见精神,发现平

---

①　《中共中央关于加强社会主义精神文明建设若干重要问题的决议》,人民出版社1996年版,第24页。
②　《中国共产党农村工作条例》,人民出版社2019年版,第6—7页。
③　习近平:《习近平谈治国理政》(第3卷),外文出版社2020年版,第315页。
④　习近平:《习近平谈治国理政》(第3卷),外文出版社2020年版,第315页。

凡生活中的不平凡，能够发现存在的问题，澄清是非，弘扬主旋律，传递正能量；"强脑力"，强调的是要结合农村社会观念、社会生活方式发生的巨大变化，使宣传思想工作同农村的实际结合，学会运用马克思主义的立场、观点、方法分析农村社会存在的问题，以喜闻乐见的宣传思想工作形式，把党的声音送到田间地头，使党的理论、政策在农村深入人心、落地生根；"强笔力"，强调的是宣传思想工作者要把创新作为自己的一项本领，要能够在调查研究的基础上，将党的理论政策通过生动、鲜活的艺术形式表现出来，创作出为农民群众喜闻乐见的作品。强脚力、强眼力、强脑力、强笔力是新时代对宣传思想工作者提出的新要求。

　　在新时代，加强农村宣传思想工作队伍建设，首先，要在"请进来"和"送出去"上下功夫。"请进来"，就是要组织一支由专家、学者组成的"流动"的农村宣传思想工作队伍，经常深入农村，结合农村实际，对党的最新理论和政策精神进行深度解读，巡回宣讲。"送出去"，就是要从政治强、理论业务精的村"两委"班子、农村教师、乡贤、退伍军人、返乡大学生以及驻村干部中选拔具有宣传思想工作能力或潜质的人员，组建一支不走的农村宣传思想工作队伍，并且通过送出去培训的方式，提升宣传思想工作队伍的素质和能力。其次，要加大对农村宣传思想工作的投入。党的十四届六中全会明确指出："没有必要的物质保障，精神文明建设的许多任务就难以落实。要从社会主义现代化建设的全局出发，把精神文明建设纳入经济和社会发展的总体规划，保证必需的资金。要适应社会主义市场经济的要求，建立规范有效的筹资机制，逐渐形成对精神文明建设多渠道投入的体制。"①宣传思想工作作为农村精神文明建设的一项重要工作，在人、财、物方面应当给予保障。所需人员要做专门安排，所需经费应列入财政预算，专款专用，并根据宣传思想工作的需要逐步增加，要有专门机构进行专门管理。再次，还需要建立宣传思想工作考评与奖惩机制。党的十四届六中全会通过的《中共中央关于加强社会主义精神文明建设若干重要问题的决议》明确要求："考核、评价党政领导班子和主要领导干部，不仅要看领导物质文明建设的实绩和本领，而且要看领导精神文明建设的实绩和本领。这要作为

---

　　① 《中共中央关于加强社会主义精神文明建设若干重要问题的决议》，人民出版社1996年版，第21页。

对干部使用和奖惩的基本依据。"①要将宣传思想工作作为各级党委、政府主要领导干部和分管干部工作考核的重要内容，要建立宣传思想工作者考评办法，并将之作为招考入编、评先评优、待遇提高、职务晋升的重要依据。

三、充分发挥共产党员在农村精神文明建设中的先锋模范作用

1986年，《中共中央关于社会主义精神文明建设指导方针的决议》提出："共产党员首先是领导干部，应当随时随地在人民群众中做模范：做努力工作、好学上进的模范，做不尚空谈、多干实事的模范，做坚持改革、勇于开拓的模范，做维护群众利益、带领群众勤劳致富的模范，做遵纪守法、同不正之风和违法犯罪行为作斗争的模范。一句话，做两个文明建设的模范。党组织应当经常讨论和检查党员起模范作用的问题，表扬先进，督促后进。"②1996年，党的十四届六中全会通过的《中共中央关于加强社会主义精神文明建设若干重要问题的决议》指出："中国共产党是中国工人阶级的先锋队。共产党员要在全社会发挥表率作用，党的领导干部要在全党发挥表率作用。"③广大党员，作为社会的先进分子，在农村精神文明建设中应当充分发挥先锋模范作用。党员在精神文明建设中的先锋模范作用，主要体现在践行社会主义核心价值观、践行文明风尚、积极参与文明创建活动、争做道德模范、积极参加志愿服务、关心未成年人以及传承优秀文化等方面的表率作用。要充分发挥党员在精神文明建设中的先锋模范作用，需要在以下三方面做好工作。

一要加强对广大党员的学习教育，要用党的最新创新理论武装头脑，坚定理想信念，增强广大党员贯彻执行党的路线方针政策的行动自觉，在政治上始终保持同党中央一致，坚决捍卫"两个确立"，坚决做到"两个维护"，对党忠诚，言行一致，堂堂正正做人，光明磊落做事，严于律己，大公无私，以自己的模范行为践行党的宗旨，维护党的良好形象。

---

① 《中共中央关于加强社会主义精神文明建设若干重要问题的决议》，人民出版社1996年版，第23页。
② 《中共中央关于加强社会主义精神文明建设若干重要问题的决议》，人民出版社1996年版，第23页。
③ 《中共中央关于加强社会主义精神文明建设若干重要问题的决议》，人民出版社1996年版，第23页。

二要进一步强化党员在精神文明建设中的主体意识。党员，作为精神文明建设的主体，既需要在自身的学习教育中提升主体意识，也需要通过具体的工作要求强化这种主体意识。这就需要加强对党员在精神文明建设中履行责任和义务的管理。比如，一些地方在探索党员管理方面，提出了"四诺两评"的管理目标。"四诺"就是社会公德承诺、职业道德承诺、家庭美德承诺和个人品德承诺。"两评"就是党员评议和群众评议。通过加强管理，细化党员在精神文明建设中的责任，引导党员自觉践行。同时，也要通过树立先进典型，挖掘身边的榜样，大力宣传先进模范人物的事迹，强化党员在精神文明建设中的主体意识，推动广大党员在学习先进模范的过程中充分发挥主体作用。

三要建立充分发挥党员在精神文明建设中先锋模范作用的激励机制。党员要在精神文明建设中发挥先锋模范作用是由党的先进性决定的。但应然不等于实然。从党员在精神文明建设中作用的发挥来看，还存在重视不够、活力不足的问题。为了调动广大党员参加精神文明建设的积极性，从现实需要出发，还应当建立必要的考核激励机制，将党员参加精神文明建设的情况作为评先评优、晋职晋升、获得培训进修的重要依据，作为党员评议的重要内容，作为衡量一个党员党性的重要方面。

第六章　新时代河北省农民素质提升战略

　　精神文明建设关键在人。精神文明建设的目的在于培养人,精神文明建设的主体也是人。农村精神文明建设的主体是广大农民群众。广大农民群众的思想道德素质和科学文化素质决定着农村精神文明建设的水平。因此,在新时代,提升河北省农村精神文明建设水平,必须要依靠2980万[①]农民群众,必须要把着力点放在提升广大农民群众素质上来。

第一节　乡村振兴战略与新时代农民素质

　　实施乡村振兴战略,是党的十九大做出的一项重大战略决策。习近平总书记在党的十九大报告中强调"农业农村农民问题是关系国计民生的根本性问题,必须始终把解决好'三农'问题作为全党工作重中之重"。同时,他又进一步提出了坚持农业农村优先发展,实施乡村振兴战略的20字总要求,即"产业兴旺、生态宜居、乡风文明、治理有效、生活富裕"[②]。农民是农业农村发展的最主要依靠力量,乡村振兴要依靠新时代的农民,需要新时代高素质的农民来担当。只有极大地提升新时代农民的素质,农业和农村才会发展起来,农民才能富裕起来,乡村才能真正振兴起来。

---

① 《河北统计年鉴2021》,河北省统计局网站,http://tjj.hebei.gov.cn/hetj/tjnj/2021/zk/indexch.htm。
② 《中共中央国务院关于实施乡村振兴战略的意见（2018年1月2日）》,人民出版社2018年版,第4页。

一、乡村振兴战略的提出

长期以来,中国都是一个传统的农业国,农业始终是国民经济的基础。中华人民共和国成立后,伴随着土地改革的全面开展,新农村建设也迅速拉开了大幕。1956年,随着对个体农业社会主义改造的顺利完成,中国农业的发展走上了集体化道路。1956—1976年,中国农村的发展在经历了"大跃进"和人民公社化运动之后,在十年"文化大革命"中又遭受了严重挫折。党的十一届三中全会后,随着以家庭联产承包经营为基础、统分结合的双层经营体制的实行,中国农村经济又重新激发了活力,呈现出勃勃生机。与此同时,伴随着经济体制由计划到市场的转型,中国社会开始了急速地由农业文明向工业文明、农业社会向工业社会、农业经济向工业经济的转型过程。在这一过程中,第一、二、三产业发展出现了严重失衡,第二、三产业发展迅速,城市居民的收入与生活水平也随之得到较大改善,而农村、农业发展滞后,农民收入不高的问题日渐凸显。"三农"问题在20世纪90年代中期被作为一个概念提了出来,并日渐引起党和政府的高度重视。2005年,党的十六届五中全会将"三农"问题提升到了"全党工作的重中之重"的高度,在《中共中央关于制定国民经济和社会发展第十一个五年规划的建议》中首次向全党提出了建设"生产发展、生活宽裕、乡风文明、村容整洁、管理民主"的社会主义新农村的战略任务。2008年,党的十七届三中全会在《中共中央关于推进农村改革发展若干重大问题的决定》中进一步指出"农业、农村、农民问题关系党和国家事业发展全局"的同时,对"三农"问题突出强调了"三个最需要",即"农业基础仍然薄弱,最需要加强;农村发展仍然滞后,最需要扶持;农民增收仍然困难,最需要加快"。[①]2012年,党的十八大强调:"解决好农业、农村、农民问题是全党工作重中之重。"[②]2017年,党的十九大报告不仅再次重申"农业、农村、农民问题是关系国计民生的根本性问题,必须始终把解决好'三农'问题作为全党工作重中之重",而且将实施乡村振兴作为

---

① 《中共中央关于推进农村改革发展若干重大问题的决定》,人民出版社2008年版,第6页。
② 《中国共产党第十八次全国代表大会文件汇编》,人民出版社2012年版,第21页。

党和国家的一项重大战略决策提了出来。2017年12月,召开的中央农村工作会议进一步明确了实施乡村振兴战略的目标任务:到2020年,乡村振兴取得重要进展,制度框架和政策体系基本形成;到2035年,乡村振兴取得决定性进展,农业农村现代化基本实现;到2050年,乡村全面振兴,农业强、农村美、农民富全面实现。2018年2月,中共中央、国务院在《关于实施乡村振兴战略的意见》中,不仅强调"实施乡村振兴战略,是党的十九大作出的重大决策部署,是决胜全面建成小康社会、全面建设社会主义现代化国家的重大历史任务,是新时代'三农'工作的总抓手"①,而且进一步阐述了新时代实施乡村振兴战略的重大意义,提出了产业兴旺、生态宜居、乡风文明、治理有效、生活富裕的总要求,以及具体的实施路径。2018年11月,中共中央、国务院印发的《乡村振兴战略规划(2018—2022年)》以习近平总书记关于"三农"工作的重要论述为指导,按照乡村振兴战略的总要求,对实施乡村振兴作出阶段性谋划,明确了到2020年全面建成小康社会和2022年召开党的二十大时的目标任务,细化实化了工作重点和政策措施,在重大工程、重大计划、重大行动上进行了顶层设计、安排部署,成为指导各地区、各部门分类有序推进乡村振兴的重要指导。2020年12月,中共中央、国务院在《关于实现巩固拓展脱贫攻坚成果同乡村振兴有效衔接的意见》中,对于未来15年通过6大方面共24项措施推进脱贫攻坚成果与乡村振兴有效衔接作出了规划。2021年2月,中共中央、国务院在《关于全面推进乡村振兴加快农业农村现代化的意见》中,提出了4项政策实现巩固拓展脱贫攻坚成果同乡村振兴有效衔接、7个方面加快推进农业现代化建设、8大措施助力实施乡村建设行动。2022年1月,中共中央、国务院在《关于做好2022年全面推进乡村振兴重点工作的意见》中,又就全面推进乡村振兴的8个方面重点工作做出了安排。这8个方面是全力抓好粮食生产和重要农产品供给、强化现代农业基础支撑、坚决守住不发生规模性返贫底线、聚焦产业促进乡村发展、扎实稳妥推进乡村建设、突出实效改进乡村治理、加大政策保障和体制机制创新力度、坚持和加强党对"三农"工作的全面领导。由此可见,乡村振兴战略从党的十九大提

---

① 《中共中央国务院关于实施乡村振兴战略的意见(2018年1月2日)》,人民出版社2018年版,第21页。

出之后,各项政策、措施纷纷出台,乡村振兴战略在落实落小落细中不断扎实推进,已经取得了一个良好的开局。

二、乡村振兴战略提出的重大意义

实施乡村振兴战略,是以习近平同志为核心的党中央从中国"三农"的实际出发,面向21世纪中叶建成社会主义现代化强国、实现中华民族伟大复兴的战略目标做出的一项重大决策,这对于解决长期困扰中国发展的"三农"问题,实现农业现代化,解决新时代中国经济发展不平衡、不充分问题,实现全体人民共同富裕具有深远的历史和现实意义。

（一）乡村振兴战略是实现社会主义现代化的必然要求

实现国家的现代化,是中国共产党人百年来的梦想与奋斗目标。早在党的七届二中全会上,中国共产党人在展望即将到来的全国革命胜利的时候,就提出了由农业国转变为工业国的时代任务。中华人民共和国成立后,党领导人民向社会主义转变过程中提出的过渡时期总路线的核心内容就是工业化。从1953年开始,为了实现工业化、现代化,我们党迄今为止已经制订了十四个五年规划（"十一五"之前称为计划）。习近平总书记在2021年的"七一讲话"中向全世界庄严宣告了,中国共产党的第一个百年奋斗目标——全面建成小康社会已经实现,中国人民正意气风发向着全面建成社会主义现代化强国的第二个百年奋斗目标迈进。我国的现代化,是包括工业、农业、国防、科技、教育等在内的全面的现代化。农业现代化是中国全面社会主义现代化的重要组成部分。对于农业的现代化,习近平总书记从我国还有4亿人口在农村、城乡差距较大的基本国情出发,指出:"没有农业现代化就没有国家现代化,没有农村繁荣稳定就没有全国繁荣稳定,没有农民全面小康就没有全国人民全面小康。"[1]全面建成社会主义现代化强国,要求我们必须要建强农业,实现农业的现代化。从现代化建设的实际来看,农业的现代化既是我国现代化建设的重点,也是难点。我

---

[1] 《中国共产党第十七届中央委员会第三次全体会议文件汇编》,人民出版社2008年版,第6页。

国农业的现代化发展，既要遵循经济发展规律，同时又要加强顶层设计、统筹协调、科学规划、有序推进。只有这样，才能实现超常规发展，弯道超车。党中央提出的乡村振兴战略，就是适应全面建设社会主义现代化的时代要求，旨在实现农业现代化，进而实现乡村全面振兴的宏伟战略。

（二）乡村振兴战略是解决新时代社会主要矛盾、实现全体人民共同富裕的必然要求

党的十九大报告指出，经过长期努力，中国特色社会主义进入了新时代。与此同时，新时代的社会主要矛盾已经转化为人民日益增长的美好生活需要和不平衡不充分的发展之间的矛盾。不平衡不充分的发展是新时代社会主要矛盾的主要方面。当前，我国发展最大的不平衡就是城乡发展的不平衡，最大的不充分就是农村发展的不充分。发展农业，发展农村，增加农民收入，改善农民生活，是亿万农民对美好生活的期待。习近平总书记提出："中国要强，农业必须强；中国要美，农村必须美；中国要富，农民必须富。"[1]要发展农业、农村，增加农民收入，实现亿万农民的共同富裕，就必须要把坚持农业农村优先发展，加快推进农业农村现代化，解决"三农"问题置于国家重要的战略地位。党的十九大提出的乡村振兴战略正是在解决新时代社会主要矛盾，解决乡村发展不平衡不充分、城乡差别过大这样的大背景下提出来的。目的就在于通过乡村振兴战略的实施，解决好"三农"问题，使农业成为有吸引力的产业，使农民成为有吸引力的职业，使农村成为人们向往安居之所。

（三）乡村振兴战略是实现"两个一百年"奋斗目标的必然要求

"两个一百年"的奋斗目标，第一个是到2020年全面建成小康社会，第二个是到建国100周年的时候，要把我们国家建设成为一个社会主义现代化强国。第一个百年奋斗目标，我们已经实现了，现在我们已经开启了社会主义现代化建设的新征程。实现第二个百年奋斗目标，必须要补齐农业农村发展的短板，解决好"三农"问题，破解我国社会长期以来形成的城乡二元结构，解决好我国城乡发展不平衡不充分的问题。首先，乡村振兴战略是新时代解决"三农"问

---

① 《十八大以来重要文献选编（上）》，中央文献出版社2014年版，第658页。

题的行动纲领。"三农"问题之所以成为全党工作的重中之重，一是因为"三农"问题关系国计民生，二是因为"三农"已经成为我国现代化建设的最大短板，"三农"问题成为我国经济社会发展最大的阻碍。而"三农"问题不是一个问题，也不是三个问题，而是一个综合性的问题。"三农"问题，既不是一日形成的，也不可能一蹴而就，必须要作为一项系统工程，提升到国家战略的高度，才有可能加以解决。乡村振兴战略正是将解决"三农"问题作为一项系统工程，从国家战略的高度进行的战略设计，是新时代指导"三农"工作的战略性行动纲领。其次，乡村振兴战略也是解决我国城乡发展不平衡不充分的迫切要求。改革开放以来，我国农村发生了翻天覆地的变化，农业生产力有了较大的发展，农民收入有了显著增加，农民生活水平有了较大改善，农村面貌焕然一新。但是，城乡的收入差距、社会保障、公共产品和公共服务的供给差距不仅没有缩小，在一些方面还出现了越来越大的问题，这与广大农民群众对新时代美好生活的期盼形成了强烈反差。出现这些问题的根源就在于城乡二元结构问题没有得到根本性的解决。所以，实现第二个百年奋斗目标，必须要从解决问题的根本入手。乡村振兴战略的提出，就是要通过实现农业现代化、产业化，带动农村的发展和农民的增收，破解我国长期以来形成的城乡二元结构。因此，乡村振兴战略，绝非权宜之计，而是长期战略。

三、乡村振兴关键在高素质的农民

习近平总书记指出，乡村振兴是乡村的全面振兴，要推动农业全面升级、农村全面进步、农民全面发展。实施乡村振兴战略，必须要做好抓重点、补短板、强弱项工作。"邦之兴，由得人也；邦之亡，由失人也。"(《白居易·辨兴亡之由策》)实现乡村振兴，主要靠农民。农民是乡村振兴的主体，是推动者，也是受益者。2018年1月和5月，中共中央、国务院在《关于实施乡村振兴战略的意见》和《乡村振兴战略规划（2018—2022年)》中都提出要"坚持农民主体地位"，强调要"充分尊重农民意愿，切实发挥农民在乡村振兴中的主体作用"。[1]实现乡村振兴，主要靠农民，但绝不是没有知识、没有文化，只能从事体力劳动的农民，而应当是具有高素质的农民，应当是从事农业生产的人"才"。2021年2月，中共中央办公厅、国务院办公厅印发的《关于加快推进乡村人才振兴的意见》指出："乡村振兴，关键在人。"[2]准确地说，关键在人才，关键在高素质的农民。从现实看，乡村振兴的重点在人才，短板在人才，弱项也在人才。实现乡村振兴，必须人才振兴。高素质的农民在乡村振兴中具有十分重要的战略地位。从人在现代化中的地位来看，乡村振兴的本质是乡村的现代化。乡村的现代化，既是"物"的现代化，更是人的现代化即农民的现代化。现代化的农民，是有知识、高素质的农民，他们也是实现乡村振兴的关键所在。从乡村振兴的内容看，包括产业振兴、人才振兴、文化振兴、生态振兴和组织振兴。其中，人才振兴、乡村产业振兴要以人才振兴为基础，乡村文化振兴要以乡村人才振兴作为关键，乡村生态振兴离不开乡村人才振兴为之提供建设者和生态产品供给者，乡村组织振兴需要乡村人才振兴为之提供各类基层组织人才。从乡村振兴的总要求来看，要实现产业兴旺、生态宜居、乡风文明、治理有效、生活富裕，就必须要加快转变农业生产方式，大力发展现代都市型农业和特色高效农业、规模农业、绿色农业，进一步优化农产品结构，大力发展绿色优质农产品，推进农产品深加工，提升农产品价值，拓展农产品市场；必须要保护好农村环境，做到村容整洁、山清水秀、环境优美，打造望得见山、看得见水、记得住乡愁的生态宜居美丽乡村；必须要加强社会主义核心价值观建设，以优秀文化引领乡村文化发展，培育文明的生活观，加强群众的科学文化教育和思想道德建设，让科学知识、法律法规、优秀文化"进农家"，养成文明习惯，培育文明风尚；必须要实现从乡村治理从传统向现代的转变，构建起良性互动的德治、法治、自治的基层社会治理体系，增强农民群众的主人翁意识、社会责任意识、集体意识、法规意识，提升农民的参与素质、参与能力与思想道德素质；必须要加强农村基础设施建设，推进城乡基础

---

① 《中共中央国务院关于实施乡村振兴战略的意见（2018年1月2日）》，人民出版社2018年版，第7页。

② 《中共中央办公厅 国务院办公厅印发〈关于加快推进乡村人才振兴的意见〉》，中华人民共和国中央人民政府网，http://www.gov.cn/gongbao/content/2021/content_5591402.htm。

设施共建共享、互联互通,积极发展村集体经济,加大对农民的培训力度,促进农民就业,让农民融入农业全产业链条,提高农民的经营性收入。从乡村振兴人才工作的现状看,乡村人才总体上与乡村振兴的要求还有较大差距,乡村中青年、优质人才持续外流,人才总量不足、结构失衡、素质偏低、老龄化严重等问题较为突出。为此,2018年1月,中共中央、国务院在《关于实施乡村振兴战略的意见》中就提出"实施乡村振兴战略,必须破解人才'瓶颈'制约。要把人力资本开发放在首要位置,畅通智力、技术、管理下乡通道,造就更多乡土人才,聚天下人才而用之"[1]。只有突破了乡村振兴的人才"瓶颈",将农民群众培养教育为高素质的职业农民,乡村振兴才能真正得以实现。

第二节　新时代河北省农民素质状况

乡村振兴,关键在高素质的农民。新时代农民是河北省乡村振兴的主体,提升新时代农民的素质也是实现河北省农业现代化、产业化的根本,是实现河北省农村经济可持续发展的重要支撑。

一、新时代农民素质的内涵

高素质农民是农村先进生产力的代表,培育高素质农民是着力解决好乡村发展不平衡不充分问题、满足农民对美好生活向往的迫切需求的重要举措,是解决河北省农村社会主要矛盾的关键所在。

(一)农民素质的内涵

所谓"素质",是指一个人的体质、品质和内在素养。从包含的内容来说,一般主要是指身体素质、心理素质、思想道德素质和科学文化素质。农民,指的是在农村从事农业生产的劳动者。农民素质,指的是农民这一社会群体或社会阶层的群体素质,主要包括身体素质、心理素质、文化素质、科技素质、思想修养、

---

[1] 《中共中央国务院关于实施乡村振兴战略的意见(2018年1月2日)》,人民出版社2018年版,第35页。

道德素质、经营管理能力以及现代意识等。农民的身体素质主要是指农民的健康程度、寿命长短、营养状况、免疫力等，饮食结构、医疗卫生条件和生活环境状况是影响农民身体素质的关键因素。农民的心理素质主要是指以农民自我意识为核心的认知能力、需要、兴趣、动机、情感、意志、性格等的总和。农民的文化素质是指农民的受教育程度、文化水平及其对社会文化的认识和接受程度等，农民的劳动技能和劳动生产率，农业的生产力发展水平，农村的富裕程度、开放程度以及精神文明的水平都与农民的文化素质密切相关。农民的科学素质是指农民了解科学技术知识、掌握基本的科学方法、拥有科学思想和科学精神、坚持科学发展观，以及应用它们处理日常生活、农业生产活动和参与公共事务的能力，主要包括科学知识、科学方法、科学精神和科学能力等内容。农民的思想政治素质是指农民在政治方向、政治立场、政治观念、政治态度、政治信仰以及政治技能等方面表现出来的基本品质。农民的经营管理素质是指农民依据市场需求变化来合理组织、控制农业生产的能力，包括农业生产知识的掌握程度、农业技术的应用水平和采用能力、农产品市场的适应能力等方面。农民的现代意识主要体现在农民法制观念、婚育观念、民主意识等方面。其中，法制观念、民主观念尤为突出。法制观念是指农民能够学法、知法、守法、用法、护法，主要体现在两个方面：一是能够自觉遵守法律，在法律规定范围内活动；二是当自身或他人正当权益受到侵害时，能够运用法律武器来捍卫应有权利。民主意识，体现为一个人对自己民主权利的认识、掌握与运用。

（二）新时代对农民素质提出了新要求

农民素质，既是一个综合性概念，也是一个随着社会发展内涵需要不断丰富的概念。党的十八大以来，伴随着中国特色社会主义进入新时代，特别是乡村振兴战略的提出，对新时代的农民素质也提出了新的要求。这主要体现在三个方面：一是对新时代农民的思想道德素质提出了更高的要求；二是对新时代农民的科技文化素质提出了更高的要求；三是新时代农民必须要具有现代意识。

1.实现乡村振兴对新时代农民的思想道德素质提出了更高的要求

2018年，中央一号文件《中共中央国务院关于实施乡村振兴战略的意见》

提出,实现乡村振兴,必须要加强农村思想道德建设。[①]2021年的中央一号文件《中共中央 国务院关于全面推进乡村振兴加快农业农村现代化的意见》和2022年的中央一号文件《中共中央 国务院关于做好2022年全面推进乡村振兴重点工作的意见》同样都提出了加强新时代农村思想道德建设的任务,对新时代农民的思想道德素质提出了更高的要求。一要做中国共产党的坚定拥护者。中国共产党是中国特色社会主义事业的领导核心,是最广大人民群众根本利益的代表。新时代的农民必须要始终坚持党的领导,要与党中央始终保持一致。二要做中华民族优秀民族精神的传承者,将勤劳朴实、善良热情、吃苦耐劳的优秀民族精神传承下去。三要做热爱农村、懂技术、扎根农业的献身者。四要做诚信经营的带头者,要按照市场经济的规律组织生产,以诚信、服务与高品质的产品去赢得市场。五要具备较强的民主意识与法律意识,能够做到知法、懂法、守法,做遵纪守法模范。六要弘扬良好乡风、家风,互帮互助、助人为乐,做乡风文明的建设者。

2.实现乡村振兴对新时代农民的科技文化素质提出了更高的要求

新时代农民的科技文化素质主要包括文化素质、科技素质(包括信息素质)、经营管理能力。从文化素质来看,新时代的农民必须要具备一定的文化知识。农业作为一个产业,在新时代必须要实现从传统农业向现代农业的转变。现代农业,是智慧农业、健康农业、有机农业、绿色农业、循环农业、再生农业、观光农业。现代农业的发展,要求新时代的农民必须是具有较高文化素质的职业农民。作为职业农民,要能够迅速接受新思想,树立新的发展理念,不断尝试农作物新品种,掌握和推广农业新技术,开展科学种田,实现农业产业化经营,而这些必须要以有较高的文化素质为基础。从科技素质来看,现代农业是先进科学技术及其装备广泛运用的农业。一方面,现代生产手段与生产技术在农业上的广泛运用,优良品种培育,化肥、农药等的合理科学使用,要求现代农民必须要有农业科技意识,要掌握现代农业科技;另一方面,现代农业也是信息农业。农

---

① 《中共中央国务院关于实施乡村振兴战略的意见(2018年1月2日)》,人民出版社2018年版,第22—23页。

业要发展,农民要增收,就必须要讲求农业效益。这就要求新时代的农民要掌握现代信息、科技知识、市场知识、营销知识和技能,学会及时收集和分析信息,利用互联网便利条件进行农产品的市场推销。从经营管理能力来看,农业的现代化,也是农业生产的集约化、专业化与机械化。实现农业生产的集约化、专业化与机械化要求农业生产的管理必须要实现现代化。这就要求新时代的农民必须要适应农业生产集约化、专业化、机械化的要求,具有一定的生产经营管理能力。总之,新时代的农民必须是知农事、懂技术、善创新、会管理的职业农民。

3.实现乡村振兴要求新时代农民必须要具有现代意识

新时代农民的现代意识主要指时代意识、市场意识、民主意识、法治意识以及环保意识。现代农业是开放的农业。农业的竞争,不仅存在国内竞争,也存在国际竞争。面对国内外市场的激烈竞争,新时代的农民必须要打破封闭、狭隘、小富即安、不思进取的传统思想束缚,要增强时代意识,要有战略眼光,要从全球竞争的视角思考问题,才能为农业的发展求长求远,实现可持续。现代农业,是现代化的农业,也是市场化的农业。市场化的农业,要求新时代的农民必须要具有敏锐的市场意识,要能依据农产品市场供需状况及时调整农产品结构,能够在发展农业的过程中做到人无我有、人有我优,能够为市场提供特色农产品、个性化农产品,能够满足市场对农产品的多方面需求。只有这样,才能够最大限度地规避市场竞争的风险,才能在激烈的市场竞争中实现更好的发展。新时代的乡村,应该是乡风文明、治理有效的乡村。乡风文明,需要加强乡村的文化建设,有效治理离不开广大农民群众的参与。乡风文明与治理有效,都需要广泛发扬民主,进一步提高广大农民群众的民主意识。只有广泛发扬民主,农民才能真正成为乡村的主人,才能产生主人翁意识和责任感。乡村振兴,要求乡村治理必须实现现代化。乡村治理的现代化,离不开自治、法治、德治"三治融合"的现代乡村治理体系。在自治、法治、德治三者的关系中,自治是基础,德治是先导,法治是保障。实现乡村振兴,不仅需要广大农民群众具有较高的道德修养,也需要强化法治意识。"国无法不治,民无法不立。"实现乡村振兴,需要将乡村治理纳入法治轨道,农村的基层自治组织要依法明权属、赋权能,用好法治手段,广大农民群众要强化法治观念、法治意识,养成遇事找法、办事依法、解决问题靠法的行为习惯。新时代的乡村,应该是生态宜居的乡村。生态宜居,不仅要求乡村要有安全、便利、舒适的社会环境和人文环境,还要求有生态良好、环境优美、人与自然和谐相处的自然环境。生态良好、环境优美、人与自然和谐相处是生态宜居的最基本内容。乡村生态要宜居,必须环保先行。打造生态宜居的乡村,必须要改变污染环境的传统生产方式,坚持绿色发展、循环发展、低碳发展,坚持开发与保护并重。同时,还需要改变不利于环境保护的传统生活方式,有效处理生活垃圾,减少环境污染,力争使环保成为每一个人的自觉行为。要使环保成为每一个人的自觉行为,必须首先要强化人们的环保观念,形成环保意识。只有形成了环保意识,才能使环保成为人们的自觉行动。

二、新时代河北省农民素质现状及存在的主要问题

河北省不仅是一个"农业大省",也是一个"农民大省"。第七次全国人口普查的数据显示,截至 2020 年 11 月 1 日,我国居住在乡村的人口为 50978.7562 万人,占全国人口的 36.11%。[1]而河北省居住在乡村的人口为 2979.3749 万人,与 2010 年第六次全国人口普查相比,乡村人口虽然减少了 1048.5133 万人,但仍占全省人口的 39.93%。[2]很明显,河北省的乡村人口占比要远高于全国。乡村振兴的主体是农民。农民的素质对乡村振兴的影响是决定性的。因此,深入考察新时代河北省农民素质现状,把握河北省农民素质中存在的短板,对于科学制定新时代进一步提升河北省农民素质的发展战略意义重大。

(一)身体素质现状及存在的主要问题

身体素质是从事职业劳动必须具备的条件。现代社会生活节奏快、工作效率高,对劳动者身体素质要求越来越高。党的十八大以来,河北省现代农业建设成就辉煌,农村面貌和环境水平明显改善,农民生活质量和水平显著提高,身

---

[1] 《第七次全国人口普查公报(第七号)——城乡人口和流动人口情况》,中华人民共和国国家统计局网站,http://www.stats.gov.cn/xxgk/sjfb/zxfb2020/202105/t20210511_1817202.html。

[2] 《河北省第七次全国人口普查公报(第六号)——城乡人口和流动人口情况》,河北省统计局网站,http://tjj.hebei.gov.cn/res/hetj/up-load/file/20210519/公报六.pdf。

体素质和健康状况得到改善,各地区之间差距逐渐缩小。与此同时,与身体素质相关的饮食结构、医疗卫生服务还存在一些不足。

1.饮食结构不够合理

近年来,河北省农产品综合生产能力稳步提升,农民的膳食结构趋于合理,营养状况得到了明显改善,但与《中国食物与营养发展纲要(2014—2020年)》目标仍然存在一定差距。这主要表现在:一是谷类、蔬菜等食物消费减少;二是动物性食物、奶豆类及其制品、蛋类、鲜果摄入量增加,蔬菜、水果、畜禽肉鱼虾摄入量仍显不足,奶和豆类摄入差距更大;三是钙和维生素摄入严重不足,而钠摄入量过高;四是油脂摄入量远超过平衡膳食宝塔提出的参考摄入量,农村居民膳食有向高脂膳食模式转化的趋势,需要进行膳食指导和营养干预。

2.高质量的医疗卫生服务还不能满足

河北省已经建立起农村县、乡、村三级卫生服务网,新型农村合作医疗制度和农村医疗卫生队伍建设都取得显著成绩,对保障农村居民健康、促进农村经济发展发挥了重要作用。与此同时,我们也必须注意到,农村医疗卫生服务仍存在诸多问题。其中,最为突出的是城乡医疗卫生资源配置不均衡。由于农村地区医疗卫生基础设施投入不足,乡镇卫生院、门诊数量有限,就诊条件欠佳,高水平医务人员欠缺,不能满足农村居民的医疗服务需求,广大农民更多地选择县级及以上医院就诊治疗,从而造成县级及以上医院就医拥挤和农村医疗资源闲置。

(二)思想道德素质现状及存在的主要问题

人无德不立,乡村无德不兴。乡村振兴,乡风文明是保障。乡风文明,思想道德建设是"牛鼻子"。加强思想道德建设,提高广大农民的思想道德素质,是加强农村社会主义精神文明建设的重要内容。党的十八大以来,河北省农村思想道德建设取得了很大成效。伴随着河北省改革开放的进一步深入,生活水平有了显著提高。广大农民群众从切身体验中认识到,共同富裕离不开党的正确领导,增强了对党和政府的信任,坚定了"四个自信",增强了走勤劳致富的信心;富强、民主、文明、和谐、自由、平等、公正、法治、爱国、敬业、诚信、友善的社会主义核心价值观念深入人心,爱党、爱国、爱家乡渐成风尚;广大农民从实践中体会到了科学技术的重要性,崇尚科学成为农民群众生产生活的主流意识,科学种田、科技致富已成为农民群众的自觉行动。移风易俗,文明、健康的现代生活方式、新型人际关系逐步形成;关心社会、关心集体、当家作主的观念日益增强,吃苦耐劳、勤俭持家、淳朴憨直、忠厚老实、礼仪待人、助人为乐、孝亲和睦、团结友善的传统美德得到进一步传承和发扬。与此同时,我们也看到,在一些农村地区,还存在一定的思想道德问题。比如,一些农民群众理想信仰淡薄,失去精神支柱;在市场经济面前,个人利益至上,对国家、集体漠不关心,缺乏社会责任感;价值观扭曲,是非观念模糊不清,追求物质享受,奉献意识淡薄;文明意识薄弱,法制观念不强,精神和道德空虚;一些农村地区封建宗教意识有所复苏,封建迷信思想死灰复燃,互相搞攀比、浪费现象的陈规陋习屡禁不止;等等。这些问题的存在,说明农村社会主义精神文明建设必须大力加强。

（三）文化素质现状及存在的主要问题

农民文化素质与农村经济社会发展有着密切的联系,二者相互依赖、互为促进。一方面,人口文化素质越高,其生产潜力越大,就越能促进经济发展;另一方面,经济发展水平是提升农民文化素质的物质基础。随着河北省"科教兴冀"战略的深入推进,党的十八大以来,河北省农民受教育水平大幅提高,文化素质也得到全面提升。但与全国相比、与河北省城市相比,农村受教育水平还有一定的差距。一方面,从第三次全国与河北省农业普查主要数据的对比来看,2016年,全国农业生产经营人员的受教育程度,未上过学、小学、初中、高中或中专、大专及以上分别为6.4%、37%、48.4%、7.1%、1.2%。[①]河北省相应的比例分别为2.99%、26.99%、60.18%、8.79%、1.05%。[②]初中以上学历的农业生产经营人员占比70.02%,要远远高于全国的56.7%。另一方面,从河北省人口的"三普""四普""五普""六普"数据来看,15岁及以上文盲、半文盲人口分别为1194万人、1024万人、514万人、188万人,文盲、半文盲人口占总人口的比重分

---

① 《第三次全国农业普查主要数据公报（第五号）》,中华人民共和国国家统计局网站,http://www.stats.gov.cn/tjsj/tjgb/nypcgb/qgnypcgb/201712/t20171215_1563599.htm。

② 《河北省第三次全国农业普查主要数据公报（第五号）》,河北省统计局网站,http://tjj.hebei.gov.cn/hetj/tjgbtg/101507519377577.html。

别为22.5%、16.8%、7.7%、2.6%，其中，文盲率分别为32.1%、21.6%、8.6%、3.1%。[①]
纵向对比，很显然呈现出明显的下降态势。这说明河北省农业人口总体文化素
质还是较好的。但是，与城市人口素质相比，还有相当差距。《人口素质全面
提升，城镇化水平显著提高——新中国成立70周年河北经济社会发展成就系
列报告之十》提供的数据显示，河北省全省小学、初中、高中、大专及以上文化
程度人口占比分别为24.6%、41%、12.7%、7.3%。[②]其中，城市相应的比例分别
为22.31%、21.82%、16.61%、13.55%。[③]而《河北省第三次全国农业普查主要数
据公报》(第五号) 提供的数据显示，农村相应的比例分别为26.99%、60.18%、
8.79%、1.05%。另据河北省第六次全国人口普查的数据，河北省城镇人口平均
受教育年限比乡村人口多1.91年；城镇每10万人中拥有大学程度的人口比乡村
多12985人，高8.17倍；城镇每10万人中拥有高中程度的人口比乡村多12190人，
高1.66倍；城镇人口文盲率比乡村人口低2.07个百分点。[④]很显然，城乡之间人
口素质差距十分明显，高中以上文化程度人口差距更为突出。

(四) 科技素质现状及存在的主要问题

在现代农业生产中，先进科学技术的运用、农业科技成果的转化都需要现
代农民具有较高的科技素质。农民的科技素质反映的是农民接受科技知识教育
的程度、掌握科技知识量的多少、质量的高低以及运用科学技术进行农业生产
的熟练程度。

2006年，河北省首届公众科学素养调查的数据显示，2005年河北省公众中
城镇人口具备科学素养的比例为4.81%，而农村人口具备科学素养的比例仅为

---

① 《人口素质全面提升，城镇化水平显著提高——新中国成立70周年河北经济社会发展成就系列报告
之十》，河北省统计局网站，http://tjj.hebei.gov.cn/hetj/tjxx/101566430501135.html。

② 《人口素质全面提升，城镇化水平显著提高——新中国成立70周年河北经济社会发展成就系列报告
之十》，河北省统计局网站，http://tjj.hebei.gov.cn/hetj/tjxx/101566430501135.html。

③ 依据《人口素质全面提升，城镇化水平显著提高——新中国成立70周年河北经济社会发展成就系列
报告之十》中数据计算得到。

④ 《从人口普查数据看河北省人口受教育状况》，河北省统计局网站，http://tjj.hebei.gov.cn/hetj/
tjfx/101382689579290.html。

0.96%。①城乡差异十分明显。2020年,第十一次中国公民科学素质抽样调查的结果显示,中国公民具备基本科学素质的比例已经达到10.56%,河北公民科学素质水平也超过了10%。与此同时,抽样调查的结果也显示,中国城乡居民的公民科学素质水平分别为13.75%和6.45%,两者相差7.3个百分点,这一数据与2015年相比,城乡差距不仅没有缩小,相反还增加了0.01个百分点。②虽然没有河北省2020年的相关数据,但结合全国的这一数据和2005年河北省农村人口具备科学素养的情况综合分析,河北省城乡居民科学素质水平还存在较大差距,这也应该是一个客观的事实。同时,调查还显示,农村人口对各类科普设施的平均参与程度是明显低于城镇人口的。此外,依据2017年赵雪芬对廊坊市新型职业农民文化素质的调查,经常关注农业技术信息的农民仅有21%,对于农科部门推出的农业新技术,仅36%的农民表示会积极响应,绝大部分农民没有经过系统正规的农技教育和培训。③2019—2020年,赵子健对河北省晋州、昌黎、青县、沙河等10个市县农民素质水平进行了实地调研。在调研对象中,具有小学及以下水平、初中文化程度、高中文化或同等文化水平以及大专或同等文化水平的比例分别为10.1%、47%、34%和7%;参加过新型农业科技培训的比例为46%,其中,能够将学到的新技术运用到农业生产中的仅为24%;在农民对农作物的灌溉方式中,有76.65%的农民沿用传统漫灌方式或不灌溉。④这些调研虽然是局部的,但结合日常观察与专家访谈,我们也可以从一定程度上做出一个大体的判断:那就是河北省农民的科技意识还相对淡薄,对科学技术掌握、运用得还很不足,整体科学素质水平有待提高。

---

① 《我省首届公众科学素养调查透视》,新浪网,http://news.sina.com.cn/c/2006-05-25/07519019718s.shtml。

② 《第十一次中国公民科学素质抽样调查主要结果发布》,中国科普研究所网,https://www.crsp.org.cn/m/view.php?aid=3209。

③ 赵雪芬:《美丽乡村建设视域下新型职业农民文化素质调查研究——以廊坊市为例》,《河北软件职业技术学院学报》2018年第1期,第62页。

④ 赵子健:《乡村振兴战略下河北省农民素质提升研究》,河北农业大学2021年硕士学位论文,第21—22页。

（五）经营管理素质现状及存在的主要问题

2019年，中共中央在印发的《中国共产党农村工作条例》中明确提出："各级党委应当加强农村人才队伍建设。……培养一支'有文化、懂技术、善经营、会管理'的高素质农民队伍，造就更多乡土人才。"[1]河北省第三次全国农业普查领导小组办公室、河北省统计局发布的《全省第三次全国农业普查结果》显示，2016年，河北省农业生产经营人员有1982万人。其中，未上过学的比重为2.99%，初中及以下学历占87.07%，拥有高中或中专文化的比重为8.79%，拥有大专及以上学历的比重仅为1.05%。[2]农民的经营管理素质可以通过农民的市场开拓行为、经营理念和农业抗风险能力等方面表现出来。从有关河北省农民的经营管理素质研究来看，虽然我国农业经济已经是市场经济，但在市场开拓方面，有超过一半的农民仍然是被动地进行农产品销售；在经营理念方面，有超过3/4的农民没有与企业合作过；在市场调查方面，只有仅仅不足1/5的农民进行过一定的市场调研，并依据调研进行农业生产；在对农产品质量的认知方面，有近一半的农民不注重农产品质量；在农业抗风险能力方面，有近14%的农民有过农业借贷经历。[3]河北省是一个农业大省，但不是农业强省，一个重要原因就是农民专业化程度不高、现代化经营管理能力不高。这表现在：一是市场观念比较淡薄，很多农民不能及时捕捉到市场信息、分析市场动态、把握市场行情。从事物流、服务等第二、三产业的农民，经营管理素质优于从事种植业的农民，但大多数人的经营管理并非知识分析的结果，而是一种凭直觉经验、带有相当程度盲目性的行为。二是小规模经营制约着劳动生产率的进一步提高。随着农村劳动力大量外出，农村老龄化、村庄空心化等现象愈演愈烈，二代农民工由于缺乏农业生产经验且城镇化意愿强烈，不愿返乡务农，有些地方甚至出现土地抛荒现象。究其原因，在于农业社会经济收益不高。只有"农民"这一职业获得的社会收

① 《中共中央印发〈中国共产党农村工作条例〉》，中华人民共和国中央人民政府网，http://www.gov.cn/zhengce/2019-09/01/content_5426319.htm。

② 《河北省第三次全国农业普查主要数据公报（第五号）》，河北省统计局网站，http://tjj.hebei.gov.cn/hetj/tjgbtg/101507519377577.html。

③ 赵子健：《乡村振兴战略下河北省农民素质提升研究》，河北农业大学2021年硕士学位论文，第24—25页。

益越来越高,才越有可能吸引人才返乡。为了获得更高收益,新型农民的社会生产过程必须由一个封闭的小农经济,走向不断扩大再生产的规模经济,这是一个单一生产模式逐步分工分化到多元化产业经营的过程。经营模式的转变,使对新型职业农民的经营管理素质要求更高。三是品牌意识不强,农产品标准化生产水平低,专利和商标很少。

(六) 现代意识现状及存在的主要问题

现代意识主要体现在农民法制观念、婚育观念、民主观念等方面。从法律观念来说,一方面,改革开放以来,特别是"七五"普法实施以来,河北省注重顶层设计,加强组织保障,随着普法工作的开展和大众媒体的不断宣传,县、乡、村三级公共法律服务中心 (站)、村 (社区) 法律顾问在全省范围内的全覆盖,河北省农民的法律意识有了很大提高;另一方面,由于乡村作为传统熟人社会,重人情、面子,农民的法律素质还普遍较低,知法、守法、护法,运用法律武器保护自己合法权利的社会氛围不够浓厚。从婚育观念来看,农村仍然大量存在早婚现象,或达到法定年龄却没有领取结婚证,仅按照当地风俗习惯举办婚礼。从民主观念来看,在村民选举过程中,甚至有人认为在进行村干部选举时,候选人对村民进行贿选不是违法行为或不知道是违法行为。由于基本法律知识的缺失,导致一部分人在日常生活中无意识犯罪,造成严重治安问题。同时,由于现实条件的制约,农民信息不对称问题十分严重,法治实践参与度非常低,难以直观感受到法律的权威性和公正性,由此导致农民群体遵守和运用法律的能力较差。

第三节　新时代进一步提升河北省农民素质的战略路径

在新时代,实现乡村振兴必须要把全面提升农民素质作为根本,从战略上加以谋划。在新时代,就是要做好提升广大农民思想政治素质、道德科学文化素质和培育新型职业农民三件大事。

一、进一步提升广大农民的思想政治素质

加强社会主义精神文明建设,就其内容而言,包括思想道德建设和科学文化建设两大方面。思想道德建设又包括思想政治建设和道德建设两个方面,思想道德建设是社会主义精神文明建设的核心,而思想政治建设又是思想道德建设的核心。也就是说,思想政治建设是社会主义精神文明建设核心中的核心,是社会主义精神文明建设最主要也是最重要的内容。加强思想政治建设的主要目的就是提高人们的思想政治素质,进而提高人们的思想政治觉悟。所以,加强农村精神文明建设,必须要把提升广大农民的思想政治素质放在第一位。只有思想政治素质过硬了,农村的社会主义精神文明建设才能获得强大的思想政治保证。

提升广大农民的思想政治素质,必须要从四个方面下功夫:一是大力开展马克思主义思想理论教育,二是大力开展理想信念教育,三是大力开展"四史"学习教育,四是大力开展"五爱"教育。

(一)大力开展马克思主义思想理论教育

马克思主义是我们党和国家的指导思想,也是加强社会主义精神文明建设的理论基础与指导方针。2019年6月24日,习近平总书记在十九届中央政治局第十五次集体学习时指出:"马克思主义是指导我们改造客观世界和主观世界的锐利思想武器。"[①]2021年,他在庆祝中国共产党成立100周年大会上的讲话中也指出:"马克思主义是我们立党立国的根本指导思想。"[②]加强农村社会主义精神文明建设,必须要始终坚持马克思主义的指导思想地位,丝毫不能动摇。坚持以马克思主义为指导,加强社会主义精神文明建设,要求我们必须要在广大农民群众中大力开展马克思主义思想理论教育。加强对广大农民群众进行马克思主义思想政治教育,必须要从实际出发,不是要求他们去读马列主义经典原著"大本子",这既不现实也不可能,关键是要学习马克思主义认识、分析、解决

---

① 《习近平谈治国理政》(第3卷),外文出版社2020年版,第532页。
② 习近平:《在庆祝中国共产党成立100周年大会上的讲话》,人民出版社2021年版,第12页。

问题的立场、观点、方法。学习马克思主义思想理论必须要和中国的实际相结合，在当前就是要深入学习马克思主义中国化的理论成果——毛泽东思想、邓小平理论、"三个代表"重要思想、科学发展观，特别是要深入学习马克思主义中国化的最新理论成果、21世纪的马克思主义——习近平新时代中国特色社会主义思想，要用习近平新时代中国特色社会主义思想武装广大农民群众的头脑。深入学习习近平新时代中国特色社会主义思想，必须要围绕这一思想回答的基本理论问题，全面把握"十个明确""十四个基本方略"的科学体系，准确把握这一思想的核心要义。这一思想回答的基本理论问题是在"新时代坚持和发展什么样的中国特色社会主义、怎样坚持和发展中国特色社会主义，建设什么样的社会主义现代化强国、怎样建设社会主义现代化强国，建设什么样的长期执政的马克思主义政党、怎样建设长期执政的马克思主义政党"①。这一思想的核心要义是坚持和发展中国特色社会主义。学习习近平新时代中国特色社会主义思想，必须要联系实际学，带着问题学，才能够不断深入。加强对广大农民群众的马克思主义思想理论教育，还必须要精心组织、深入研究、加大宣传力度，要使学习形式更加灵活，学习内容更加贴近农村实际，使理论学习实现通俗化、大众化，能够为广大农民群众所接受、所喜爱，真正实现入心入脑。

（二）大力开展理想信念教育

理想信念，是人类特有的精神现象，是人们对未来的向往和追求。崇高的理想信念是一种强大的精神力量，可以激发人们的主动性、创造性，鼓舞人们的斗志、振奋人们的精神。在当代中国，理想信念主要是指中国特色社会主义共同理想和共产主义远大理想。习近平总书记在庆祝中国共产党成立100周年大会上指出："只有社会主义才能救中国，只有社会主义才能发展中国。"②走中国特色社会主义道路，是历史的选择，更是人民的选择，符合中国进步的根本方向和社会发展的客观规律。中国特色社会主义共同理想，是最广大人民根本利益和共同愿望的集中体现，是现阶段我国各族人民的共同理想，也是实现中华民

---

① 《中共中央关于党的百年奋斗重大成就和历史经验的决议》，新浪财经网，http://finance.sina.com.cn/wm/2021-11-16/doc-iktzqtyu7671763.shtml。

② 习近平：《在庆祝中国共产党成立100周年大会上的讲话》，人民出版社2021年版，第5页。

族伟大复兴的强大动力。实现共产主义，既是共产党人奋斗的最终目标，也是人类社会历史上最美好、最科学和最崇高的理想，还是推动人类社会发展进步的强大动力。理想信念教育，既是一个理论问题，也是一个实践问题。开展理想信念教育，必须要讲清三个关系：一是共产主义远大理想和中国特色社会主义共同理想的关系。实现共产主义，是我们的远大目标，但共产主义的实现并非可以一蹴而就，而是一个漫长的历史过程。在共产主义的实现过程中，必然存在一个由社会主义到共产主义的过程。在这个过程中，也会存在不同的发展阶段。而社会主义本身也是不断发展的一个过程，这一过程也根据生产力和社会发展的程度分为不同的阶段。当前，我国正处于社会主义的初级阶段。这一阶段是中国共产党领导中国人民从中国实际出发，走向未来共产主义的必经阶段。中国特色社会主义共同理想是共产主义远大理想在现阶段的现实体现。两者之间的关系是远大理想为共同理想提供指引。离开了远大理想，共同理想就会失去方向。共同理想是基础，没有共同理想的实现，也不会有远大理想的实现。所以，我们既要牢固树立共产主义远大理想，也要脚踏实地搞好中国特色社会主义建设，向着共产主义远大目标迈进。二是个人理想和共同理想的关系。在当前，个人理想，只有以中国特色社会主义伟大实践为平台，与中国特色社会主义共同理想相一致，才能最大限度地得到实现。个人的理想追求，只有与实现国家富强、民族振兴、人民幸福、社会和谐结合起来，脚踏实地，才能使个人的价值得到实现并最大化。三是理想和现实的关系。理想源于现实，又高于现实。理想，既是美好的，也是现实的、复杂的。没有理想，人生就会迷失方向。如果理想脱离现实，就会变为空想、幻想。所以，我们既不能迷失方向，没有理想，也不能脱离现实，而胡思乱想。理想与现实之间联系的桥梁是埋头苦干，脚踏实地的努力。所以，实现理想就必须要立足现实，发愤图强。只有这样，理想才能真正实现。开展理想信念教育，首先要充分发挥科学理论在理想教育中的作用。马克思说过："理论只要说服人，就能掌握群众；而理论只要彻底，就能说服人。"①其次，要让事实在理想教育中说话。事实胜于雄辩。中国特色社会

---

① 《马克思恩格斯选集》(第1卷)，人民出版社1972年版，第9页。

主义建设的伟大实践成就，以及所显示出来的社会主义制度的巨大优越性和中国特色社会主义道路的独特优势在理想教育中具有巨大的说服力。再次，要注意挖掘、培育典型，充分发挥先进模范人物在理想教育中的积极作用。榜样的力量是无穷的。身边的先进模范人物，是具体的、现实的，也是有血有肉的、真实可信的，是可以激发人们努力向上、向善，使人学有方向、赶有目标。身边的先进模范人物的先进事迹所蕴含的崇高思想和人格力量，具有撼动人心的巨大作用，可以产生"点燃一盏灯，照亮一大片"的效果。

（三）大力开展"四史"学习教育

所谓"四史"，就是党史、新中国史、改革开放史和社会主义发展史。2019年11月，习近平总书记在考察上海时提出"引导广大党员、干部深入学习党史、新中国史、改革开放史"[①]。2020年1月8日，在"不忘初心、牢记使命"主题教育总结大会上，他又提出"要把学习贯彻党的创新理论作为思想武装的重中之重，同学习马克思主义基本原理贯通起来，同学习党史、新中国史、改革开放史、社会主义发展史结合起来"[②]。"四史"的重点是党史，中国共产党的领导是"四史"的主线。习近平总书记多次强调，历史是最好的教科书，中国革命历史是最好的营养剂。"四史"，是坚持和发展中国特色社会主义、把党和国家各项事业继续推向前进的必修课。这门功课，我们不仅必修，而且必须修好。2021年6月1日出版的第11期《求是》杂志发表习近平总书记的文章《学好"四史"，永葆初心、永担使命》。文章强调，深入学习"四史"的目的在于帮助广大人民群众弄清楚中国共产党为什么能、马克思主义为什么行、中国特色社会主义为什么好的基本道理，引导广大人民群众坚定不移听党话、跟党走，自觉做中国特色社会主义的坚定信仰者、忠实实践者，引导广大人民群众树立正确的国家观、历史观、民族观、文化观、宗教观，培育和践行社会主义核心价值观，不断增强各族群众对伟大祖国、中华民族、中华文化、中国共产党、中国特色社会主义的认同，使广大人民群众在学思践悟中坚定理想信念，在奋发有为中践行初心使命。开展

---

① 　颜维琦、曹继军：《学习历史，为的是面向未来》，《光明日报》2020年6月22日第1版。
② 　《习近平谈治国理政》（第3卷），外文出版社2020年版，第540页。

"四史"学习教育,首先,要树立正确的历史观,准确把握"四史"的主题主线、主流本质,旗帜鲜明地反对历史虚无主义。其次,要同传承党的革命传统优良作风、为人民守初心为民族担使命、学懂弄通新时代的创新理论结合起来。再次,要丰富活动载体,充分发挥各种教育基地的作用,要用好网络平台,发挥融媒体优势。最后,要加强统筹协调,把"四史"学习教育同群众性主题宣传教育活动有机结合起来,相互促进、相得益彰。

（四）大力开展"五爱"教育

"五爱"教育即爱党、爱社会主义、爱祖国、爱河北、爱家乡教育。中国共产党是中国特色社会主义事业的领导核心,是中国最广大人民群众根本利益的代表。中国共产党的领导核心地位,不是自封的,而是时代的选择、历史的选择和人民的选择的结果。没有共产党就没有新中国,没有共产党也不会有中国特色社会主义建设的伟大成就。爱党教育,必须要同党史、新中国史、改革开放史的学习结合起来,必须要同党的百年奋斗的伟大实践成就结合起来。只有把它们结合起来,爱党教育才能落地。只有社会主义才能救中国,只有中国特色社会主义才能发展中国,这已经被近代以来中国的历史一再证明。社会主义没有辜负中国,中国也没有辜负社会主义。开展爱社会主义教育,必须要同"四史"学习教育结合起来,要同中国特色社会主义的道路、制度、理论体系以及文化学习结合起来。中华民族是富有爱国主义光荣传统的伟大民族,爱国主义是动员和鼓舞各族人民团结奋斗的一面旗帜,是推动我国社会历史前进的巨大力量,是各族人民共同的精神支柱。开展爱国主义教育,要充分发挥爱国主义教育基地的作用,要结合中国悠久的历史、历史事件、历史人物开展教育,要充分运用爱国主义影片、图书、故事、诗词、歌曲开展教育,要充分利用升国旗、唱国歌以及各种爱国活动开展教育。要通过学习河北、学习家乡的历史文化、名胜古迹、历史人物、建设成就,以及参加劳动实践等各种形式的活动开展爱河北、爱家乡教育。

二、进一步提升广大农民的道德科学文化素质

提升广大农民群众的道德文化素质,加强道德科学文化建设是农村社会主

义精神文明建设的重要内容。提升广大农民群众道德文化素质的根本途径，在于搞好对广大农民群众的道德教育、民主法制教育和科学文化教育。

（一）大力加强对广大农民群众的道德教育

道德是人们共同生活及其行为的准则和规范。道德素质是人们的道德修养、道德情操、道德认识和道德行为的综合反映。"德者，国家之基也。"（《左传·襄公二十四年》）建设社会主义精神文明，道德的规范和引导必不可少。2019年，中共中央、国务院在《新时代公民道德建设实施纲要》中指出："中国特色社会主义进入新时代，加强公民道德建设、提高全社会道德水平，是全面建成小康社会、全面建设社会主义现代化强国的战略任务，是适应社会主要矛盾变化、满足人民对美好生活向往的迫切需要，是促进社会全面进步、人的全面发展的必然要求。"[①]大力加强对广大农民群众的道德教育，一要大力加强社会主义核心价值观教育。"社会主义核心价值观是当代中国精神的集中体现，是凝聚中国力量的思想道德基础。"[②]加强社会主义核心价值观教育，一方面，要充分利用学校、新闻媒体和网络阵地，通过广泛宣传，广大农民群众能够广泛认知、进而认同，力争使社会主义核心价值观成为广大农民群众明德修身的根本遵循；另一方面，还要把社会主义核心价值观要求融入日常生活，使人们在日用而不觉中规范自己的言行。二要大力加强社会公德、职业道德和家庭美德的教育。社会公德是人们在长期社会生活中形成的调节公共生活的道德规范，是维护社会正常秩序，使人们得以正常生产、生活和交往的道德准则。开展社会公德教育，必须要把着力点放在公德意识的培育上。人的行为是受意识支配的。遵守社会公德，首先要从培育人们的公德意识做起。心中有公德，遵守社会公德才能成为自觉的行为。公德意识的培育，既需要做好公德认知的宣传，也需要增强人们的社会责任感；既需要营造以遵守公德为荣、违反公德为耻的社会氛围，也需要树立榜样和典型；既要求个人能够做到自觉，也需要法治提供保障。职业道德

---

① 《中共中央国务院印发〈新时代公民道德建设实施纲要〉》，人民网，http://politics.people.com.cn/GB/n1/2019/1028/c1001-31422612.html。

② 《中共中央国务院印发〈新时代公民道德建设实施纲要〉》，人民网，http://politics.people.com.cn/GB/n1/2019/1028/c1001-31422612.html。

是指从事一定职业的人员在职业活动中应遵循的行为规范的总和。职业道德的基本要求是向社会负责、爱岗敬业、诚实守信、办事公道等。加强职业道德教育，首先要从学校做起。在我国，职业高中、技工学校、高职高专、高等学校等都开始了与职业直接相关的专业学习，通过职业道德的系统教育，学生的职业道德意识和职业精神得以培养，为将来从事职业工作做好准备。其次，要结合职业实践开展。职业实践具有生动、鲜活的特点，也是开展职业道德教育极富说服力的载体。家庭美德是人们在家庭生活中调整家庭成员间关系、处理家庭问题时所遵循的高尚的道德规范，内容主要包括尊老爱幼、男女平等、夫妻和睦、勤俭持家、邻里团结等。家庭是社会的基本细胞，也是道德教育的起点。家庭教育，要从小抓起，从娃娃抓起。家庭教育重在言传身教，重在耳濡目染。这就要求家庭中的长辈能够用正确的道德观念塑造孩子的美好心灵，能够以身作则为孩子做出榜样示范，能够用良好的家教家风涵育晚辈的道德品行。

（二）大力加强对广大农民群众的民主法制教育

开展民主法制教育，既是发展农村经济的重要保障，是保证新农村基层民主法治建设的基础，同时也是社会主义精神文明建设的重要内容。大力加强对广大农民群众的民主法制教育，一要加强民主法制环境和法治氛围建设。2013年，习近平总书记在中共中央就全面推进依法治国进行第四次集体学习时指出："要深入开展法制宣传教育，在全社会弘扬社会主义法治精神，引导全体人民遵守法律、有问题依靠法律来解决，形成守法光荣的良好氛围。"[1]浓厚的法治环境对于加强农村社会主义法治建设，有着不可低估的作用。二要进一步加大在农村的普法力度，引导广大农民依法参与社会事务，依法表达利益诉求，依法履行社会责任和义务；要充分发挥电视、广播、报纸及互联网等大众传媒的主渠道作用；要进一步加强民主法制教育的网络阵地建设，通过各类网站及其平台对广大农民进行民主法制教育。增强广大农民的民主法制意识，努力使每个人都能了解作为一个公民应有的权利和义务，从而提高农村民主法制教育工作的覆盖率和实效性，养成遵纪守法的良好习惯。三要紧密结合"三农"工作的具体实际，

---

① 《习近平谈治国理政》（第1卷），外文出版社2018年版，第145页。

特别是要结合农村自治开展民主教育,结合与农民的生产、生活密切相关的法律法规开展法制教育,结合生动、鲜活的具体案例,以案说法,以案普法,结合乡村振兴中的"难点、热点"开展民主法制教育,因地制宜,因势而新,因事而化,不断创新民主法制宣传教育的方式和手段。四要着力抓好领导干部、各类执法人员和青少年的民主法制教育,建立和完善广大农民群众和党员干部的民主与法制学习教育制度,以制度保障学习教育,持久抓、长期学。

(三) 大力加强对广大农民群众的科学文化教育

思想道德建设和科学文化建设的关系也是紧密联系、相辅相成、互相促进的。思想道德建设决定着科学文化建设的性质,为科学文化事业的发展提供精神动力,对科学文化建设发挥着重要的指导作用。科学文化建设为思想道德建设提供科学文化知识、建设人才,并改变人们的思想方法和思维方式。由此可见,提高广大农民群众的科学文化素质,是加强农村社会主义精神文明建设的基础工程和重要内容。加强农村社会主义精神文明建设,必须要大力加强对广大农民群众的科学文化教育,提高广大农民群众的科学文化素质。

科学文化知识,从内容上来说,主要包括科学技术知识、现代经济知识、文化知识。大力加强对广大农民群众的科学文化教育,首先,必须大力开展科学技术知识教育。当今社会,科学技术的发展日新月异。科学技术已经成为第一生产力。国与国之间的较量,本质上也是科学技术的较量。乡村振兴,离不开科学技术的支撑。农村社会主义精神文明建设也需要科学技术保驾护航。大力开展科学技术知识教育,需要继续实施"科教兴冀"战略,把农村社会经济的发展真正转移到依靠科技进步和提高劳动者素质上来。为此,必须要进一步结合乡村振兴的实际需要,有针对性地加强对农村的科普宣传教育,要把农民需要的农业专业技术知识送到农民手中,成为他们勤劳致富的"倚天剑"。同时,还要进一步加强农村的成人教育、职业教育,有针对性地开展各类专业技术培训,要组织科研院所、各类高校深入农村,深入推进技术下乡,与农民结对子,为农民送技术、送服务,为科技兴农提供强有力的支撑。此外,还要在广大农村地区,大力培育崇尚科学的精神,提高反对封建迷信的自觉,为"科教兴冀"战略的实施营造良好的氛围,创造良好的条件。其次,必须大力开展现代经济知识教育。

现代经济在本质上是市场经济。我国经济体制已经实现了从商品经济向社会主义市场经济的转变。在市场经济的大背景下,农村经济也属于市场经济。在广大的农村地区,无论是已经组织起来的各类经济组织,还是没有组织起来的农民个体,都需要学会在市场经济的汪洋大海中游泳。而广大农民由于对市场经济还不够熟悉,相应的市场经济知识还存在很多欠缺,对市场经济的各种信号反映还不够灵敏,对市场经济所需要的各种信息掌握得还很不够,因此,在市场经济的发展过程中,始终处于"弱势"地位,这也是"三农"问题长期存在的一个重要原因。因此,加强对广大农民群众开展现代经济知识教育势在必行。开展现代经济知识教育,从内容上看,应该包括市场经济知识、金融知识和经营管理知识。大力开展现代经济知识教育,可以极大地提升广大农民群众适应市场经济的能力。再次,必须大力开展文化知识教育。文化知识,就农村的社会主义精神文明建设来说,其内容主要包括中国文化知识、世界文化知识以及社会文化知识等。大力开展文化知识教育,从河北省农村实际出发,主要应大力开展中华优秀传统文化教育。中华优秀传统文化是社会主义核心价值观的源头活水。大力开展中华优秀传统文化教育,可以有效地促进社会主义精神文明建设,使社会主义精神文明建设更具生命力。广大农村地区本质上还是一个伦理型社会。中华民族优良道德传统作为中华优秀传统文化的重要组成部分,它对民族的心理、性格、精神产生着巨大而深远的影响,也是我国农村精神文明建设的重要内容。大力开展中华优秀传统文化教育,首先,必须要实现传统文化的创造性转化和创新性发展,要结合各地农村实际,充分运用传统文化大讲堂等各种有效载体,将传统文化中讲仁爱、重民本、守诚信、崇正义、尚和合、求大同的文化价值融入社会主义精神文明建设中来,坚持不懈用中华优秀传统文化滋养人们的心灵、陶冶人们高尚的道德情操。其次,大力开展中华优秀传统文化教育,还需要进一步做大做强中华优秀传统文化教育平台。通过做大做强教育平台,大兴明礼、互助、敬业、诚信、孝敬、勤俭之风,大力弘扬社会公德、职业道德、家庭美德,不断提升个人品德,要将《功德录》《好人档案》和"善行功德榜"这些行之有效的建设做法作为经验在全省广泛推广。最后,大力开展中华优秀传统文化教育,还要与各类道德实践活动、志愿服务活动相结合,与"道德模范""身边好人""服务之星""诚信之星""孝德之星""最美人物""感动人物"以及各类先进模范人物评比活动相结合,激励广大农民群众崇德向善、见贤思齐。

三、进一步加强新型职业农民的培育

2012年,中央一号文件立足我国农村劳动力结构和职业教育的新形势,着眼于现代农业发展的新需求,提出了大力培育新型职业农民战略任务。培育新型职业农民就是要培育能适应新时代要求的高素质农民。培育新型职业农民,促进传统农民向现代职业农民转变,是党中央立足我国农村发展实际提出的重大战略举措,也是新时代河北省提升农民素质的重大战略选择。

（一）新型职业农民的提出及其内涵

2012年,农业部印发《新型职业农民培育试点工作方案》,确立了100个县(市、区)开展新型职业农民培育试点工作,开始新型农民培训向新型职业农民培育的转变。2013年的中央一号文件提出大力培育新型农民和农村实用人才,指出新型职业农民的主要类型及内涵特征,为转变农业经营方式、发展现代农业的人才队伍建设指明了方向。2014年,党中央在《关于全面深化农村改革加快推进农业现代化的若干意见》中提出,要加大对新型职业农民和新型农业经营主体领办人的培训力度。2015年,农业部启动新型职业农民培育工程,计划集中力量、重点突出、及时有效、有针对性地培育一批新型职业农民。2016年的中央一号文件立足农业供给侧结构性改革重点,以实现全面小康为目标,提出了加快培育新型职业农民的要求。2017年,农业部印发《"十三五"全国新型职业农民培育发展规划》,提出建立"一元多主"的新型职业农民教育培训体系。2018年的中央一号文件提出,要全面建立职业农民制度,完善配套政策体系,创新培训机制,鼓励各地开展职业农民职称评定试点,实施新型职业农民培育工程。2019年的中央一号文件提出,要培养造就一批爱农业、懂技术、会管理的新型职业农民,让新型职业农民在农业农村优先发展的过程中充分发挥作用。2020年的中央一号文件提出,加快培育新型职业农民,将职业农民培育纳入国家教育培训发展规划,基本形成职业农民教育培训体系,把职业农民培养成建设现代农业的主导力量。2021年的中央一号文件提出要培育高素质农民，2022年的中央一号文件提出要实施高素质农民培育计划。2021年和2022年两个中央一号文件虽然没有提新型职业农民概念，但培育高素质农民、实施高素质农民培育计划本身也是着眼于大批新型职业农民的培育的。

新型职业农民，指的是以农业为职业、具有相应的专业技能、收入主要来自农业生产经营并达到相当水平的现代农业从业者。与传统农民相比，新型职业农民有四大特点：一是农民已不再是一种身份，而是一种可以选择的职业。新型职业农民，在政治地位上，已经不再具有传统意义上"二等公民"现实歧视，与其他职业具有同等的吸引力。新型职业农民的出现，标志着我国农民素质的革新和身份向职业的重大转变。二是具有较高的综合素质。2012年的中央一号文件提出，新型职业农民要"有文化、懂技术、会经营、晓政策、守法纪、有组织，对生态、环境、社会和后人承担责任"。新型职业农民必须要掌握丰富的农业生产知识、先进的农业生产技术和娴熟的劳动技能。三是有较高的经济收入。新型职业农民不仅要懂技术、会经营、了解市场，而且生产经营规模要适度，能产生规模效益。四是职业的开放性。与囿于土地而具有一定封闭性的传统农民相比，新型职业农民作为一种职业，是开放性、可选择的，既可以来自本地，也可以来自外地。从当前的实践探索来看，新型职业农民主要有三大类：一是生产经营型。比如，种植大户、养殖大户以及家庭农场经营者等。二是专业技能型。比如，能够熟练操作农业机械的专业人员、掌握了专业农业生产知识的专业人员、善于经营管理的专业人员等。三是社会服务型。比如，动植物防疫检疫人员、农产品经纪人、农业生产的市场信息人员等。

（二）培育新型职业农民的重大意义、成效与存在的主要问题

1.培育新型职业农民的重大意义

乡村振兴，人才为先。培育新型职业农民是我国实施乡村振兴战略和实现农业农村现代化的根本途径。

（1）培育新型职业农民是解决新时代"谁来种地"问题的根本途径。随着新型工业化和城镇化进程的加快，大量农村青壮年劳动力进城务工就业，务农劳动力数量大幅减少，"兼业化、老龄化、低文化"现象在农村十分普遍。很

多地方务农劳动力平均年龄超过50岁，文化程度以小学及以下为主，"谁来种地""如何种好地"问题成为现实难题。迫切需要加快培育新型职业农民，吸引一大批年轻人务农创业，形成一支高素质农业生产经营者队伍，确保农业后继有人。

（2）培育新型职业农民是加快农业现代化建设的战略任务。现代农业发展关键在人，培育新型职业农民就是培育中国农业的未来。"十三五"时期，农业现代化要取得明显进展，构建现代农业产业体系、生产体系、经营体系，走产出高效、产品安全、资源节约、环境友好的道路，确保国家粮食安全和重要农产品有效供给，提高农业国际竞争力，迫切需要把农业发展方式转到依靠科技进步和提高劳动者素质上来，加快培养一批综合素质好、生产技能强、经营水平高的新型职业农民。

（3）培育新型职业农民是推进城乡发展一体化的重要保障。长期以来，我国劳动力、资金、土地等要素资源大量从农村流向城镇，导致工农、城乡发展失衡，成为我国经济社会发展的突出矛盾。推进城乡发展一体化，根本是要促进城乡要素平等交换和公共资源均衡配置。迫切需要大力培育新型职业农民，提高农民的科学文化素质和生产经营能力，推动农民由身份向职业转变，使农民逐步成为体面的职业，让广大农民平等参与现代化进程、共同分享现代化成果。吸引一批农民工、中高等院校毕业生、退役士兵、科技人员等到农村创新创业，带动资金、技术、管理等要素流向农村，发展新产业、新业态，增强农村发展活力，繁荣农村经济，缩小城乡差距。

（4）培育新型职业农民是巩固全面建成小康社会成果的重大举措。全面小康社会建成之后，最艰巨、最繁重的任务就是巩固全面建成小康社会成果。巩固全面建成小康社会的成果，关键是要促进农民收入的持续增长。目前，农民增收的渠道还不多、能力比较弱，持续增收的长效机制还没有建立起来。迫切需要培育一支创新创业能力强的新型职业农民队伍，推动农村产业转型升级，发挥示范带动作用。

2.培育新型职业农民取得的成效

2012年，农业部率先在全国100个县启动新型职业农民培育试点。2014年，农业部、财政部全面启动新型职业农民培育工程。随后,农业部会同团中央、全国妇联等有关部门先后启动现代青年农场主培养计划和新型职业女农民培育试点等,全面推动职业农民发展。2017年,习近平总书记在参加2017年"两会"四川代表团审议时指出,要就地培养更多爱农业、懂技术、善经营的新型职业农民。在党中央一系列重要部署下,我国新型职业农民培育工作取得了良好成效。截至2018年底,全国农村实用人才总量突破2000万人。其中,新型职业农民超过1500万人①,初步形成了以各类公益性涉农培训机构为主体、多种资源和市场主体共同参与的"一主多元"新型职业农民教育培训体系,并在创新探索和试点示范的基础上,基本确立了教育培训、规范管理、政策扶持"三位一体",生产经营型、专业技能型、专业服务型"三类协同",初级、中级、高级"三级贯通"的新型职业农民培育制度框架,为规范化、系统化培育新型职业农民奠定了基础。

3.当前新型职业农民培育中存在的主要问题

(1)培育主体职责不明、培育机制不健全。新型职业农民培育是一项系统工程,政府是农民培育的主体,其他科研机构、职业院校、农业广播电视学校、农业龙头企业为重要的参与主体。因此,培育新型职业农民,政府必须要发挥好主导作用。当前,新型职业农民的培育,党和政府已经有了顶层规划,但因为政府各部门职责不明晰,部门之间缺乏有效的协作,缺乏有效的激励机制、保障机制和政策扶持机制,在培育工作上落小落实落细做得不够,导致培育工作喊得多、做得少,虚的多、实的少,培育效果差,培育管理效率低。

(2)培育方式单一,内容脱离实际。首先,新型职业农民的培育,不仅需要理论培训,更需要结合实际开展实践培训。但当前的新型职业农民培训,理论讲解较多,实践培训课程比例不足,培训内容和方式单一,难以满足农民多样化需求。其次,新型职业农民的培育,作为一个新生事物,是在摸索中不断前进的。培育要想取得理想的效果,必须要进行培育前调研,全面把握培育需求,有针对性地开展培训。当前的培育工作,调研开展不足,培育内容难以满足实际需求。

---

① 《全国新型职业农民超过1500万》,人民网,http://society.people.com.cn/n1/2019/0305/c1008-30957176.html。

（3）培育师资队伍不稳定、水平有待提高。当前，新型职业农民培育多与农业类院校、各级农业广播电视或涉农企业开展联合教学，培训师资团队多通过向各高等院校、农业研究所、农业推广站、涉农企业临时调用、选拔等方式组建，培训师资的文化程度、专业化水平、教学经验参差不齐，并未经过系统化、专业化和标准化的培训，缺乏稳定的专业培育师资团队。因此，在教学方面，谈理论的多，联系实践的少，整体培育水平有待提高。

（4）认证管理有待于进一步规范。新型职业农民认证是对新型农民从事现代化农业经营所必备的知识、技术和能力的认可，颁发新型职业农民认证书是农民"持证上岗"的重要凭证。现阶段，我国并没有统一的农民技能认证制度，证书发放也因地域、产业不同而存在区别，未能形成系统性的资格考核工作体系，没有约束准则和退出机制，缺乏对认证管理工作的动态考核。

（三）培育新时代新型职业农民的指导思想、基本原则与路径选择

党的十八大以来，河北省高度重视农民综合素质的提升，坚持"科教兴农、人才强农、新型职业农民固农"战略，进一步提高了农民综合素质和能力。据河北省农业农村厅数据，截至2018年，河北省新型职业农民培育总数超过16万人。[①]这一数据，一方面说明了一支适应现代农业发展的新型职业农民队伍在河北省已经初步形成；另一方面，也说明了河北省新型职业农民培育与全国相比，还有很大差距，在河北省农业生产经营人员中的占比还太小。因此，在新时代，河北省还必须要大力贯彻党中央、国务院大力培育新型职业农民时代要求，总结经验、凝聚共识、创新举措、破除"瓶颈"，努力开创新型职业农民发展新局面。

1.培育新时代新型职业农民的指导思想与基本原则

（1）指导思想。为贯彻党中央、国务院、河北省委省政府决策部署，加快培育新型职业农民，打造高素质农民队伍，强化人才对农业现代化和乡村振兴的支撑作用，必须全面贯彻党的十八大和十九大精神，深入贯彻习近平新时代中

---

① 《河北省新型职业农民逾16万人》，河北省农业农村厅网，http://nync.hebei.gov.cn/article/kjjy/201901/20190100012982.shtml.。

国特色社会主义思想和系列重要讲话精神,牢固树立新发展理念,坚持把"科教兴农""人才强农""新型职业农民固农"作为重大战略,以提高农民、扶持农民、富裕农民为目标,以培养职业农民尤其是青壮年职业农民为重点,建立专门政策机制,完善培育制度,强化培育体系,提高培育能力,通过培养提高一批、吸引发展一批、培养储备一批,加快构建一支有文化、懂技术、善经营、会管理的新型职业农民队伍,为农业现代化建设提供坚实的人力基础和保障。

(2)基本原则。一要善用政策与市场"两只手"。一方面,新型职业农民培育具有公共性、基础性和社会性,新型职业农民培育想要取得长效发展,必须巩固政府的主导地位,将新型职业农民培训纳入全省社会发展总体规划,加强统筹协调,制定扶持政策,加大经费投入,改善培育条件;另一方面,市场在资源配置中具有决定性作用,新型职业农民培训必须尊重农民意愿,满足农民需求,才能够调动农民参与培育的积极性,才能够建立起各类主体共同参与培育的有效机制,增强培育活力,规范培育行为,提高培育质量。二要坚持科技和产业相融合。河北省农业农村经济发展已经到了必须更加依靠科技实现创新驱动、内生增长的历史新阶段,省农业农村厅高度重视,始终把培育新型职业农民作为解决"三农"问题、实现乡村振兴的基础性战略性工程,始终把服务现代农业产业发展和农民增收作为培育新型职业农民的出发点和落脚点,以一支有文化、懂技术、善经营、会管理的高素质农民队伍加快农业转型升级,促进农村主导产业、特色产业和优势产业做大做强。三要坚持精准培育。着眼构建新型职业农民队伍,要科学遴选培育对象,分产业、分类型、分等级、分模块实施教育培训,强化规范管理、政策扶持和跟踪服务,把新型职业农民培养成建设现代农业的主导力量。

2.加强顶层设计,强化政策扶持

培育新型职业农民,是实现乡村振兴的关键。培育新型职业农民,并不是一个自发实现的过程,需要加强顶层设计,强化政策扶持。这就要求我们必须要将新型职业农民的培训作为乡村振兴的头等大事,从河北省农村实际出发,设定培训目标,制订培训规划,有计划、有步骤地分步推进。一要加大在农业农村创业兴业吸引力上取得新突破。积极推进建立完善创业兴业、风险支持、信息服务、劳动保障等内容的综合扶持政策体系,在稳定现有职业农民队伍的同时,要鼓励大中专毕业生到农业生产一线就业创业,吸引农村初高中毕业生学农务农,不断壮大职业农民队伍。二要积极推进新型职业农民的培育。本着共建、共享、共用的原则,建立包括新型职业农民等培养对象信息库,支持农职院校开展新型职业农民的在线开放课程建设,建立覆盖主要农作物、主要农产品和主要农机装备等的国家级信息化教学资源库,实施"新型职业农民培育工程",充分发挥政府的作用,加大对涉农院校的支持,支持新型职业农民通过弹性学制参加中高等农业职业教育,鼓励和支持农民专业合作社、专业技术协会、龙头企业等主体承担培训职能,多方协作提升新型职业农民的文化素质、学历、技能。三要鼓励新型职业农民承担农业项目,并在信贷发放、土地使用、税费减免、技术服务等方面给予特殊优惠政策,予以重点扶持,提高新型职业农民的市场竞争能力。四要鼓励农业园区、农业企业建立新型职业农民实习实训基地和创业孵化基地。此外,还要逐步建立完善新型职业农民注册、职称认定、信息档案登记等制度,进一步完善新型职业农民养老、医疗等社会保障制度。

3.有计划地构建适应现代农业发展需要的新型职业农民科学培育体系

2017年,农业部发布《"十三五"全国新型职业农民培育发展规划》(以下简称"发展规划")、河北省教育厅发布《河北省教育厅新型职业农民培养试点工作方案(试行)》(以下简称"工作方案"),鲜明地提出了要加快新型职业农民培养,要从农村和农民实际出发,制订符合农民生产经营实际的培养方案、培养计划和培训内容,紧紧围绕县域主导产业开展培训,根据农民学习愿望确定专业和教学点,在基层申请的基础上确定培养对象,提高培育的针对性和有效性,让农民在农业生产经营和脱贫致富方面取得实实在在的效果,这对构建新型职业农民培育机制具有重大的指导意义。

(1)"谁培训":一主多元、统筹资源。现阶段新型职业农民培育涉及政府、院校、农业企业等多个方面,各方"各自为政"导致培训层次不分、体系不明、资源浪费。为解决"谁培训"的问题,需健全完善"一主多元"培育体系,统筹利用农广校、涉农院校、科研结构等各类公益性培训资源,同时充分发挥市场配置作用,鼓励和支持有条件、有资质的农业企业、农民合作社等市场主体,通过市场化运作、政府购买服务等方式参与培育工作,推动新型职业农民培育面向产业、融入产业、服务企业。在省、市、县级农业行政主管部门的领导下,依托农民科技教育培训中心(农业广播电视学校)等专门组织管理机构,搭建新型职业农民培育工作基础平台,做好需求调研、培育对象遴选、培育计划和方案编制、认定管理事务、数据库信息维护和培训标准编制、师资库建设、教材开发、绩效评估等基础工作,连接多种资源和市场主体,对接跟踪服务和政策扶持,提高培育工作的专业化、规范化水平。鼓励农业园区、农业企业发挥自身优势,建立新型职业农民实训基地和创业孵化基地,引导农民合作社建立农民田间学校,为新型职业农民提供就近就地学习、教学观摩、实习实践和创业孵化场所。

(2)"培训谁":选准对象、分类培育。我国现有的新型职业农民培训,主要表现为政府主导,培训考核指标倾向于培训数量,导致有些部门为了追求业绩,降低培训对象的选择标准,从而造成资源浪费。发展规划要求,新型职业农民培育要科学遴选重点培育对象,以县为单位,深入开展摸底调查,围绕现代农业产业发展、新型农业经营主体发育和农业重大工程项目实施,选准培育对象,建立培育对象数据库。从类型上分,重点遴选专业大户、家庭农业经营者、农民合作社带头人、农业企业骨干和返乡下乡涉农创业者为生产经营型职业农民培育对象;遴选在新型农业经营主体稳定就业的农业工人为专业技能型职业农民培育对象;遴选从事农业产前、产中、产后经营性服务的骨干人员为专业服务型职业农民培育对象。从产业上分,根据农业产业发展需要,重点遴选粮食和主要农产品适度规模生产,种植业、畜牧业、渔业、农产品加工业转型升级,休闲农业与乡村旅游,农村第一、二、三产业融合等产业领域和农机、植保、兽医、质量安全、农村信息等服务行业的从业者。把产业扶贫建档立卡贫困户优先遴选为职业农民培育对象。从渠道上分,把具有一定产业基础的务农农民作为培训提高的对象;把到农村创业兴业的农民工、中高等院校毕业生、退役士兵、科技人员等作为吸引发展的对象;把接受中、高等职业教育的农民和涉农专业在校学生作为培养储备的对象。

(3)培训内容:分类分层、科学设置。围绕提升新型职业农民综合素质、生产技能和经营管理能力,科学确定相应的培训内容。在综合素质方面,重点设置职业道德素养、团队合作、科学发展等内容；在生产技能方面，重点设置新知识、新技术、新品种、新成果、新装备的应用，市场化、信息化、标准化和质量安全等内容；在经营管理能力方面，重点设置创新创业、品牌创建、市场营销、企业管理、融资担保等内容。在农民职业教育方面，推动农业职业教育课程改革，设置职业素养、创业实践、产业融合等内容，提高教育培养的系统性和科学性，满足高素质新型职业农民培育需求。分类型、分产业、分等级制定培训标准，设置培训模块和培训课程，组建教学班，合理调配师资力量，开展精细化培训。省、市、县分工协作，省级单位重点开展经营管理、创业兴业能力以及师资培训，市、县重点开展技术技能培训；省级重点抓好青年农场主、省级农业产业化龙头企业和示范性合作社带头人培训，市、县级根据当地主导产业发展需求，统筹抓好新型农业经营主体带头人、务农农民、农业工人、社会化服务人员的培训工作。优化教学培训资源，健全教材、课程等教学资源开发选用制度，省级负责推广全国通用性文字教材、音视频教材和网络课件等教学资源和本区域性教学资源开发，市、县级负责地方特色教学资源开发，形成以全国和省级通用教学资源、地方和特色教学资源衔接配套的新型职业农民教学资源体系。开展精品教材、精品网络课件等教学资源评价推介活动，鼓励各地优先选用优质教学资源，确保培训质量。

（4）培育模式：一点两线、全程分段。坚持理论与实践相结合，集中培训与现场实训相结合，线上培训与线下培训相结合。采取"一点两线、全程分段"的培育模式，即以产业发展为立足点，以生产技能和经营管理能力提升为两条主线，在不少于一个产业周期内，分阶段组织集中培训、实训实习、参观考察和生产实践。鼓励各地结合实际，大力推行农民田间学校，探索菜单式学习、顶岗实训、创业孵化等多种培育方式。鼓励有条件的地方组织新型职业农民走出去，开展跨区域和国际交流。采取线上、线下相结合的教学模式，采取专业老师和助教老师"双师"教学模式，采取以人工智能技术、大数据算法技术和云计算技术结合建立人工智能教学系统的AI智能教学模式，既发挥线下教学沉浸感和互动性强的优势，又充分利用互联网知识传播迅速、便捷的特点，把优质的教育资源，下沉到二、三线城市和教育欠发达地区，增加新型职业农民教育培训的精准性和个性化教育。

（5）资格认定：明确标准、分级认定。原则上由县级以上（含）人民政府制定认定管理办法，主要认定生产经营型职业农民，以职业素养、教育培训情况、知识技能水平、生产经营规模和生产经营效益等为参考要素，明确认定条件和标准，开展认定工作。有条件的地方可探索建立按初、中、高三个等级开展分级认定。要充分尊重农民意愿，不得强制或限制农民参加认定。对于专业技能型和专业服务型职业农民，鼓励参加国家职业技能鉴定。

（6）政策支持：跟踪服务、定向扶持。第一，建设新型职业农民信息化服务云平台，对接12316农业综合信息服务平台，整合农业专家和农技推广服务等线上资源，充分利用云计算、大数据、互联网、智能装备等现代信息技术手段，为农民提供灵活便捷、智能高效的在线教育培训、移动互联服务和全程跟踪指导，提高培育效果。第二，改善培育基础条件。支持教育培训机构充实教学设施设备，改善办学条件，完善信息化教学手段，加强基地建设，遴选建设一批全国新型职业农民培育示范基地，支持各地重点建设实训基地、创业孵化基地和农民田间学校。根据新型职业农民分层培训需求，省重点加强教学资源开发条件和信息化建设，提升职业教育和培育管理能力；市、县重点完善现场教学、在线学习和实习实训条件，提升基础培训和服务能力。第三，完善农村公共服务设施，改善农村人居环境。新型职业农民是解决农村"谁来种地"问题的关键，对社会安定与经济发展起着至关重要的作用。但随着社会进步和经济发展，城乡差距不断增大，城镇经济发展水平和增长速度远远高于农村的发展，更高的收入、更好的教育和医疗条件、更广阔的发展前景吸引着农村青壮年背井离乡进城务工。完善农村基础设施建设，改善农村人居环境，将农村基础设施建设由解决"水、路、电、暖"等基本问题，逐步过渡到实现"产业兴旺、生态宜居、乡风文明、治理有效、生活富裕"的更高目标。公共服务设施建设为农村、农业发展提供硬件保障，顺应广大农民对美好生活的向往，是实施乡村振兴战略的一项重要任务，能够吸引更多人才到农村发展。

第七章　新时代河北省农村文化建设发展战略

习近平总书记指出："文化是一个国家、一个民族的灵魂。文化兴国运兴，文化强民族强。没有高度的文化自信，没有文化的繁荣兴盛，就没有中华民族伟大复兴。"[①]文化建设，作为提高人民群众思想道德水平的重要条件，既是物质文明建设的重要条件，也是精神文明建设不可缺少的基本方面。在新时代，大力加强农村精神文明建设，必须要大力加强农村文化建设，发展农村文化事业。

第一节　改革开放以来河北省农村文化建设及其成效

一、农村文化建设的重大意义

党的十九大报告指出，"农业农村问题是关系国计民生的根本性问题，必须将解决好'三农'问题作为全党工作的重中之重"，提出要"按照产业兴旺、生态宜居、乡风文明、治理有效、生活富裕的总要求……加快推进农业农村现代化"。[②]党的十九届五中全会通过的《中共中央关于制定国民经济和社会发展第十四个五年规划和二〇三五年远景目标的建议》进一步提出："优先发展农业农村，全面推进乡村振兴。"[③]推进农业农村现代化，全面推进乡村振兴，必须大力

---

① 习近平:《习近平谈治国理政》(第3卷)，外文出版社2020年版，第32页。
② 习近平:《决胜全面建成小康社会　夺取新时代中国特色社会主义伟大胜利》，人民出版社2017年版，第32页。
③ 《中共中央关于制定国民经济和社会发展第十四个五年规划和二〇三五年远景目标的建议》，人民出版社2020年版，第20页。

加强农村文化建设。农村文化建设,不仅是乡村振兴的重要内容,也是新农村建设的动力和源泉。

加强河北省农村文化建设,能够营造良好的农村文化氛围、丰富农民的精神生活、提高农民素质、助力和谐新农村的建设,更重要的是能够为河北省经济发展提供坚强持久的文化动力,对实现河北省乡村振兴战略、统筹河北省城乡发展、实现京津冀协同发展具有重要的现实意义。

(一)大力加强农村文化建设是解决新时代社会主要矛盾的需要

党的十九大报告指出:"我国社会主要矛盾已经转化为人民日益增长的美好生活需要和不平衡不充分的发展之间的矛盾。"[①]中国特色社会主义进入新时代,这是我国新的历史发展方位。从主要矛盾的角度来说,之前我们主要解决的是如何满足人民群众基本物质文化需要即生存需要的问题,是解决"有没有"的问题;进入新时代之后,我们要解决的是人民群众基本物质文化需要得到满足之后对美好生活向往、追求的问题,要解决的是享受需要和发展需要的问题,是生活"美不美、好不好"的问题,其重点在于解决人民群众精神文化需要的问题。也就是说,社会主要矛盾的转化意味着我国人民不仅对物质需要提出了更高的要求,而且对精神文化需求也提出了更高的要求。满足人民群众日益增长的这种更高的精神文化需求,要求我们文化工作者必须迸发出精神文化创造活力,创作和生产大量的精神文化精品,要求保护好我们的文化遗产,建设好我们的精神家园。但从我国精神文化发展的现状来看,我们的精神文化产品无论是数量还是质量都还不能很好地满足人民群众多方面、多层次、多样化的需求。正因如此,党的十九大报告提出:"满足人民过上美好生活的新期待,必须提供丰富的精神食粮。"[②]新时代社会主要矛盾所反映的不平衡,表现在城乡文化关系上,就是城乡精神文化发展的不平衡。城乡精神文化发展的不平衡,不是因为城市精神文明发展得好,根本在于农村精神文化建设与发展的滞后。在河北省农村精神文化建设方面,建设与发展的滞后直接表现为农村精神文化建设基

---

① 《中国共产党第十九次全国代表大会文件汇编》,人民出版社2017年版,第9页。

② 《中国共产党第十九次全国代表大会文件汇编》,人民出版社2017年版,第35页。

础薄弱、投入有限、优秀精神文化产品供给不足、文化消费发展不充分。因此，只有大力加强农村精神文化建设，解决好这些问题，才能为新时代社会主要矛盾的解决创造条件。

（二）大力加强农村文化建设是实施乡村振兴战略的必然选择

乡村振兴，是党的十九大提出的旨在解决我国"三农"问题的重大战略。乡村振兴重在文化。2018年4月24日，习近平总书记在湖北省宜昌市许家冲村考察时明确指出："乡村振兴，既要塑形，也要铸魂。"①文化是一个国家、一个民族最深沉、最持久的力量，不仅能够发挥铸魂化人的作用，而且对于经济社会的发展具有不可替代的深远影响。文化振兴，是农民群众的精神引领，是乡村振兴的"铸魂工程"，也是基石工程。离开了乡村文化的发展，乡村振兴也就失去了"根"与"魂"。乡村振兴重在文化，根本在于广大农民群众的文化理念、文化素养。广大农民群众的文化理念、文化素养决定着乡村振兴的成色。乡村振兴，文化先行。只有通过大力加强农村文化建设，大力发展乡村文化产业，不断提高广大农民群众的科学文化素质和思想道德素质，才能够打造出文化的乡村，培育出文明的乡风，才能为乡村经济社会的发展助力，在使广大农民群众富起来的同时，也使他们的生活环境美起来，使他们日益增长的精神文化需求得到较好的满足。也只有这样，乡村才能真正实现振兴。

（三）大力加强农村文化建设是农村经济社会发展与稳定的重要支撑

马克思主义理论认为，经济与文化是辩证统一的关系，经济是文化发展的基础，为文化的发展提供一定的物质基础，决定着文化的性质、内容和方向。文化的发展又反作用于经济，为经济的发展提供精神动力、方向保证和智力支持。简言之，文化发展受到经济基础的制约，并对经济发展具有反作用，先进的文化能够促进经济的发展，落后的文化必然会阻碍经济的发展。1894年1月，恩格斯在《致瓦·博尔吉乌斯》的信中写道："政治、法律、哲学等的发展是以经济发展为基础的。但是，它们又都互相影响并对经济基础发生影响。并不是只有经

---

① 《习近平要求乡村实现"五个振兴"》，中国青年网，https://news.youth.cn/sz/201807/t20180716_11670367.htm。

济状况才是原因，才是积极的，而其余一切都不过是消极的结果。这是在归根到底不断为自己开辟道路的经济必然性的基础上的互相作用。"①由此可见，文化并不具有绝对的独立性，始终随着经济的发展而发展。但不能简单地把文化看成是经济的附庸品，文化的发展并不是亦步亦趋于经济的发展，而是有其相对的独立性和自身的规律性。党的十九大报告提出："发展中国特色社会主义文化，就是以马克思主义为指导，坚守中华文化立场，立足当代中国现实，结合当今时代条件，发展面向现代化、面向世界、面向未来的，民族的科学的大众的社会主义文化，推动社会主义精神文明和物质文明协调发展。"②当今社会，文化与经济相互交织、不断融合，文化为经济的发展提供智力支持，是实现和谐社会的"润滑剂""减压阀"，是实现人与人、人与社会、人与自然和谐发展的精神力量。农村文化建设不仅提高了农民的科学文化素质，也为农村的经济社会发展提供了智力支持，农村文化事业发展水平直接体现着农村现代化的水平，没有农村文化的发展，农村经济的发展就会变得畸形，会犯方向性的错误，造成社会的动荡。因此，我们必须重视农村文化事业的发展，让进步的农村文化为经济社会的健康发展保驾护航。

（四）大力加强农村文化建设有助于保障广大农民基本文化权益

新时代，中国社会的主要矛盾已经发生了变化，衡量中国社会进步的指标不光要看经济，还要看文化，文化的发展程度是社会进步的重要标志。2020年12月12日至13日，习近平总书记在江苏省徐州市考察时强调："农村精神文明建设很重要，物质变精神、精神变物质是辩证法的观点，实施乡村振兴战略要物质文明和精神文明一起抓，特别要注重提升农民精神风貌。"③生存资料的基本保障是人类生存发展的基础，在满足了生存生活需要的基础上，人类必将出现精神生活的需求，而人类文化就是满足人类精神文明需求的重要载体。随着经济社会的迅猛发展，如今的河北农村早已解决了温饱问题，精神需求的满足成

---

① 《马克思恩格斯选集》(第4卷)，人民出版社1995年版，第506页。
② 习近平：《习近平谈治国理政》(第3卷)，外文出版社2020年版，第32页。
③ 《习近平在江苏徐州市考察时强调 深入学习贯彻党的十九大精神 紧扣新时代要求推动改革发展》，中国网，http://www.china.com.cn/v/news/2017-12/13/content_41986773.htm。

为提高河北农民生活质量的重要方面,农村文化事业的发展对于满足农民群众的精神享受发挥着重要作用。当前,河北农村的文化生活丰富多彩,群众对农村文化的需求也日益多样化,广大农民群众希望学习先进的文化、实用的技能,也需要多姿多彩的业余文化生活来陶冶情操,以文化促进交流协作、邻里和谐、社会稳定。通过农村文化事业的发展,构建丰富多彩的文化娱乐设施和项目,倡导积极向上的社会风气,满足了农民群众精神愉悦的需求,提高了农民群众的生活质量,让农民群众过得既放心又开心,维护了广大农民群众文化需求的基本权利。

(五)大力加强农村文化建设也有助于巩固党在农村的执政基础

基层党组织是党的执政基础,是团结带领群众执行党的方针、路线的战斗堡垒,是党联系人民群众的桥梁和纽带。实行"乡村振兴"战略,全面建成小康社会,是历史赋予我们党的光荣使命。为实现这一目标,就必须夯实党在农村的执政基础,使基层党组织更加具有凝聚力、向心力、战斗力。农村文化建设,满足了农民群众多元化的文化需求,赢得了群众的拥护。党在广大农村建立了威望,还可通过灵活多样的形式宣传党的方针政策,把党和国家的声音传播到农村,让农民群众切身感受到党从群众利益出发,一切为了群众,全心全意为人民服务的温暖。让广大农民群众体会到只有在党的领导下,农村的发展才会越来越好,从而可以彰显出党在农村的影响力。另外,通过农村文化事业的发展,农民广泛参与各种文化活动,促进了农民群众的团结合作,有利于农村拥护党和国家建设新农村的方针政策,筑牢了党在农村的群众基础,夯实了党执政的最广泛的农村阵地,巩固了党的执政基础。

二、河北省农村文化建设的成就

(一)文化设施建设整体推进

农村文化基础设施是农村文化建设的重要载体。河北省高度重视农村文化设施建设工作,规划建立了省、市、县、乡、村五级文化设施网络,统筹推进城乡文化设施建设。截至2015年末,据不完全统计,邯郸市乡镇综合文化站达210

个以上,建筑总面积超过48398平方米,图书馆与农家书屋的总藏书超783949册,农家书屋作为农民群众接受知识的直接载体,邯郸市领导非常重视,以"高收入、高素质、强知识"为目标,投入资金4434万元,建立2490个农村文化活动室,基本实现"农家书屋"全市农村覆盖,使农民有书可读、有书能读,并开展活动鼓励全市农民读书,营造农村书香环境。①廊坊市组建了133支农村电影放映队,每年深入农村免费放映数字电影3.8万场次以上,每年送图书下乡10余万册,送戏剧下乡1100多场,送文艺下乡800多场,深受广大村民的欢迎。②保定涿州市努力扩大公共文化服务覆盖面和辐射力,已经形成了以图书馆、文化馆、博物馆、美术馆为龙头,以乡镇综合文化站为中心,以村农家书屋、村文化站为基础的三级公共文化设施网络。③磁县18个乡镇建立了乡土文化站,367个行政村已建立村级文化活动室329个,普及率达88%。农家书屋覆盖率达100%,每家书屋拥有文化、科技等6类图书1500多册,各种科技光盘100种、报纸期刊30种;建设村级文化广场200余个,投资380余万元配备了文化体育器材;文化信息资源共享工程基层服务点统一配备了电脑、投影仪等文化共享设备,覆盖率达到89.6%。各服务点举办各种农业科技、普法教育培训,组织党员开展远程教育学习,满足了广大农民群众精神文化和科技知识需求。④2016年,河北省投入资金1.2亿元在45个国家级贫困县的450个村建成村综合文化服务中心。⑤每个示范村将按照"十个一"的标准建设:一个村一个文化活动广场、一个文化活动室、一个简易戏台、一个宣传栏、一套文化器材、一套广播器材、一套体育设施器材,选派一名文化指导员,选送一台文化演出,建设一个核心价值观宣传

---

① 刘静霞:《邯郸市农村文化建设研究》,河北经贸大学2017年硕士学位论文,第26页。

② 《为百姓幸福"加码":廊坊市文化惠民工作纪实》,中国文明网,http://www.wenming.cn/syjj/dfcz/hb/201612/t20161212_3939595.shtml。

③ 齐欣、王义杰:《河北省农村公共文化服务问题研究》,《乡村科技》2020年第16期,第28页。

④ 《磁县88%行政村建立村级文化活动室》,河北新闻网,http://handan.hebnews.cn/2015-04/08/content_4684253.htm。

⑤ 《河北:全覆盖公共文化服务体系日渐完善》,中华人民共和国中央人民政府网,http://www.gov.cn/xinwen/2017-08/20/content_5218990.htm。

阵地。①2019年，河北省委、省政府出台的《关于坚持农业农村优先发展扎实推进乡村振兴战略实施的意见》指出："支持有条件的村建设文化广场、体育健身设施，到2020年行政村综合文化服务中心建设覆盖率达到70%。"②截至2020年，全省已建起各类博物馆151个、公共图书馆173个、文化馆180个、乡镇（街道）文化站2255个、村（社区）文化服务中心50852个，基本形成功能完善、分布合理、适度超前全覆盖的公共服务设施体系。着眼于扩大覆盖面、增强实效性，河北省重点支持贫困地区村文化活动室建设，大力推进基层综合性文化服务中心建设，全省覆盖率达到99.5%。③

（二）一系列农村文化重点建设项目得到落实

近年来，为大力推进农村文化建设，河北省实施了一系列农村文化重点建设项目。一是文化产业扶贫工程。自2016年以来，河北省累计投入2.93亿元，支持206个深度贫困村提升文化基础设施和公共服务，为7000余个贫困村配发文化器材设备，为基层国有文艺院团配发流动舞台车、流动图书车、流动文化车170余辆，累计组织贫困地区文化惠民演出1万多场，惠及群众1000多万人次，全省乡村旅游带动就业77.6万人，助力793个旅游扶贫重点村脱贫，近30万贫困人口实现增收，取得了物质脱贫和精神扶贫双丰收。④二是公共数字文化工程。河北省积极推动实施了文化信息资源共享工程、国家数字图书馆推广工程、公共电子阅览室建设计划等一系列公共数字文化工程，以建设数字平台、数字资源和数字服务推广为重点，初步构建了省、市、县、乡、村五级数字文化服务网络。截至2020年底，全省建设数字图书馆174个、各类数字文化资源1800 TB，县级以上公共图书馆、文化馆普遍具备数字化服务能力。公共数字文化产品和

　　①　《河北450个村将被建成综合文化服务中心示范点》，河北新闻网，http://hebei.hebnews.cn/2016-04/11/content_5442137.htm。

　　②　《重磅意见出台！河北农村要有这些大变化》，搜狐网，https://www.sohu.com/a/299712867_120054422。

　　③　《十三五·河北答卷┃踏歌而行，奋力迈向文化强省》，沧州新闻网，http://www.cznews.gov.cn/newweb/news/shengshi/2020-11-22/35323.html。

　　④　《"河北文化旅游赋能全面建成小康社会"新闻发布会》，河北新闻网，http://zhuanti.hebnews.cn/2021-11/03/content_8659524.htm。

服务能力建设取得一定成效。① 三是广播电视"村村通"工程。2005 年，河北省人民政府制定了《河北省自然村"村村通"广播电视工程实施方案》。2016 年，河北省人民政府又制定《〈关于加快推进广播电视村村通向户户通升级〉实施意见》。到 2020 年，全省基本实现数字广播电视户户通，形成覆盖城乡、便捷高效、功能完备、服务到户的新型广播电视覆盖服务体系。四是"送戏下乡"工程。自 2017 年以来，河北省财政累计落实资金 4549 万元，开展送戏下乡、进校园等活动 8.3 万场。连续三年将公共文化服务列入省委、省政府 20 项民心工程，惠民演出惠及群众 6000 万人次。② 五是流动舞台车工程。为基层文艺院团配发流动舞台车是一项重要的文化惠民工程，是支持基层院团开展戏曲进乡村、为群众提供文化服务的重大举措。"十三五"以来，河北省累计为基层文化单位配发流动舞台车 85 台，利用流动舞台车开展下乡演出共计 4.5 万余场，观众达 3000 余万人次。③ 此外，河北省还通过实施群众文艺精品创建工程、传统文化保护开发工程、太行山革命老区宣传文化工程、送书下乡和农村书屋建设工程、农村电影放映工程等，逐步形成了多层次、广覆盖的农村文化服务体系。

（三）群众文化活动丰富多彩

进入 21 世纪，河北省不断加大农村文化建设的投资力度，大力推行文化下乡、送书下乡、送戏下乡、电影放映等公益性活动，各级文化部门发挥主导作用，以乡镇为中心，以村组为重点，以农户为对象，以各种文化设施和文化活动场所为依托，开展了内容丰富、形式多样的农村文化活动，基本满足了农民群众多层次、多方面的精神需求。一是品牌文化活动丰富多彩。比如，自 1995 年以来河北省持续开展的"彩色周末"工程，活动内容积极健康，群众参与度高，已经发展成为全省性文化盛事；网上音乐戏曲互动"网上跟我唱"在河北省遍地开花，极大地丰富了广大农民的文化娱乐需求；河北省民俗文化街、文化卫生科技三

---

① 《"河北文化旅游赋能全面建成小康社会"新闻发布会》，河北新闻网，http://zhuanti.hebnews.cn/2021-11/03/content_8659524.htm。

② 《十三五·河北答卷 | 踏歌而行，奋力迈向文化强省》，沧州新闻网，http://www.cznews.gov.cn/newweb/news/shengshi/2020-11-22/35323.html。

③ 《河北省文化和旅游厅为 18 个基层优秀文艺院团配发流动舞台车》，《潇湘晨报》，https://baijiahao.baidu.com/s?id=1711796022837689280&wfr=spider&for=pc。

下乡活动、"燕赵少年读书活动"、"牵手京津冀 欢乐送万家"等一系列有特色、有品牌的活动深入农村基层,融入农民生活,极大地丰富了广大农民群众的精神文化生活。二是特色文化活动得到持续推广。唐山皮影、蔚县剪纸、武强年画、曲阳石雕、衡水内画等本土特色文化形式得到了良好的宣传和推广,从业人员队伍逐渐扩大,较好地实现了乡村特色文化与乡村特色产业的有机结合。

(四)农村文化队伍建设逐步推进

河北是炎黄文化的发祥地,历史悠久,人才辈出,自古有"燕赵多慷慨悲歌之士"之称,拥有丰富的文化资源。全省拥有长城、避暑山庄、清东陵等多处世界文化遗产,在全国重点文物保护单位、省级文物保护单位、国家级非物质文化遗产项目的数量上均处全国前列,文化底蕴深厚。为利用好、发扬好这些优秀的乡土文化,河北省在广大农村开展了群众文艺辅导基地创建活动,将基地打造成为文化部门与农村基层工作站之间的纽带,培养了大批优秀的农村基层文艺骨干,并由此形成了一大批农村民间工艺家队伍和民间艺术表演团队,较好地宣传了本土的民间文化、继承了古老的传统技艺,农村文化队伍趋于更加专业化。

(五)文明村镇建设成效显著

2017年,在组织全省46691个行政村全面开展文明乡风基础数据调研的基础上,河北省文明委印发了《河北省2017—2020年文明村镇创建行动计划》。截至2018年,河北省持续"刹三风""树三风",推动各地建立红白理事会4万余个,制定村规民约4.24万套,培树1000个移风易俗示范村、100个示范乡镇,移风易俗工作取得了很大成效;全省共建设村民中心43761个、文化广场35981个、乡风文明示范街12614条,设立善行功德榜15093个、道德讲堂27134个,建立志愿者队伍26892支、新乡贤骨干队伍20753支,评选十星级文明户76135户、"五好"文明家庭392513个,农村"十个一"建设取得了可喜的成果。通过文明创建活动,全省共建成县级文明村13617个,比2016年增加了6859个,覆盖面扩大到27.89%;县级文明乡镇1202个,比2016年增加了346个,覆盖面扩大到58.23%,其中,共建成全国文明村镇78个,为落实中央文明委"到2020年全国50%以上的村镇达到县级及县级以上文明村镇标准"目标要求奠定了坚实基础。

通过持续创建,河北省农村乡风民风、人居环境、文化生活都得到了极大的提升。①

第二节 河北省农村文化建设中存在的主要问题

一、政府、农民与市场在农村文化建设中作用发挥不充分

(一) 政府主体作用发挥不充分

首先,政府是我国农村文化建设的投资主体,这是由我国的国家性质决定的。自中华人民共和国成立后,由于国家发展的需要,国家实行了优先发展重工业的发展模式,农业为重工业的发展提供了资金和服务。因此,国家无力为农村提供与之付出相匹配的农村文化建设资金。改革开放后,虽然在文化建设上政府做出了相应的调整,但依然没有改变"重城轻乡"的现象。政府把大量的文化建设资金优先投入到城市,而农村文化建设步伐迟缓。河北省在文化建设上"重城轻乡"的问题也始终长期存在。其次,政府是农村文化建设的引导主体。在社会转型期的背景下,农村文化已经由过去的一元文化发展为多元文化,多种文化相互交织。由于农民文化素质普遍偏低,缺少对文化的鉴别能力,而政府作为文化建设主体,在农村文化建设方面人、财、物投入皆不足,在积极引导农民进行文化选择,开展文化活动方面作用发挥得不够充分。此外,政府还是农村文化建设的监督者和管理者。在农村的管理上,河北省主要精力用在了农村经济建设上而忽略了农村文化建设与管理。文化建设资金投入不足,管理人员配备不到位,农村文化市场的监管不力,导致农村黄赌毒及其他违法犯罪现象屡禁不止,加之大办婚丧嫁娶、重男轻女等遗风陋俗根深蒂固,低俗的农村文化因素制约着农村文化的健康发展。这也反映出了河北省农村文化建设与发展的任重道远。

---

① 中共河北省委、中共河北省委党史研究室:《中共河北年鉴2018》,河北人民出版社2019年版,第214页。

（二）广大农民群众主体作用发挥不充分

广大农民群众是农村文化的建设者和受益者。若是没有广大农民群众的参与，农村文化建设就难以取得成功。加强农村文化建设，建设什么样的农村文化，怎么建设农村文化，关键要依靠广大农民群众。然而，在现实生活中，一方面，广大农民群众缺少表达自身文化诉求的渠道和机制；另一方面，政府在农村文化建设过程中的一些做法，又脱离农民的真实精神文化需求实际，影响了广大农民群众参与农村文化建设的积极性和主动性。再加上，由于受二元经济结构的影响，在城市化进程中，农村中的青壮年绝大多数都选择进城务工，留在乡村的大多是老人和儿童，参与农村文化建设的主体群众范围相对缩小且素质偏低，不仅在参与农村文化建设的能力上存在缺失，而且参与的积极性也不高，从而造成了广大农民群众在农村文化建设中主体作用发挥不充分。

（三）市场作用发挥不充分

在社会主义市场经济的大背景下，市场对社会资源的配置起着决定性的作用。农村文化建设所需要的各种要素离不开市场的配置。农村文化建设也要尊重市场规律，要学会运用市场化工具，吸引文化企业向农村投资，为农村文化建设提供优秀文化产品，从而推动农村文化建设的蓬勃发展。河北省既是一个农业大省，也是一个文化大省，有着深厚的历史积淀和肥沃的优秀文化生长土壤，所谓"十里不同风，百里不同俗"，许多优秀的文化蕴藏在广大乡村之中，多姿多彩的民风民俗、民间文艺等为文化产业的发展提供了得天独厚的条件。当前，企业与资本在河北省的农村文化建设中作用的发挥与河北省文化大省的地位极不相称，市场在农村文化建设中的作用还没有充分发挥出来，许多优秀的乡村文化资源还没有得到很好的开发与利用，农村文化产业基本上还是一片亟待开发的处女地。

二、文化建设基础设施不完善

文化基础设施是农村文化建设的基础。河北省农村文化基础设施建设虽取得了一定成就，但农村文化基础设施建设还处在初级阶段，仍未能满足农民日益增长的文化需求。一是农村文化基础设施数量不足。一些乡镇存在将办公室充当文化活动室的现象，一些乡镇还未设立图书馆、文化站，农村缺少大型集体文化活动场所，群众难以开展大型文化活动。二是农村文化设施建设不完善。虽然河北省推进的"农家书屋"工程、广播电视"村村通""户户通"工程取得了阶段性胜利，但后期农村基础设施建设基本处于停滞状态，缺少农村文化基础设施建设长期投资机制。三是文化基础设施维护不到位。对于已建成的体育器材、篮球场等农村文化基础设施，缺少相应的维护工作，有些农村的文化基础设施年老失修，磨损程度高，存在一定程度的安全隐患，设备更新不及时，农民文化活动不能顺利开展。

三、农村文化管理体制不健全

农村文化建设管理体制，是根据农民群众精神生活的内容和规律形成的系统的制度和规则，以引导人们的思想和规范人们的行动，这些制度和规则作用的发挥，使文化建设活动沿着社会主义精神文明要求的方向有序开展。科学有效的文化管理体制是农村文化建设的制度保障。当前，河北农村文化管理体制的问题主要表现在：一是领导力量较弱。一些地方的农村文化建设"说起来重要，做起来次要，忙起来不要"，会上强调的重，落实起来轻。"经济工作不抓不行，文化事业建设不行了再抓。"等想抓文化工作的时候，又没有适合操作的办法，文化事业建设弄得虎头蛇尾，不能形成将文化工作与经济工作同时抓，相互促进的良性循环。二是考核内容难以量化。文化事业的工作指标比较软，干得多与少、好与坏难以把握，一般是上级让干什么，基层就干什么，考核时难以掌握具体的工作成效，只能打印象分、人情分。三是工作难做。在河北省县乡文化体制中成立的文广新局，编制少、待遇低，无法吸引高端文化管理人才，留不住已有人才。即使是在岗的工作人员也很难把全部精力放在工作上。一些乡镇文化站与其他部门合署办公，没有专职工作人员。在实际工作中，甚至于一些乡镇文化部门工作人员对文化站的具体功能也不完全清楚。乡镇文化人才缺失，文化建设队伍不健全，从事文化工作积极性偏低，农村文化管理体制日趋空壳化。四是缺少监督。在农村文化管理体制中，除了对文化工作人员管理上的疏忽外，也存在对文化设施管理上的疏忽。集体文化设施的管理与维护没有落实到具体的人，农村书屋没有专职图书管理员，未能建立起自上而下的监督体系，从而造成了文化设施损坏、破旧无人修缮，图书馆书籍丢失等问题。五是农村文化建设内容脱离实际。农民参加文化活动，也需要付出相应的时间成本和经济成本，但如果农村文化建设脱离农村实际，脱离农民群众的精神文化需要，对于广大农民群众来说，就不可能有吸引力，农民群众也难以产生参加文化活动的内生动力。

四、农村文化建设投入不足

经济的发展是文化建设的基础，河北省文化建设滞后的一个重要原因就是对农村文化建设的投入不足，农村文化建设的投入远远低于城市文化建设的投入，城乡文化建设水平差异日益扩大，农村文化基础设施的建设，文化队伍的建设，农村的科学教育、文化产业的培育都需要大量的资金投入。虽然近些年来国家越来越重视农村的文化建设事业，但"重经济、轻文化"的思想仍然普遍存在。农村基层领导往往将大量的资金首先用于农村的经济建设上，而用于农村文化建设的资金少之又少，主要领导对农村文化建设事业重视程度不够，群众最需要、最迫切的文化需求不能得到满足，农村缺少真正的文化活动场所，文化站、图书馆等场所"名存实亡"，文化事业人才力量薄弱，严重阻碍了农村文化建设的发展。

五、农村基础教育质量不高

改革开放40多年来，河北省的教育事业发生了翻天覆地的变化，但教育领域发展的"不平衡"问题依然存在。这突出表现在城乡教育差异较大，农村基础教育质量偏低。一是在硬件设施上，河北农村中小学现代化信息教学设备配备不足。现行教育政策的重点在城市，教育经费的投入远远高于农村。与传统教学设备相比,多媒体教室、计算机、视频展示平台等现代化教学设备在教学效果上有明显的优势,学生易于理解和接受。而这些现代化教学设备在农村中小学校中的普及率还很低,广大农村中小学未能实现信息化设备与课程的整合。河北省农村中小学基础设施简陋,图书室、实验室或者十分简陋,或者根本没有。农村整体教学基础设施水平亟待提高。二是在师资力量上,农村教师素质偏低。由于农村地区经济落后,一些保障措施缺位,农村学校对教师的吸引力不仅严重不足,而且存在优秀教师流失的问题。城乡之间、学校之间的配套设施、教师待遇等差距明显,受城镇学校优越条件的利益驱动,农村教师想要调进城镇学校,更多优秀的师资力量全部集中在县城的学校里,尤其是重点学校,几乎垄断了当地最优质的师资力量。农村中小学教师数量少,普遍存在一人带多班级、一人带多学科的现象,不仅加大了农村教师的教学压力,也降低了农村学校的教学质量。农村中小学师资结构也不太合理,从农村教师的来源来看,有的是面向社会招聘的,有的是民办学校教师转正的,有的是临时聘用的。从学历层次来看,农村中小学教师的学历基本都是专科及以下,有的是师范类毕业的,有的是非师范类毕业的,缺少专业对口的高层次教学人才。从年龄结构来看,老教师的数量居多,年轻的教师太少。三是与城市教学相比,农村教学质量较差。造成农村教学质量不高的原因,既有学生自身素质不高的因素,也有教师总体上素质不高、教学观念落后、教学方法陈旧的原因;既受教学条件较差的影响,也受学生父母文化程度不高的影响,是多方面的。加之,在市场经济与城市化运动的大背景下,许多乡村教师在心理上存在不平衡感,工作上积极性不高,教学效果必然也难尽如人意。

六、农民整体文化素质较低

改革开放以来,在国家政策的支持下,河北省农村教育水平在稳步提高,但从现实情况来看,农民整体文化素质还处于较低水平。首先,从农业生产经营人员受教育情况来看,据2018年河北省第三次全国农业普查主要数据公报(第五号)显示,河北省农业生产经营人员受教育情况如下:2.99%没上过学,

26.99%是小学文化水平,60.18%是初中文化程度,8.79%上过高中或中专,1.05%属于大专及以上,初中及以下文化水平占了90.16%的比例。[①]其次,农民职业教育体系还不成熟。农村地区的职业技术学校师资力量薄弱,与市场联系紧密的花卉栽培、农副产品加工、水产养殖、农机修理等实用专业设置得较少,缺少校企合作平台,不能有针对性地为企业培养和输送农业技术类人才,导致农民选择农业类技校的愿望低。再次,农村文化建设最具活力的主体大量流失。一方面,面对城市舒适的生活环境,优越的医疗、教育等资源以及更多的就业发展机会,许多来自农村的大中专毕业生选择留在城市工作;另一方面,受过初高中教育的大量农村中青年到城市务工,导致留守农村的主要是老弱病残之人。他们求知欲低,对现代知识的接受能力差,参与现代农村文化建设的积极性不足,其自身的文化娱乐取向可能会偏向低俗、消极的娱乐活动。这严重影响和制约着农村精神文明建设的开展。

第三节 河北省农村文化发展的战略措施

一、大力加强农民文化教育

由于历史的原因,农民长期处在自然经济和小农生产方式下,所以普遍缺乏现代科学知识,缺乏现代社会必备的市场竞争意识、风险意识、创新意识、民主法治意识等。要深化农村文化事业发展,推进农业和农村现代化,提升农村精神文明程度,就必须通过教育手段,改变农民传统僵化的文化观念,提高广大农民的科学文化素质。1978年,邓小平曾指出:"劳动者只有具备较高的科学文化水平,丰富的生产经验,先进的劳动技能,才能在现代化的生产中发挥更大的作用。"[②]1985年,他再次强调:"我们国家,国力的强弱,经济发展后劲的大小,

---

① 《河北省第三次全国农业普查主要数据公报(第五号)》,河北省统计局网,http://tjj.hebei.gov.cn/hetj/tjgbtg/101507519377577.html。

② 《邓小平文选》(第2卷),人民出版社1988年版,第88页。

越来越取决于劳动者的素质,取决于知识分子的数量和质量。一个十亿人口的大国,教育搞上去了,人才资源的巨大优势是任何国家比不了的。有了人才优势,再加上先进的社会主义制度,我们的目标就有把握达到。"①改革开放40多年来,河北人民的思想道德水平和科学文化素质不断提高,农村的科教文卫事业取得了巨大进步。第六次河北省人口普查结果显示,与第五次人口普查数据相比,河北省的文盲率由6.64%下降到2.61%。②但是,我们还应清醒地认识到,河北省作为一个农业大省,农村人口约占全省人口的40%,广大农民群众总体上文化水平还较低,文化建设任务依然十分繁重。

　　建设经济强省、美丽河北,需要实现乡村振兴。乡村振兴,离不开文化的振兴。实现乡村文化振兴,需要大力加强对广大农民群众的文化教育。政府要加强对农村中小学基础教育的重视程度,加大对农村教育的资金投入,尤其是农村义务教育的投资力度,农村义务教育占全省基础教育的比重高,在高等教育与基础教育之间要将重心下移。要普及九年义务教育,扫除青壮年文盲,提高农村的高中入学率、大学入学率;大力发展农村职业教育,抓好县一级的中专、技工学校、职教中心的建设;进一步加强农村干部群众的实用技术培训,要建立农村教学资源信息中心,汇聚各种内容丰富的教学资源,利用互联网分享优质的教学资源,实现城乡之间、学校之间的资源共享,以克服农村师资短缺、交通不便的弊端;努力改变乡镇企业职工科学文化素质偏低的状况,全面提高各类企业职工的岗位技能;出台鼓励措施,探索农村教师奖励制度,搭建农村教师培训深造平台,有计划地对农村中小学教师进行在岗培训,帮助农村中小学教师学习新知识、掌握教学技能、提高业务能力;对贫困家庭的农村子女进行学费减免和补助,防止因贫辍学现象的发生;制定相关政策措施,鼓励农民采取自学、进修等形式学习文化知识;建立农民网校、农民夜校等线上线下学习机构;组织培训班,对农民群众定期开展相关技能培训,为农民参加文化知识学习提供便利的平台与丰富的文化资源;扩大并健全农村科普体系,尝试在县城建立具有

---

① 《邓小平文选》(第3卷),人民出版社1993年版,第120页。
② 《人口保持低速增长　居民生活不断改善》,河北省统计局网站,http://www.hetj.gov.cn/hetj/tjfx/sjfx/101375258065045.html。

一定规模、功能较全的科普基地,建立以乡镇为中心,辐射周围行政村的农村科普网络格局。通过政府的支持、农民的积极参与,从根本上激发农村文化建设的动力,开阔农民的视野,提高农民的文化知识水平,为新时代河北农村乡土文化建设提供坚实持久的智力支持。

二、大力加强农村乡土文化人才队伍建设

2018年6月14日,习近平总书记在济南市章丘区双山街道三涧溪村考察时指出:"乡村振兴,人才是关键。要积极培养本土人才,鼓励外出能人返乡创业,鼓励大学生村官扎根基层,为乡村振兴提供人才保障。"[1]河北农村乡土文化事业的发展,文化基础设施建设是前提,人才队伍建设是关键。文化队伍担负着繁荣农村文化事业的重要使命。实践证明,文化工作做得好的地方,必定有一支过硬的文化队伍。河北农村乡土文化队伍建设,要以习近平新时代中国特色社会主义思想为指导,坚持"双百"方针、"三贴近"原则,着力打造农村基层文化队伍、乡土文化精英队伍,构建完善并富有成效的农村乡土文化人才网络体系。

一要加强农村文化管理者队伍建设。设立专门的文化部门,定编、定岗、定责,定期对文化工作者进行考核,畅通人才晋升渠道,重点提拔业务好、能力强的干部,实行竞争上岗、能进能出的用人机制。对负责农村文化工作的干部进行教育和培训,提高文化工作者的管理水平。将文化人才培养工作纳入乡镇文化站、基层文艺团队的绩效考核指标内,将乡土文化人才队伍建设工作得以明确落实。

二要加强专职农村文化队伍建设,壮大农村文化工作骨干队伍。农村文化工作骨干,是民族文化的直接体现者,他们中有的人从小就受到先辈文化艺术的熏陶,继承了优秀的手工技艺、宗教礼法等"原汁原味"的传统文化。在乡土文化建设中,农村文化骨干利用掌握的知识、技能去开拓、发展农村文化领域,

---

[1] 《习近平在山东考察时强调的十四个时代课题》,光明网,https://politics.gmw.cn/2018-06/14/content_29287562.htm。

有利于将诗歌、剪纸、舞蹈、戏剧、杂技、武术等民族文化发扬光大,是乡土文化建设的开拓者。现实生活中,这些农村文化骨干多以生产经营活动为本职工作,文化工作可能只是自己的"副业"。但正是有了这些农村文化骨干的付出,满足了当地农民群众的文化需求,得到了群众的认可,因而其具有较高的声望和威望,在群众中具有很强的凝聚力和号召力,结合自身的文化专长,再加上自身的组织和领导能力,会更便于农村文化工作的开展。此外,还要采取多种形式,鼓励、支持和引导有意从事农村文化工作的人投身到农村文化事业中来,要充分调动农村文化工作者的积极性,让更多的文艺工作者、高校毕业生、志愿者等到乡村从事基层文化服务事业。鼓励高校毕业生,特别是有文艺专长的、熟悉乡村生活的毕业生投身乡土文化事业。农村文艺表演团体及文艺骨干是繁荣农村文化事业的重要力量,既要以农村基层文艺骨干为重点对象,定期对农村文化从业人员进行培训和考核,建立农村基层文化人才库,鼓励现有农村基层文艺骨干"传、帮、带"培养新力量,还要组织农村文化领域的专家、学者对农村基层文化队伍进行指导和培训。政府要大力扶持农家文化大院、民间剧团、民间演艺队等农村文化主体,鼓励农民自办文化,充分调动农民参与农村文化建设的积极性、主动性、创造性。

三要完善人才培养机制。基层文化管理部门结合省、市文化人才政策,制订扶持乡土文化人才发展的政策培养计划,确保人才引得来、留得住。探索建立农村乡土文化人才交流合作机制、培养选拔机制、信誉评估机制、资金保障机制、评价考核机制、管理激励机制等适合本地区情况的人才培养机制,合理确定培养对象的基本条件,明确培养重点。对文学创作人才,舞蹈人才,器乐人才,声乐人才,戏曲人才,传统文化传承人才,其他特色文化传承人才,摄影、书法、美术等相应门类文化人才进行重点培养。在农村文化人才培训过程中,坚持普及为主、深入基层农村,根据农民需求进行重点培训,争取培养一批农民文化人才。以资源共享、交流互补为目标,选拔具有一定专业技术水平、有固定岗位或专业的文化人才骨干到相应的文化文艺团体进行同类岗位的交流学习,取长补短,提高自己的专业水平与技术。选择具有相应师资力量的院校或文艺团体,建立长期合作关系,以本地区的场地、自然资源和附属设施等为条件,吸引合作方的师资力量,建设活动实习基地、排练基地等。通过长期合作,提升本地文化艺术水平。根据农村区域广大,农民居住相对分散、不易集中的特点,应积极发展农村远程教育培训,建立健全文化建设资源库。

三、加强农村乡土文化基础设施建设

文化基础设施是保障农村文化事业发展的基础。党的十八大以来,河北省采取了一系列政策措施,加大了对农村文化基础设施建设的投入力度;但无论在数量还是质量上,与广大农民的文化需求相比还有相当大的差距。因此,在新时代要大力加强农村文化建设,首先,要求各级政府要将农村文化基础设施建设工作纳入政府年度工作的总体规划与考核内容,每年要拿出一定比例的财政预算投入到农村文化基础设施建设上,相关财政部门和文化部门要统筹安排经费标准,逐步缩小城乡之间文化设施建设的差距,重点向农村文化建设倾斜,要围绕"三下乡"活动,大力加大农村文化站、图书馆、农村书店的建设投入,解决广大农民看书难、学习难的问题,满足农民对文化活动场所的需求。其次,需要引入市场机制,吸收社会资本、个人捐款、社会机构筹资等,建立多元化的投资、融资机制,进一步拓宽乡村公共文化设施建设的投资渠道,逐步形成多元化投资格局。最后,要通过出台税收减免、贷款贴息、特许经营等市场化手段,逐步形成以政府投入为主、社会投入为辅的公共文化服务的多元化投入模式。此外,大力加强农村文化基础设施建设,还必须要对已建成的农村文化基础设施加强使用、管理和维护,确保其充分发挥文化基础设施的功能。

四、积极推动农村乡土文化产业创新发展

文化,不仅具有意识形态的属性,还具有商业经济价值,是极具发展潜力的一种产业。文化产业一方面担负着传播精神文明的使命,另一方面又创造着可观的经济效益,促进各类文化设施的建设,带动科学文化知识的普及,拉动文化商品经济的增长,提升了经济发展质量,扩大了就业空间。发展农村乡土文化

产业,培育农村文化市场,是精神文明建设的一项重要任务。新时代,随着人们物质生活水平的不断提高,人们的精神文化需求也在快速增长。乡村振兴战略的目标之一,就是要满足农民群众日益增长的文化需求,提高农民群众的生活质量。

河北省农村地域面积宽广、历史积淀深厚,拥有丰富的自然与人文资源。有针对性地开发河北乡土文化产业,不仅能打造出独具特色的文化产业,激发乡土文化活力,还有利于增强农业的结构竞争力,有利于培育农业的成长竞争力,有利于提升农业的品牌竞争力。

积极推动农村乡土文化产业的发展,首先,要大力挖掘河北省的乡土文化资源,在发展特色文化上下功夫。比如,河北蔚县的剪纸,当地政府就明确了"剪纸文化"的定位,对剪纸文化进行推广和宣传,增加了现代剪纸从业者数量,打通了剪纸销售渠道,带动了当地的经济发展。再如,涿州邵村花田是"涿州八景"的著名景点之一,有着悠久的水稻种植历史,此区域产出的稻米更是一度成为明清时期的皇家贡米。当地政府就充分利用"贡米文化"这一特色资源,以优质的邵村花田水稻为依托,建立起了集水稻种植体验、观光旅游、田园民宿为一体的特色小镇。唐山皮影、雄县雕刻、安阳花灯、武强年画等乡土文化资源近年来也开始得到了当地政府的广泛重视,挖掘、利用、发展工作也在有条不紊地进行当中。河北省其他农村地区也可以此作为参照,加快本地乡土文化产业发展的步伐。其次,要融入创意元素,着力打造品牌文化,注重在创新上下功夫。从低头弯腰的高粱穗、金黄饱满的大玉米,到红红火火的小辣椒等农作物的具体形态,从当地的名人巧匠到各式乡村建筑等,都是具有乡土气息的文化元素。将这些散发着乡土气息的文化元素融入当地文化产品、特色体验项目中去,注重在文化产品中创新融入乡土特色,逐步打造出属于本省、本市、本县、本地有影响力和知名度的文化产品。最后,还要在文化产品的经营方式上下功夫。农村乡土文化产业想要发展好,就必须因地制宜,采取灵活多样的经营方式。在经营方式上,有以遥桥峪为代表的"个体户"模式,有以"十渡"为代表的"合作社模式",有以民企和个人投资为主导、村集体资产折股参与投资、村民以土地流转形式参股的多元化投入机制模式,有以政府为主导、以农民为建设集体、以特色文化项目为建设载体的"政府＋企业＋农户"的发展模式,等等。在创新农村乡土经营方式的同时,还要延长乡土文化产品的产业链,尽量打造衍生品。例如,唐山遵化市山里各庄把美丽乡村建设与发展乡村旅游紧密结合起来,不仅提升了村容村貌,还大力发展乡村旅游业。在这里,游客可以体验四季采摘,品地道小吃,住原味民宿,购农副特产,赏乡村民俗,还可以体验农作生活,冬天还可以滑雪、赏灯会,可以说是一年四季不打烊;蔚县剪纸除了传统的剪纸产品外,还可以与台历、年画、动漫艺术等相结合,扩宽乡土文化产品的艺术领域。相关经营主体可以形成企业联盟或者企业集团,走集团化的发展道路,与餐饮、文娱产业合作,实现优势互补、利益互享。这不仅可以在竞争日趋激烈的文化产品市场里提高自身乡土文化产品的竞争力,还有助于企业走标准化、信息化、智能化发展道路,从而实现规模效益。新时代背景下农村乡土文化建设,既需要政府的主导,也需要社会和企业的参与,更需要农民作为主体形式上下结合。不论采取哪种经营方式,都不能动摇农民的主体地位,要保证农民持续稳定增收,只有符合这个基本原则,农村乡土文化产业才能持续健康发展。

五、健全和完善农村乡土文化市场管理

健全和完善农村乡土文化市场管理,首先必须要加强农村乡土文化市场执法队伍建设。执法人员的素质、能力直接影响着乡土文化市场管理是否规范化、健康化。因此必须着力提升农村文化市场执法队伍的层次,建设一支业务精、作风硬、守纪律的文化市场行政执法队伍。一要加强专业知识学习,提升业务能力。文化市场的管理是一点多面的工作,涉及的领域多,加之文化产业不断发展、延伸,许多原有的管理理念、管理方式、管理知识都已经无法适应新的形势和新的任务。因此,文化管理部门要以高度的紧迫感,抓好农村乡土文化市场执法队伍的培训工作,努力提高执法人员的综合素质。要定期开展业务培训,丰富和完善执法人员的业务知识、法律知识,邀请本领域方面的专家、学者,为执法人员进行业务培训和工作指导,在实践中不断提升执法人员的检查办案能力。二要实行执法人员的轮岗制度。农村文化市场主要由大文化领域、新闻出

版领域、广播电视领域、文艺演出等领域构成,每一领域都有其特殊性和专业性,每一块工作都自成一体但又相互联系。因此,要通过轮岗的形式拓宽执法人员的业务领域,在实践中提升实际工作能力,以实现对业务的全面熟练掌握。需要注意的是,新形势下农村文化阵地的监管要注重线下与线上并重,注重监管农村的网络文化,防止出现监管上的"空白区",督促执法人员学习网络文化监管知识,使农村文化市场执法人员与时俱进,不断提升业务能力。

其次,必须加强农村乡土文化市场的法制化管理。通常情况下,农村乡土文化市场发育程度并不成熟,大部分经营单位规模较小,其从业人员素质参差不齐、人员数量少、缺乏专业性。同时,农村乡土文化市场具有一定的自发性,其中既包含积极有益的文化形式,也有落后糟粕的文化形式,这就需要政府的文化部门进行有效的监督管理。文化站作为主管当地文化工作的单位,隶属于当地政府,有定编定岗人员,对当地文化市场情况有更深入的了解,具有对当地农村文化市场进行监督管理的先天优势。协助上级管理当地文化市场是文化站的一项工作职责,但文化站又不具备文化市场执法的主体资格。在这种现实矛盾中,文化主管部门应当赋予其法律范围内所允许的部分行政监督职权,把对农村乡土文化市场的日常检查、监督作为一向基本职责加以落实,如若发现涉嫌违法违规线索,要收集相关证据,为行政执法部门的下一步处理提供法律依据。县一级农村文化执法大队要对所管辖区进行定人定责,各乡、镇政府积极配合,对农村乡土文化产品进行分类定级检查,重点查处文化市场违法违规产品,严厉打击文化领域违法犯罪分子,坚决做到执法必严、违法必究,发现一起查处一起,努力净化农村乡土文化市场。

最后,还必须充分发挥广大农民群众的监督作用。广大农村群众既是农村乡土文化的建设者,也是农村乡土文化的管理者。要充分发挥广大农村群众的监督作用,一方面是对农村文化经营者的监督,另一方面要加强对文化市场执法人员依法行政的监督。因利益的驱动、市场的竞争,农村文化市场的经营者可以自发对市场上的不法行为进行举报,以维护自身的合法权益。还可以聘请当地威望高、有正义感、责任心强的群众作为人民义务监督员,对其进行相应的业务培训,让其协助监督管理。文化执法人员要主动接受人民群众的监督,杜绝不公正执法、人情执法等问题,对违法案件的当事人、是由、处置结果要向社会公开公布。监督部门要向社会公开监督举报热线、电话、网站、信箱等,接受群众监督。

六、加强农村乡土文化建设制度保障

农村乡土文化建设是一项长期性、系统性、复杂性的工作,其中涉及人员的调配、经费的使用、政策的落实等工作不能依靠农村自身进行调节,这就需要从农村乡土文化建设的领导机制、保障机制、法制机制、监督机制方面着手,为农村乡土文化建设保驾护航。

(一) 构建乡土文化建设的领导机制

中国共产党是我国社会主义事业的领导核心,肩负着我国文化事业建设的重要使命。河北各级文化部门要提高对农村乡土文化建设重要性的认识,切实履行文化建设的各项职责,在农村乡土文化建设中要树立起文化战略意识,把农村乡土文化建设列入党委和政府的重要议事日程,列入区域经济发展的总体规划中。农村基层党组织要掌握文化建设的方针和正确方向,要做好农村乡土文化的基础性工作,因地制宜地制定符合本地实际情况和现实需要的并能够与当地经济发展相适应的乡土文化发展规划,对工作人员的分配、文化建设项目资金的使用等层层把关,对文化建设队伍进行专业性的岗前培训和年度考核,树立起服务意识。农村基层党组织要发挥好示范带头作用,农村基层党组织与农民群众能够密切接触,国家惠农政策的落实最后都要依靠基层党组织的执行,农村乡土文化建设工作的落实也不例外。农村基层党组织要做好农村乡土文化建设的宣传动员工作,发挥好示范带头作用,调动起农民参与文化建设的积极性与主动性,努力为农村乡土文化事业的发展提供强有力的支撑。

(二) 构建乡土文化建设的社会保障机制

唯物史观认为,物质决定意识,意识对物质具有反作用。农村乡土文化属于意识形态领域,它不能脱离物质独立存在,要以一定的物质条件为载体。所以,如果没有一定的物质基础作保障,文化建设势必会成为空中楼阁,经不起时代的考验。新时代,农民群众的文化需求日益增长,多样化的文化需求就要求更加坚实的物质基础。文化站、图书室、展览馆、体育广场、影视剧院等都是农村文化建设的物质条件载体,这些文化基础设施的建设都必须有足够的经济投入作为保障。河北农村文化事业的落后,与经济投入不足有直接关系。因此,河北省要建立农村乡土文化建设的经济投入保障机制,各市、县要制订具体的经费计划,为农村乡土文化建设提供坚实的物质基础。2005年,《中共中央办公厅、国务院办公厅关于进一步加强农村文化建设的意见》指出:"要把农村文化建设纳入各级党委和政府的重要议事日程,纳入经济和社会发展规划,纳入财政支出预算,纳入扶贫攻坚计划,纳入干部晋升考核指标,确保农村文化建设各项目标任务的实现。保证一定数量的中央转移支付资金用于乡镇和村的文化建设。中央和省、市三级设立农村文化建设专项资金,确保农村重点文化建设的资金需求。"[1]根据以上出台的政策精神,河北各级政府要将农村乡土文化建设经费纳入财政预算中,要根据各地具体的发展情况逐渐加大投资比重。除政府的投资外,还需要社会力量的参与,广开渠道,多方筹资。农村文化事业是一项全民事业,不仅需要政府的投资,还需要社会的参与。多方参与机制,可以为农村乡土文化事业建设带来活力,在促进农村乡土文化事业发展的同时,不仅可以减轻政府的财政负担,还可以增强人民群众的主人翁意识,提升企业形象与知名度,实现共赢。

(三)构建乡土文化建设的法律保障机制

社会稳定,百姓安居乐业,是社会主义和谐社会的重要标志。农村乡土文化建设,同样需要一个秩序稳定的文化环境,这对于保证农村政治稳定、社会稳定,保证"乡村振兴"战略的实现具有战略意义。法律是程序化、规范化的社会规范,是判断是非的准则。当前,农村各种不稳定因素依然客观存在,个别地方农村文化工作混乱。可以通过立法,如《文化产业促进法》《非物质文化遗产法》《广播电视传输保障法》等使农村文化建设有法可依。农村要加大普法教育,使

---

[1]《中共中央办公厅、国务院办公厅关于进一步加强农村文化建设的意见》,中华人民共和国中央人民政府网,http://www.gov.cn/gongbao/content/2006/content_161057.htm。

农民知法守法,要健全司法机构、调解机构,严查斗殴、偷盗、赌博、吸毒案件,净化农村乡土文化建设环境,促进农村和谐稳定。

(四)构建乡土文化建设的监督机制

任何政策是否能够得到有效的执行与落实,都需要监督机制作保证,农村乡土文化建设也一样。监督机制可以使农村乡土文化建设的政策落到实处,防止政策变样,纠正一些错误的做法。监督的形式是多样的,包括群众监督、法律监督、舆论监督等。群众监督的应用是最普遍的监督形式。农村乡土文化建设得好不好,农民喜不喜欢,农民群众最有发言权。他们是农村乡土文化的建设者,同时也是农村乡土文化的受益者,任何损害农村乡土文化建设的行为都逃不过群众的"法眼"。舆论监督是应用范围最广,也是最有效的监督形式。尤其配合当下互联网和社交平台的迅猛发展,其具有覆盖面广泛、使用频率高、传播速度快的优点。因此,我们要利用好各种监督机制,坚持正确的农村乡土文化建设的正确方向,有效地推动乡土文化建设的规范化和秩序化。

七、丰富农村文化活动形式

在农村文化建设中,农民是建设的主体,也是农村文化的受益人。农村文化建设要尊重农民的心声和意愿,要立足于时代特点,在充分调研农民文化需求的基础上,不断创新和丰富农村文化活动形式。形式多样、内容丰富的农村文化活动,既能营造良好的农村文化氛围,也能增加农民群众的获得感与幸福感。新时代,丰富和发展河北农村精神文化生活,保障农民的基本文化权益,要从发展乡土文化、构建农村公共文化服务体系、完善农村文化基础设施建设三方面开展工作。一要立足于河北省广大农民群众精神文化需求,发展丰富多彩的具有本地特色的乡土文化。农民的文化生活贫乏,越是偏远地区这种现象就越严重。保障农民的文化需求,就是维护了农民平等的文化权利。政府要发挥主导作用,以公共财政为支撑,以文化性事业单位为主力,以满足农民"求知、求乐、求富"的综合性文化需求为目的,在文化活动中融入更多的市场经济、现代农业技术等方面的知识,积极发展形式多样、内容丰富的农村文化。二要以广大农民群众为服务对象,构建起农村公共文化服务体系。开展多种形式的群众文化活动,农村文化活动要贴近农民、贴近生活、贴近实际。坚持业余自愿、形式多样、健康有益的原则。重点要发展农村特色文化,加强对农村优秀民族文化、民间资源的挖掘、整理和开发,结合地域和民族特色,努力培育地方特色农村文化品牌,做好民间传统文化、非物质文化遗产的保护和继承工作,利用各种节庆日、传统节日、农闲时间、乡村集市开展形式多样、特色鲜明的文艺演出、诗歌会、劳动技能比赛等文体活动。三要切实加强农村文化基础设施建设与维护,完善农村公共文化服务体系。努力提高广播电视"村村通"水平,做好送书下乡、电影放映、"文化信息资源共享"等工作,为农民群众提供更多更好的文化服务。深入开展群众性精神文明创建活动,繁荣文学艺术、新闻出版、广播电视,组织实施特色文化资源开发战略和文化精品工程,创作更多更好的适应群众需求的文化精品。大力发展民间文化,切实保护乡村乡土文化和民族文化艺术。大力发展文化产业,进一步加大政策扶持力度,放宽市场准入,努力为农民群众提供健康向上的文化产品和服务。

第八章　新时代河北省农村科教发展战略

　　科学和教育建设与思想道德建设一样，都是社会主义精神文明建设的重要组成部分。如果说，思想道德建设解决的是整个民族的精神支柱和精神动力问题，那么，教育与科学建设解决的就是整个民族的科学文化素质和现代化建设的智力支持问题。科学和教育建设与思想道德建设是社会主义精神文明建设中紧密联系、相辅相成、互相渗透、互相促进、不可分割的两个方面。发展科学和教育是提高社会主义精神文明建设的重要基础。科学和教育在社会主义精神文明建设中的基础性地位，主要是通过提高人们的思想道德觉悟来实现的。这种基础性作用主要表现在三个方面：一是科学和教育可以为人们提供先进的科学知识，为人们带来先进的思想文化，开拓人们的视野，从而为提高人们的思想道德觉悟奠定良好的基础。二是科学和教育可以为精神文明建设培养各方面的人才，提供各种设施和传播工具。特别是在当代，科学和教育的发展水平和规模直接影响着先进思想道德文化传播的广度和深度。三是科学和教育的发展还可以直接或间接地改变人们的思想方法和思维方式，帮助人们冲破旧的思想观念的束缚，形成符合时代需要的新的道德风尚。由此可见，发展科学和教育是社会主义精神文明建设的基础工程，加强河北省农村的社会主义精神文明建设，必须从大力发展科学和教育事业做起。

第一节　改革开放以来河北省农村科教发展的巨大成就

　　改革开放以来，河北省委、省政府坚持把教育和科学放在优先发展地位，坚定不移贯彻实施科教兴冀战略、人才强冀战略,教育和科学事业改革亮点多、突破大、成效好。特别值得强调的是,1986年,河北省委、省政府就印发了《河北省经济发展战略概要(草案)》,正式提出了"科技兴冀"战略。1995年,在党中央、国务院提出"科教兴国"战略之后,河北省的"科技兴冀"战略随之转化为"科教兴冀"战略。1999年,河北省委、省政府又颁布了《关于进一步落实"科教兴冀"战略的总体意见》,进一步明确了实施"科教兴冀"战略的总体思路、主要目标、主要任务与政策措施。2006年以后,"科教兴冀"战略在推动河北省经济社会发展的过程中又不断得到深化和完善。"科教兴冀"战略,既是推动河北省经济社会文化可持续发展的重大战略,也是进一步加强河北省精神文明建设的重大战略。"科教兴农"作为"科教兴冀"战略的重要组成部分,也是实现乡村振兴战略的重要支撑。党的十八大以来,河北省农村科教事业发展呈现出良好局面,科教农深度融合发展不断深入,成绩喜人。

一、农村科技水平显著提高

近年来,在星火计划、火炬计划等国家政策方针的指引下,河北省不断推动农村科技水平的发展,不断加大农业投入,兴修农田水利基础设施,大力发展农业机械,农业生产条件明显得以改善。

(一)农业科技发展迈出新步伐

改革开放前,河北农业生产"靠天吃饭"情况仍比较普遍。改革开放以来,从"科学技术是第一生产力"到"创新是引领发展的第一动力",从实施科教兴农战略到深入实施创新驱动发展战略,科技创新在农业生产中发挥出巨大的促进作用。2018年,全省农机总动力达7706.2万千瓦,比1975年增加6937.1万千瓦,年均增长5.5%。1952年,全省仅有大中型拖拉机34台,2018年达到28.0万台,增长8234.8倍,年均增长14.6%。机耕面积从1952年的2.1千公顷提高到5022.4千公顷;机播、机收面积分别达到6763.4千公顷和5825千公顷,占总播种面积比重比1975年分别提高78.6个和70.2个百分点;主要农作物耕种收机械化率达到 80.6%。①特别是党的十八大以来，全省以科技推动农业供给侧结构性改革，加快促进农业科技成果转化，为农业强、农民富、农村美提供了有力科技支撑。冀麦 418、衡观 35 节水绿色小麦、高油高蛋白大豆、高油酸花生、适机采棉花、"四光"葡萄、高产早熟板栗等一大批优良品种成功研发，果品保鲜、日光温室大棚、生物防治、生物农业废弃物综合利用、新型肥料等技术得到广泛推广。2018 年，全省农业科技贡献率达到 58.5%。科技创新平台建设取得新进展，国家级农业科技园区达到 15 家，居全国第 4 位；国家级星创天地 88 家，居全国第 5 位；省级农业科技小巨人企业 669 家。深入推进"一带一路"沿线国家农业科技合作，积极推进京津冀农业科技协同发展，区域协同发展成效更加明显。②

（二）农村科技服务体系日趋完善

1985 年，国家科委向国务院提出了促进地方经济振兴的"星火计划"。1986 年初，国务院批准实施这项计划。"星火计划"是党中央、国务院批准实施、面向农村经济主战场的指导性科技开发计划。这是我国国民经济计划和科学技术计划的一个重要组成部分，也是实施科教兴农的重要措施。"星火计划"坚持以市场化为导向，引导发展多元化的农村科技服务组织，逐步建立起多种服务主体并存的新型农村科技服务体系。在"星火计划"的支持下，河北省积极推行科技特派员制度和星火科技专家大院模式，使河北省农村科技服务体系日趋完善。自 2007 年河北省全面推行科技特派员制度以来，通过组队伍、育主体、建平台、抓服务，深入实施"三区"人才支持计划科技人员专项，组织科技特派员与贫困地区挂钩对接，不断将该项工作推深落实，取得了显著成效。截至 2018 年底，长期服务农村基层的科技特派员稳定在 1 万人，法人科技特派员达 300 多个，科技特派员工作站 891 个，实现了科技服务在 62 个贫困县、10 个深度贫困县的 206 个深度贫困村全覆盖。③截至 2019 年，河北省强化科技创新，搭建科技

---

① 《"三农"发展铸辉煌　乡村振兴绘新篇——新中国成立 70 周年河北经济社会发展成就系列报告之三》，河北省统计局网，http://tjj.hebei.gov.cn/hetj/ztbd/dsjtjkfr/xzgcl70zn/101566430500540.html。

② 《"三农"发展铸辉煌　乡村振兴绘新篇——新中国成立 70 周年河北经济社会发展成就系列报告之三》，河北省统计局网，http://tjj.hebei.gov.cn/hetj/ztbd/dsjtjkfr/xzgcl70zn/101566430500540.html。

③ 《万名科技特派员长期服务农村基层》，河北精准扶贫网，http://hbfp.hebei.com.cn/system/2019/10/22/100078235.shtml。

创新平台、加强新品种新技术研发、完善农业科技推广体系，农业科技贡献率达 58.5%，良种覆盖率达到98%，集成技术融合应用，提高了农产品品质。[①]为让农民真正掌握先进技术并应用于生产，河北省在职业农民培训、基层农技推广体系建设等方面持续发力，确保了技术进村入户到田。截至2019年5月，河北省在122个县（市、区）开展新型职业农民培育工程，针对不同层次、不同需求，围绕特色优势产业发展，重点实施现代青年农场主培养、新型农业经营主体带头人轮训计划，计划培育新型职业农民4万人以上，引领辐射带动农户推广应用科技增收致富。据不完全统计，全省累计培育新型职业农民20.7万人，初步建立起一支爱农业、懂技术、善经营的新型职业农民队伍。针对基层农技推广体制不顺、机制不活、职责不清的状况，河北省在全国率先推广建立了区域建站、县办县管的基层农技推广体系。截至2019年5月，河北省共设立基层公益性农技推广机构2580个，其中区域站1951个、乡镇站629个，加速了技术进村入户到田进程。2019年春以来，全省农业主推技术到位率达到95%以上。河北省还通过政府购买服务、定向补贴等方式，鼓励支持涉农高校、科研院所、新型农业经营主体参与农技推广服务。同时，加快农技推广服务信息化建设，积极探索互联网＋农业科技服务模式，建设了河北省农技推广云平台，通过配备终端、手机微信群、12316、农技推广App等方式，开展在线学习、互动交流、技术普及等活动。目前，全省农技推广云平台注册用户达4.3万人，建立益农信息服务社1.9万个，建设农业科技书屋5.1万个，拓展了农技服务范围，提高了服务针对性、便捷性和时效性。[②]

二、农村教育事业进步明显

改革开放以来，河北农村教育现代化不断发展，学前教育普及化，义务教育

---

　　①　《我省农业主推技术到位率95%以上》，河北新闻网，http://hbrb.hebnews.cn/pc/paper/c/201905/23/c135135.html。

　　②　《我省农业主推技术到位率95%以上》，河北新闻网，http://hbrb.hebnews.cn/pc/paper/c/201905/23/c135135.html。

均衡化、优质化,高中阶段教育普及化,社会教育终身化初见雏形,逐步形成以满足人民群众需求为导向,各级各类教育形成各具特色的区域共享优质教育资源平台。

(一)教育扶贫不断深入

治贫先治愚,扶贫先扶智。农村贫困地区的教育事业也在不断进步。河北省始终将教育扶贫列入重要工作内容,将教育扶贫放在心上、扛在肩上、落实在行动上,不断加大教育扶贫力度,多措并举、多策并施,努力让贫困地区每一个孩子不因贫困失学,让每一名农村孩子都能接受优质教育,筑牢了阻断贫困的代际传递。以平山县为例,2018年,平山县共发放1064万元助学金,惠及15186人次。同时,积极争取社会资助共计708万元,资助贫困大学生1120人次,实现了学生资助从学前教育到高等教育的全覆盖。另外,平山县还实施了县内高中免学费、免课本费政策,2018年投入879万元,基本实现了"县内上学不花钱"。[①]截至2020年,河北省已经建立起了覆盖全省的从学前到研究生的贫困学生资助体系。

(二)义务教育不断完善

从2019年秋季学期起,河北省扩大了义务教育"两免一补"政策享受范围,将义务教育阶段建档立卡,以及非建档立卡的家庭经济困难残疾学生、农村低保家庭学生、农村特困救助供养学生四类家庭经济困难的非寄宿生纳入生活补助范围。省内义务教育阶段建档立卡学生等四类家庭经济困难的非寄宿生将领到生活补助,标准为小学每生每年500元、初中每生每年625元。[②]同时,河北省还制定了《关于在全省农村小学生中实施营养改善计划地方试点的实施方案》,采取课间加餐模式,为103个县农村小学生提供一盒学生饮用牛奶、一个鸡蛋。[③]另外,为全面提升贫困人口受教育水平,河北省进一步健全完善了辍学学生行

---

① 《河北平山制定〈脱贫出列教育后续扶持发展实施方案〉》,国务院妇女儿童工作委员会网,https://www.nwccw.gov.cn/2019-04/12/content_248421.htm。

② 《河北:四类家庭经济困难非寄宿生将享受生活补助》,长城网, http://heb.hebei.com.cn/system/2019/05/22/019649331.shtml。

③ 《农村小学将实行课间加餐》,长城网,http://hbfp.hebei.com.cn/system/2019/06/28/019688533.shtml。

政督促复学机制、入学联控联保工作机制、控辍保学动态监测机制,县(市、区)长、县(市、区)教育局局长、乡(镇)长、村长(村主任)、校长、家长、师长(班主任)等"七长"控辍保学责任制落到实处。统计数据显示,目前河北省九年义务教育学生巩固率达到了97.21%,超过全国平均水平3个百分点。[①]乡村小规模学校和乡镇寄宿制学校是教育发展的"神经末梢"。自2014年以来,河北省着力推动乡村小规模学校和乡镇寄宿制学校建设。全省共投入义务教育薄弱学校改造资金262亿元,新建、改扩建校舍面积1026万平方米,累计购置生活设施、课桌凳、计算机和教学仪器设备2891万台(件、套),采购仪器设备价值67.7亿元。[②]2019年,河北省又安排省级专项资金5亿元、校舍安全保障机制资金14.6亿元,用于新建、改扩建乡村中小学校。[③]在合理规划的基础上,针对薄弱环节和关键领域不断补齐乡村薄弱学校办学条件短板,在经费投入等方面予以倾斜。同时,为优化乡村教师队伍结构,河北省着力拓宽教师补充渠道,通过制订乡村教师补充计划、扩大国家特岗教师计划、实施小学全科教师公费培养计划和乡村学校小学科教师补充计划,吸引优秀人才从教。自2016年以来,河北全省乡村学校补充教师6.1万名,其中音、体、美等小学科教师9700多名,从源头上缓解了乡村教师队伍结构性矛盾。与此同时,河北省通过多种举措,提升乡村教师能力,每年投入1.4亿元左右资金,开展教师培训计划以及困难地区农村校长素养提升工程,对贫困地区进行教育精准帮扶。[④]以支教为例,河北省推进实施了"三个计划",即"三区"支教计划、优秀退休教师乡村支教讲学计划和"老校长下乡"计划。自2013年以来,每年从中心城区选派近1000名优秀在职教师到省内国家级、省级扶贫开发工作重点县支教,除担任教学任务外,通过集体备课、

---

① 《河北省九年义务教育巩固率达到97.60%》,人民网,http://he.people.com.cn/n2/2021/0124/c192235-34544036.html。

② 《河北:交出教育扶贫亮眼成绩单》,光明教育网,http://edu.gmw.cn/2019-12/02/content_33365456.htm。

③ 《河北:交出教育扶贫亮眼成绩单》,光明教育网,http://edu.gmw.cn/2019-12/02/content_33365456.htm。

④ 《河北:交出教育扶贫亮眼成绩单》,光明教育网,http://edu.gmw.cn/2019-12/02/content_33365456.htm。

举办讲座、开设公开课等多种形式,培训当地教师以提高教育教学水平,同时组建特级教师讲学团,每年利用两个月时间赴贫困地区送教下乡;从2018年开始,每年选聘100名退休高级教师到省内国家级、省级扶贫开发工作重点县的乡村学校支教,引领、指导乡村教师成长;2019年起由石家庄、唐山等6市,组建20支教团队赴全省10个深度贫困县农村学校支教。为了让孩子在家门口上好学,河北省还因地制宜,加快优质教育资源共享。位于太行深山区的阜平县与百年名校保师附校签约,阜平县龙泉关学校、白河学校、阜东小学成为保师附校的分校,各校的执行校长、骨干教师均由保师附校直接选派。①

(三)职业教育不断发展

职业教育是帮扶贫困人口脱贫致富最直接、最见效的手段和渠道,"职教一人,就业一人,脱贫一户"。对于农村职业教育的发展,河北省扎实推进雨露计划,建立了相应的补助标准。补助标准为:农村贫困家庭新成长劳动力接受中、高等职业教育,在享受国家职业教育资助政策的同时,每生每学年补助3000元,分秋季学期、春季学期两期发放,每学期1500元。在脱贫攻坚期,对符合条件的实现应补尽补、直补到户。②2019年,河北省人民政府印发《河北省职业教育改革发展实施方案》,进一步明确职业教育在脱贫攻坚方面的目标、任务和路线图,提出要大力提高中等职业教育发展水平,实施中等职业学校标准化建设工程,整体提升学校基本办学条件,到2022年全部达到国家相应标准,实施中等职业教育质量提升工程,持续支持发展水平相对较高的120所学校率先发展,继续实施高等职业教育创新发展行动计划,重点建设25所省级以上优质高等职业院校、120个骨干专业(群)、40个校企共建的生产性实训基地、20个"双师型"教师培养培训基地、20个省级应用技术协同创新中心,整体提升高等职业教育发展水平,继续实施高水平高等职业院校和专业(群)建设计划,重点培育建设4所引领改革、带动发展、中国特色、世界水平的高水平高等职业院校和30个紧

---

① 《河北:交出教育扶贫亮眼成绩单》,光明教育网,http://edu.gmw.cn/2019-12/02/content_33365456.htm。

② 《河北:贫困家庭子女接受职业教育,每学年补助3000元》,长城网,https://news.sina.com.cn/o/2020-05-15/doc-iirczymk1810226.shtml。

贴产业发展、校企深度合作、社会认可度高的高水平专业（群），打造高等职业教育发展高地。①河北省职业教育发展"四大工程计划"和"三十条任务举措"内容翔实，目标明确。新型职业农民培养工作主要面向年龄在18至55周岁的农村务农人员，包括有适度生产经营规模基础的种养大户、家庭农场经营者、农民合作社骨干、返乡创业大学生、中高职毕业生、返乡农民工和退伍军人等。2016年，河北省进行新型职业农民培养试点，确定了河北商贸学校等20所试点学校，并"计划到2022年，涉农职业院校与农业产业对接率达到100%，培养新型职业农民2.5万名"②。现在，在河北省一大批农村专业技术人才和农业致富带头人正在形成规模。

此外，党的十八大以来，河北省农村基础设施也得到了显著改善。截至2017年末，全省48671个行政村全部实现通电，93.5%以上的行政村用上了自来水，96.2%以上的行政村接通了宽带，84.3%以上的行政村安装了有线电视，这些网络设施建设为农村网络教育的发展提供了便利的条件。81.5%以上的行政村开通了公共交通，91.09%的乡镇有图书馆、文化站；98.41%的乡镇有幼儿园、托儿所，99.54%的乡镇有小学；31.4%的村有幼儿园、托儿所。③

第二节　当前河北省农村科教发展存在的主要问题

改革开放以来，在河北省委、省政府的领导下，在全省各相关部门的大力支持下，河北省农村科教事业的发展取得了巨大的成就。这是非常值得肯定和鼓励的。与此同时，与先进省份相比，与新时代河北广大农民群众对科教事业发展的需要相比，还存在一定差距。河北省农村科教事业的发展还存在一些亟待解决的问题。

---

① 《河北省职业教育改革发展实施方案》，河北省职业技术教育研究所网，http://hbszjs.hebtu.edu.cn/a/2019/03/15/20190315576.html。

② 《河北：交出教育扶贫亮眼成绩单》，光明教育网，http://edu.gmw.cn/2019-12/02/content_33365456.htm。

③ 《农村改革波澜壮阔　乡村振兴续写辉煌——改革开放40年河北经济社会发展成就系列报告之三》，河北省统计局网，http://www.hetj.gov.cn/hetj/ztbd/gg40n/101539740071369.html。

一、农技推广体系有待进一步完善

当前，河北省农村科技服务体系已经日趋完善，但是在发展中依然存在一些弊端和问题，这些问题主要表现在以下几个方面。

（一）农业技术推广的专门性法律法规不健全

当前，由于河北省还缺乏与农业技术推广相配套的完善的经济、产业、税收等政策，从而影响和制约了农业技术的推广与创新能力的发展。与此同时，河北省知识产权保护制度及制约机制的不完善，也抑制了农技推广人员工作的积极性、主动性和创造性的发挥。此外，法律法规不健全，农资商品市场的秩序缺少有效的规范，假冒伪劣的农资物品坑农害农事件时有发生，导致了农民运用新科技、新设施具有较大的风险性。

（二）农业技术推广投入不足

先进农业技术推广，从渠道上来看，一般分为政府投入和市场运作两个方面。从河北省农业技术推广的市场化运作来看，资本性投入不足、效率不高、规模不大、影响范围有限。从政府投入的角度来看，农业技术的推广总体上具有公益性。先进农业技术的公益性推广取决于政府财力的投入情况。河北省公益性农技推广工作所需经费主要来源于政府部门的农技推广项目的资金支持。由于农技推广项目数量不足，支持资金相对偏少，一方面，农技推广工作难以有效开展；另一方面，对于以经营创收为目的的农技推广部门来说，其积极性也难以调动。

（三）基层农技推广人员素质不高

一方面，基层农业技术推广人员数量不足、学历偏低、素质不高，独立开展工作的能力不强。其中，乡镇农技站工作人员不仅学历层次低，而且数量严重不足。另一方面，基层农技人员知识老化，参加进修培训的机会少，外出考察学习的机会更少，视野受限，不能为广大农民群众提供高效的服务。

此外，河北省在农技推广方面还存在一些其他问题。比如，动植物防疫检疫、动植物病虫害的测报和防治、农产品的监测、农民培训等公益职能的弱化；承担的职能与相应的支持不相适应；农技的推广与农业发展的需求不匹配，很多地方的推广工作还局限在生产中服务，且服务水平距农产品生产的优质化、产业化的要求差距较大；推广机构的设置不够合理，运行机制、管理体制不完善，不同形式、不同所有制的推广服务组织之间缺少联系；非政府的社会力量举办的农技服务组织发育滞后，其与国家推广机构的共同发展、优势互补的运行机制尚不健全。

二、农村义务教育质量亟待进一步提升

当前，河北省农村义务教育发展中的问题依然不少。当前存在的主要问题：一是办学条件有待进一步改善。全省小学、普通中学、职业中学校舍危房主要集中于农村。农村中小学体育设施缺乏、图书资料不足、教学仪器设备短缺等问题依然存在。二是师资队伍建设亟待加强。农村中小学中体育、音乐、美术等专业教师匮乏，在很大程度上制约了素质教育的全面推进。农村优秀教师出于收入待遇等多方面的考虑，向城市和民办学校流动的趋势不断增强，已经影响到农村中小学师资队伍的稳定和教学质量的提高。三是部分县（市）农村儿童辍学问题仍未根本解决。由于财力等方面的制约，当前河北省对农村义务教育阶段贫困生的资助尚未能够实现全覆盖，因贫辍学问题在部分地区的部分家庭依然存在。同时，高中阶段学习费用和大学阶段高昂的学习费用，对于大多数农民家庭而言，是一笔巨款，导致部分家庭长期负债，这也在一定程度上影响了部分家庭支持子女就学的积极性，从而影响到义务教育阶段部分学生就学的稳定性。如果没有好教师，乡村就没有好教育。然而，长期以来乡村教师不仅在工资待遇方面比不上城市教师，而且在职称评聘等很多方面都存在不小差距。所以乡村教师的流动性非常大，教师频繁调动，长此以往不利于农村义务教育的发展。

三、农村学前教育基础薄弱

改革开放以来，河北省学前教育事业快速发展，资源持续扩大，普及程度大

幅提高,教师队伍不断加强,管理制度进一步完善,"入园难"问题得到有效缓解。与此同时,我们还必须看到,学前教育仍是河北省农村各级各类教育中的"短板"。其主要表现:一是普惠性教育资源严重不足。截至2016年末,在河北农村地区,有幼儿园、托儿所的村占全部村的比重仅为31.4%[1],幼儿园数量不足、布局不合理,农村的学前教育基础相对于城市来说,还是十分薄弱的。二是农村学前教育教师薪资水平偏低,职业吸引力不强,政策保障体系不完善,教师数量不足。2016年,在广大农村地区,在编的学前教育教师薪资水平(包括奖励绩效和各类补贴)大多不足2000元,而不在编的学前教育教师薪资水平大多只有1000多元。2017年,由河北省教育厅、发改委、财政厅、人社厅、住建厅研究联合制定的《河北省第三期学前教育行动计划(2017—2020年)》提出了"到2020年,对于公办幼儿园、乡镇中心幼儿园、农村小学附设幼儿园、村幼儿园中经相关部门考核认定的非在编幼儿教师,其工资应当达到当地幼儿园在编幼儿教师平均工资的80%以上"的建设目标。[2]薪资水平偏低,工作强度大,职业吸引力就不强。较低的薪资水平,不仅使农村幼儿园很难招聘到素质较高的教师,而且也使在编的教师难以产生工作的积极性和上进心,同时还造成了师资队伍的不稳定,流动性大。在很多农村地区,由于招聘不到高素质的幼儿教师,绝大多数幼儿教师,或是从小学教师转化而来的(没有进行过专业学习和训练),或者是村中的初高中毕业生(由于种种原因未能进城打工),他们不仅没有基本的学前教育专业知识,甚至连基本的教育教学观念都不具备,更何谈教师资格证。由于这些幼儿教师没有经过系统的幼儿教育学、心理学学习和训练,因而在教育幼儿、组织幼儿活动时,都是凭感觉经验,而不考虑幼儿的身心发展特点,存在着幼儿教育"小学化"的倾向。同时,由于师资数量不足,在许多乡村,师幼比都超过了1∶20。师资水平不高、劳动强度大、师幼比奇高已经成为严重影响农村学前教育健康发展的最重要因素。

---

① 《农村改革波澜壮阔　乡村振兴续写辉煌——改革开放40年河北经济社会发展成就系列报告之三》,河北省统计局网,http://www.hetj.gov.cn/cms/preview/hetj/ztbd/gg40n/101539740071369.html。

② 《河北省教育厅等五部门印发〈河北省第三期学前教育行动计划(2017—2020年)〉》,河北新闻网,http://hebei.hebnews.cn/2017-09/13/content_6620375.htm。

第三节 新时代河北省农村科教发展的战略措施

农村科教事业的发展是一项系统性工程,不仅需要长期建设、久久为功,而且还必须要保证人力、物力、财力有机结合,需要政府和农民的合力。伴随着中国特色社会主义进入新时代,河北省农村科教事业的发展也面临着前所未有的大好机遇和挑战。因此,为了抓住机遇,迎接挑战,推动河北省科教事业实现跨越式发展,就必须要以习近平新时代中国特色社会主义思想为指导,以实施乡村振兴战略为契机,从河北省科教事业发展的实际出发,针对存在的主要问题,群策群力,从战略的高度加以统筹谋划。

一、将科技振兴作为乡村振兴的根本性战略

乡村振兴战略的实施离不开农村科教事业的发展。发展科教事业,就是全面落实科学技术是第一生产力的思想,坚持教育为本,把科技和教育摆在农业和农村经济发展的重要位置,增强农村的科技实力及向生产力转化的能力,提高农民的科学文化素质,把农业和农村经济建设转到依靠科技进步和提高农民素质上来。乡村振兴战略是我国农业和农村经济发展的重大战略,是改变我国农业增长方式,促进传统农业向现代农业转化的根本战略。只要将科技振兴作为乡村振兴的根本性战略,才能推动乡村振兴更好更快地实现。在农村资源短缺、技术落后的条件下,河北省要推进农村科教发展的步伐,关键要依靠科学技术的进步。这就要求我们必须要因地制宜地制订河北省农村科教发展中长期规划,进一步完善河北省的农业技术推广体系,继续推进科技特派员制度。

(一)因地制宜制订河北省农村科教发展中长期规划

乡村振兴,科教为本。科技和教育是民族振兴的根本、社会进步的基石,是提高全民素质、实现人的全面发展的根本途径。大力发展农业科学、大办农村教育,既是贯彻落实党中央、国务院提出的乡村振兴战略的必然要求,也是解决

新时代农村社会主要矛盾,满足广大农民群众日益增长的美好生活需要的根本保障。河北省历来高度重视科学和教育的发展。特别是改革开放以来,河北省委、省政府始终把"三农"工作摆在重中之重的位置,采取了一系列重大改革措施,大力发展农业科学和农村教育,持续加大对农业农村的支持力度,不断提升农业生产的科技含量,全省农业综合生产能力明显提升,农村经济整体实力显著增强,呈现出了农业稳定增长、农民持续增收、农村面貌改善的良好局面。与此同时,我们还需要清醒地认识到,河北省的农业科学和农村教育的发展,与先进省份相比,还有一定的差距。这主要是:企业尚未真正成为农业科技创新的主体;农业科技发展力量分散、缺乏有效整合,整体运行效率不高;对农业科技发展投入不足;激励优秀人才到农村创新创业机制不够完善;农村教育体系不健全、教育质量不高、农村职业教育开展不充分。因此,在新时代,进一步加快河北省农业和农村现代化建设,就必须要因地制宜地制订河北省农村科教发展的中长期规划,大力发展农业科学和农村教育。

一要充分认识农业科技和农村教育在乡村振兴中的基础性作用,把发展农业科技和农村教育摆在更加重要的优先发展的战略地位,要切实保障在经济社会发展规划中优先安排农业科技和农村教育的发展,财政资金要优先保障农业科技和农村教育的投入,公共资源要优先满足农业科技和农村教育人力资源开发需要。发展农业科技重在科技人才。要把培养和凝聚各类农业科技人才,特别是优秀拔尖人才,充分调动广大农业科技人员的积极性和创造性,作为发展农业科技的首要任务,为农业科技的发展创造良好的环境和条件。科技人才的培养在于教育。必须要通过创新农业科技人才的培养体制、办学体制、教育管理体制,改革教学内容、方法和手段,改革教育质量评价体系,为农村教育事业的持续健康发展提供强大动力。

二要针对农村发展过程中存在的主要问题,在以高新技术带动常规农业技术升级、延长农业产业链带动农业产业化水平和农业综合效益的全面提高、综合开发农林生态技术、积极发展工厂化农业、省高质量高水平普及学前到高中阶段教育、义务教育均衡发展、完善现代职业教育体系、发展壮大职业教育等方面下功夫,进一步明确农村科教发展的总体思路;要紧紧抓住河北省农业科技和农村教育发展的重大问题，突出基础和前沿，充分发挥制度优势，集中力量办大事，作为重大工程，实行重大专项，开展攻关；支持和鼓励企业成为农业科技创新的主体，鼓励社会力量办学，鼓励和推动高校、科研院所与企业全面合作；进一步加快产学研平台建设；等等。

三要充分发挥政府和市场的优势，千方百计增加科教发展投入。推进乡村振兴需要政府、市场、社会和农民多方形成合力，各方在其中承担的任务不同，政府主导顶层设计，市场有效配置资源，社会各界合力帮扶，增加科教发展投入，实现科教投入的多元化供给。首先，立足河北农村实际，发展农业科技和农村教育，必须坚持以政府为主导，充分发挥政府的优势。其次，还要充分发挥市场的优势，通过政策引导，利用市场机制将资源优先配置到农村这个薄弱环节中去，为农村科教事业提供广阔的发展空间。这就要求政府必须转变职能、简政放权、放宽准入、鼓励竞争，坚持市场化的改革方向，将政府与市场两个作用都充分发挥出来，才能为乡村振兴注入持久的动力和活力，乡村振兴战略才能行稳致远。

四要制订农村科教发展中长期规划，必须要从河北省农村实际出发，依据地方特色优势，因地制宜，做到规划先行、突出重点、分类施策、典型引路，既尽力而为，又量力而行，不搞形式主义，不搞一刀切，久久为功，扎实推进。

（二）完善农业技术推广体系

从农业发展的实际和趋势来看，科学技术在农业和农村经济发展中的作用日益凸显，已经成为解决我国"三农"问题的关键所在。从农业科技发展的现状来看，虽然我国与一些农业发达国家还有一定的差距，但经过长期努力，在许多方面已经取得了大量科研成果。值得注意的是，我国农业科技成果的市场转化率还只有40%左右，远远低于农业发达国家的70%左右。农业科技成果的市场转化率偏低，不仅对于农业科技的研究者来说是一种积极性的消解，而且也严重地影响到了我国现代农业的发展与国际竞争力，成为制约我国农业发展的一个重要影响因素。造成我国农业科技成果的市场转化率低的原因虽是多方面的，但农业技术推广体系的不完善，是其中非常重要的一个影响因素。因此，只有进一步完善农业技术推广体系，才能加速我国农业科技成果的转化，使之成为现实的农业生产力,提升我国农业生产的现代化水平,增强我国农业的国际竞争力,助力乡村振兴。农业技术推广涉及人、财、物等各个方面,是一项系统工程。完善农业技术推广体系,必须要加强顶层设计,统筹规划。

一要高度重视农技推广体系的建设工作,加强对农业技术推广体系工作的领导。各级党委、政府都要充分认识到科技对农业和农村发展的支撑、保障作用,认真落实国家出台的相关政策,要把完善农业技术推广体系工作纳入"三农"工作的主要议事日程,要强化农业技术推广体系工作的组织领导,主要领导要亲自抓,要及时研究解决农业技术推广体系工作中的重大问题,要认真制订工作规划和进一步推进的详细方案,确定阶段性的农业技术推广重点任务,精心组织实施,各有关方面要分工负责,密切配合,做好机构编制、人员安置、财政保障、基建投入、科技项目支持等工作,确保农业技术推广体系工作有计划、有步骤地稳步推进。

二要完善投入支持机制,加强农业技术推广体系建设的基础设施建设,改善农业技术推广条件,要将对公益性推广机构履行职能所需经费纳入财政预算,采取有效的措施,切实保障对农业技术推广体系建设的财政投入,对重大农业技术项目推广和经济欠发达地区的推广工作给予适当补助,对重大农业科技成果转化给予支持,鼓励和支持各类农业技术推广组织、人员自主创业,引导鼓励各方面力量增加农业科技投入,持续加大对农业技术推广体系建设的支持力度。

三要积极探索农业科研、教育单位发挥主体作用的有效形式,大力促进农业技术推广的社会化服务组织发展,以项目为载体,建立农业科技示范园(基地),鼓励和支持农业科研单位、教育机构、涉农企业、农业产业化经营组织、农民合作经济组织、中介组织以及科教人员深入农业生产第一线,直接参与农业技术推广服务,积极探索农业科技大集、科技示范场、技物结合的连锁经营、多种形式的技术承包等推广形式。

四要在招聘高素质的农业技术推广人才、为高素质的农技推广人才下沉到农业生产一线创造条件的基础上,进一步制订和实施中长期、短期培训规划,通过与大专院校的合作、线下与线上培训相结合的方式,加强对农业技术推广人员的技术培训,提高农业技术推广人员的专业素质。

(三) 继续深入推进科技特派员制度

科技特派员制度是1999年福建省南平市党委和政府为探索解决新时期"三农"问题,在科技干部交流制度的基础上进行了创新。2016年,国务院办公厅印发《关于深入推行科技特派员制度的若干意见》,对科技特派员工作做出制度安排。2019年,习近平总书记对科技特派员制度推行20周年做出重要指示,他强调"创新是乡村全面振兴的重要支撑。要坚持把科技特派员制度作为科技创新人才服务乡村振兴的重要工作进一步抓实抓好。广大科技特派员要秉持初心,在科技助力脱贫攻坚和乡村振兴中不断作出新的更大的贡献"①。20多年来,科技特派员制度坚持以服务"三农"为出发点和落脚点、以科技人才为主体、以科技成果为纽带,在推动乡村振兴发展、助力打赢脱贫攻坚战中取得显著成效,极大地促进了农村的科教事业进步。当前,河北省要紧紧围绕创新驱动发展、乡村振兴和脱贫攻坚,进一步完善制度体系和政策环境,继续深入推进科技特派员制度。一要创新科技特派员选任方式,注重从高校、科研院所、涉农企业、职业学校、专业合作社等经营实体中,乡贤、离退休人员中选派科技特派员,进一步发展壮大科技特派员队伍。同时,也要注重引导大学生、返乡农民工、退伍转业军人等积极参与到农村科技创业中来。二要完善科技特派员选派政策,充分调动各方面的积极性。对于高校、科研院所、职业学校、涉农企业选派的农业科技特派员,要保留其原单位人事关系、工资福利、岗位、编制,并在职务职称晋升方面给予优先考虑。三要支持和鼓励科技特派员实现科技成果转化,以技术入股等形式领办或创办各类经济实体和科技服务组织,培育特色产业,加大对国家农业科技成果转化的支持力度,让广大科技特派员把论文写在广袤的乡村大地上。四要完善相关配套制度和公共服务的支撑,加强农业产业科技创新中心建设和县级产学研用平台建设,为科技特派员充分发挥作用创造良好的平台条件。

---

① 《坚持人才下沉科技下乡服务"三农" 用科技助力脱贫攻坚和乡村振兴》,光明网,https://news.gmw.cn/2019-10/22/content_33252003.htm。

二、进一步推进农科教结合、产学研深度融合

党的十九届四中全会提出要"建立以企业为主体、市场为导向、产学研深度融合的技术创新体系"。产学研深度融合是"企业、高校、科研机构以创新资源共享、优势互补为基础,以合作研发、利益共享、风险共担为原则,组合形成一段时期的利益共同体,共同开展科技创新、推进成果转化"①。在新时代,推进农科教结合、产学研深度融合不仅是大势所趋,而且也是农村科教事业发展的最终落脚点。

推进农科教结合、产学研深度融合,政府不能只是参与者、服务者,更应该是引导者、推动者。对于农业农村发展亟须解决的重大科技问题,不能单纯地依靠市场机制来撬动,还需要通过政府加大投入、发挥集中力量办大事的制度优势来攻坚克难。涉农企业在推动产学研深度融合过程中发挥着开发、转化、应用和推广的作用。高校与科研机构应当面向农业生产的第一线,瞄准产业发展的实际需要,开展课题研究。通过深化政府、涉农企业、高校和科研院所在产学研方面的深度合作,以重大项目搭建起三方合作的桥梁,带动农业和农村的产业化发展。由此可见,推进产学研深度融合,对政府、涉农企业、高校与科研院所都提出了更高的要求。

实现农科教结合、产学研深度融合,必须建立和完善产学研深度融合的机制体制。首先,要按照"政府引导、市场主导、专业运作"模式,建立和完善产学研深度融合的运行机制,在政府、涉农企业、高校与科研机构之间形成促进产学研深度融合的政策合力和相应的资金支持。其次,要鼓励和支持科研人员与涉农企业建立深层次的长期合作关系,聚焦农业产业化,根据农业产业化发展的实际需求,精准承担农技研发项目,着力形成以市场需求为导向、以企业为主体、高校及科研机构发挥主动性的长效机制,大力推动科研成果向现实生产力的转化。

实现农科教结合、产学研深度融合,需要搭建产学研深度融合服务平台。

---

① 张力:《从产学研协同创新到深度融合的趋势分析》,《中国教育报》2020年4月16日。

通过这一服务平台,打破部门、区域、单位和学科界限,实现实体合作、资源共享、联合攻关、投资融资一体,加强合作,资源整合,提高效率,在病虫害与自然灾害的综合防治、农产品加工及综合利用、农业生态环境保护等有重大影响的关键技术领域力求取得重大突破,依托农业技术示范园区和县、乡两级扩繁基地,大力推广农业科技成果的应用。

实现农科教结合、产学研深度融合,还需要依托科技计划项目、重点实验室、产业技术体系、农业科技创新联盟等,大力培养植根农业产业、服务农村的领军人才、青年人才、创新团队及涉农企业人才,进一步加强农业科技队伍建设,培养现代职业农业技术工人。

三、健全农村教育体系

2020年2月5日,中央一号文件《中共中央 国务院关于抓好"三农"领域重点工作确保如期实现全面小康的意见》发布,这是21世纪以来第17个指导"三农"工作的一号文件。文件指出:"提高农村教育质量。……加强乡村教师队伍建设,全面推行义务教育阶段教师'县管校聘',有计划安排县城学校教师到乡村支教。"建设教育强国是中华民族伟大复兴的基础工程,河北省农村科教事业的发展必须把教育事业放在优先位置,坚持立德树人作为教育的根本任务。

科技必须以教育为基础,靠教育来传播。从广义上说,教育远不止是正规的学校教育,它包括一个人在智力上、道德上以及精神上成长过程中的一切活动。任何有益于个人成长及其潜能开发的行为,都应视为教育起作用的行为。教育是使人与人变得不同的根本所在。教育是人类进步、重塑、整合的一个过程。教育是知识创新、传播和应用的主要地,也是培育创新精神和创新人才的摇篮。无论是在培养高素质的劳动者和专业人才方面,还是在提高创新能力和知识、技术创新成果以及增强民族凝聚力方面,教育都具有独特的重要意义。教育是经济发展的基础性因素,教育具有把知识形态的生产力转变为物质生产力的功能,科学技术作为知识形态的生产力,它只有和掌握一定科学知识、具有一定生产经验和劳动技能的劳动者相结合,才能形成现实的生产力。并且只有通过教育,不断启发人们的聪明才智,才能为提高劳动熟练程度,提高生产管理水平和掌握新的科学技术并应用于生产打下良好的基础。因此可以说,教育是科技之源,是推动经济社会发展的强大动力。

(一) 提高农村义务教育质量

目前,河北省普及九年义务教育的总体水平不高,基础还很薄弱。有些地区还未实现"普九",已经"普九"的广大农村地区工作基础也相当薄弱。部分农村中小学辍学率居高不下,巩固提高任务十分繁重。在我国,财政拨款应是该阶段教育经费的主要来源,要继续加大财政对义务教育阶段的经费投入,尽快全面普及九年义务教育,提高义务教育质量。要确保农村教职工工资及时足额发放、确保学校公用经费支出、确保危房改造和学校建设必要的投入。河北省政府应均衡辖区内各县财力,逐县核定并加大对财政困难县的转移支付力度,县级政府要增加对义务教育的投入,将农村义务教育经费全额纳入预算,依法向同级人大或其常委会专题报告,并接受其监督和检查;乡镇政府要积极筹措资金,改善农村中小学办学条件。在高等学校实施资助家庭经济困难尤其是农村困难学生的政策,以助学贷款为主,并采取奖学金、勤工助学、特殊困难补助、学费减免等措施,努力做到不让农村学生因家庭困难而失去受教育的机会。全面提高义务教育质量,还要坚持深化教育教学改革。全面贯彻党的教育方针,落实立德树人根本任务,树立德育为先、全面发展、面向全体、知行合一的教育质量观念,遵循教育规律,围绕凝聚人心、完善人格、开发人力、培育人才、造福人民的工作目标,发展素质教育,构建德智体美劳全面培养体系,着力在坚定理想信念、厚植爱国主义情怀、加强品德修养、增长知识见识、培养奋斗精神、增强综合素质上下功夫,促进学生健康成长。

(二) 完善农村职业教育体系

对于广大的农民群众来说,应通过大办各级各类职业技术学校,广泛开办各级各类职业技术院校。吸收他们学习和掌握一门或几门生产技术与管理、服务方面的技能。广泛开展各类培训,建设一批产业人才培养培训基地;服务乡村振兴战略,大力开展新型职业农民等在乡从业人员技术技能培训。深化产教融合、校企合作,育训结合,构建多元办学格局。要根据市场的需要和可能,采取多种形式积极发展高等教育,特别是高等职业教育,扩大现有普通高校和成人高校的招生规模,尽可能地满足人民群众接受高等教育的要求。政府可以鼓励开办民办高校,作为现有高校的补充,使技能类别更加多元化、丰富化,满足社会的需求。以多种形式办学,能切实加大对教育的投入;同时,要提高办学效益,提高经费使用效率。学校要优化教育资源配置,校际可实行资源共享。扎实推进职业教育精准扶贫,落实贫困家庭学生资助政策,完善学校资助补充体系,遴选一批城市优质中等职业学校,精准面向全省农村建档立卡贫困家庭招生,建立覆盖全省扶贫开发重点县的职业教育对口帮扶机制。河北省是个人口大省,全日制住校生的规模受到经费的限制。目前网络教育可以使学生就近入学,这种办法在一定程度上能缓解经费问题。要以远程教育网络为依托,形成覆盖全国城乡的开放教育系统,为各类社会成员提供多层次、多样化的教育服务。向广大农村群众提供不断学习和充实自己的机会,提供更多的知识和信息,提供各种技能培训,使人们从再教育、再学习中以新的面貌投入社会主义新农村事业的建设之中。比如,钉钉、QQ、YY等社交软件已经成为教育传播的媒体中介,河北省还可以继续推广网络教育平台,联合高校和科研单位,提供更为丰富的专业课程,打破距离的限制。也就是说,无论你在任何偏僻的地方,只要有网络,都可以接受最好的教育。完备的网络教育将不受时间、地点限制,每个人可以根据自己的需要随时随地学习,农民群众可以直接通过手机、电脑在家学习,接触更多的教育资源。

(三) 建立终身学习教育机制

河北农村科教事业要着眼于长远的发展,就要逐步建立和完善有利于终身学习的教育制度。终身学习是当今社会发展的必然趋势,学习已成为终身性行为,适应社会发展,建立终身学习教育机制显得尤为重要。对于广大的农民群众除重视正常的学历教育外,还要推进非学历教育、继续教育、职业技术培训教育等多种形式的教育机制。教育制度应为继续教育提供方便,要加强基础教育、职业教育、成人教育和高等教育之间的衔接与沟通,为广大的农民群众提供多种多样受教育的机会。河北省要建立终身学习教育机制,加快劳动者知识更新。继续加强以岗位培训和实用技术培训为重点的成人教育;增强职业培训的针对性、实用性和先进性；强化继续教育制度，把它纳入法制化和制度化轨道；加强多种类别就业培训，打造区域性劳务品牌，转移农村剩余劳动力，形成地区性的劳务产业。

（四）完善农村学前教育体制机制

办好学前教育，实现幼有所育，是党和政府为老百姓办实事的重大民生工程，关系亿万儿童健康成长，关系社会和谐稳定，关系党和国家事业未来。河北省政府要从全局的高度，充分认识推进新时代学前教育深化改革规范发展的重要性和紧迫性，大力推进学前教育发展，尤其是农村学前教育的发展，不断提高学前教育质量和管理水平，增强农民群众的获得感和幸福感。

一是科学规划布局学前教育。河北省各级政府要充分考虑农村地区人口的发展趋势，科学规划布局，结合实施乡村振兴战略，预测入园需求和供需缺口，制订应对学前教育需求方案。以发展公办园和普惠性民办园为主体，着力解决农村地区幼儿园数量不足、布局不合理问题，重点考虑贫困农村需求变化。各级政府要把教育部门列入城乡规划委员会，把普惠性幼儿园建设纳入农村公共服务规划，列入本地区控制性详细规划，选定具体位置，明确服务范围，确定建设规模，按国家有关规定保障建设用地，确保优先建设。学前教育规划要与本地城乡总体规划相衔接，因地制宜地采取措施，以县为单位科学编制2019—2022年幼儿园布局专项规划，合理确定幼儿园发展数量和区域布局，切实做到"一县一方案"。将农村地区幼儿园作为新农村公共服务设施进行统一规划、优先建设，完善县、乡、村三级学前教育公共服务网络。探索适龄幼儿分区划片入园，逐步实现适龄幼儿就近入园、方便入园。有条件的幼儿园应当接收具有接受普通教育能力的残疾学龄前儿童入园，弥补农村特殊教育学龄前儿童的教育短板。

二是调整学前教育办园结构。河北省农村的学前教育事业应以发展普惠性学前教育为重点任务，结合各地区实际情况，努力将幼儿园办园结构调整到相对合理水平。要坚持公办民办并举，着力构建以普惠性资源为主体的学前教育办园体系。大力发展公办园，充分发挥公办园保基本、兜底线、引领方向、平抑收费的主渠道作用。

三是完善学前教师培养体系。河北省各级政府应根据基本普及学前教育目标，制订学前教育专业培养规划，扩大本专科层次培养规模及学前教育专业公费师范生招生规模，逐步取消中等学历层次学前教育专业培养模式。大力支持师范类院校设立并办好学前教育专业。

四是提高学前教育质量。各级地方可以通过人事制度改革，平衡幼教师资配比，建立合理的教师流动机制；按照长期培训与短期培训相结合、学前教育理论与农村实际相结合的原则，对现行师资队伍开展多形式、多层次、多渠道的培训。

第九章　新时代河北省农村思想道德建设发展战略

思想道德建设是社会主义精神文明建设的重要内容,也是社会主义精神文明建设的中心环节,这是由我国社会主义社会性质决定的。思想道德建设在社会主义精神文明建设中的这种基础性地位体现在它可以为我们整个民族树立起坚实的精神支柱,为我国的社会主义现代化建设提供强大的精神动力。在新时代,加强农村的社会主义精神文明建设,必须要把思想道德建设作为一项中心工作抓紧抓好。

第一节　农村思想道德建设的重大意义与新时代的要求

一、新时代农村思想道德建设的重大意义

思想道德建设是精神文明建设的灵魂,决定着精神文明建设的性质和方向,对社会的经济政治发展具有巨大的能动作用。加强农村思想道德建设,对于提高农民的思想道德素质和思想觉悟,构建和谐的人际关系,维护农村社会稳定,促进农村社会风气的健康发展,都具有重要的意义。

（一）有助于强化主流意识形态的引领

改革开放以来,我国农村经济社会发展迅速,广大农民群众的物质生活水平有了显著提高,思想观念也发生了很大的变化。在这一过程中,随着以家庭承包经营为基础、统分结合的双层经营体制的实行,长期以来在农村中形成的

以集体主义为核心的思想观念在不少地方逐步为个人主义所取代,在国家、集体、个人利益的关系上出现了国家和集体利益淡漠、个人利益至上的倾向。而在经济体制从计划经济转向市场经济的同时,市场经济所带来的与之相适应的思想文化的影响也日渐深入。市场经济强调竞争,讲求效率,奉行优胜劣汰的运行模式,扩大了人们的视野,改变了农村社会长期以来的因循保守状况,调动了广大农民群众生产的积极性、主动性和创造性,人们的主体意识、主动精神不断增强。与此同时,在市场经济发展过程中,"自我中心"的价值意识开始抬头,个人主义、利己主义、拜金主义、享乐主义也在同步发展,甚至出现了马克思、恩格斯所讲的"商品拜物教"现象,贪污腐化、权钱交易、权权交易、权色交易等问题,一些反科学、伪科学、封建迷信也沉渣泛起,侵袭着人们的头脑,败坏着社会风气,使人们出现了思想上的困惑、道德上的迷茫、信仰上的危机。再加上我国对外开放的不断扩大,西方社会的各种思想文化也随之走入我们的国门,多元文化并存,不仅已经成为一种客观存在,而且已经形成了对我国主流意识形态的冲击。因此,在新时代随着农村社会经济的进一步发展,迫切需要通过进一步加强思想道德教育,弘扬主旋律,传播正能量,引导农民思想道德观念向正确的方向发展,强化党在农村的以马克思主义为指导的主流意识形态的地位。

(二) 有助于提升广大农民群众思想道德素质

思想道德素质是指人们在社会生产、社会生活中逐渐形成的具有比较稳定的思想观念、价值取向、道德修养和行为习惯。广大农民群众是农村社会主义精神文明建设的主体。农村社会主义精神文明建设的状况直接取决于广大农民群众思想道德素质的高低。所以,加强农村社会主义精神文明建设,必须要从提升广大农民群众思想道德素质做起。人们的思想道德素质,包括两个方面:一是人们的思想素质;二是人们的道德素质。人们的思想素质主要是指人们的思想认识、思想觉悟、思想方法以及价值观念,反映的是人们对社会善美丑恶以及其他现象的认识、行为和做法。人们的道德素质主要是指人们的道德修养和道德情操,体现的是人们的道德认识、道德行为水平和道德风貌。加强思想道德建设,可以帮助广大农民群众坚定共产主义远大理想和中国特色社会主义共同理想,增强对社会主义的信念,增强他们对中国共产党的领导和中国特色社会主义道路的认同,增强他们贯彻执行党的各项方针政策的自觉性,引导他们"见贤思齐""见不贤而内自省",帮助他们不断提高自己的思想觉悟和道德境界,使他们形成良好的思想道德观念、思想道德行为、思想道德理想和积极向上的精神品质,增强他们的社会责任感,形成与新时代社会主义新农村建设相适应的思想观念和文明意识,调动他们参与社会主义新农村建设的主动性和积极性,为建设更加美好的社会主义新农村而努力奋斗。

(三) 有助于维护农村社会的和谐稳定

农业要发展,农村要进步,稳定是前提。邓小平曾经说过,稳定压倒一切,"没有稳定的环境,什么都搞不成,已经取得的成果也会失掉"[①]。胡锦涛同志也曾经说过:"农业丰则基础强,农民富则国家盛,农村稳则社会安。"[②]2016年4月25日,习近平总书记在安徽凤阳县小岗村主持召开的农村改革座谈会上提出了"三个坚定不移",即"坚定不移深化农村改革,坚定不移加快农村发展,坚定不移维护农村和谐稳定"[③]。农村社会的和谐稳定,是实现乡村振兴,建设社会主义新农村的基本前提。改革开放40多年来,我国农村社会已经发生了翻天覆地的变化:一方面,党的各项富民政策的贯彻落实使以经济问题为主的"三农"问题在很大程度上得到了改观;另一方面,一些非物质层面的矛盾与问题,比如环境污染、生态恶化、空巢留守、宗族之争、黑恶势力、干群矛盾以及贫富差距所带来的心理失衡等问题开始显现出来。在计划经济条件下形成的一整套农村思想道德建设体系,在很大程度上已经难以应对在市场经济条件下出现的这些新问题。这些新问题的存在,严重影响到了包括社会主义精神文明建设在内的农村经济社会各方面的建设。因此,加强思想道德建设,要通过开展思想教育,运用社会舆论的力量,借助于精神文明建设的各种赏罚机制,提高广大农民群众的思想道德觉悟,帮助他们树立起社会主义民主、法制和纪律观念,形成团结互助、平等友爱的社会主义新型人际关系,实现人与自然和谐相处,引导他们自觉抵制拜金主义、享乐主义、极端个人主义思想的影响,妥善处理好各种利益关系,

---

① 《邓小平文选》(第3卷),人民出版社1993年版,第284页。
② 《胡锦涛文选》(第2卷),人民出版社2016年版,第366页。
③ 《十八大以来治国理政新成就》(上册),人民出版社2017年版,第428页。

形成良好的社会主义道德风尚,从而为新农村各方面的建设创造良好的、稳定的社会环境。

(四)有利于促进农村社会风气健康发展

乡村振兴,文明先行。乡风文明,既是乡村振兴的重要组成部分,也是我国农村社会主义精神文明建设的必然要求。乡风,是"特定乡村内人们的观念、爱好、礼节、风俗、习惯、传统和行为方式的总和,是由一个地方人们的生活习惯、心理特征和文化习性长期积淀形成的,反映一个地方人们的精神风貌,是人们'精神家园'的底色"[①]。乡风,从内容来看,又可以具体分为村风、社风、民风、家风。村风、社风、民风、家风相互联系、相互影响、相互作用、相辅相成。乡风,是一个乡村精神文明建设程度的直观反映。当前,中国农村还处于社会转型的过程中。在社会转型的过程中,旧的社会管理秩序正在被多元治理所取代,与旧的社会管理秩序相适应的社会风气也在发生着较大变化。在市场经济给农村社会带来活力和生机的同时,市场经济的负面作用对社会风气的影响也不容忽视。这种负面影响表现在人与人关系上出现了商品化倾向,在个人利益与集体利益、国家利益关系上表现为拜金主义、个人利益至上,表现在社会道德关系上,出现了道德滑坡、行为失范,在一些地方陈规陋俗、封建迷信又沉渣泛起,甚至出现黄赌毒问题。因此,加强思想道德建设,可以提高广大农民群众的思想道德认识水平,使先进的思想观念和道德规范真正扎根农民,规范人们的言行,促使人们能够自觉地崇尚科学、抵制迷信、移风易俗、破除陋习,形成科学、文明、健康的生活方式,将践行社会主义核心价值观融入广大农民群众的社会生活,培育文明的乡风、良好的家风和淳朴的民风,形成团结互助、扶贫济困、平等友爱、融洽和谐、文明向上的良好社会风尚。

二、新时代农村思想道德建设的新要求

2019年,中共中央、国务院印发的《新时代公民道德建设实施纲要》指出:

---

① 张颖:《五风并举共育乡风文明》,《闽北日报》2006年7月21日。

"中国特色社会主义进入新时代,加强公民道德建设、提高全社会道德水平,是全面建成小康社会、全面建设社会主义现代化强国的战略任务,是适应社会主要矛盾变化、满足人民对美好生活向往的迫切需要,是促进社会全面进步、人的全面发展的必然要求。"①新时代新任务新使命对加强农村的思想道德建设也提出了新要求。

（一）解决新时代社会主要矛盾的必然要求

党的十九大报告指出："中国特色社会主义进入新时代,我国社会主要矛盾已经转化为人民日益增长的美好生活需要和不平衡不充分的发展之间的矛盾。"②改革开放以来,特别是党的十八大以来,随着我国经济社会的快速发展,人们的物质生活条件已经有了极大的改善,这极大地提升了人们的"四个自信",人们的理想信念也更加坚定,人们的精神面貌也焕然一新,团结、互助、进取、和谐的社会风尚逐渐形成。另外,我国思想道德文化产品的服务能力不断提高,思想道德文化产品也不断丰富,基本满足了人们对思想道德文化的基本需求,取得了令人瞩目的成绩。与此同时,人们对美好思想道德生活的需要也日益增长起来。但是,面对人们日益增长的美好思想道德生活的需要,社会提供的美好思想道德生活和服务能力却相对不足,且落后于经济社会发展的速度。新时代社会主要矛盾的转化,在思想道德建设方面,就表现为人们日益增长的美好思想道德生活需要和思想道德建设发展不平衡不充分之间的矛盾。如果说,在进入新时代之前,思想道德建设的主要任务是建立与社会主义市场经济发展相适应的思想道德体系,培养一代又一代有理想、有道德、有文化、有纪律的社会主义建设者,使国家与人民早日"富起来"。那么,进入新时代之后,思想道德建设的主要任务则变为建立与全面建设社会主义现代化强国相适应的思想道德体系,满足人民对美好生活向往,促进社会全面进步、人的全面发展,培养和造就担当民族复兴大任的时代新人,尽快让国家与人民"强起来"。由此可见,加强思想道德建设,也是解决新时代社会主要矛盾的必然要求。

---

① 《新时代公民道德建设实施纲要》,人民出版社2019年版,第1页。
② 《中国共产党第十九次全国代表大会文件汇编》,人民出版社2017年版,第60页。

（二）实现乡村振兴的题中应有之义

2018年2月，中共中央、国务院在《关于实施乡村振兴战略的意见》中指出：推动乡风文明建设，必须要以思想道德建设为基础。①同年9月，中共中央、国务院又在《乡村振兴战略规划（2018—2022年)》中进一步提出，实现乡村振兴，必须要"坚持自治为基、法治为本、德治为先……以德治滋养法治、涵养自治，让德治贯穿乡村治理全过程"，要努力提升乡村德治水平。②事欲成，需先立魂。实施乡村振兴战略，是党的十九大做出的重大决策部署。实施乡村振兴战略，必须发挥思想道德建设这一立根固本、凝魂聚气的作用。首先，加强思想道德建设能够帮助广大农民群众解放思想，打破小农意识的束缚，树立科学发展、绿色发展的现代化农业意识并掌握科学的农业生产方法，为实现乡村振兴战略奠定思想基础。其次，加强思想道德建设还能够推动农村移风易俗，破除封建迷信、陈规陋习。这是实现乡村文明的必要条件。最后，思想道德建设能够帮助农民群众形成环保理念，并提高其改善生态环境的能力，是实现生态宜居的内在要求。中共中央、国务院在《关于实施乡村振兴战略的意见》中进一步指出"乡村振兴，乡风文明是保障"，加强农村思想道德建设，要"以社会主义核心价值观为引领，坚持教育、实践养成、制度保障三管齐下，采取符合农村特点的有效方式，深化中国特色社会主义和中国梦宣传教育，大力弘扬民族精神和时代精神。加强爱国主义、集体主义、社会主义教育，深化民族团结进步教育，加强农村思想文化阵地建设。深入实施公民道德建设工程，挖掘农村传统道德教育资源，推进社会公德、职业道德、家庭美德、个人品德建设。推进诚信建设，强化农民的社会责任意识、规则意识、集体意识、主人翁意识"③。由此可见，实施乡村振兴战略，必须大力加强农村思想道德建设。

（三）抓好网络空间思想道德建设的时代呼唤

2019年，中共中央、国务院印发的《新时代公民道德建设实施纲要》针对新

---

① 《中共中央国务院关于实施乡村振兴战略的意见》，人民出版社2018年版，第17页。
② 《乡村振兴战略规划（2018—2022年）》，人民出版社2018年版，第20—22页。
③ 《中共中央国务院关于实施乡村振兴战略的意见》，人民出版社2018年版，第16—17页。

时代的新变化,创新性地提出了"抓好网络空间道德建设"①。21世纪以来,互联网极大地改变了人民群众的生活方式,并为思想道德建设提供了新的空间和新的载体。为了满足人民日益增长的生活需求,农村思想道德建设必须要深入实施网络内容建设工程、培养文明自律网络行为、丰富网上道德实践、营造良好的网络道德环境。一要加强网络内容建设。网络信息内容广泛影响着人们的思想观念和道德行为,因而必须通过强化网络综合治理,加大对网上突出问题的整治力度,清理网络暴力、色情、低俗等内容,弘扬主旋律,激发正能量,以科学的理论和优秀的文化促进网络空间日益清朗。二要培养文明自律网络行为。文明自律的网络行为是网络空间思想道德建设的基础,要通过建立和完善网络行为规范,明确网络是非观念,推动互联网企业自觉履行主体责任、承担社会责任,依法依规经营,并引导广大网民文明互动、理性表达,自觉维护良好网络秩序。三要丰富网上道德实践。以"互联网＋公益""互联网＋慈善"模式为代表的网上道德实践活动,极大地促进了网络公益队伍日益壮大,形成线上线下踊跃参与公益事业的生动局面,通过广泛开展形式多样的网络公益、网络慈善活动,扎实推进新时代文明实践中心和县级融媒体中心建设,讲好美德故事,激发全社会热心公益、参与慈善的热情。四要营造良好的网络道德环境。通过加强互联网管理,引导网络行为主体生产、传播格调健康、积极向上的网络文学、网络音视频、热点话题等,让正确的道德取向成为网络空间的主流。

（四）将个人品德建设作为道德建设的一个着力点

党的十九大报告提出,加强思想道德建设,必须要"深入实施公民道德建设工程,推进社会公德、职业道德、家庭美德、个人品德建设,激励人们向上向善、孝老爱亲,忠于祖国、忠于人民"②。2018年,中共中央、国务院印发的《乡村振兴战略规划（2018—2022年）》提出:"深入挖掘乡村熟人社会蕴含的道德规范,结合时代要求进行创新,强化道德教化作用,引导农民向上向善、孝老爱亲、重义守信、勤俭持家。建立道德激励约束机制,引导农民自我管理、自我教育、自我

---

① 《新时代公民道德建设实施纲要》,人民出版社2019年版,第20页。
② 《中国共产党第十九次全国代表大会文件汇编》,人民出版社2017年版,第34页。

服务、自我提高,实现家庭和睦、邻里和谐、干群融洽。"①2019年,中共中央、国务院在《新时代公民道德建设实施纲要》中提出:"要把社会公德、职业道德、家庭美德、个人品德建设作为着力点。推动践行以文明礼貌、助人为乐、爱护公物、保护环境、遵纪守法为主要内容的社会公德,鼓励人们在社会上做一个好公民;推动践行以爱岗敬业、诚实守信、办事公道、热情服务、奉献社会为主要内容的职业道德,鼓励人们在工作中做一个好建设者;推动践行以尊老爱幼、男女平等、夫妻和睦、勤俭持家、邻里互助为主要内容的家庭美德,鼓励人们在家庭里做一个好成员;推动践行以爱国奉献、明礼遵规、勤劳善良、宽厚正直、自强自律为主要内容的个人品德,鼓励人们在日常生活中养成好品行。"②与2001年的《公民道德建设实施纲要》相比,《新时代公民道德建设实施纲要》在原来"三德"(社会公德、职业道德和家庭美德)建设的基础上,增加了"个人品德建设",将"三德"建设深化为"四德"建设。从"四德"建设的关系来看,一方面,"四德"建设无疑是构成社会主义道德建设体系的一个有机统一体;另一方面,社会公德、职业道德和家庭美德实际上都是建立在个人品德基础之上的,是以个人品德养为基础的。由此可见,在新时代,在人们的基本物质文化需求得到满足之后,人们在获得了相对自由而全面发展的同时,社会也更加注重个人品德的建设,将个人品德建设作为道德建设的一个出发点和归宿点。

第二节　新时代河北省农村思想道德建设的现状

一、河北省农村思想道德建设的做法和成效

党的十八大以来,河北省委、省政府以习近平新时代中国特色社会主义思想为指导,以培育时代新人、弘扬时代新风为着力点,不断深入推进农村思想道德建设,并取得了明显成效。

---

① 《中共中央国务院关于实施乡村振兴战略的意见》,人民出版社2018年版,第22页。
② 《新时代公民道德建设实施纲要》,人民出版社2019年版,第5页。

（一）以主题道德实践活动推动社会主义核心价值观进村入户

习近平总书记指出："要利用各种时机和场合，形成有利于培育和弘扬社会主义核心价值观的生活情境和社会氛围，使核心价值观的影响像空气一样无所不在、无时不有。"[①]为推动社会主义核心价值观落细落小落实，河北省农村地区积极响应省委"善行河北""中国梦·赶考行"等主题道德实践活动，将其作为车之两轮、鸟之双翼，搭建具有特色的社会主义核心价值观建设工作载体。2014年8月，河北省正式启动"春雨行动"，搭建深化拓展"善行河北"的平台，把核心价值观的原则要求转化为帮群众解决困难的实际行动。围绕"善行河北"，各单位策划实施了"修医德、强医能、铸医魂"主题实践活动，为农民群众解决"看病难、看病贵"的问题；举办"惠民亲商接地气"活动，为农民经商提供良好经济环境；举行"善行河北·爱心助残"活动，为有障碍群众提供帮助。围绕"中国梦·赶考行"，安排部署了"中国梦·劳动美""中国梦·自强行""重走赶考路"等丰富多彩的主题教育活动，组织百姓故事汇大型群众宣讲活动，走进农村、厂矿，请身边人讲述身边事，用大白话讲清大道理，传播社会正能量；组织节俭养德全民节约行动，开展节水、节粮、节电、节能等活动，引导全社会以俭养德、以德育人，形成了同频共振、同向同行的强大正效应。与此同时，河北省通过全媒体宣传、全系统投入，为核心价值观建设搭建了广阔的舞台。一方面，各级媒体开设专栏330多个，通过舆论引导形成浓厚氛围，做到了全媒体宣传、全栏目融入、全覆盖普及；另一方面，在全省总体部署下，农村地区依托主题墙画、艺术入乡村等方式，以地域优秀传统文化、乡贤文化、红色文化和革命文化等为内容，以一批看得见、摸得着、离得近的实践活动、制度建设践行社会主义核心价值观。

（二）以榜样的力量厚植道德沃土

习近平总书记在《要善于学习典型》一文中提道："学所以益才也，砺所以致刃也。"[②]一个榜样，就是一份力量。在以"熟人社会"为基本形态的农村，开

---

①　习近平:《习近平谈治国理政》(第1卷)，外文出版社2019年版，第165页。

②　习近平:《之江新语》，浙江人民出版社2007年版，第218页。

展思想道德建设不能靠空洞的理论宣传,关键还是要发挥人的作用,通过榜样的力量,厚植思想道德建设沃土。近年来,河北省农村思想道德建设非常重视示范引导,典型带动,不断创新宣传方式,搭建了"燕赵楷模"发布厅、"最美河北人"发布厅、"我们的价值观 我们的赶考行"网上形势政策报告厅、"节约之星"发布厅四个社会主义核心价值观宣传新平台,先后推出塞罕坝机械林场、保定学院西部支教毕业生群体等先进典型。截至2017年,全省共13个家庭入选全国文明家庭,善美家风不断温润社会风气,赢得了广泛好评。河北省始终重视发挥重点人群作用,推进全省农村思想道德建设。首先,发挥基层干部,尤其是村级党员干部的表率作用,党员干部争当农村产业发展的领头人、农民致富的领路人、村民矛盾纠纷的化解人和群众信任的知心人,带头讲文明、树新风,以身作则让新时代文明乡风的星星之火呈现出燎原之势。其次,乡贤文化是中华优秀传统文化的组成部分,也是涵养和培育社会主义核心价值观的重要土壤。新时代农村思想道德建设过程中,河北省赵县大安四村、石家庄市新华区钟家庄村、宁晋县高庄窠村等地,深入挖掘乡贤文化精神内涵,把本村有德行、有才华、威望高、口碑好的人组织起来,以成立乡贤会、选树"新乡贤"、推选"最美乡贤"等方式,凝聚乡贤力量,涵育文明之风,引导广大农民群众见贤思齐。新乡贤在农村迁坟、红白事、环境整治等与村民生活息息相关的方面发挥着示范引领作用,以教化乡民、反哺乡村。

(三)移风易俗推动文明乡风

提倡移风易俗、摒弃陈规陋习,是实现乡风文明的重要内容。自古以来,中国都是礼仪之邦,人们特别注重礼尚往来。改革开放以来,河北农村大地已经发生了翻天覆地的变化,广大农民群众的生产条件不断改善,生活水平显著提高。与此同时,在一些农村地区,不仅一些陈规陋习开始抬头,而且一些传统的礼仪也日益演化为不良习俗,广大农民群众苦不堪言。比如,在一些乡村,家中有了红白喜事,不敢简办,怕被人笑话,都要搭台唱戏、举办宴席,而且相互攀比,愈演愈烈。为改变这一现状,2017年,为认真落实中央文明委《关于深化群众性精神文明创建活动的指导意见》和河北省文明委的有关部署,河北省文明办以创建文明村镇为抓手,把移风易俗作为推进农村精神文明建设的重要载体,提出了2017年全省要着力打造1000个左右移风易俗示范村和100个左右示范乡镇,在全省进一步推动移风易俗深化文明村镇创建工作。为保证移风易俗工作的扎实有效,河北省重点在三个方面下足功夫,做好文章。一是在舆论宣传引导上下功夫。在主流媒体平台开辟专栏,定期宣传推广移风易俗的好典型好做法,依托新文明实践中心站所、村级道德讲堂、村级宣传栏、农家书屋、村级文化广场、村级广播等平台,结合文化"三下乡",将移风易俗工作融入传统节日和各类文化活动。二是在加强制度建设上下功夫。一方面,实行乡村干部分片包干责任制,将移风易俗纳入乡镇村党员干部管理考核范畴,作为重要的考核指标;另一方面,对移风易俗工作及时跟进,加强检查监督,进行月排名、季点评、年奖惩。同时,还制定了文明结对帮扶制度,将移风易俗同解决群众思想问题与生产生活实际问题结合起来。三是在重点群体上下功夫。充分发挥人大代表、政协委员、道德模范、党员干部等重点群体的率先垂范作用,通过树立、表彰、宣传先进典型,以优良的党风政风引领农村移风易俗新风。近年来,河北各地农村也在深入研究当前婚丧习俗、奢靡浪费等问题形成的原因,在寻根溯源的同时,千方百计转变广大农民群众陈规陋习的思想理念,并结合开展"五好家庭""美丽庭院""身边好人"评选活动,引导广大农民群众婚事新办、丧事简办、余事不办、厚养薄葬,杜绝铺张浪费,破除封建迷信,摒弃婚丧陋习,使文明新风入眼入脑入心,已经逐步形成了健康文明的生活方式。

二、河北省农村思想道德建设存在的主要问题及其成因

改革开放以来,河北省农村思想道德建设所取得的成就是有目共睹的。它对于推动河北省农村精神文明建设的进一步发展,对于实现乡风文明,助力乡村振兴,对于推动"三农"问题的解决,都发挥了不可替代的重要作用。同时,我们还应该看到,在农村思想道德建设方面还存在一些不尽如人意的问题。认真分析农村思想道德建设方面存在的问题,分析其成因,对于在新时代进一步加强农村精神文明建设具有现实的借鉴作用。

(一) 河北省农村思想道德建设存在的主要问题

农村是充满希望的田野。新时期农村经济发展水平和社会结构发生巨大变化,对传统的农业生产带来了一定的挑战。在新的历史条件下,社会思想文化实现多元化与差异化,农民的道德观和金钱观等都发生了深刻的变化。现阶段,河北省农村思想道德建设的突出问题主要表现在以下三个方面。

1.理想信念淡化

习近平总书记强调:"理想信念动摇是最危险的动摇,理想信念滑坡是最危险的滑坡。"① 改革开放以来,河北省农村地区得到空前发展,农村以经济发展为重心,农民长期疏于思想政治理论学习,党员干部疏于发挥思想政治建设引领作用,一些地方、一些单位对开展农民思想道德教育的重要意义认识不高,存在抓经济建设硬、抓思想建设软的现象,农民群众理想信念淡化。主要表现在:一是集体观念缺失。现代社会的发展需要自觉维护社会公共秩序和公共利益的责任意识。改革开放以来,市场化发展使农民自我意识和个体意识增强,部分农民一切生产经营活动都以家庭为中心,将集体事业抛于脑后,公共参与意识不强,社会责任感日益衰落。二是功利主义与利己主义盛行。部分人只讲金钱不讲信仰,只要"实惠"不要"主义",精神上的"钙"逐渐流失。部分人为了一己私利不惜牺牲和侵犯他人、社会的公共利益:自己获利多少是重要的,集体的发展是次要的;自己的付出是弥足珍贵的,自己的所得是理所应当的;有利于自己的政策是明智的,不利于自己的政策是"不得民心"的。三是少数人不信马列主义信鬼神,农民"因病信教""因事信教"问题在乡村社会中逐步引发关注。宗教信仰对农民养成现代科学思维方式产生消极影响,导致农民运用科学知识改造外部世界的主观能动性降低。

2.思想道德失范

在传统的自给自足的小农经济时代,农村社会流动性很低,人们共同生活在一个"熟人社会"之中。熟人社会背景下,人们在外在的社会约束力和公共道德强有力的约束下,严格自律地践行"勤劳致富""邻里互助""孝字当先"

---

① 习近平:《习近平谈治国理政》(第1卷),外文出版社2019年版,第165页。

等传统美德。新时代农村人口大量向外流失,市场经济对传统道德形成了强有力的冲击。同时,农村在开展思想道德教育方面还存在经费紧张、人才缺乏、活动形式单一等问题,一些地方的新农村建设目标往往注重"村容整洁",忽视理想信念教育和乡风文明等更深层次的内涵和要求。在开展思想道德教育过程中,存在闭门造车、单打独斗等问题,没有充分统筹运用多方力量。首先,外部文化不断涌入、多元文化交汇存在的态势,使农民的思想价值观念变得更加复杂。其次,"等、靠、要"思想严重。曾经"劳动最光荣",现在为享受优惠政策争相戴上贫困帽子,"靠着墙根晒太阳,等着别人送小康"的懒汉现象不断出现。最后,"三风"现象普遍存在,聚众赌博、封建迷信、铺张浪费现象屡见不鲜,赌博手段不断翻新、金额节节升高,封建迷信名目众多、费用有增无减,婚丧嫁娶比阔气、讲排场的风气十分盛行。

3.法治意识淡薄

培育农民法治意识是实现乡村振兴的重要课题,当农民具有"运用法律维护自身权益并履行法律规定的相应义务"的意识时,农民的法治意识才能够切实得到提高。1986年以来,中央宣传部、司法部先后发布7个在公民中开展法治宣传教育的五年规划,农民法治意识有了显著提升。但是,由于法治教育的学术性、专业性等导致话语体系与大众话语体系存在差距,从而造成法治宣传教育的程式化、文件化现象。首先,随着农村经济的迅速发展,农民受教育程度不断提高,农民法律知识不断丰富,但法律认知水平仍然较低,大多数农民只了解和自己生活密切相关的法律且浅尝辄止。其次,农民运用法律维权的意识和能力不断增强,在土地流转、签订用工合同时都懂得运用法律维护自己人身权利和经济利益不受侵害,但由于对法律信任度不高加上传统"息讼"思想的影响,农民往往对法律抱有畏惧心理,最终通过"私了"方式解决问题,甚至采取"上访"等形式表达个人利益诉求。由此可见,农民守法、用法意识显著增强,但法治意志不坚定,法律情感矛盾交织,还没有将法治意识内化于心、外化于行,尚未对法治产生发自内心的认同和敬畏。

(二) 河北省农村思想道德建设主要问题的成因分析

思想道德建设本身也是一项系统工程,思想道德建设中存在问题的成因也不是单一的。其中,既有主观方面的原因,也有客观条件的制约,还有历史方面的原因。

从主观因素来看,主要是农村党员干部群众对于思想道德建设重视不够。农村基层党组织,不仅是农村经济社会发展的领导核心,也是农村思想道德建设主要的领导者、组织者和推动者。农村思想道德建设得如何,首先取决于农村基层党组织的素质、思想认识和组织领导能力,而其中最为关键的是农村基层党组织的思想认识。大哲学家培根在《习惯论》中说过:"思想决定行为。"习近平总书记也曾说过:"思想是行动的先导。"①只有充分认识到思想道德建设对于农村经济社会发展的重要性,思想道德建设才能被提上农村基层党组织的工作日程,当作一项重要工作抓紧抓好。然而,在现实生活中,有不少农村党员干部在思想上存在不正确认识,认为经济建设是实的,思想道德建设是虚的,只要经济搞上去了,生活水平提高了,人们的思想道德自然而然也就提高了。这种思想认识,不仅存在于农村的党员干部思想中,也存在于不少农民群众头脑中。这种不正确的思想认识必然导致他们在农村的物质文明和精神文明建设工作中,不是两个文明一起抓、两者都要硬,而是直接表现为抓物质文明建设一手硬、抓精神文明建设一手软。

从客观因素来看,农村思想道德建设也会受到经济发展水平、可资利用的物质资源条件、广大农民群众较低的思想道德素质以及市场经济负面效应的影响与制约。首先,从经济发展水平的角度看。管子曾经说过:"仓廪实而知礼节,衣食足而知荣辱。"(《史记·管晏列传》)马克思、恩格斯也认为,经济基础决定上层建筑。农村的思想道德建设,不是可以脱离其赖以存在的经济基础而独立存在的。农村的思想道德建设,也是需要一定的经济支撑的。一般而言,经济发展越好的地区,人们对思想道德建设也越重视,经济支持的力度也就越大。相反,越是经济发展落后的地区,对于思想道德建设的支持力度也就越小。由此可见,大力加强农村的思想道德建设,也必须要大力发展农村经济。其次,从

---

① 习近平:《干在实处 走在前列——推进浙江新发展的思考与实践》,中共中央党校出版社2006年版,第544页。

可资利用的物质资源条件来看。由于农村实行的是基层群众自治，农村党基层组织与村委会虽然是领导与被领导的关系，但农村党基层组织领导核心作用的发挥主要是方向领导，对村内的重大事项进行决策领导，而村委会在村基层党组织的领导下依照法律规定独立负责地开展活动，行使职权，农村基层党组织并不能包办代替村委会的工作。在这种情况下，农村思想道德建设可资利用的物质资源条件就会受到一定程度的限制。再次，从广大农民群众的思想道德素质来看。较低的思想道德素质，不仅影响到了他们对党的路线方针政策的理解和认识，而且也影响着他们对思想道德建设重要性的认识，影响到了他们对思想道德建设的参与和贡献。这些因素也是农村进行思想道德建设不容回避的客观现实。最后，从市场经济的角度来看。农村思想道德建设不仅受益于市场经济的发展，也会受到市场经济负面效应的影响。市场经济负面效应的文化影响主要是由市场经济的逐利性、自发性、盲目性衍生出来的理想信念的动摇、社会责任感的缺失、拜金主义、个人主义、享乐主义、无政府主义、极端利己主义。

从历史因素来看，农村思想道德建设不可避免地会受到传统落后思想的影响。农村思想道德建设离不开对优秀传统文化的弘扬，也不可避免地受到传统文化中腐朽落后思想的影响。传统文化中腐朽落后思想主要包括封建迷信、宗法观念、重人情轻法理、自给自足的小农意识以及民主观念淡薄。毋庸置疑，这些传统文化中腐朽落后思想在我国广大农村地区还有着广泛的影响。

此外，农村思想道德建设本身的长期性、复杂性，也使这项工作既不可能像经济工作那样可以立竿见影，也难以量化评估。

第三节　新时代河北省农村思想道德建设的对策建议

马克思指出："人的本质不是单个人所固有的抽象物，在其现实性上，它是一切社会关系的总和。"[1]根据马克思对"人的社会性"的重要判断，在研究新时代河北省农村思想道德建设时，必须结合农民这个特定教育对象所处的社会环

---

[1] 《马克思恩格斯选集》(第1卷)，人民出版社1995年版，第60页。

境进行科学分析，从整体上了解和把握农民思想道德建设的真实状况。

一、大力加强农村思想道德教育

(一) 大力加强对农民的思想教育

1.大力加强社会主义核心价值观的宣传教育

培育和弘扬社会主义核心价值观是凝魂聚气、强基固本的基础工程。弘扬社会主义核心价值观是新时代加强农村思想道德建设的关键所在。如何使社会主义核心价值观内化为农民的精神追求、外化为农民的自觉行动是加强农村思想道德建设要解决的重大课题。

第一，推进主题道德实践活动常态化、制度化。2012年以来，河北省积极倡导和开展"善行河北"主题道德实践活动，将24字社会主义核心价值观具体化、实践化，号召每个燕赵儿女，"做一个乐于助人的河北人、做一个诚实守信的河北人、做一个孝老敬老的河北人"，为在燕赵大地上践行社会主义核心价值观提供浓厚的道德舆论环境和道德文化土壤。为响应号召，广大党员群众积极参与，涌现出多种多样的善行文化教育和实践模式，比如，最美乡村医生、开设"农村道德讲习所"、以村为单位拍摄纪实影片等，充分说明该项活动在改善农民群众精神风貌过程中发挥着很大的促进作用。因此，进一步推动主题道德实践活动常态化、制度化，是加强农村思想道德建设的内在要求。

第二，在农村开展社会主义核心价值观的宣传教育活动，要采取符合农村特点、农民"口味"的方式、方法，通过创新载体培育和弘扬社会主义核心价值观，让农民在生产生活中时时、处处都能感受到社会主义核心价值观。广大农村地区仍然为"熟人社会"模式，舆论能够强有力地影响农民的价值取向和行为偏好，基层党委、政府可以通过表彰"示范户""先进个人"等方式引领农民自觉践行社会主义核心价值观。同时，鼓励社会力量参与共建优质农村公共文化基础设施，通过构建多层次的农村文化传播模式，多管齐下、相互联动、形成合力，营造丰富多彩、活泼有趣、形式多样的农村文化生活，让农民在文艺活动中拓宽视野、转变观念，自觉学习、宣传和践行社会主义核心价值观。

2.大力加强中国特色社会主义和中国梦宣传教育

习近平总书记指出，实现中华民族伟大复兴，是中华民族近代以来最伟大的梦想，中国梦是全国人民的美好愿景和共同追求。而农业是国民经济的基础，直接关系国计民生，是实现中国梦的基础和前提。

实现中国梦，基础在"三农"。在农村地区加强中国特色社会主义和中国梦宣传教育，必须坚持"贴近农村实际、贴近农民生活、贴近农民需求"的原则，采取农民群众喜闻乐见的宣传教育形式，使广大农民易于接受、乐于学习、积极参加，并切实得到实惠。

第一，加强学习培训，因材施教，融入农民教育全过程。将中国特色社会主义和中国梦教育贯穿于基础教育、高等教育和成人教育各个领域，分层分类采取课堂领学、个人自学、专家授课等多种方式，通过召开专题学习分享会、知识竞赛、演讲比赛等多种形式，推动全省农村的学习热潮。与此同时，要抓好重点人群的宣传教育。乡村党员干部要将中国特色社会主义和中国梦作为日常学习的必修课，先学一步、深学一层。学生思想活跃、接受性强、可塑性强，要深化未成年人思想道德建设和大学生思想政治教育，通过构建中国特色德育课程体系，以中小学德育课和高校思想政治理论课为载体，推动中国特色社会主义和中国梦教育进教材、进课堂、进头脑。

第二，组织开展主题教育活动，广泛开展群众性精神文明创建活动。习近平总书记强调："实现中华民族伟大复兴的中国梦，物质财富要极大丰富，精神财富也要极大丰富。"要利用党和政府重大政策出台、建党100周年等重要纪念日、春节等传统节日、国际形势发生重大变化等重要契机，组织开展多种形式的主题教育，寓中国特色社会主义和中国梦教育于主题鲜明、丰富多彩、充满活力的主题教育活动之中。同时，为锲而不舍、一以贯之地抓好中国梦宣传教育，为建设美丽河北不断提供坚强的思想保证和强大的精神力量。河北省要深入贯彻习近平总书记系列重要讲话精神，坚持以人民为中心的发展思想，结合乡村振兴战略的实施，广泛开展群众性精神文明创建活动，全面推进"十个一"建设，即每个村建设一个村民中心、一个文化广场、一条乡风文明示范街、一批善行功德榜、一套村规民约、一个红白理事会、一个道德讲堂、一支志愿者队伍、一支新乡贤骨干队伍,每年评选表彰或复检一次"十星级文明户"和"五好文明家庭"等,不断把中国特色社会主义和中国梦教育引向深入,为全社会形成奋发向上、崇德向善的文明新风尚,为加快建设经济强省、美丽河北注入文明力量。

3.大力加强形势政策教育

我国现在正处于全面建成小康社会的巩固阶段,在这样一个时期集中开展形势政策宣传教育,对于统一广大农民群众的思想,紧紧抓住我国发展的重要战略机遇期,推动农村经济实现高质量发展,加强农村思想道德建设具有极其重要的意义。在我国城乡二元体制背景下,普通农民群众尤其是少数民族、偏远地区的农民对国家形势与政策相对陌生,缺少对国家形势与政策的正确理解,有的农民甚至连涉及切身利益的政策也不了解。例如,耕地地力保护补贴、农机购置补贴等,农民只知道自己享有一些惠农政策,但具体是什么政策、发多少钱、发放标准是什么都不甚清楚。开展形势政策教育,可以帮助广大农民认清形势、明确任务、掌握政策。其根本目的在于让广大党员干部和群众知晓形势政策、明确目标任务,为加强农村思想道德建设、全面建设小康社会提供有力的思想保证和强大的精神动力,使形势政策宣传教育的过程成为统一思想、凝聚力量的过程,成为提高农民综合素质的过程,成为推动农村经济社会高质量发展的过程。

党的十九大报告指出,我国已经进入社会主义新时代,当前社会主要矛盾已经转变为人民日益增长的美好生活需要和不平衡不充分的发展之间的矛盾。主要矛盾的转变对新时期农村形势政策教育提出了新的要求:第一,以习近平新时代中国特色社会主义思想统领农村形势与政策教育全过程。习近平新时代中国特色社会主义思想强调"以人民为中心"的治国理念,形势政策教育应当把促进农村全面进步和农民全面发展作为基本落脚点,在工作理念和工作方式上都要体现人文精神和人文关怀。坚持"高质量发展",把推动农村经济社会发展转入高质量发展轨道作为宣传教育的根本点,使农村形势政策教育能够把握规律性、体现时代性和富有创造性。第二,既要开展集中学习,又要坚持日常教育。党的十八大以来,中央先后在全党全社会组织开展党的群众路线教育实践活动、"三严三实"专题教育活动、"两学一做"学习教育活动和"不忘初心、牢记使命"主题教育活动,对于宣传党的理论、路线、方针、政策起到了积极作用。需要注意的是,形势政策教育是一个循序渐进的过程,农民群众需要一个逐步理解、逐步消化的过程。因此,在农村开展形势政策教育,要采取灵活多样的方式,把集中学习和经常性教育结合起来,使形势政策教育日常化、制度化。这就需要农村基层党组织、行政机关和专门机构把形势政策教育作为一项长期的战略任务,整合和运用多种资源,努力开拓农村形势政策教育的新局面。第三,既要用好传统手段,又要创新方法载体。创新是一个民族进步的灵魂,随着农村社会经济环境的不断完善,特别是新媒体手段的有效运用,传统的宣传教育方式已经不能完全满足农民群众的发展需要。新时期形势政策教育要针对不同群体,创新活动载体,注重整体效果,努力增强针对性、指导性和实效性。要充分考虑到农民生产生活实际和素质水平,找准宣传教育与农民切身利益的结合点,把理论与生活贯通起来,用事实和数据说话,深入浅出、生动形象地进行宣传教育。充分发挥农村基层党组织在农村经济社会发展中的战斗堡垒作用,坚持用集中培训、座谈会、演讲、家访、通俗读物、手机短信、微博、QQ群、漫画和画报等富有特色的形式,鼓励农民开展自我教育。

(二)大力开展农村道德教育

农村社会能否长治久安,乡风文明程度能否持续提高,在很大程度上取决于农民的道德素质。新时代加强农村思想道德建设,必须大力倡导讲道德、尊道德、守道德,深入实施《新时代公民道德建设实施纲要》,以全面推进社会公德、职业道德、家庭美德、个人品德建设为着力点,不断提高农民群众的道德素质。

1.推进社会公德建设

社会公德是指公民在社会交往和公共生活中必须共同遵守的准则,是社会普遍公认的最基本的行为规范。新时代农村社会公德建设是实现乡村振兴的精神动力和思想保障,社会公德水平的高低直接影响着农村社会秩序、社会风气和社会凝聚力的高低,是农村文明程度的外部标志。农民作为社会道德建设的重要主体,必然负有遵守社会公德的责任。根据《新时代公民道德建设实施纲要》的相关要求,新时代农村道德建设要推动实践以"文明礼貌、助人为乐、爱护公物、保护环境、遵纪守法"为主要内容的社会公德,鼓励农民在社会上做个好公民。这为新时代加强农民社会公德建设指明了方向:农村社会公德建设是一项系统工程,需要以规则意识和责任意识培育公德,以制度和法律保障公德。

2.培育农民职业道德

新型职业农民概念提出后,河北省各地政府配套出台了许多培育政策,但各级政府的普遍做法是注重理论知识和科学技能的培育,缺少职业道德、职业规范的相关培训,违规生产、滥用农药、污染土地、失信经营等农业生产经营活动失范行为时有发生。新时代农民思想道德建设对农民职业道德提出了更高的要求,即推动实践以爱岗敬业、诚实守信、办事公道、热情服务、奉献社会为主要内容的职业道德,鼓励农民做一个优秀的现代化农业建设者。由此可见,培育农民职业道德需要从增强农民对自身职业的认同感出发,提高农民职业能力与素质,树立诚实守信、奉献社会的职业道德意识。首先,要通过宣传、培训让农民认识到农业在国民经济发展中的重要地位,认识到农民在历史进程和当今社会发展中的重大使命和重要价值,产生"以农为荣"的职业观。其次,通过举办科普性讲座、举办职业培训班等方式,提高农民职业能力与素质,改变部分农民一心提高农产品产量、不重视质量的状态,培育农民工匠精神。最后,加大对农产品质量安全的监管力度,树立反面典型,发挥榜样力量,培育农民诚实守信、奉献社会的职业道德意识。

3.大力弘扬家庭美德

家庭美德是道德教化的最初来源。家庭作为社会最基本的细胞,只有大力弘扬家庭传统美德,才能夯实社会道德大厦的根基。不论时代如何变化,我们都应当重视培育家庭美德,紧密结合培育和弘扬社会主义核心价值观,继承中华民族传统家庭美德,涵养新家风。大力弘扬家庭美德,需要不断完善家庭美德的价值范畴。传统家庭美德在其形成和发展过程中,不可避免地会受到当时的时代背景、人们的认知水平、社会制度的局限和影响,因而不可避免地存在"陈旧过时"的部分,这就要求我们在弘扬传统家庭美德时坚持古为今用、推陈出新,结合新时代的要求进行正确取舍,取其精华、去其糟粕。新时代家庭美德主要以尊老爱幼、男女平等、夫妻和睦、勤俭持家、邻里互助为主要内容,鼓励农民在家庭中做一个好成员。家是最小国,家庭美德的培育和弘扬,需要每个家庭成员全心投入、广泛参与,营造良好的家庭氛围,在家庭生活中重言传、重身教、教知识、育品德,以身作则、耳濡目染,用正确道德观念塑造孩子美好心灵;传承中华孝道,感念父母养育之恩,感念长辈关爱之情,养成孝敬父母、尊敬长辈的良好品质;倡导忠诚、责任、亲情、学习、公益的理念,让家庭成员相互影响、共同提高,在为家庭谋幸福、为他人送温暖、为社会做贡献的过程中提高精神境界、培育文明风尚。

4.不断加强个人品德

个人品德是人们在日常生活中个人行为道德特点和伦理价值倾向性的体现。社会公德、职业道德和家庭美德是个人的外在品德,其最终实现依赖于个人品德的养成。提升农民个人品德,是新时代农民道德建设的核心内容。《新时代公民道德建设实施纲要》提出,要涵养以爱国奉献、明礼遵规、勤劳善良、宽厚正直、自强自律为主要内容的个人品德,鼓励农民在日常生活中养成好品行。同时,加强农民个人品德建设,要着重做好三个重点群体——党员干部、青少年和公众人物的道德养成。农村党员干部的道德操守对农村道德风尚有着直接影响,不仅要全面落实从严治党要求,加强政德修养,坚持法律红线不可逾越、道德底线不可触碰,而且要践行忠诚老实、正心修身、严于律己、廉洁齐家,在道德建设中作出表率。青少年是国家的希望、民族的未来,是农村经济社会可持续发展的后备力量。提升个人品德修养要从娃娃抓起,引导青少年把正确的道德认知、自觉的道德养成、积极的道德实践紧密结合起来,善于从中华民族传统美德中汲取道德营养,从英雄人物和时代楷模身上感受道德风范,从自身内省中提升道德修为。学校、家庭、政府、社会要引导青少年树立远大志向,形成好思想、好品德、好习惯。公众人物知名度高、影响力大,要引导其承担社会责任,加强个人品德修养,注重道德自律,自觉接受社会和舆论监督,树立良好的社会形象。

5.大力开展诚信教育

人无信不立,家无信不睦,业无信不兴,国无信不宁。诚信是社会主义核心价值观的重要内容,是新时代农村社会和谐的基石和重要特征。党的十八大以来,我国加快推进社会信用体系建设,不断扎牢制度的笼子,全社会逐渐形成"一处失信,处处受限"的良好态势。然而,农民失信行为仍然存在,是新时代加强农村思想道德建设的痛点和难点。解决诚信缺失问题,必须要在农村大力开展诚信教育,建立农村信用体系。

6.大力弘扬诚信文化

诚信文化根植于中华民族的道德沃土,要继承发扬中华民族重信守诺的传统美德,弘扬与社会主义市场经济相适应的诚信文化。弘扬诚信文化有助于推动农民将诚信意识内化于心、外化于行。弘扬诚信文化就要在农村强化诚信观念、树立诚信意识,使诚实守信深入民心,帮助农民形成正确的价值观,并逐步成为其共同遵循的基本准则。要深入开展群众喜闻乐见的诚信创建活动,以实践活动为载体,让诚信文化在农民的生产和生活中生根发芽。搭建公共舆论空间,"对症下药",在农村"熟人社会"体制下充分利用广播、电视等传统媒体,以及微信、QQ、短视频平台等新媒体,通过召开群众座谈会、设计诚信专题宣传栏等方式,宣传诚信先进典型、曝光身边的不诚信行为,营造"讲诚信光荣、失诚信可耻"的道德氛围。

7.建立健全农村信用体系

良好的信用是经济社会有序运行的前提,建立健全农村信用体系是建设诚信农村、培育诚信农民的基础工程。首先,新时代建立健全农村信用体系,要充分运用"互联网＋"和大数据思维,以采集农民信用信息、完善农民信用记录和信用信息共享为重点,整合税务、工商、金融、社保、公安等方面资源,搭建诚信记录平台,推动农民电子信用档案建设。其次,以"实事求是、科学合理、公正公开"为原则,开展农民信用评级工作。再次,把培育"诚信农民"的要求融入乡规民约,增强农民对诚信的价值认同感。最后,要完善农民守信激励和失信惩戒机制。一方面,开展"信用户""信用村""信用乡(镇)"的创建活动,并给予其精神奖励和物质奖励,通过正面典型激励农民做诚实守信好公民;另一方面,明确对不守信行为的惩戒措施并加大惩罚力度,如建立不良信用记录公示制度、罚款等。让守信者有"甜头",让失信者有痛感,营造出重信守诺的良好氛围。

二、深入推进农村思想道德建设实践养成

实践是检验真理的唯一标准。新时代农村思想道德建设只有不断与时俱进、不断解决新的实践问题，才能够保持其强大的生命力。要坚持提升思想道德认知与推动思想道德实践相结合，坚持以人民为中心的发展理念，尊重农民的主体地位，引导农民树立正确的道德观念，提高道德实践能力尤其是自觉实践能力，引导农民向往和追求讲道德、尊道德、守道德。

（一）深化群众性创建活动

农村思想道德建设群众性创建活动是农民群众自我教育、自我提高的生动实践。开展群众性创建活动要突出道德要求，充实道德内容，将社会公德、职业道德、家庭美德、个人品德建设贯穿创建全过程。文明村镇的创建要坚持为民利民惠民，突出文明和谐、宜居宜业，不断提升农村社会治理水平和农民文明素质。文明企业、文明单位的创建，要突出涵养职业操守，引导农民精益求精，为社会提供优质农产品和服务，勇于担当社会责任。文明家庭的创建要聚焦涵育家庭美德，弘扬优良家风，挖掘、整理家规家训，开展"好家风""好家训"评选活动；组织评选新乡贤，组织评选"好媳妇""好女儿""好公婆"等；举办寻找"最美乡村教师""最美乡村医生"等活动，广泛开展"星级文明户"评比。

（二）深入推进志愿服务活动

志愿服务活动是践行社会主义道德的重要途径。近年来，河北省着力推进新时代志愿服务实践中心建设，志愿服务已经成为乡村治理的新手段和新载体。河北石家庄、邯郸、邢台等地通过推行志愿服务项目，使志愿服务内容涵盖扶贫帮困、公益救援、矛盾调解、疫情防控、人居环境整治等生产生活各领域，不断以基层的创造力激发文明实践的生命力，实现了群众需求在哪里，志愿服务便延伸到哪里。大力开展农村志愿服务活动，要弘扬雷锋精神和奉献、友爱、互助、进步的志愿精神，围绕重大活动、扶贫救灾、敬老救孤、恤病助残、法律援助、农村支教、生态宜居等，引导农民把志愿服务活动作为生活方式、生活习惯。加快推进农村志愿者队伍规范化建设，既能够有效推进农村治理，也助力提升乡风文明水平。要进一步创新观念和制度机制，给予专门经费和专业培训力量支持，

表彰先进榜样,增强农村志愿服务发展动力,引导他们向专业化和规范化方向发展,为乡村振兴做出更大贡献。要完善奖励褒奖制度,推进志愿服务制度化、常态化,使"我为人人、人人为我"蔚然成风。

(三) 广泛开展移风易俗行动

摒弃陈规陋习、封建迷信,倡导乡风文明,是河北省农村思想道德建设的重要任务。首先,要在农村广泛开展弘扬时代新风行动。要紧密结合农村发展实际,通过开展文明就餐、文明交谈、文明就业、文明出行等活动,引导农民自觉遵守公共交往中的文明规范。其次,发挥农村基层党政机关和社会组织的力量,完善农村社会治理,推动农村交通设施、医疗环境、文体场馆等基础设施的建设和管理,优化农村公共空间,提升服务水平,为农民增强公共意识和规则意识、弘扬文明新风创造良好环境。再次,要挖掘并创新乡土文化,充分发挥村规民约、新乡贤、道德评议会、红白理事会等的作用,协调解决内部矛盾,破除铺张浪费、薄养厚葬、虚荣攀比等不良风俗,以科学精神和科学知识抵制迷信和腐朽落后文化,严防极端宗教思想和非法宗教势力的渗透。最后,要引导农民积极践行绿色生产生活方式。通过实施乡村振兴战略,推动农村围绕世界环境日、全国节能宣传周等重要节日,广泛开展多种形式的主题宣传实践活动,坚持人与自然和谐共生,树立绿水青山就是金山银山的理念,增强节约意识和环保意识,杜绝奢华浪费,引导农民做生态环境的保护者和建设者。

(四) 构建道德报偿和道德监督机制

亚当·斯密在《道德情操论》中提出,基于行为"合宜性"而取得报偿最能鼓励和促进美德的发扬光大,而意欲或所产生结果的有害性也决定了其行为应当受到惩罚。构建道德报偿和道德监督机制不仅事关个人道德水平修养,也成为公序良俗的重要实现方式。由此可见,思想道德建设不仅要靠教育倡导,也要进行有效治理。要综合施策、标本兼治,综合运用法律、行政和社会管理、舆论监督等多种手段,有力惩治失德败德、突破道德底线的行为。通过开展道德领域突出问题的专项整治活动,不断净化社会文化环境。针对现实存在的诋毁英雄、伤害民族感情的恶劣言行,尤其是对于有损国家尊严、出卖国家利益的媚外分子,要依法依规严肃惩戒,发挥警示教育作用;针对食品安全、产品安全、生态环境、社会服务等领域的突出问题，要逐一清理整治，让败德违法者受到惩罚、付出代价；针对日常生活中存在的乱扔垃圾、恶意中伤、破坏公物等行为，要严厉批评、责令道歉或恢复原貌，将失德行为和相关人员列入黑名单。建立道德奖惩常态化机制，形成扶正祛邪、惩恶扬善的社会风气。

三、加强农村思想道德基础设施建设和文化服务

(一) 加强思想道德阵地建设

思想道德教育阵地是面向广大农民群众开展思想政治教育的基本依托。巩固和拓展农村思想道德阵地，是培育和弘扬社会主义核心价值观、防御各种落后腐朽思想侵蚀的必然要求，也是保障农民基本文化权益、不断满足农民对美好生活向往的必然要求。农村基层党组织、基层单位、社区都应当高度重视巩固和拓展农村思想道德阵地，利用各种思想道德阵地有针对性地加强农村思想道德建设。一要有效利用广播、电视、报纸、宣传墙等传统媒介，同时，加强农村文明实践中心建设，依托地方融媒体中心建设，推动农村地区广泛开展中国特色社会主义文化、社会主义思想道德学习教育活动，引导农民提高思想觉悟、道德水平和文明素养。要加强对爱国主义教育基地和革命纪念设施的保护利用，充实展陈内容，丰富思想内涵，因地制宜创新展示方式，提升教育功能。要在农村地区兴建图书馆、文化馆、纪念馆、青少年活动中心等公共文化设施，用好宣传栏、显示屏、广告牌等户外媒介，结合农民群众特点有针对性地开展思想道德教育，营造明德守礼的浓厚氛围。二要抓好网络空间道德阵地建设。随着互联网的迅速普及，网络空间已经成为人们社会生活的崭新场域，为道德实践提供了新的空间和新的载体。习近平总书记强调："网络空间天朗气清、生态良好，符合人民利益。网络空间乌烟瘴气、生态恶化，不符合人民利益。"[①]新时代农村思想道德建设要主动适应信息化条件下社会生活空间的拓展和样态的多样化，把网络空间道德建设作为一项重点工作。首先，要抓好网络内容建设。网络信

---

① 习近平：《在网络安全和信息化工作座谈会上的讲话》，人民出版社2016年版，第8页。

息的内容广泛影响着农民的思想观念和道德水平。要深入实施网络内容建设工程，弘扬主旋律，激发正能量，让科学理论、正确舆论、优秀文化充盈网络空间，要围绕思想道德建设工作大局，以"接地气"的方式，把诚信建设、移风易俗等重点工作转化为通俗易懂、易于接受的网络语言，以文字、图片、小视频等形式传播出去，壮大主流价值观的声音。其次，要建立和完善网络行为规范，明确网络是非观念，引导网民和网络从业人员、企业遵德守法、文明互动、理性表达，自觉维护良好网络秩序。最后，要加强网络监管，强化网络综合治理，建立完善新技术、新应用道德评估制度，反对网络暴力行为，依法惩治网络违法犯罪，促进网络空间日益清朗。

(二) 加强农村思想道德建设文化服务

文以载道，文以传情，文以植德。新时代农村思想道德建设要注重以优秀文艺作品陶冶农民道德情操，把培育和践行社会主义核心价值观作为根本任务，坚持以人民为中心的创作导向，创造更多讴歌党、讴歌祖国、讴歌农村时代变迁、讴歌劳动、讴歌奉献、富有乡土气息的精品力作；倡导文艺工作者深入农村，润物无声传播真善美，弘扬崇高的思想境界和道德追求。要坚持把社会效益放在首位，倡导讲品位、讲格调、讲责任的文艺作品入农村，抵制低俗、庸俗、媚俗作品。要把社会主义道德规范作为文艺评论、评介和评奖的重要标准，更好地发挥文化产品传播正道、弘扬正气的正面作用。要充分发挥礼仪礼节的教化作用，规范开展道德模范、先进个人、文明家庭等荣誉表彰制度，规范开展入党入团、升国旗、奏唱国歌等仪式，强化仪式感和参与感，增强农民对党和国家、村集体的认同感和归属感。要充分利用重要传统节日、重大纪念日、农村集会等，组织开展群众性文化实践活动，丰富道德体验和道德情感。要研究推广继承农村优秀传统文化，适应现代文明要求的社会礼仪、服装服饰、文明用语规范，引导人们重礼节、讲文明。

第十章　新时代河北省文明实践夯基战略

中国特色社会主义进入新时代,社会主要矛盾已经发生了转化。在新时代,与对物质文化生活的需要相比,人民群众对精神文化生活的期待更为突出和迫切。为推动习近平新时代中国特色社会主义思想更加深入人心,进一步加强基层社会主义精神文明建设,更好地满足广大农民群众对精神文化生活的新期待,2018年,中央深改委第三次会议提出在县一级建设新时代文明实践中心。新时代文明实践中心以全县域为整体,以县、乡镇、村为单元,以志愿服务为基本形式,打通城乡公共文化服务体系的运行机制、文化科技卫生"三下乡"的工作机制、群众性精神文明创建活动的引导机制,整合人员队伍、资金资源、平台载体、项目活动,推动基层宣传思想文化工作和精神文明建设改革创新,实现更富活力、更有成效、更可持续的发展。新时代文明实践的着力点和最终落脚点在乡村。新时代文明实践是在新时代背景条件下,党中央提出的加强基层社会主义精神文明建设的重要举措。

第一节　新时代文明实践提出的依据及其重大意义

一、新时代文明实践提出的依据

新时代文明实践是习近平新时代中国特色社会主义思想的重要内容,也是全面贯彻落实党的十九大精神,统筹推进中国特色社会主义"五位一体"总布局和"四个全面"战略布局,培育和践行社会主义核心价值观、满足人民群众日益增长的精神文化需求的必然要求。新时代文明实践的提出，有其深厚的理论基础和现实依据。

(一) 新时代文明实践提出的理论依据

马克思主义告诉我们，认识来源于实践，又对实践发挥指导作用。新时代文明实践就是以中国特色社会主义实践为基础，在马克思主义中国化的最新理论成果——习近平新时代中国特色社会主义思想指导下提出来的。

马克思主义是我们党和国家的根本指导思想，它科学地揭示了自然界、人类社会和思维发展的一般规律。马克思主义具有鲜明的实践性。习近平总书记在纪念马克思200周年诞辰大会上的讲话中指出："马克思主义是实践的理论，指引着人民改造世界的行动……实践的观点、生活的观点是马克思主义认识论的基本观点，实践性是马克思主义理论区别于其他理论的显著特征。"[1] 马克思认为，全部社会生活在本质上是实践的。由于从事实践的主体是人，人是有目的、有思想、有价值取向的，故而人的本质具有实践的特性。实践的终极目的是满足实践主体（人）的需要，因而实践观必然包含价值性和方向性。[2]

中国共产党在长期的革命和建设的实践中，历来都非常重视思想理论的武装。在新民主主义革命时期，以毛泽东为主要代表的中国共产党人灵活运用马克思主义普遍原理，联系中国的实际情况，在解决中国革命认识与实践、主客观关系、理论与实际统一等诸多问题上，提出了一系列科学的理论，挽救了危难中的中华民族，带领中国人民走向独立、自主。在改革开放和社会主义现代化建设新时期，以邓小平为主要代表的中国共产党人从中国的国情出发，做出了改革开放的伟大决策，并在总结中国社会主义建设经验教训的基础上，根据改革开放新的伟大实践，"围绕什么是社会主义，怎样建设社会主义"这一基本理论问题，初步回答了中国特色社会主义的发展道路、发展阶段、根本任务、发展动力、外部条件等一系列基本问题，为中国特色社会主义指明了方向。党的十三届四中全会后，以江泽民同志为主要代表的中国共产党人从世情、国情、党情的

---

① 习近平：《在纪念马克思诞辰200周年大会上的讲话》，人民出版社2018年版，第9页。
② 任平：《深入认识新时代马克思主义实践观》，《人民日报》2018年6月26日。

实际出发,围绕"建设一个什么样的党,怎样建设党"这一基本问题,提出了"三个代表"重要思想。党的十六大之后,以胡锦涛同志为主要代表的中国共产党人以中国特色社会主义新的发展实践为基础,围绕"实现什么样的发展,怎样发展"这一时代课题,提出了以人为本,全面、协调、可持续的科学发展观,进一步完善中国特色社会主义理论体系。党的十八大以来,以习近平同志为主要代表的中国共产党人从中国特色社会主义进入新时代这一新的历史方位出发,围绕"新时代坚持和发展什么样的中国特色社会主义、怎样坚持和发展中国特色社会主义,建设什么样的社会主义现代化强国、怎样建设社会主义现代化强国,建设什么样的长期执政的马克思主义政党、怎样建设长期执政的马克思主义政党"等重大时代课题,提出一系列原创性的治国理政新理念新思想新战略,形成了习近平新时代中国特色社会主义思想。

新时代文明实践,就是在马克思主义中国化的理论成果——毛泽东思想和中国特色社会主义理论体系指导下提出来的,是马克思主义实践观在中国特色社会主义新时代的具体体现。新文明实践的主体是志愿者,志愿服务是主要的实践方式。以"志愿、不计报酬、无私、奉献"为特征的志愿服务是汇聚社会资源、传递社会关爱、弘扬社会正气的重要载体,是形成向善、诚信互助社会风尚的重要力量,是现代社会文明进步的重要标志,也是加强精神文明建设、培育和践行社会主义核心价值观的重要举措。

(二)新时代文明实践提出的现实依据

新时代文明实践以志愿者为主体力量,以志愿服务为主要活动方式,激励广大人民群众广泛参与。改革开放40多年来,中国的志愿服务经历了不断地创新、发展与成熟,日益成为推动社会和谐、平等和文明发展的重要力量。习近平在给中国志愿服务联合会的贺信中指出:"党的十八大以来,广大志愿者、志愿服务组织、志愿服务工作者积极响应党和人民号召,弘扬和实践社会主义核心价值观,走进社区、走进乡村、走进基层,为他人送温暖、为社会作贡献,充分彰显了理想信念、爱心善意、责任担当,成为人民有信仰、国家有力量、民族有希望的生动体现。"①据统计，截至2020年5月，全国志愿服务信息系统汇集的注册志愿者已超过2亿人。全国已有1.4万家志愿服务组织进行了身份标志，在全国志愿服务信息系统上注册的志愿服务团队有98万个。②

习近平总书记在党的十九大报告中指出："中国特色社会主义进入新时代，我国社会主要矛盾已经转化为人民日益增长的美好生活需要和不平衡不充分的发展之间的矛盾。"③这一重大政治论断，准确反映了我国经济社会发展的客观实际，为制定新时代党的路线方针政策提供了基本依据。新时代社会主要矛盾的需求侧是人民日益增长的美好生活需要，供给侧是不平衡不充分的发展。为了更好地满足人民日益增长的美好生活需要，需要不断地提升全社会的道德水准、文明素养及全社会文明程度。为此，习近平总书记提出要在县一级建立新时代文明实践中心，广泛开展新时代文明实践，打通宣传群众、教育群众、关心群众、服务群众的"最后一公里"。

新时代文明实践通过志愿服务形式，进一步宣传党的思想，大力弘扬时代新风，践行社会主义核心价值观，加强对广大人民群众的思想道德建设，移风易俗，可以使人民群众切实感受到党对人民的关怀，不断提升人民思想觉悟、道德水准、文明素养和全社会文明程度。

二、新时代文明实践提出的重大意义

新时代文明实践中心的主要任务是学习实践科学理论、宣传宣讲党的政策、培育践行主流价值、丰富活跃文化生活、持续深入移风易俗。开展新时代文明实践的主要目的是推动习近平新时代中国特色社会主义思想更加深入人心，进一步加强和改进农村基层宣传思想文化工作和精神文明建设，打通宣传群众、

---

① 《习近平致中国志愿服务联合会第二届会员代表大会的贺信》，人民网，http://politics.people.com.cn/n1/2019/0724/c1024-31253942.html。
② 《全国志愿服务信息系统注册志愿者超2亿人、志愿服务团队98万个》，搜狐网，https://www.sohu.com/a/468295027_121106842。
③ 《中国共产党第十九次全国代表大会文件汇编》，人民出版社2017年版，第9页。

教育群众、关心群众、服务群众的"最后一公里"。由此可见,新文明实践中心的建立是具有重大而深远历史意义和现实意义的。

(一)有利于巩固马克思主义在意识形态方面的指导地位

我国是一个社会主义国家,马克思主义在我国的意识形态中处于指导地位。2018年,习近平总书记在全国宣传思想工作会议上的讲话中指出:"建设具有强大凝聚力和引领力的社会主义意识形态,是全党特别是宣传思想战线必须担负起的一个战略任务。"[①]在经济全球化、政治多极化、文化多元化、科学技术日新月异的今天,世界又面临着百年未有之大变局。在这样的大背景下,国与国之间文化的竞争日益激烈,不同国家、不同民族"各具特色"文化之间不仅有交流与交融,还有碰撞与交锋。在亨廷顿看来,文化的差异将是未来世界不稳定的主要原因和根源所在,文明间的冲突将是未来世界安全的最重大隐患。尽管亨廷顿的观点中充满了"西方中心论"者的偏见,不能以客观、公正的态度对待不同的文明;毋庸置疑的是,作为国家软实力的文化在国与国之间较量中的地位与作用正日益凸显。文化的较量必然引致文化安全问题。文化安全的本质是意识形态的安全。在我国,捍卫意识形态安全的实质是维护马克思主义在意识形态中的指导地位。新时代文明实践中心从功能定位上看,具有宣传群众、教育群众、凝聚群众、引导群众、以文化人、成风化俗的作用。因此,通过新时代文明实践中心这一宣传宣讲平台,把大主题转化为小切口,对广大人民群众进行马克思主义教育、共产主义理想信念和中国特色社会主义共同理想教育、坚持中国共产党领导的教育以及爱国主义、集体主义教育,通过生动活泼的形式,使广大人民群众能够听得懂、听得进,能够产生在思想上形成认同,从而凝聚民心,汇聚民力,巩固马克思主义在意识形态中的指导地位。

(二)有利于推动习近平新时代中国特色社会主义思想更加深入人心

2013年,习近平总书记在全国宣传思想工作会议上的讲话中指出:"我们要深刻认识经济基础对上层建筑的决定作用,深刻认识上层建筑对经济基础的反

---

① 习近平:《习近平谈治国理政》(第3卷),外文出版社2020年版,第312页。

作用。"①党的十九大报告强调："新时代中国特色社会主义思想,是对马克思列宁主义、毛泽东思想、邓小平理论、'三个代表'重要思想、科学发展观的继承和发展,是马克思主义中国化最新成果,是党和人民实践经验和集体智慧的结晶,是中国特色社会主义理论体系的重要组成部分,是全党全国人民为实现中华民族伟大复兴而奋斗的行动指南,必须长期坚持并不断发展。"②党的十九届六中全会通过的《中共中央关于党的百年奋斗重大成就和历史经验的决议》指出:"习近平新时代中国特色社会主义思想是当代中国马克思主义、二十一世纪马克思主义。"③在当前,重中之重的工作就是用习近平新时代中国特色社会主义思想武装全党、教育人民、指导工作。新时代文明实践中心建设的目的就是要通过志愿服务的形式,组织志愿服务队伍通过宣传宣讲,使习近平新时代中国特色社会主义思想,使党的路线、方针、政策走进基层、走入群众,组织和引导广大群众深入学习习近平新时代中国特色社会主义思想,推动习近平新时代中国特色社会主义思想入心入脑,在基层落地生根。

(三) 有利于进一步加强和改进农村基层宣传思想文化工作和精神文明建设

善于做思想政治工作是我们党的一大优良传统,也是我们党的一大政治优势。毛泽东曾说过:"掌握思想教育,是团结全党进行伟大政治斗争的中心环节。如果这个任务不解决,党的一切政治任务是不能完成的。"④江泽民同志曾指出:"思想政治工作是经济工作和其他一切工作的生命线。"⑤2021年,中共中央、国务院在《关于新时代加强和改进思想政治工作的意见》中进一步强调:"思想政治工作是党的优良传统、鲜明特色和突出政治优势,是一切工作的生命线。加强和改进思想政治工作,事关党的前途命运,事关国家长治久安,事关民族凝聚

---

①　习近平:《习近平关于社会主义文化建设论述摘编》,中共中央文献出版社2017年版,第21页。

②　《中国共产党第十九次全国代表大会文件汇编》,人民出版社2017年版,第16页。

③　《中共中央关于党的百年奋斗重大成就和历史经验的决议》,人民论坛网,http://politics.rmlt.com.cn/2021/1117/631761.shtml。

④　《毛泽东选集》(第3卷),人民出版社1991年版,第1095页。

⑤　《江泽民文选》(第3卷),人民出版社2006年版,第74页。

力和向心力。"①党的十八大以来,党的思想政治工作得到不断加强,但是从我国农村实际来看,思想政治工作还相对薄弱,亟待加强。社会主义精神文明建设,是中国特色社会主义的重要组成部分。习近平总书记指出:"人民有信仰,民族有希望,国家有力量。"②实现中华民族伟大复兴,不仅物质文明建设要搞好,精神文明建设也必须有一个极大的提高。随着中国特色社会主义进入新时代,人民群众对精神文明有了更高的需求。但从现实来看,人民群众日益增长的对更高精神文明的需求同当前精神文明建设还不能满足人民群众的需求之间的矛盾还相对突出。新时代文明实践中心作为农村基层宣传思想文化工作和精神文明建设的有效载体,是做好农村思想政治工作和推动社会主义精神文明建设,提高广大农民思想政治素质,培育时代新人、弘扬时代新风、促进乡风文明的重要阵地。

(四) 有利于打通宣传群众、教育群众、关心群众、服务群众的"最后一公里"

密切联系群众是我们党的三大优良作风之一。党的十八大报告指出,在新形势下党脱离群众的危险"更加尖锐地摆在全党面前"③。习近平总书记在党的十九届六中全会的报告中进一步强调:"党的根基在人民、血脉在人民、力量在人民,人民是党执政兴国的最大底气。民心是最大的政治,正义是最强的力量。党的最大政治优势是密切联系群众,党执政后的最大危险是脱离群众。"④党密切联系群众就需要通过处在基层一线的新时代文明实践中心 (站、所) 将党的创新理论宣讲到基层,将党的惠民政策宣传到基层,将思想政治工作做到基层,将服务群众的工作落实到基层,从人民群众追求幸福、快乐、满意的具体事情入手,一件事情接着一件事情办,一年接着一年干,以创新思想武装群众头脑,以惠民政策暖人心,以思想政治工作解疑释难,以服务赢民心,帮助群众解决实际问题和困难,在服务群众中宣传群众、教育群众、组织群众、武装群众、赢得群众,解决好党群联系"最后一公里"的问题。

---

　　①　《中共中央、国务院印发〈关于新时代加强和改进思想政治工作的意见〉》,共产党员网, https: //www.12371.cn/2021/07/12/ARTI1626085012195563.shtml。

　　②　《习近平谈治国理政》(第2卷),外文出版社2017年版, 第323页。

　　③　《中国共产党第十八次全国代表大会文件汇编》,人民出版社2012年版, 第46页。

　　④　《中共中央关于党的百年奋斗重大成就和历史经验的决议》,人民论坛网, http://politics.rmlt.com.cn/2021/1117/631761.shtml。

第二节　新时代文明实践的基本内容

2018年,习近平总书记在全国宣传思想工作会议上指出,要大力弘扬时代新风,加强思想道德建设,深入实施公民道德建设工程,加强和改进思想政治工作,推进新时代文明实践中心建设,不断提升人民思想觉悟、道德水准、文明素养和全社会文明程度。新时代文明实践,作为党中央的重大战略决策,就是要通过建立县、乡镇、村分层次的新时代文明实践中心(站、所),整合乡村基础公共服务资源,打通服务群众的"最后一公里",通过学习实践科学理论、宣传宣讲党的政策、培育践行主流价值、丰富活跃文化生活、持续深入移风易俗,习近平新时代中国特色社会主义思想才能深入人心、才能在基层落地生根,从而大力推动农村社会主义精神文明建设,助力乡村振兴。

一、学习实践科学理论

党的十八大以后,以习近平同志为核心的党中央,面对错综复杂的国际关系和历史任务,以非凡的理论勇气、高超的政治智慧、坚忍不拔的历史担当精神,积极探索符合新时代中国国情的中国特色社会主义发展道路,提出了一系列治国理政新理念新思想新战略,形成了习近平新时代中国特色社会主义思想。这一思想是马克思主义基本原理和新时代中国特色社会主义建设实践相结合的产物,是与马克思主义、毛泽东思想、邓小平理论、"三个代表"重要思想和科学发展观一脉相承的科学理论体系,是马克思主义中国化的最新理论成果。习近平新时代中国特色社会主义思想的内涵十分丰富,它不仅涵盖了中国的经济、政治、法律、科技、文化、民生、社会等内容,还包含"一国两制"和祖国统一、国防和军队建设、党的建设等重要内容。党的十九大报告将习近平新时代中国特色社会主义思想简明地概括为"八个明确和十四个基本方略"。党的十九届六中全会又进一步将"八个明确"发展为"十个明确"。"十个明确"提纲挈领地概括了习近平新时代中国特色社会主义思想的主要内容,同时也为全国各族人民实现中华民族伟大复兴的中国梦、建设社会主义强国指明了方向。

深入学习和贯彻习近平新时代中国特色社会主义思想,是当前宣传思想政治工作的首要任务。新时代文明实践,就是要将新时代文明实践中心(县)、站(乡镇)、所(村)作为学习和贯彻习近平新时代中国特色社会主义思想的大众平台,通过广泛的多层次、多种形式的学习、宣传,广大人民群众能够全面把握、深刻认识和理解习近平新时代中国特色社会主义思想的基本思想与核心要义,在学懂弄通悟透的基础上深刻理解"马克思主义为什么行? 中国共产党为什么能? 中国特色社会主义为什么好?"在新时代我们要坚持和发展什么样的中国特色社会主义、怎样坚持和发展中国特色社会主义,建设什么样的社会主义现代化强国、怎样建设社会主义现代化强国,建设什么样的长期执政的马克思主义政党、怎样建设长期执政的马克思主义政党,牢固树立"四个意识",坚定"四个自信",捍卫"两个确立",始终做到"两个维护"。

在广大农村地区广泛开展新时代文明实践,就是要确保学习实践往深里走、往实里走,扎实推进,通过形式多样的学习实践活动,广大农民群众能够积极参与,成为新时代文明实践的主体,确保创新理论真正做到入心入脑,避免出现形式主义和教条主义。学习实践党的最新创新理论是新时代文明实践的首要任务。组织广大农民群众学习实践党的最新创新理论需要注意三个方面:一要在深入学习、正确理解的基础上,从农村的实际出发,带着对农民群众的真情实感,将理论与实际结合起来,宣讲党的最新创新理论;二要注意将把大道理讲"小",将"虚"理论讲实,把理论和政策结合起来,把抽象的理论话语转变为通俗易懂的乡言乡语,讲进农民群众的心坎里;三要结合当地特色的风土人情,采取多样、灵活的宣讲方式,寓讲于乐,积极调动村民的学习热情,形成学习、实践的良好氛围。

二、宣传宣讲党的政策

改革开放40多年来,我国农村社会经济也发生了翻天覆地的变化,生产力迅速发展,人民生活水平显著提高。实践证明,这一切都离不开科学理论和党的正确的路线、方针、政策的指引。而实践也反复证明,党的正确的路线、方针、政策,只有被广大的人民群众所认同、接受、支持,才能发挥出应有的巨大指导作用。我们知道,党的正确的路线、方针、政策具有高度的概括性和原则性。对于知识水平相对不高、认识和分析能力相对不强的广大农民群众来说,要完整、准确地理解党的路线、方针、政策,是不太现实的。因此,通过新时代文明实践中心这一平台,组织专家、学者、教师、干部作为志愿者,深入各地农村,为广大农民群众宣传解读党的最新理论,宣传阐释党中央的大政方针、为民利民的具体政策,帮助他们了解政策、掌握政策,在当前特别是围绕乡村振兴战略的实施,把脱贫攻坚、致富兴业、农村改革、民生保障、生态环保、共同富裕等与农民群众利益息息相关的政策讲清楚讲明白,为他们解疑释惑。在宣传宣讲的形式上,可以采用政策解读答疑、专题报告、百姓论坛、宣传栏、展示墙、网络平台等多种形式,也可以将党的政策编排成文艺宣传节目,通过会演、巡演等方式,在活跃农村社会文化生活的同时,让农民群众了解政策,受到教育,做到家喻户晓。同时,政策的宣传宣讲,也要将个人的发展、家庭的幸福与国际国内的形势发展结合起来,与实现中华民族伟大复兴的中国梦结合起来,与个人的社会责任和义务结合起来,鼓励广大农民群众积极参与到乡村振兴中来,通过诚实劳动、合法经营,创造美好的未来。

三、培育和践行社会主义核心价值观

习近平总书记指出:"人类社会发展的历史表明,对一个民族、一个国家来说,最持久、最深层的力量是全社会共同认可的核心价值观。"[1]党的十八大报告提出,要"倡导富强、民主、文明、和谐,倡导自由、平等、公正、法治,倡导爱国、敬业、诚信、友善,积极培育和践行社会主义核心价值观"[2]。这"三个倡导"是从

---

[1] 《十八大以来重要文献选编》(中),中央文献出版社2016年版,第2页。
[2] 《中国共产党第十八次全国代表大会文件汇编》,人民出版社2012年版,第29页。

国家、社会和公民三个层面对社会主义核心价值观的高度凝练,与中国特色社会主义发展要求相契合,与中华优秀传统文化和人类文明优秀成果相承接,是我们党凝聚全党全社会价值共识做出的重要论断,也为社会主义核心价值体系建设指明了方向。当前,面对世界百年未有之大变局,面对世界范围内日益激烈的思想文化交流、交融、交锋,面对价值观的较量,面对改革开放条件下思想意识多元、多样、多变的特点,积极培育和践行社会主义核心价值观,对于巩固马克思主义在意识形态领域的指导地位,对于巩固全党全国人民团结奋斗的共同思想基础,对于促进人的全面发展、引领社会的全面进步,对于集聚全面建成社会主义现代化强国、实现中华民族伟大复兴中国梦的强大正能量,具有重要现实意义和深远历史意义。价值观是"三观"的核心,核心价值观是人的精神支柱,对于一个人、一个民族精神世界的形成具有基础性、决定性作用。富强、民主、文明、和谐、自由、平等、公正、法治、爱国、敬业、诚信、友善24个字的社会主义核心价值观,既是我们共同追求的价值目标与价值准则,也为社会主义精神文明建设指明了前进的道路与发展的方向。

社会主义精神文明建设与社会主义核心价值观在本质上是一致的。加强社会主义精神文明建设必然要求培育和践行社会主义核心价值观,以社会主义核心价值观引领社会主义精神文明建设。开展新时代文明实践,必须要把培育践行社会主义核心价值观作为根本任务,要在阐释解读、传播普及和实践养成上下功夫,在贯穿结合融入上下功夫,在落细落小落实上下功夫,让社会主义精神文明建设与社会主义核心价值观建设相互促进、相得益彰。习近平总书记指出:"一种价值观要真正发挥作用,必须融入社会生活,让人们在实践中感知它、领悟它。要注意把我们所提倡的与人们日常生活紧密联系起来,在落细、落小、落实上下功夫。"[1]

要使社会主义核心价值观落到实处,在新时代文明实践中,就必须广泛开展道德实践活动,以诚信建设为重点,加强社会公德、职业道德、家庭美德、个人品德教育,努力形成修身律己、崇德向善、礼让宽容的良好道德风尚;必须要

---

[1]　习近平:《习近平谈治国理政》(第1卷),外文出版社2018年版,第2页。

进一步深化学雷锋志愿服务活动,大力弘扬雷锋精神,广泛开展形式多样的学雷锋实践活动,推动学雷锋活动常态化;必须要进一步深化群众性精神文明创建活动,在突出社会主义核心价值观的思想内涵上求实效;必须要发挥优秀传统文化怡情养志、涵育文明的重要作用,建设优秀传统文化传承体系,加强对优秀传统文化思想价值的挖掘,让优秀传统文化在新的时代条件下不断发扬光大;必须要发挥重要节庆日传播社会主流价值的独特优势,开展革命传统教育,加强对革命传统文化时代价值的阐发,发扬党领导人民在革命、建设、改革中形成的优良传统,弘扬民族精神和时代精神;必须要运用公益广告传播社会主流价值、引领文明新风尚。

四、丰富精神文化生活

"精神文化是一个国家、一个民族的灵魂。文化兴国运兴,文化强民族强。"[1] 在经历五千多年的历史长河中,华夏民族的先辈缔造了博大精深的中华传统文化,以其独有思想观念、人文精神、意志品质,滋养着一代又一代中华儿女不断向前。继承和弘扬中国优秀的传统文化,不仅是身为华夏儿女的职责,更是时代的要求。中国共产党作为执政党,不仅是中国先进文化的积极引领者和实践者,更是中华民族优秀文化的忠实承传者和弘扬者。因此,在新时代文明实践过程中,要充分挖掘和保护中华民族优秀传统文化,使之得以发扬光大。

在博大精深的中华精神文化中,最核心的是其形成的一套思想理念、价值观和民族精神,主要包括天人合一、以人为本、崇德尚义。具体来讲,就是要注重人与自然的和谐合一,不是强调征服自然、改造自然,而是主张天和人的协调;强调关注的焦点是人类社会的有序和谐与人生理想的实现;重视人的德行品格,重视德行的培养和人格的提升。[2]在新时代文明实践中,我们应充分认识中华优秀传统文化的独特优势,正确处理弘扬优秀传统文化与马克思主义指导地位

---

① 习近平:《习近平谈治国理政》(第3卷),外文出版社2020年版,第32页。
② 陈来:《大力弘扬中华优秀传统文化》,《人民论坛》2018年第3期。

的关系、与中国共产党领导中国人民创造的红色革命文化的关系、与吸收外来先进文化的关系,真正做到对传统文化兼收并蓄、创新发展。因此,在新时代文明实践工作中,必须要把丰富广大人民群众的精神文化生活作为一项重要的内容。首先,在文明实践活动中,需要我们把握正确的文化发展导向,为广大群众提供丰富而健康的精神文化产品,充分满足人民群众日益增长的精神文化生活需要。其次,要做好优秀传统文化的创造性转化和创新性发展,做好优秀传统文化的宣传普及工作,坚持以文育人、以文化人的工作方针,将中国传统的优秀文化植入新时代社会主义核心价值体系当中,在潜移默化中进一步加强社会功德、村民职业道德、家庭美德和个人品德教育。最后,还要广泛开展群众乐于参与、便于参与的文化生活,让广大人民群众在多姿多彩、喜闻乐见的文化活动中获得精神滋养、增强精神力量。深入挖掘和弘扬中华优秀传统文化所蕴含的思想观念、人文精神和道德规范,通过乡村广场舞、地方戏曲会演、读书看报、道德讲堂等多种形式,提振农民群众的精气神。

五、持续深入移风易俗

"入州里,观习俗,听民之所以化其上,而治乱之国可知也。"(《管子·八观》)加强精神文明建设是乡村振兴战略的重要内容之一。移风易俗、提倡文明健康的生活方式是加强社会主义精神文明建设的必然要求。针对农村社会存在的薄养厚葬、红白喜事大操大办等陈规陋习,2016年,中共中央、国务院在《关于落实发展新理念加快农业现代化实现全面小康目标的若干意见》中就提出要"弘扬优秀传统文化,抓好移风易俗,树立健康文明新风尚"[1]。2017年,中共中央、国务院在《关于深入推进农业供给侧结构性改革加快培育农业农村发展新动能的若干意见》中强调,要"提升农民思想道德和科学文化素质,加强农村移风易俗工作,引导群众抵制婚丧嫁娶大操大办、人情债等陈规陋习"[2]。2018年,

---

① 《十八大以来重要文献选编(下)》,中央文献出版社2018年版,第123页。
② 《十八大以来重要文献选编(下)》,中央文献出版社2018年版,第546页。

中共中央、国务院在《关于实施乡村振兴战略的意见》中指出："开展移风易俗行动。广泛开展文明村镇、星级文明户、文明家庭等群众性精神文明创建活动。遏制大操大办、厚葬薄养、人情攀比等陈规陋习。"①2019年，中共中央、国务院在《关于坚持农业农村优先发展做好"三农"工作的若干意见》中进一步要求："持续推进农村移风易俗工作，引导和鼓励农村基层群众性自治组织采取约束性强的措施，对婚丧陋习、天价彩礼、孝道式微、老无所养等不良社会风气进行治理。"②2020年，中共中央、国务院在《关于抓好"三农"领域重点工作确保如期实现全面小康的意见》中明确提出："教育引导群众革除陈规陋习，弘扬公序良俗，培育文明乡风。"③2021年，中共中央、国务院在《关于全面推进乡村振兴加快农业农村现代化的意见》中进一步要求："持续推进农村移风易俗，推广积分制、道德评议会、红白理事会等做法，加大高价彩礼、人情攀比、厚葬薄养、铺张浪费、封建迷信等不良风气治理，推动形成文明乡风、良好家风、淳朴民风。"④

移风易俗，是新时代文明实践的重要内容，也是乡风文明的必然要求。在新时代，开展文明实践，要求我们必须要破除陈规陋习，大力提倡移风易俗，传播文明理念，弘扬时代新风，积极倡导科学文明健康的生活方式，宣传普及文明礼仪规范，针对红白喜事大操大办、奢侈浪费、厚葬薄养等不良习气，广泛开展乡风评议，充分发挥村民议事会、道德评议会、红白理事会、禁毒禁赌协会等群众性组织的作用。同时，还要切实加强无神论的宣传教育，引导广大农民群众自觉抵制腐朽落后文化的侵蚀，大力弘扬科学精神，广泛普及科学知识。

---

① 《中共中央国务院关于实施乡村振兴战略的意见》，人民出版社2018年版，第19页。

② 《中共中央国务院关于坚持农业农村优先发展做好"三农"工作的若干意见》，人民出版社2019年版，第21页。

③ 《中共中央国务院关于抓好"三农"领域重点工作确保如期实现全面小康的意见》，人民出版社2021年版，第15页。

④ 《中共中央国务院关于全面推进乡村振兴加快农业农村现代化的意见》，人民出版社2021年版，第23页。

第三节 新时代河北省文明实践的
初步探索与经验总结

建设新时代文明实践中心，是以习近平同志为核心的党中央从战略和全局高度做出的重大决策，是服务于新时代中国特色社会主义建设的重要举措。近年来，河北省以承担全国20个新时代文明实践中心试点为契机，狠抓工作落实，高标准建设新时代文明实践中心，高质量开展各种文明实践主题活动，着力打造新时代文明实践的"河北样板"。

一、河北省新时代文明实践的初步探索

新时代文明实践是加强基层宣传思想工作的新探索，也是新形势下做好群众工作精准化、常态化的新途径。2018年7月6日，习近平总书记主持召开的中央深改委第三次会议审议通过了《关于建设新时代文明实践中心试点工作的指导意见》，决定在全国以试点方式开展建设新时代文明实践中心工作。2018年底，河北省选择邯郸市临漳县、秦皇岛市卢龙县、石家庄市藁城区作为省级试点，并以此推动11个区市确定25个县（市、区）为市级试点分层探索，标志着河北省建设新时代文明实践中心工作的正式启动。2019年10月，中央文明委印发《关于深化拓展新时代文明实践中心建设试点工作的实施方案》，河北省20个县（市、区）被列入全国试点，标志着河北省建设新时代文明实践中心工作的全面展开。截至2021年6月，河北省共建成新时代文明实践中心130个、乡镇实践所1122个、街道办事处实践所186个、村实践站14747个、社区实践站1459个。经过两年多的探索，在河北省新时代文明实践工作中，涌现出了一批各具特色的先进典型。

（一）唐山滦州：新时代文明实践"小板凳"志愿服务乡村讲师团

河北滦州市自新时代文明实践中心工作开展以来，紧紧围绕新时代文明实践中心建设"四个定位"和实践项目"四化"原则，组建了新时代文明实践"小

板凳"志愿服务乡村讲师团。2019年以来,讲师团深入田间地头、公园广场、农家院落等,运用群众喜闻乐见的形式,宣传习近平新时代中国特色社会主义思想,宣讲中央和省市委决策部署,推动党的创新理论飞入寻常百姓家,推动滦州市形成了理论宣讲"传帮带"、思想传播全覆盖的良好局面,在基层党员群众中起到了凝聚人心、解疑释惑、服务生产生活的较好效果。他们的具体做法包括:(1)组织退休教师、老党员、文化能人、优秀基层干部等热心人士建立了"小板凳日报"乡村讲师团,并逐步打造了"老爷爷宣讲团""东安播报""红色小屋""榛子镇之声"等11个各具特色的志愿服务宣讲小分队。(2)规划编创宣讲一体化推进。讲师团下设乡村名嘴"传帮带"市级工作室、镇街级分工作室和本土宣讲教材创编室。市级工作室统筹规划年度宣讲重点内容、明确职责分工、分配工作任务;本土宣讲教材创编室组织乡镇所业务骨干、讲师团"土专家"等编创本土配套宣讲教材;镇街级分工作室年初编写全年主题宣讲计划,每季度至少组织一次"乡村讲师"专题培训,每月开展阶段性主题宣讲活动。(3)明确专人负责收集、把关宣讲内容。宣讲内容主要包括:一是政策理论,包括习近平总书记重要讲话精神、中央省市有关会议精神及热点时政要闻、本市本镇街党委政府重要工作安排、各类惠民利民政策信息等;二是科普知识,包括与村民生产生活息息相关的种植养殖、卫生健康、养生保健等普及内容;三是村情民意,涉及村情动态、对村民反映重要事项的解答等。(4)创新宣讲形式。"小板凳日报"乡村讲师团成员针对群众需要,利用"每日面对面""广场舞前十分钟""乡村大喇叭"等丰富多彩的形式开展政策和时事宣讲。(5)线上与线下宣讲相结合。讲师团依托"滦州文明实践"手机小程序,"文明滦州"公众号,滦州市新时代文明实践官方快手、抖音账号等,将线下活动录制成视频或采取线上直播形式,及时发布"小板凳日报"讲师团活动情况和宣讲内容,使基层党员群众在日常生活当中就可以随时随地学习了解,便于有些群众在自家门口坐着一边坐在小板凳上干农活,一边通过手机就能够收听收看。

(二)邯郸涉县:"小小红色讲解员"

邯郸市涉县是革命老区,有着丰富的红色文化遗产,是开展红色革命教育的重要基地。涉县新时代文明实践中心自建立以来,因地制宜地开发了"小小红色讲解员"志愿服务项目,在中小学生中培养"小小红色讲解员"。小小红色讲解员利用周末、节假日等业余时间,在八路军一二九师纪念馆、太行红色新闻旧址、晋冀鲁豫抗日殉国烈士公墓等80多处红色教育实践基地,开展义务讲解活动,已经取得了良好的成效。一是丰富了教育形式。从课堂到实践,从实践到课堂,小讲解员的业务能力和综合水平得到了提升。通过讲解,不仅丰富了他们的知识、提高了技能,而且充分发挥了红色历史、红色资源在未成年人思想道德教育中的突出作用,进一步加强对青少年的爱国主义教育和革命传统教育。二是"小小红色讲解员"志愿服务项目使各实践基地的文明实践活动焕发了新的活力,小志愿者采用讲解、演唱、快板等不同形式讲解红色故事,增强了红色教育基地的吸引力和感染力。三是"小小红色讲解员"已经成了播撒文明礼仪和传承红色基因的自觉践行者。他们在讲解的过程中,传播的是涉县的红色故事,传承的是红色文化,使来访参观者受到了教育,在全县营造起了浓郁的红色文化氛围。他们的主要做法是:(1)精挑细选建队伍。"小小红色讲解员"的来源主要通过两种渠道,一是择优录取,由各中小学校根据学生在校表现、基本素质和个人意愿,直接向新时代文明实践中心择优推荐。二是公开选拔,在县青少年活动中心成立组织机构,利用暑假开始后一周时间向社会公开招募、选拔,确定讲解员培训名单。目前,小小红色讲解员队伍已经达到8000余名,每年服务时长近10万小时。(2)专业培训练本领。对参加"小小红色讲解员"队伍的同学,县有关部门要组织开展集中学习培训。培训内容:一是邀请县广播电台播音员和一二九师纪念馆讲解员进行讲解;二是进行语言表达、仪容仪表、礼仪礼节和讲解词写作训练;三是让这些"小小红色讲解员"深入革命旧址,穿八路军衣、走八路军路、吃八路军饭,学唱红歌,学讲红色故事,加深对革命历史的了解;四是进行实地模拟试讲,让每个小讲解员根据新时代文明实践中心统一安排,选择一处文物或展品或红色故事,用演小品、唱红歌或打快板的方式,进行讲解练习。(3)搭建舞台展风采。县新时代文明实践中心统筹八路军一二九师纪念馆、太行红色新闻旧址、新华社暨陕北新华广播电台旧址、晋冀鲁豫抗日殉国烈士公墓等80多处红色景区作为文明实践基地,就近安排小讲解员在暑假、周末、重要节日(清明节、"七一"建军节等)等时间节点,在红色景点进行讲解。目前,经常性活跃在各处的小讲解员有300多名。(4)移动宣讲传精神。县新时代文明实践中心从具有实战经验的小讲解员中优中择优,挑选出"红色金牌讲解员",成立"新时代文明实践红色文化移动宣讲站",打造特色宣讲队伍,把红色故事送到全县各个文明实践所、实践站、实践点和学校,再现那一段段红色的历史。

(三)衡水冀州:婚俗改革新风尚

2019年以来,衡水市冀州区以建设新时代文明实践中心为契机,坚持把移风易俗作为推进新时代文明实践工作的重要内容,突出抓好机制建设、氛围营造、实践养成等内容,大力推进婚姻移风易俗,全面遏制婚俗不正之风,积极探索婚俗改革新模式,红白喜事简办率达到90%以上,促进形成了婚俗新风尚,推进了社会风气好转。他们的主要做法是:(1)改革先行,为爱"减负"。由民政部门牵头就移风易俗、倡导节俭、完善村规民约等8项内容进行梳理汇总,研究编制了《冀州区村级自治组织责任清单》,并明确村级组织责任,通过"行政干预+村规民约"形式,打通政策落实"最后一百米"。同时,该区还在区、乡村分别设立协会指导红白事工作。其中,区级层面,在城区设立全区红白理事联合会,委任社会知名人士任会长,负责改革婚丧嫁娶习俗、协助办理红白事等工作;村级层面,在各村(社区)成立红白理事会,会长由各村支部书记或村委会主任担任,本着一切从简的原则,协助每户村民办好男女婚庆及丧葬事宜。(2)服务至上,为爱"升温"。以《民法典》颁布实施为契机,以婚姻"辅导室""调解室""颁证室"为抓手,全面提升婚姻登记服务质量,大力倡导婚俗移风易俗。其中,"辅导室"探索"社工+志愿者"服务模式,为新人上好"婚前第一课",就心理、德育、生活技能等进行讲授,帮助年轻人向婚姻状态过渡,从源头上减少婚姻家庭纠纷的发生;"调解室"积极探索"调解+关爱"服务模式,为群众提供情绪疏导、法律咨询、家事调解、教育引导等服务,并通过离婚冷静期内对当事人开展婚姻危机干预的有效方法和措施,开展婚姻家庭关系调适和离婚辅导;"颁证室"通过整合现有场地,进一步增强结婚证申领过程中神圣、庄严、浪漫的仪式感。同时,该区还建立完善社会名人颁证制度,聘请人大代表、政协委员、劳动模范等社会各界代表、杰出人员,参与结婚证颁发工作,确保将"颁证室"打造成为传播文明、传承家教、传授家风、传递正能量的主阵地。（3）打造基地，为爱"添彩"。充分发挥历史文化和生态环境条件，推动婚俗改革功能拓展延伸，探索打造了以"冀鲁豫边区省委党校"为主题的红色集体婚礼基地、以"农光互补示范园"为主题的环保集体婚礼基地和以"皇家小镇"为主题的古典集体婚礼基地，充满仪式感的集体婚礼在节约费用的同时，又让新人们尽览了美景，接受文明时尚的浸润。（4）当好红娘，为爱"搭桥"。新时代文明实践中心积极协调民政、工会、教育、妇联等部门，联合建立"未婚大龄青年数据库"，设立"相亲角"，通过"线上""线下"等多种方式，为辖区广大未婚青年牵线搭桥，普及婚恋新风尚。其中，微信交友活动，通过设立微信交友群，已吸引500多人加入青年群，日发布各类交友信息50余条。充分利用"七夕"等节点，举办大型主题联谊活动。

（四）沧州任丘辛中驿："孝善名镇"助力乡村和谐

沧州任丘市辛中驿镇是任丘的"南大门"，下辖25个行政村，42000多人。新时代文明实践中心建设以来，辛中驿镇依托实践所（站）建设，以成立孝善基金、评定孝善信用、孝善文化进校园3项主题活动为抓手，打造"孝善名镇"。自2018年底至今，辛中驿镇共推选出孝善家庭173个、孝善班级11个、孝善标兵和孝善小孝星216个，发放孝善基金82200元，完成签约授信群众755户，其中189户依托孝善信用贷款3200余万元。"孝善名镇"建设，增强了家庭和睦，弘扬了新风正气，减少了家庭邻里纠纷，封建迷信活动得到有效遏制，信访案件发生率逐渐降低，有力地促进了基层治理和乡风文明。2020年，辛中驿镇荣获"全国乡村治理示范乡镇"称号。他们的主要做法是：（1）强化组织发动。镇党委、政府成立了由镇党委书记任组长的孝善名镇工作领导小组，25个行政村均成立了村支书任组长的工作小组，制发了《建设"孝善名镇"实施方案》《关于建立村级孝善基金的指导意见》《孝善文化进校园活动实施方案》《关于开展"孝善擂台赛"活动的通知》等文件，指导各村、学校有序开展工作。通过党员活动日、村民代表大会、农村"大喇叭"、"阳光村务公开栏"、村小组微信群、宣传标语和逐户发放"倡议书"等形式，引导村民响应号召，积极参与"孝善名镇"建设。（2）成立孝善基金，正向引导。25个村全部成立了孝善基金。村"两委"干部、党员和村民代表积极带头捐款，善心企业家和广大村民纷纷慷慨解囊，成立之初仅用21天时间,孝善基金接受捐款总额就达到了321.25万元。明确规定基金可增不减,增值部分用于表彰孝老爱亲的"好儿媳""好女婿""孝善小孝星"等孝善典型,按照规定的办法使用管理。(3)评定孝善信用,激励创业。组织开展"尽孝心、行善举,为自己储蓄——孝善擂台赛",25个村以户为单位,对全体村民进行"孝善信用"评定,得分在60分以下为不合格,60—70分为合格,70—90分为良好,90分以上为优秀。评定结果张榜公示,激励先进,鞭策落后。村镇银行依据"孝善信用"评定结果,给予农户无抵押无担保贷款支持,孝善信用等级越高的农户,贷款授信额度越大,利率越低。(4)开办孝善课堂,教育先行。组织开展"孝善文化进校园"活动,在全镇13所学校、175个班级、6856名学生中持续广泛开展"七个一"孝善主题活动,即读一本孝善文化书籍、讲一个孝善经典故事、做一件敬老爱老好事、写一篇孝善感悟文章、绘制一面孝善文化墙、举行一次敬老爱老国旗下讲话、组织一次孝善少年评比表彰活动。开展形式多样、内容丰富的孝善活动,引导学生将孝善内化于心、外化于行,取得了明显成效。

(五)沧州黄骅:新时代文明实践"赶大集"

沧州黄骅市通过农村喜闻乐见的赶大集形式,常态化开展送服务、送温暖、送文明、送实惠下乡,使村民"一站式"享受到形式多样、内容丰富的服务,让文明新风尚融入百姓生活。截至2021年7月,沧州黄骅市已经通过"赶大集"的形式开展文明实践活动27场,累计走访慰问困难群众81户,健康检查1100人次,发放科普图书2300册,发放各类法律、健康知识宣传材料3万余份,受益群众达4.3万余人。以"赶大集"的形式开展文明实践活动,将党的创新理论、政策和服务送到群众身边,让群众在受益的同时,也增加了对文明实践活动的认同感和参与感,取得了良好成效。他们的主要做法是:(1)常态化整合资源。为发挥文明实践志愿服务的最大效能,整合理论宣讲、教育服务、文化服务、科技科普服务、健康体育服务、法律服务等志愿服务项目,以及红色朝阳志愿服务协会、白天鹅志愿服务队等社会志愿服务资源,建立起"新时代文明实践赶大集"文明实践活动品牌。把"单打独斗"变为"集团作战",并固化为常态、长效机制,增强了文明实践活动的影响力和感染力,吸引带动更多志愿服务力量和广大群众参与其中、乐在其中。(2)模块化设置内容。采取原则性和灵活性相结合,在

"赶大集"活动中,建立了"6+N"志愿服务模块,即理论宣讲、文艺演出、义诊体检、农技服务、法律援助、扶贫帮困6个固定服务模块和义务理发、心理咨询、助学支教、环境保护等N个随机服务模块。根据群众需求,每场"赶大集"都及时对服务模块内容进行调整、补充,调动了志愿服务力量,也让文明实践活动既提供了共性服务,又丰富了个性化服务。(3)精准化对接需求。利用黄骅市新时代文明实践云平台"点单派单"功能,由村(社区)级实践站"报心愿"、乡镇(街道)级实践所"点需求"、市级实践中心"派服务"、志愿服务组织"接命令",实现了实践中心、志愿服务组织、群众等三方联动。"新时代文明实践赶大集"文明实践活动,每个月举办2—3次,结合重要工作、重要时间节点,穿插开展道德模范事迹展、道德模范讲党史、传统文化进校园、我为群众办实事等活动,把群众最需要的民生服务直接送达群众手中,提升了群众的获得感、幸福感。

(六)廊坊市文安德归镇:"群众说事室"

廊坊市文安县德归镇依托新时代文明实践所站建设,有效整合政法、信访、宣传、组织等相关部门资源,从2020年5月起,在全镇22个村街均建起"百姓说事室",以志愿者为主要力量,组织开展"群众说事—志愿者解题"志愿服务活动,搭建起反映民意民声的桥梁,让群众平时想说的事有人听,难办的事有人帮。乡村"百姓说事室"融洽了干群邻里关系,化解了群众急难怨盼,促进了村街经济发展。村内一些长期得不到解决的遗留问题得到了彻底解决,许多群众关心的突出的热点难点问题得到了有效解决。如今,"有事就到说事室""小小说事室,解决大问题"已经成为德归镇广大群众的共识。他们的主要做法是:(1)广开门庭组建志愿服务团队。建立"百姓说事—志愿者解题"服务点,广泛吸纳镇村各界爱心人士作为服务站的志愿者。志愿者主要来自:一是村街"两委"干部;二是从事法律服务的专业人员;三是群众工作本领强的村内离退休老干部,热心公益事业的老党员,组织协调能力强、在群众中有较高威信的村民代表。(2)多措并举了解村民难题。上门问"事",志愿者利用村民闲暇时间深入到群众家中或工厂企业,坚持做到村民代表必访、老干部老党员必访、贫困户必访、重点企业项目必访,收集信息、掌握情况。见面说"事",在文明实践站或村委会设立"群众说事—干部解题"说事工作点,每天安排1名志愿者与村"两委"

成员或村调解委员会成员一同接待群众；电话接"事"，通过村街微信群把志愿服务内容和相关人员电话推送出去，方便群众随时咨询。（3）分类施策全力协调解决。对群众反映的问题分类施策、分流处置、依法解决。"事"属政策咨询、法律咨询类的问题，由政策宣讲志愿服务小分队和法律服务志愿服务小分队受理解答；"事"属家庭矛盾、邻里纠纷的，由邻里互助、维权维稳志愿服务小分队出面协调；"事"属村内民生事务的，由党员先锋志愿服务小分队负责解决；"事"属村街环境卫生的，由环境保护志愿服务小分队提供支持。其中，志愿者能当场解决的，积极协调马上办；志愿者不能立即解决的，协调有关部门专门人员积极办理并及时回复。（4）事后回访确保群众满意。"百姓说事—志愿者解题"服务站通过志愿者入户回访、微信群回访、调查问卷回访3种方式，征求每一名说事群众对问题处理的满意率，并根据回访情况及时调整提高，做到了"件件事情有回音，解题效果有回访"，推动了志愿服务专业化、精细化开展。

（七）秦皇岛卢龙柳河北山村："大栗树下"红色文化志愿服务

秦皇岛市卢龙县柳河北山村新时代文明实践站依托冀东地区唯一一座全面反映冀东抗日武装先进事迹的冀东抗日纪念馆，选取纪念馆周边一棵对村民具有精神寄托意义的百年树龄的栗子树下为场地，从2019年开始，定期开展红色文艺演出、科学理论宣传、方针政策解读、种植技术培训等志愿服务活动。"大栗树下"红色文化志愿服务的开展，传播了党的创新理论，宣传了党的革命历史和革命先烈的光辉事迹，使人民群众在欣赏文艺演出、学习致富本领、接受生活服务中增强了对党的政治认同、思想认同、理论认同和情感认同，坚定了听党话、跟党走的信心和决心。截至目前，该村志愿服务队已经从原来的20名扩大到现在的52名，宣传服务范围已经扩展延伸到周边12个乡镇和205个村，"大栗树下"已经成为深受当地群众欢迎的红色文化阵地和文明实践课堂。他们的主要做法是：（1）组织建好志愿服务演出队伍。通过招募、筛选一批擅长歌舞表演、乐器演奏、小品快板等文艺特长的村庄文化能人，购买相关的演出器材和服装道具等，组建了一支20人的"大栗树下"红色志愿服务队，由村支部书记任队长，负责日常管理，统筹安排活动，做好相关记录。志愿服务队依据当地传颂的红色文化故事，编排了一组融合多种表演形式的文艺节目，同时邀请市文联派出文艺骨干进行培训指导,每周二、周四在"大栗树下"排练节目,形成了一支具有浓郁地方特色的红色演出小分队。(2)定期举行文艺活动演出。每周六上午和下午,由志愿服务队在大栗树下为纪念馆参观者和周边群众演出,演出时间每次1小时,共10个节目。通过情景剧、快板、歌舞等文艺形式,反映抗日战争期间冀东抗日武装及李运昌、曾克林、马本斋等北山军民团结一心保供给、救伤员、搞学习的英雄事迹,对村民和游客进行爱国主义教育,传承红色基因。情景剧《北山之歌》等都深受群众欢迎,受益群达3.5万余人次。(3)丰富服务内容拓展活动成效。聘请具有一定专业特长的志愿者,常年在大栗树下开展接地气的志愿服务活动。每周六在大栗树下开展惠民义诊、健康知识宣传、免费义剪服务活动,以及甘薯板栗种植、病虫害防治、科学施肥管理等技术培训活动;每逢节日、纪念日等开展法律知识宣传、环境保护、移风易俗宣传等活动。同时,村"两委"联合爱心企业对大栗树下及周边环境进行了硬化绿化亮化,设置了宣传党的政策、先进人物事迹等各类宣传栏、文化墙,营造了良好的环境氛围。

(八)"爱心小院"让文明实践聚人气、接地气

2019年以来,邢台市清河县新时代文明实践中心依托文明实践站,号召爱心企业和爱心人士捐款成立文明实践基金,在谢炉镇王双庙村建起"八个一"(一间爱心餐厅、一个义务理发屋、一座小院讲堂、一间"百姓说事室"、一系列志愿服务队、一支文明实践基金、一个志愿服务检委会、一家志愿积分超市)标准的"爱心小院",真正把实践站建实用好,吸引群众走进来,其主要做法如下。

1. 搭建文明实践载体,让献爱心有地方

一厅:针对留守、孤寡老人生活孤独,设立爱心餐厅,每周六组织75岁以上老人免费用餐,在吃饭、聊天中了解他们生活难事,化解内心孤独,给予精神陪伴。一屋:开设义务理发屋,每月组织理发志愿者为老人免费理发。一堂:设立"小院讲堂",每周组织理论宣讲志愿者开展讲理论、讲政策、讲法律、讲科技、讲健康、讲典型、讲技能"七讲"志愿服务,不仅传播党的创新理论和惠民政策,还依托当地羊绒产业优势,进行羊绒手工缝合、网络销售等技能培训。一室:成立"百姓说事室",百姓的揪心事、烦心事及矛盾纠纷等问题都可以到这儿说说,有志愿者坐班,帮忙解决。

2. 组建志愿服务队伍,让献爱心有力量

针对"一厅、一堂、一室、一屋"等志愿服务项目,组建志愿服务队伍。组织村里20余名家庭妇女成立"俏厨娘"志愿服务队,每周2人轮流在"爱心餐厅"做饭;组织县里宣讲师、老党员、村干部及致富能手成立理论宣讲志愿队,为百姓宣讲党的创新理论和惠民政策;以支书、主任等村两委为主组成"矛盾调解志愿队",谁家有急事、难事、红白事,及时帮办,通过走访了解核实,收集造册,村里能解决的及时解决,村里解决不了的及时上交镇实践所或县实践中心,争取将基层矛盾化解在萌芽状态。

3. 成立文明实践基金,让献爱心有保障

"一金":组织村内企业家和爱心人士积极捐助,成立文明实践基金,基金主要用于各类志愿服务活动,如爱心餐厅的日常开支,优秀志愿者和志愿团队的表彰,好婆婆、好媳妇、最美家庭等活动评选奖励。"一超市":设立积分超市,志愿者以志愿服务时长换取积分,用积分兑换米、面、油等相应奖励。"一会":设立志愿服务监委会,由村里老党员和村民代表组成,记录村民参与志愿活动情况,监督积分兑换和基金管理情况,参与村内各优秀模范表彰活动的评选。

自"爱心小院"成立以来,组织开展了孝心餐、理论宣讲、爱心义剪、全民宣讲、庭院评比等各类志愿活动100余场次,解决群众诉求150余件,兑换奖励积分2000余分,惠及群众1万余人次。全村注册志愿者达到180余人,占常住人口的20%,活跃度达85%,有力推动了人居环境、矛盾化解、移风易俗等基层工作开展,更多群众由被动参加到主动参与,从"当观众"转变为"唱主角",群众的获得感幸福感归属感明显增强。

(九)"掌上议事"架起为民服务"连心桥"

邢台市信都区为大力践行"我为群众办实事"活动,以新时代文明实践为活动载体,通过对原有的志愿服务资源进行有机整合,提出"听声音、议举措、办实事"的口号,让全区文明实践志愿者化身"百姓代言人",组建了主城区、环城区、山区3个区级"百姓议事厅"微信群、1个"部门集中办"交办群和902个基层"百姓议事厅",187928名"百姓代言人"参与其中。在此基础上拓展组建了"家长议事厅""商户议事厅",构筑了文明实践"掌上议事厅"矩阵,打造纵向全贯穿、横向全覆盖、内部全打通"一张网",搭建起服务群众"连心桥",打通联系群众、服务群众的"最后一公里",开启新时代精神文明建设的新篇章。

其主要做法是:(1)标好"一杆尺"。对入群人员身份进行实名登记,广泛吸纳关心信都发展、热心公益的干部群众进群,鼓励"百姓引导员"积极发声,使"掌上议事厅"微信矩阵群有秩序、有交流、有温度。(2)织密"一张网"。以基层"百姓议事厅"为触角、以区级"百姓议事厅"为枢纽、以"部门集中办"为核心,构建"居民诉求—部门反应—解决问题—反馈问题""一呼百应"式快速处理机制,层层搭建起"听民声、解民忧"线上线下服务平台,使服务群众更便捷、更走心、更直接。(3)打通"一条路"。针对群众的诉求和"微心愿",村和社区能解决的快速处理。解决不了的,"百姓代言人"及时向区级议事厅反映,由文明实践联络员转到"部门集中办"微信群,协调相关部门予以处理,并将问题处理情况、办理结果公开晾晒。对无法进"厅"的老年人,则通过定期召开的线下议事会听取诉求、解决问题。(4)吹响"集结号"。信都区创新探索建立的"家长议事厅""商户议事厅"等微信群,接学生等待时间过长、食堂饭菜单调等问题第一时间解决落实,并探索延伸了混龄教育、亲子情景式阅读、"漂流小书包"等多种幼教模式。"商户议事厅"中,800余名门店老板在群里接收通知、分享商业资讯、反映问题诉求,小小议事厅成为信息集散大枢纽。

"掌上议事厅"极大发挥了"百姓代言人"社会治理的监督员、百姓身边的信息员和党的政策宣传员"三员"作用。2019年以来,已累计解决落实民生诉求5200余件,收集家长各类建议400多条,解决问题130余件,创新推行了"5分钟社区为民服务圈",聚焦群众"急难愁盼"。全区各职能单位在直面群众需求、解决群众期盼、接受群众监督的互动过程中,进一步锤炼了党员干部作风,提高了行政服务效能,赢得了信任和支持。信都区通过提供群众最需要的服务、解决群众最闹心的难题、开展群众最喜欢的活动,使居民群众享受到的文明实践服务更加贴心、更加便捷、更加接地气,真正实现了宣传群众、教育群众、服务群众的"零距离",用"掌上议事"架起了一座为民服务"连心桥"。

二、河北省新时代文明实践初步探索的经验总结

2018年,习近平总书记主持召开的中央深改委第三次会议审议通过了《关于建设新时代文明实践中心试点工作的指导意见》后,河北省委、省政府积极行动起来,进行顶层设计,统筹谋划,在全省范围内分层、分级积极着手创建新时代文明实践中心(站、所),大力开展新时代文明实践创建活动,经过两年多的初步探索取得了明显成效,也初步总结出了一些建设的基本经验。

(一)河北省新时代文明实践初步探索的成效

1.党的创新理论不断深入人心

将大道理用百姓话讲出来,把理论宣讲与惠民服务、文化生活、情景体验、网络传播相结合,打造了"理想新课堂""惠民帮帮团""我的奋斗故事"等一批活动品牌,寓教于乐传播新思想,进一步推动了习近平新时代中国特色社会主义思想进入寻常百姓家,党的创新理论吸引力、凝聚力、公信力、号召力不断增强。

2.党的政策得到广泛有效传播

突出宣传解读党的十九大以来重要会议和中央、省委重大决策部署,把为民惠民政策讲清楚讲明白,引导农村群众听党话、感党恩、跟党走。广泛开展农民理论家走进新时代文明实践站宣讲活动,让群众在欢声笑语中自觉感悟践行党的政策主张。

3.核心价值观得到培育践行

注重社会主义核心价值观的常态化普及和实践引导,通过公益广告、公共场所标语、招贴画、显示屏、街头小景等多种阵地潜移默化影响群众。针对家庭矛盾、邻里纠纷等问题,90%的行政村开展了"十星级"文明户或"五好"家庭、"好婆婆、好儿媳、好儿女"评选活动,引导群众孝老敬亲、邻里友善、诚实守信、无私奉献,争做好事、争当好人蔚然成风。

4.农村文化生活质量不断提高

广泛开展了群众乐于参与、便于参与的文化活动,各种地方小戏、舞蹈、快板、书法、绘画、剪纸、制陶等民间喜闻乐见的文化项目不断涌现,组织文艺志

愿者开展文化进万家、送欢乐下基层等活动1.3万余场,陶冶了人们的情操,提高了群众文化素质和文明素养。

5.移风易俗得到持续加强

针对农村弱势群体的实际需求,各地建立了"十必联"帮扶制度,群众急需的事、喜欢的事、关心的事、闹心的事得到有效解决。针对大操大办等陈规陋习,发挥乡村"两会一约"作用,切实减轻了基层群众负担。倡导和推动健康绿色环保生活方式,助力了乡村文明,引领了社会新风尚。

(二) 河北省新时代文明实践初步探索的基本经验

邓小平曾经说过:"我们过去发生的各种错误,固然与某些领导人的思想、作风有关,但是组织制度、工作制度方面的问题更重要。"[①]"领导制度、组织制度问题更带有根本性、全局性、稳定性和长期性。"[②]河北省在新时代文明实践的初步探索中,紧紧围绕制度建设,推动新时代文明实践的广泛持久开展。

1.创新组织推动机制,落实各级党委主体责任

坚持以责任落实推动工作落实,把建设新时代文明实践中心作为加强基层思想政治工作和精神文明建设的重要手段切实抓在手上。一是省级负总责。印发《河北省建设新时代文明实践中心试点工作实施方案》《河北省建设新时代文明实践中心试点工作评价体系》等文件,对省、市、县列出的任务清单,明确评价标准。成立由20个省直相关部门组成的试点工作指导组,组织观摩交流、开展实地评估、加强指导督促。二是市级抓推动。各设区市均成立市级工作指导组,研究制定相关文件,通过召开观摩会、推进会等推动试点工作有序开展。通过设立文明实践集中活动日、做大做强全市范围志愿服务品牌、整合市域范围志愿服务网络载体等途径,不断推动文明实践工作品牌化、常态化。三是县级抓落实。由县级党委主要负责同志担任实践中心主任,成立工作小组,制订工作方案,提供工作保障,通过召开中心主任办公会、联席会、常委会等研究解决问题。县级党委主要领导挂点联系、蹲点调研,各分管领导积极包联所站,形

---

① 《邓小平文选》(第2卷),人民出版社1994年版,第333页。
② 《邓小平年谱(1975—1997)》(上),中央文献出版社2004年版,第663页。

成了三级书记带头抓、多个部门齐落实的工作态势。

2.创新统筹协调机制,推动阵地资源优化整合

立足现有条件,着力打破部门界限,把各条块阵地资源整合起来、优化配置。一是推动各系统资源下沉。发挥文明委成员单位系统职能作用,组织省内69所高校与167个县(市、区)新时代文明实践中心或基层所站结对子,推动"妇女讲习所"活动融入各地新时代文明实践所站工作内容,组织各级文联选派文艺骨干到乡村群众身边指导开展文化活动,调动各种资源力量服务文明实践工作。二是打通构建五大平台。在机构归属、人员隶属、设备设施权属"三不变"的情况下,整合现有党建、文化、教育、卫生、旅游、民政、体育等各类平台阵地,搭建"理论宣讲、教育服务、文化服务、科技与科普服务、健康推进与体育服务"五大平台。对应五大平台设置五个分中心,在职县级干部兼任分中心主任,由新时代文明实践中心统筹管理平台资源,有效解决基层文化资源闲置空置、开发利用不充分问题。三是贯通融通"两中心一平台"。开发"新时代文明实践中心建设""文明实践志愿平台"等小程序,与县级融媒体中心、"学习强国"平台贯通融通,促进文明实践网上网下阵地资源、服务资源、项目资源的精准调配,推动宣传报道、舆论引导、实践活动的一体运行、互动共进。

3.创新志愿服务机制,完善志愿服务运行体系

以志愿服务作为新时代文明实践中心基本组织形式,让志愿服务越来越成为广大群众参与基层社会治理的重要渠道。一是壮大三方面志愿服务力量。整合体制内志愿服务力量,各县(市、区)建立县级志愿服务促进中心,成立由党委主要负责同志任总队长的志愿服务总队,组织县直部门和乡镇党员干部建立多支志愿者分队;凝聚社会志愿服务力量,各地建立志愿服务联合会(协会),广泛联系各方面志愿服务力量参与文明实践;发展农村、社区志愿服务力量,以村干、退休教师、农村能人、各类道德模范等为主体,培育打造农民身边不走的志愿者队伍。目前已成立由社会力量组成的特色志愿服务队伍1.4万余支。二是加强志愿服务机制建设。印发《关于加强新时代文明实践志愿服务机制建设的若干工作措施》,在省级层面建立志愿服务管理培训、嘉许激励、权益保障和综合评价等机制;在市县层面普遍健全整合联动、有效供给、孵化培育等机制。

通过建立志愿服务指导协调机构,设立志愿服务站点,落实志愿积分、星级认定、礼遇关爱以及定期发布志愿服务项目等具体措施,引导群众持续深度参与。三是打造文明实践志愿服务模式。制定《关于进一步深化志愿服务工作的意见》,以养老助残、家政服务、文体活动、医疗保障、法律援助等为重点,拓展志愿服务领域,探索项目引领、平台推动、活动带动、组织发动4类志愿服务路径模式。省级层面重点培育推广了卢龙县"集中派单服务＋个性需求服务＋自选项目服务"、唐县以"星级文明户"评选表彰打造引领文明风尚等20多个典型经验案例。

4.创新群众参与机制,扎实开展文明实践活动

突出群众实践主体,有效调动广大农村群众自我教育、自我提高、自我服务的积极性、主动性。一是明确实践路径。指导各地把握"传评帮乐建"(传播创新理论、评树好人好事、帮解困难问题、乐享文化生活、建设文明乡风)五条实践路径,开展分众化、菜单式、可持续的文明实践活动,潜移默化地传播创新理论、培育践行核心价值观,使广大农村党员干部和群众更加维护核心、拥戴领袖,自觉主动响应党和政府的号召。二是精准对接群众需求。把基层群众所思所想所盼作为文明实践志愿服务的方向和目标,通过网络收集、上门问询、群众点单、建账立卡等方式提供有效服务。印发《关于新时代文明实践所站明确文明实践联络员的通知》,建立覆盖市县所站近3万名基层文明实践联络员队伍,通过联络员、志愿者主动作为,架起服务群众、引导群众的"连心桥"。在党史学习教育"我为群众办实事"活动中,文明实践联络员广泛收集农民群众"微心愿",及时解决"急难愁盼"问题,受到群众欢迎。三是打造活动品牌。着力打造了一大批主题鲜明、思想内涵丰富的志愿服务项目,不断提高群众对党的认同感和向心力。尊重群众首创精神,鼓励各地结合实际大胆探索、积极创新,让有群众基础、有发展潜力的新项目、好项目不断涌现。《人民日报》、新华社、《光明日报》、中央广播电视总台等宣传报道全省各地做法220多次,临漳、卢龙、清河3县的工作案例收入中央文明办《建设新时代文明实践中心工作方法100例》。

5.创新政策保障机制,强化文明实践工作支撑

发挥考核指挥棒作用,将新时代文明实践中心建设工作纳入重要工作考核和政策保障内容。一是创新工作推进机制。实行挂图作战、平台指挥、清单管

理、销号推进、常态评估的工作方法，对重点工作任务进行细化分解，制定方向图、效果图、任务图、流程图、责任图，确保责任有人担、效果不跑偏。二是创新督查考评机制。将中心建设情况纳入对县（市、区）意识形态工作考核、意识形态工作责任制落实情况巡视巡察范围，作为河北省文明城市和文明村镇等创建标准，列入重点任务类绩效考核目标、乡村振兴考核内容、深化改革督导考核内容，一体巡视巡察、一体测评评价、一体督导检查。三是创新资金支持制度。印发《关于中央和省财政补助新时代文明实践中心建设资金使用管理有关事项的通知》，进一步规范资金使用范围和管理要求。近三年省文化事业建设费共列支3750万元支持试点工作，特别对贫困县给予了重点支持。

（三）河北省新时代文明实践初步探索的经验启示

1.压实县级主体责任是关键前提

推进新时代文明实践中心建设，县级党委尤其"一把手"是关键。县级党委作为一线指挥部，县级党委书记是总指挥，需要切实履行好第一责任，将新时代文明实践中心作为"一把手"工程统筹谋划、靠前指挥、主动上阵，既要"发号施令"，又要"身先士卒"，既抓"面上谋划"，又抓"点上深化"，这样才能真正了解群众的需求，带头破解体制机制方面的难题和障碍，带领各部门、各单位打破部门利益和条块分割，推动新时代文明实践中心健康长效发展。

2.精准服务群众需求是重中之重

在各项文明实践活动中，群众最有发言权。需要针对不同地区、不同群众的生活方式特点，推出符合群众需求、群众易于接受的实践项目，吸引群众广泛自觉参与。推动文明实践积极融入巩固脱贫攻坚成果、开展移风易俗减轻群众负担、基层党建等工作，积极调动社会力量，有效对接基层群众需求，深度融入群众日常生活，与群众建立起亲密信赖关系，才能打造群众身边的百姓之家，不断使文明实践志愿服务活动更具生命活力，深受群众欢迎。

3.为民办实事才能确保常态长效

只有解决了实际问题，才能解决思想问题。要从具体的事情入手，体察民情、倾听民声、化解民忧，针对群众的所思所想所盼，引导人们正确认识、理性对待、化解矛盾。要多设计关系民生的实践项目，统筹相关职能部门，以志愿服务的形式把党和政府的温暖送到群众身边，做到群众在哪里，文明实践就延伸到哪里。

4.形成特色品牌效应才能吸引群众参与

建设新时代文明实践中心，贵在因地制宜、突出特色、打造品牌。在中心和所站建设中，要指导各地结合实际、分类施策、精准打造，逐步形成以红色文化、乡土文化、旅游文化、孝善文化等为特色的一系列接地气、顺民意、有温度的品牌，避免一哄而上、形式主义。

第四节　河北省进一步加强新时代文明实践中心建设的思考

新时代文明实践是对习近平总书记"五位一体"总体布局、"四个全面"战略布局的执政理念的具体实践，是党中央对宣传思想文化和精神文明建设工作做出的一次重要部署，关系着习近平新时代中国特色社会主义思想的传播，关系着乡村的振兴、时代新人的培育。新时代文明实践建设应坚持从国家整体布局着手，切实落到乡村中去的原则，做到理论与实践相结合，具体包括制度体系、人员构成、服务对象、奖励机制等。

一、新时代河北省文明实践发展的基本原则

（一）强化新时代文明实践的教育性

中共中央、国务院在《关于建设新时代文明实践中心试点工作的指导意见》中明确指出，新时代文明实践中心要"紧紧围绕深入学习贯彻习近平新时代中国特色社会主义思想，坚持学思用相结合、知信行相统一，着力培养担当民族复兴大任的时代新人，大力弘扬共筑美好生活梦想的时代新风"[①]。教育功能是新

---

① 《中共中央办公厅印发〈关于建设新时代文明实践中心试点工作的指导意见〉的通知》，华阴文明网，http://www.hywm.cn/zx/gggq/ABzi6j.htm。

时代文明实践活动的主要功能之一。推动新时代文明实践活动的广泛开展，必须强化新时代文明实践的教育功能。

首先，以学习习近平新时代中国特色社会主义思想为主线，构建党外和党内两种不同的教育阵地。在党内，要求党员干部融入"两学一做"学习教育模式，开展"不忘初心、牢记使命"主题教育；在党外，需要搭建全民终身教育学习体系，把握科学方法，让党的创新理论走进人民群众中去，融入百姓的生活。其次，大力加强培育时代新人的教育板块。教育是强化新时代文明实践的中心环节，只有大力发展教育事业，才能培育担当建设新时代农村文明实践的时代新人。在培育时代新人的过程中，必须持续不断地加强习近平新时代中国特色社会主义思想教育活动。在开展教育活动的过程中，必须通过正确有效的宣传方式才能到达志愿服务人员的心灵深处。对志愿服务人员的教育是包含理想信念、社会主义核心价值观、文明素养、公民道德等在内的多层次教育，只有牢牢把握习近平新时代中国特色社会主义思想才能把握时代的内涵，从而强化新时代农村文明实践的教育性。最后，创新学习方式的多样化。继续打通理论宣讲平台，扎实推进学习宣传贯彻习近平新时代中国特色社会主义思想示范点建设。通过精心组织新闻宣传活动，在党员和群众中广泛开展集中性宣讲活动，加强党的领导、整合有效资源、把握正确导向，推动各级党组织和广大党员干部认真落实习近平新时代中国特色社会主义思想和党的十九大精神。积极运用"学习强国""两微一端"网络资源与新技术、新应用，以公共数字文化服务、党员远程教育等为载体，加强手机客户端的传播功能，通过线上向农村群众推送学习内容，方便乡民学习与交流，最终实现文明实践活动线上线下同步进行。

（二）突出新时代文明实践中心的实践性

实践性是新时代文明实践中心打通群众工作"最后一公里"的重要保障。推进新时代农村文明实践，需要加快建设以政府公共服务机构为依托、以各群众团体组织为基础、以乡村集体为主干，公益性实践和经营实践相结合、专项文明实践和综合文明实践相衬托的新时代农村文明实践体系。在开展新时代农村文明实践的同时，要加强文明实践的理论宣讲、社会宣传、教育服务、科技、乡风文明等方面的制度建设，以便形成长效的机制体系。在具体实践层面，要形成县领导牵头,宣传部门负责,讲师团、社科联、教育局、科技局、文明办等单位分工负责的机制,细分为有专门分管的领导、专业职工、专项资金,整合全体资源,形成合力,在固定时间、固定地点开展志愿活动,从而共同推进新时代农村文明实践。自新时代文明实践中心建设试点工作启动以来,河北省各地以群众需要为导向,结合经济发展、地理环境、文化资源等,积极探索创新文明实践工作理念和形式手段。邯郸临漳县作为河北省新时代文明实践中心建设两个试点县之一,遵循"便民、利民、为民"原则,通过整合各类宣传教育与服务资源,在县乡村差异化设置党员活动室、图书阅览室、村民议事室、妇女儿童活动室、娱乐活动室,以及卫生健康、文化传承、休闲健身等服务点,让文明之花开遍每个角落。邢台信都区为大力践行"我为群众办实事"活动,以新时代文明实践为活动载体,通过对原有的志愿服务资源进行有机整合,提出"听声音、议举措、办实事"的口号,让全区文明实践志愿者化身"百姓代言人",组建了主城区、环城区、山区3个区级"百姓议事厅"微信群,1个"部门集中办"交办群和902个基层"百姓议事厅",187928名"百姓代言人"参与其中。张家口怀来县以新时代文明实践中心、所、站为依托,采用文艺演出、全民阅读、宣讲小分队宣讲等方式,依托董存瑞纪念馆、镇边城红色党支部旧址、官厅红色记忆教育基地等属地红色资源,深入挖掘历史文化,打造出一批本土化、特色化的党史学习教育课堂,将党史学习教育融入新时代文明实践活动中,推动党史学习教育入脑入心。邢台市清河县新时代文明实践中心依托文明实践站,号召爱心企业和爱心人士捐款成立文明实践基金,在谢炉镇王双庙村建起"八个一"(一间爱心餐厅、一个义务理发屋、一座小院讲堂、一间"百姓说事室"、一系列志愿服务队、一支文明实践基金、一个志愿服务检委会、一家志愿积分超市)标准的"爱心小院"。"爱心小院"运行以来,共组织开展孝心餐、理论宣讲、爱心义剪、全民宣讲、庭院评比等各类志愿活动100余场次,解决群众诉求150余件,兑换奖励积分2000余分,惠及群众1万余人次。全村注册志愿者达到180余人,占常住人口的20%,活跃度达85%,有力地推动了人居环境、矛盾化解、移风易俗等基层工作开展。

(三)加强新时代文明实践中心建设的标准化

新时代文明实践中心的标准化建设要遵循需求导向、阵地资源整合两大原则。在需求导向原则中,始终坚持贴近群众需求,在服务群众中引导和凝聚群众。一方面,志愿服务项目要坚持"从群众中来,到群众中去",做到问需于民,避免形式主义、面子工程;另一方面,志愿服务实践活动要聚焦农村群众所思所想所盼,采取群众喜闻乐见的方式展开。在阵地资源整合方面,要着力整合市、镇、村公共服务资源,统筹点、线、面的结合与分配。具体来讲,在面上,统筹建立市级平台,打破部门壁垒,在结合已有资源的基础上,根据需要增设新平台;在线上,按照"公共资源、群众共享"的原则,落实公共资源开放与共享;在点上,深化农村文化礼堂建设,加强文化礼堂"建管用育"。在上述两大原则的基础上,最终实现新时代文明实践的思想引导、道德教化、礼仪培养、文化熏陶的终极目标。

(四)加强新时代文明实践中心的组织性

牢牢压实市、镇、村三级党组织的主体责任,积极探索新时代文明实践中心管理运行的工作机制,着力构建新时代文明实践中心组织保障体系。首先,要加强组织领导,明确市、镇、村三级新时代文明实践组织体系建设,均由党组织一把手负总责。市级层面,文明实践中心办公室设在市委宣传部,市委常委、宣传部部长兼任办公室主任。镇级层面,文明实践所设在镇街道综合文化站或党群服务中心,镇(街道)党(工)委书记任所长,分管党群工作的副书记任副所长,宣传委员任办公室主任。在村级层面,新时代文明实践站主阵地设在文化礼堂,村(社区)党组织书记任站长。其次,建立工作制度。包括联席会议制度、文明实践月报制度、文明实践督查考核机制。具体而言,就是由市委常委、宣传部部长任总召集人,市文明委成员单位负责人为成员,每月一次召开联席会议,听取各平台运行情况、各联盟组织活动的情况、各地文明实践开展情况以及群众的反响,研究解决有关问题;定期由市级有关部门、镇(街道)报送本月文明实践平台、项目、队伍、活动等的情况,推动工作向基层延伸;将新时代文明实践中心建设工作纳入镇(街道)、市级部门目标绩效考核和意识形态工作责任制,由文明实践中心办公室组织力量对各地各部门推进落实情况进行督查指导。最后,完善工作保障。新建市级新时代文明实践中心服务总平台,与市志愿服务指导中心合署办公,主要开展志愿者的组织引导、登记注册、权益保障等,管理运营好文明实践志愿服务平台;市财政每年安排专项资金,用于实践中心服务总平台的日常运营、各级各类新时代文明实践基地的建设、市志愿者学院的运营和志愿者队伍的培训、文明实践项目的扶持培育、大型文明实践活动的开展、网络志愿服务平台的开发及运营。

二、进一步加强河北省新时代文明实践中心建设的建议

中共中央、国务院在《关于建设新时代文明实践中心试点工作的指导意见》中强调："新时代文明实践中心（所、站）的主体力量是志愿者，主要活动形式是志愿服务。"[①]因此，大力加强河北省新时代文明实践建设必须要紧紧抓住志愿服务这个核心，要在完善志愿服务组织体系、加强志愿服务培训、激励群众广泛参与、建立完善评估激励机制、整合志愿服务资源和拓宽志愿服务领域上下功夫。

（一）完善志愿服务组织体系

当前，志愿服务体系应从政策法规、组织结构、管理制度等方面进一步完善。

1. 完善政策法规

"志愿活动不是一次的热心、一时的热闹，只有以制度化的组织、规范化的管理、科学化的运作护航，才能行稳致远。"[②]目前我国社会志愿者队伍建设基础虽有所提高，但总体来讲还比较薄弱，存在法规体系不够完善的现状。因此，在推动新时代文明实践志愿服务过程中，急需进一步加快志愿服务立法，为志愿服务提供法律和制度保障。

2. 健全组织结构

新时代文明实践是打造集思想引领、道德教化、文化承传等多功能于一体的基层综合平台，在具体实践中，应遵循"实践中心—实践分中心—实践站（所）"三级组织体系。文明实践中心主要是县级层面，负责文明实践工作的统筹协调、工作指导和监督考核。文明实践分中心主要是镇（街、园、区），负责做好

---

① 《中共中央办公厅印发〈关于建设新时代文明实践中心试点工作的指导意见〉的通知》，华阴文明网，http://www.hywm.gov.cn/zx/gggq/ABzi6j.htm。

② 李宝梁：《完善志愿服务发展机制研究》，天津社会科学院出版社2017年版，第97页。

上下对接工作,负责对辖区的文明实践活动以及村级文明实践的具体规划建设、指导以及人员培训。新时代文明实践站主要面向村(社区),其主要职能是具体落实、做好整合乡村文化活动、文化设施等基层组织活动,打造因地制宜的具有特色的文明实践活动中心。各地方应积极争取各级党委政府的重视和支持,将志愿服务组织发展列入议程,相关部门要在文明办的指导下切实履行好行政管理工作职责,与相关部门共同推进志愿者服务组织的发展,形成推进志愿服务组织发展的合力。

3.完善管理制度

志愿服务的站点是落实文明引导的基础保障机制之一。面对现实中志愿服务站点设置不均衡和不足的问题,要明确志愿服务站点的建设要求和标准,进一步加强志愿服务站点的建设,扩大覆盖面以利于社会的参与和志愿服务活动的开展。对于志愿服务工作站点里的工作人员各自需要负责的任务要分工明确,要设置一个问题咨询处,专门配备与此相关知识方面的志愿者,这样有利于群众的咨询,能够为群众解决疑难问题,加深与人民群众的联系,开展各种各样的志愿服务活动,有利于传播文明和谐的精神理念。

(二)加强志愿服务培训

新时代文明实践的性质决定了其并非简单的、短期的志愿服务活动。因此,在参与志愿服务工作之前,有必要对其进行培训,使其深入了解新时代文明实践志愿服务工作性质、内容、意义,充分发挥志愿者的职业技能,促使新时代文明实践志愿服务工作越走越远。做好新时代文明实践志愿者培训工作,要注意以下几点:首先,要提高对志愿服务工作的正确认知,加强志愿服务工作理念、认知程度、工作分类、工作原则以及道德准则等培训。其次,保障充足的培训时间。充足的培训时间是新时代文明实践健康发展的重要保障之一。对于志愿者而言,培训不仅仅是理论性的宣传,更重要的是知识的储备与技能的提升。只有良好的培训效果,才能使志愿者胜任志愿服务工作。志愿者通过培训提高自身在志愿服务过程中的专业技能与知识,不仅可以保证志愿服务的质量,而且可以深入挖掘个人潜能,激发其对志愿服务的内在热情,保证其在参与志愿服务过程中充满热情。在志愿服务培训过程中,特别注意要针对志愿者的受训程度以及吸收程度，来合理安排志愿者的培训时间以及培训内容，尽可能做到两者兼顾。最后，抓住培训工作的重点。新时代文明实践是多层次、多方位的活动，每一个参加培训的志愿者所负责的工作任务是不尽相同的。因此，对于培训者来讲，要抓住志愿工作的重点，有针对性地进行细致培训，可以节约志愿服务工作成本，使志愿者迅速进入工作状态。同时，作为志愿者，也应在接受培训之前清楚自己的需求，尽可能将培训的知识与自己的需求相结合，着重把握重点，将理论更好地付诸实践过程。

（三）激励群众广泛参与

2013年，习近平总书记在第十二届全国人民代表大会第一次会议上的讲话中指出："全国各族人民一定要牢记使命，心往一处想，劲往一处使，用13亿人的智慧和力量汇集起不可战胜的磅礴力量。中国梦归根到底是人民的梦，必须紧紧依靠人民来实现，必须不断为人民造福。"①吸引、激励群众参与是新时代文明实践志愿服务最关键的环节。在新时代文明实践活动中，要切实做到服务乡民的实践理念，激发乡民了解志愿服务、参与志愿服务活动，确保志愿服务工作的持续性。首先，发掘、引导社区、农村的"热心人""好心人"带头，率先参加志愿服务活动，调动广大群众的积极性，实现群众工作与志愿服务工作相结合，逐渐建立村民志愿服务队伍，自主展开志愿服务活动，从而搭建政府负责、社会分工协作、人民群众广泛参与其中的和谐格局。其次，扩大志愿服务活动的多样性。在新时代文明实践过程中，要避免志愿服务单一性，要多层次、多方位地开展志愿服务活动，为不同人群提供热心服务，以增进群众的认同感和归属感，促进社会各方面利益关系的和谐发展。在农村，特别要注意倡导健康娱乐的方式，丰富农村文化生活，营造出温馨和谐的乡村风情，促使乡民主动参与到志愿服务活动中来，有利于进一步传播文明健康的精神生活。

（四）建立完善评估激励机制

新时代文明实践是一项长期工作任务，不仅需要确保广大人民群众的热情参与，而且也要确保志愿者保持长期的精神动力。因此，必须建立完善相关的

---

① 习近平：《在第十二届全国人民代表大会第一次会议上的讲话》，《人民日报》2013年3月18日。

评估激励机制,以保证志愿服务工作长时期地开展。一个科学、合理的志愿服务激励机制是志愿服务体系制度化、规范化、常态化发展的必经之路。评估机制的有效进行,需要制度做保障。换言之,在完善志愿服务评估激励机制之前,要先完善志愿服务相关条例的政策法规。在确定志愿服务立法的前提下,重新提出或者完善关于志愿服务的评估激励机制法规,即形成具有严谨性、严密性的全国统一性的以志愿服务立法为基础的原则,如志愿服务记录、星级志愿者制度等,以明确相关主体的法律地位、职责权限、相互关系,从而保障志愿者及其组织的基本权益,解决志愿服务评估激励过程中存在的盲目性、随意性和无序性的问题,确保评估激励发展机制的顺利执行。[1]志愿服务评估奖励机制,主要以志愿者的动机需求为出发点,对评估的目标制订出正确合理的评估方案,再对文明实践志愿服务相关站点以及其工作人员进行成绩评估。其评估标准主要以服务时间(志愿者从事志愿服务付出的时间)和服务质量(志愿者服务内容的质量)为准则。对于考核达标者,尤其是表现突出者,要进行特别的奖励;对于考核未能达标者,减少其服务时间,尤其是行为懒散、思想不积极的志愿者,还要采取批评教育等负激励措施。在采取激励措施时,要特别注意物质激励与精神激励之间的平衡关系。从以往的志愿服务的激励制度来看,现行激励机制过于偏重精神激励而物质激励不足,导致志愿者无法保持长期志愿服务的积极性。因此,在建立相对完善的志愿服务保障激励制度时,应特别推出物质激励,从而有助于减少志愿者的流失率,维护稳定的志愿者队伍,保障志愿服务的可持续发展。[2]此外,要将考核标准同志愿者个人发展相结合,即建立志愿者服务档案,包括如实记录志愿者的个人基本信息、志愿服务情况、培训情况、表彰奖励情况、评价情况等信息;志愿者因升学、进修、就业或者其他原因需要志愿服务证明的,志愿服务组织应当依据志愿服务记录无偿、如实地出具证明。[3]通过志愿服务组织奖励与自我激励,提高志愿者的工作热情和积极性,有利于直接促进志愿者服务的效果和服务质量,从而完善志愿服务体系。

---

① 李宝梁:《完善志愿服务发展机制研究》,天津社会科学院出版社2017年版,第125页。

② 关成华、图勤:《中国志愿服务经济价值测度报告(2017)》,中国社会出版社2018年版,第257—258页。

③ 李宝梁:《完善志愿服务发展机制研究》,天津社会科学院出版社2017年版,第126页。

（五）整合志愿服务资源

志愿服务资源是志愿服务工作的重要支撑，合理整合优化志愿服务资源是新时代志愿服务工作的重要保障。志愿服务资源主要包括人力、资金、技术等。人力资源是志愿服务的灵魂。根据志愿服务人员的年龄、身体状况、职业技能，分配和调整志愿工作是有效开展志愿服务工作的基础。资金资源是建立志愿服务长效机制，实现志愿服务活动常态化的物质保障。资金作为一般等价物，可以在志愿者服务过程中转化为其他形式的志愿服务资源。技术资源是志愿服务的升华。随着社会的不断发展，科技已逐渐走入人们日常生活，越来越多的社会问题有赖于新技术来解决，如医疗健康、法律援助、应急救助等。①在当前文明实践活动中，志愿服务普遍存在人力、资金以及技术资源不足的状况。首先，要因地制宜，合理分配人力资源。文明实践中心应针对当地志愿者人员构成，开展不同志愿服务活动。其次，要统筹与拓宽资金资源。在文明实践过程中，存在志愿服务经费来源不稳定，志愿服务项目运作出现资金匮乏，甚至出现志愿者自行出资进行志愿服务的现象，使经费问题成为制约志愿服务发展的重要因素。②例如，在志愿服务工作中，产生的交通费用、住宿费用、饮食费用以及宣传过程中可能会印发宣传手册等费用，无不需要资金的支持。因而，在资金有限的情况下，一方面要学会统筹资金，使志愿服务工作能得到切实的落实。另一方面，要不断地拓宽资金的筹备途径，即要在国家、地方政府已有资金的支持下，树立市场经济体制下的经营理念，不断开发志愿服务本身的潜能，拓展筹集资金的渠道，为志愿服务提供资金支持。最后，在技术资源中，要注意建立资源的循环利用和制度保障，这是实现志愿资源循环利用的有效途径。一方面，要利用信息与资源的共享，建立完善的志愿服务数据与信息系统，实现技术资源的循环利用；另一方面，进一步完善技术资源运用中的制度规范，从而确保志愿工作的良性循环。

---

① 殷向杰、许尧：《我国志愿服务发展的困境、成因及完善思路》，《道德与文明》2014年第2期，第136—141页。

② 魏娜：《我国志愿服务发展：成就、问题与展望》，《中国行政管理》2013年第7期，第64—67页。

（六）拓宽志愿服务领域

不断拓宽志愿服务领域，创新活动载体，是保障新时代文明实践志愿服务制度化、专业化、常态化、信息化发展的重要前提。拓宽志愿服务领域不仅能广泛动员社会资源，激发干部群众的参与热情，满足人们关爱他人、服务社会、展示特长的愿望，而且有助于形成团结互助、平等友爱、共同进步的社会氛围和良好的人际关系，把社会主义核心价值观落到实处。新时代文明实践既需要着眼于宣传习近平新时代中国特色社会主义思想、讲文明树新风，也需要着眼于创业就业与弱势群体服务、健康卫生与文化休闲服务、环境保护与治安防范服务等。（1）创业就业服务与弱势群体服务。当前，在农村部分地区仍存在大量的弱势人群，像家庭极度贫困的、生活不能自理的孤寡老人，对于这种生活困难的弱势群体，志愿者应该一方面帮助他们，另一方面鼓励他们，如向政府反映，并为其争取扶助政策，主动给予关心，这样可以起到促进社会公平、消除矛盾、促进社会和谐发展的作用。（2）健康卫生服务与文化休闲服务。随着社会文明的不断进步，人们对营造一个干净卫生又健康的生活环境的要求越来越高。因此，志愿者开展健康卫生领域的志愿服务工作，既是在为全体人民营造更加舒适的生活环境，也是在造福全社会。志愿服务者要及时向居民传达健康、卫生的生活理念，培养人民养成健康的生活习惯，如宣传"不要随地吐痰""不要随地扔垃圾""遛狗人士注意狗的大小便问题"等。同时，志愿服务者要帮助改善丰富农村文化生活，营造祥和、温馨的社会氛围。（3）环境保护与治安防范服务。随着城市工业化、商业化的快速发展，工业废弃物、塑料垃圾、空气污染等日益成为乡村环境治理的重中之重。为了提高人民日益增长的物质与精神需要，志愿者应围绕创造优美环境，大力宣传生态文明观念和环境保护知识，积极倡导资源节约、环境友好的生产方式和消费模式，鼓励人们采用低碳生活方式。在农村，很多人缺乏保护环境的意识，甚至有很多人采取"事不关己高高挂起"的态度。这时候志愿服务者就要动之以情、晓之以理，为人们灌输保护环境就是保护自己家园的理念，减少工业废水排放、垃圾乱丢乱放、乱砍滥伐等现象，在农村开展普及低碳生活理念志愿服务，着力提高人们的环境道德修养，促进人与自然和谐相处，营造可持续发展的生态环境。同时，志愿服务还应关切城乡治安秩序,鼓励志愿者参与到治安服务中来,如在城乡公园、街道人员众多的地方要安排巡逻的志愿者,为广大群众创造和谐、安全、稳定的生活环境。

第十一章　新时代河北省美丽乡村建设
发展战略

　　从狭义上来讲,生态文明建设反映的是人与自然之间的关系,精神文明建设反映的是人与人之间的关系。从人与自然环境的关系看,人不仅仅是自然环境的被动享受者,也是环境美、生态美的直接创造者,是生态文明的创造者。马克思就曾指出:"动物只是按照它所属的那个种的尺度和需要来改造,而人却懂得按照任何一个种的尺度来进行生产,并且懂得怎样处处都把内在的尺度运用到对象上去。因此,人也按照美的规律来建造。"[①]在这里,马克思虽然讲的是人与自然的关系问题,但也强调了人在改造自然、创造生态文明的过程中,是能够将自己的价值理念、审美标准等通过生产实践渗透到对周围环境的改变中去的。我们知道,生态文明建设源于人类为了自身更好地生存与发展的需要,但在这一过程中,如何处理好保护生态环境与人类更好地生存与发展两者之间的关系,依靠的是人的文明素质即思想道德素质和科学文化素质。人们文明素质高,就能够处理好两者之间的关系;人们文明素质不高,就可能是自然环境对人的报复。由此可见,精神文明建设与生态文明建设也是息息相关的。一方面,生态文明建设离不开精神文明建设的保障;另一方面,生态文明建设的程度和水平也成为衡量、评价一个地区精神文明建设程度和水平的一把尺子、一个标志。因此,大力加强河北省农村精神文明建设,也必须要做好建设美丽乡村这篇大文章。

---

　　① 《马克思恩格斯全集》(第42卷),人民出版社1979年版,第97页。

第一节　河北省美丽乡村建设概况

一、河北省美丽乡村建设的背景

美丽乡村建设是实现中国梦、建设美丽中国的重要内容。从国家层面来看，美丽乡村建设已经上升为国家战略。2005年，党的第十六届五中全会向全党提出了建设"生产发展、生活宽裕、乡风文明、村容整洁、管理民主"的社会主义新农村的历史任务。①2012年，党的十八大提出了"美丽中国"的概念，要求我们在发展经济的同时，要"尊重自然、顺应自然、保护自然"。②2013年，中共中央、国务院在《关于加快发展现代农业进一步增强农村发展活力的若干意见》中，进一步提出了"美丽乡村"的奋斗目标。2015年，国家质量监督检验检疫总局、中国国家标准化管理委员会在《美丽乡村建设指南》中，提出了"村庄规划、村庄建设、生态环境、经济发展、公共服务、乡风文明、基层组织、长效管理"美丽乡村建设的要求。③2016年，中共中央、国务院在《关于落实发展新理念加快农业现代化实现全面小康目标的若干意见》中提出，要"开展人居环境整治行动和美丽宜居乡村建设，努力建设农民的幸福家园"④。2017年，党的十九大提出了实施乡村振兴战略，要"按照产业兴旺、生态宜居、乡风文明、治理有效、生活富裕的总要求"，加快推进农业农村现代化。⑤2018年，中共中央、国务院在《关于实施乡村振兴战略的意见》中提出了，到2020年"农村人居环境明显改善，美丽宜居乡村建设扎实推进"，"农村生态环境明显好转"，到2035年"农村生态环境根本好转，美丽宜居乡村基本实现"，到2050年"乡村全面振兴，农业强、农村美、

---

① 《〈中共中央关于制定国民经济和社会发展第十一个五年规划的建议〉辅导读本》，人民出版社2005年版，第8页。

② 《中国共产党第十八次全国代表大会文件汇编》，人民出版社2012年版，第36页。

③ 《〈美丽乡村建设指南〉国家标准全文发布》，搜狐网，https://www.sohu.com/a/21118620_207495。

④ 《中共中央国务院关于落实发展新理念加快农业现代化实现全面小康目标的若干意见》，人民出版社2016年版，第23页。

⑤ 《中国共产党第十九次全国代表大会文件汇编》，人民出版社2017年版，第25—26页。

农民富全面实现"的奋斗目标,要求"牢固树立和践行绿水青山就是金山银山的理念,落实节约优先、保护优先、自然恢复为主的方针,统筹山水林田湖草系统治理,严守生态保护红线,以绿色发展引领乡村振兴"。①2019年,中共中央、国务院在《关于坚持农业农村优先发展做好"三农"工作的若干意见》中进一步提出,要"深入学习推广浙江'千村示范、万村整治'工程经验,全面推开以农村垃圾污水治理、厕所革命和村容村貌提升为重点的农村人居环境整治,确保到2020年实现农村人居环境阶段性明显改善,村庄环境基本干净整洁有序,村民环境与健康意识普遍增强","广泛开展村庄清洁行动。开展美丽宜居村庄和最美庭院创建活动"。②2020年,中共中央、国务院在《关于抓好"三农"领域重点工作确保如期实现全面小康的意见》中提出,要补齐"治理农村生态环境突出问题"③这个短板。2021年,中共中央、国务院在《关于全面推进乡村振兴加快农业农村现代化的意见》中提出,要"实施农村人居环境整治提升五年行动"④。2022年,中共中央、国务院在《关于做好2022年全面推进乡村振兴重点工作的意见》中进一步提出,要"接续实施农村人居环境整治提升五年行动",扎实稳妥推进乡村建设。⑤

从河北省层面来看,建设美丽河北已经达成共识。2013年,河北省农村面貌改造提升行动全面启动,计划用3年时间,对全省5万行政村面貌进行配套改造、整体提升,为建设成山清水秀的美丽乡村做准备。2015年,河北美丽乡村建设领导小组成立,提出到2020年基本实现美丽乡村建设全覆盖。2016年,河北省政府印发《关于加快推进美丽乡村建设的意见》,提出具备条件的农村全部建成"环境美、产业美、精神美、生态美"的美丽乡村。2016年,为了贯彻落实

---

① 《中共中央国务院关于实施乡村振兴战略的意见》,人民出版社2017年版,第11—12页。
② 《中共中央国务院关于坚持农业农村优先发展做好"三农"工作的若干意见》,人民出版社2019年版,第9页。
③ 《中共中央 国务院关于抓好"三农"领域重点工作确保如期实现全面小康的意见》,中华人民共和国中央人民政府网,http://www.gov.cn/zhengce/2020-02/05/content_5474884.htm。
④ 《中共中央国务院关于全面推进乡村振兴加快农业农村现代化的意见》,人民出版社2021年版,第15页。
⑤ 《中共中央、国务院在关于做好2022年全面推进乡村振兴重点工作的意见》,央广网,https://news.cctv.com/2022/02/22/ARTIb8z7qokYp4Sx8rxrHRtj220222.shtml。

河北省委八届十二次全会精神，根据《关于加快推进美丽乡村建设的意见》要求，制定了《2016年河北省美丽乡村建设实施方案》。方案提出，要把改善农村人居环境与发展现代农业、推进扶贫攻坚、搞好乡村旅游、山区综合开发结合起来，五位一体，统筹推进，突出地域特色、尊重农村意愿、建立长效机制，努力建设"环境美、产业美、精神美、生态美"的美丽乡村。2016年，河北省政府又制定了《2016年河北省美丽乡村文化建设专项行动实施方案》。2017年，为认真贯彻落实河北省第九次党代会、省农村工作会议精神制定的《2017年河北省美丽乡村建设实施方案》提出，要推动农业绿色生产、农民绿色生活、农村绿色生态发展，使美丽乡村建设覆盖更全、内涵更宽、推进更快、效果更好，为建设经济强省、美丽河北奠定基础。2018年，河北省政府印发了《河北省乡村振兴战略规划（2018—2022年)》及5个工作方案。规划围绕实施乡村振兴"产业兴旺、生态宜居、乡风文明、治理有效、生活富裕"要求，安排了聚焦"四个农业"、强化环境治理、突出地域特色、筑牢组织基础、补齐发展短板等5个专题，部署105项重大工程、重大行动、重大计划，作为实施河北省乡村振兴的重要载体和有力抓手，要求各地、各部门结合实际认真贯彻落实，着力打造乡村振兴的"燕赵样板"。2022年1月，河北省委、省政府出台的《关于做好2022年全面推进乡村振兴重点工作的实施意见》提出，要"接续实施农村人居环境整治提升五年行动"，从农民实际需求出发推进农村改厕，分区分类推进农村生活污水治理，加强村庄有机废弃物综合处置利用设施建设，实施村庄清洁行动和绿化美化行动，加强农村生态文明建设。①

二、河北省美丽乡村建设的重大意义

一是有助于加快实现乡村振兴。实施乡村振兴战略，是党的十九大作出的重大战略部署。乡村振兴战略坚持把解决好"三农"问题作为全党工作的重中

---

① 《河北省委省政府出台实施意见：做好2022年全面推进乡村振兴重点工作》，河北省生态环境厅网，http://hbepb.hebei.gov.cn/hbhjt/xwzx/sbyw/101648092859858.html。

之重,持续加大强农惠农政策力度,扎实推进农业现代化和新农村建设,全面深化改革。建设美丽乡村是落实乡村振兴战略的重要组成部分,加强美丽乡村建设,有助于实现乡村振兴"产业旺、生态宜居、乡风文明、治理有效、生活富裕"的要求。

二是有助于推进生态文明建设。生态文明是中华民族永续发展的千年大计,美丽乡村建设是生态文明建设的重要组成部分。但是随着农业产业的快速发展,在农业产业建设过程中对水、土地、空气等要素的消耗和污染,使生态环境受到威胁,农业生产资源越来越紧缺。美丽乡村建设有助于农业产业转型,加大科技投入,促进生产方式的转变,提高资源利用率,推进生态文明建设,创新实现农业规模化、集约化、商品化的生产模式。

三是有助于改善农村人居环境。党的十九大报告提出开展农村人居环境整治行动,2018年中央一号文件提出关于实施农村人居环境三年行动计划。虽然河北省人居环境整治取得显著成效,但仍然存在农村基础设施不完善、人居环境质量不能满足美丽乡村建设发展要求的问题。人居环境涉及经济、环境、生活、文化等诸多方面,是一项长期、系统工程。美丽乡村建设能够推进农村生态经济、生态环境、生态生活、生态文化的发展,改善农村人居环境。

四是有助于推动农业现代化。美丽乡村建设与推动农业现代化息息相关。农业现代化的发展能够促进农业的发展,带来更多的资金,为美丽乡村建设奠定物质基础。农业现代化本身就是乡村景观的一部分。比如,邢台市清河县的山楂花、阜城的杏梅等,这些既保证了地方生态环境,又是宝贵的休闲旅游资源。美丽乡村建设同样能够很好地利用资源优势,推动农业现代化发展。

五是有助于促进城乡协调发展。建设美丽乡村是促进城乡协调发展的有效途径,是城乡协调发展的重要组成部分。随着美丽乡村建设的实施,乡村主动与经济接轨、与城市互动,二者之间的界限越来越模糊,经济、文化、生活质量等差距越来越小。许多城镇居民选择到乡村度假旅游,城乡联系越来越密切,城镇也为乡村建设提供重要资源和发展借鉴。因此,美丽乡村建设能够有效推动以城带乡、以工促农、优势互补,有效促进城乡一体化和谐发展,实现二者的"双赢"。

六是有助于提高农民综合素质。美丽乡村建设包括推动农业现代化、改善农村生活环境、繁荣乡村文化等方面。每一方面都离不开农民综合素质的提高，美丽乡村建设的过程就是提高农民综合素质的过程。通过对农民进行全方位的培训，农民的实用技术能力和科学文化知识水平得以提升，为农业现代化培养一批掌握先进农业知识的先进农民，使农民掌握农业生产资料和市场行情，趋利避害，获得更多的收入，提高农民的生活水平。美丽乡村建设为农民提高生活、生产、文化等方面知识提供了良好的平台和机会，促进了农民综合素质的提升。

三、河北省美丽乡村建设的成效

近年来，在河北省美丽乡村建设的过程中，农业现代化水平、人居环境水平、农民收入水平等各方面都取得显著成绩，美丽乡村建设成果在燕赵大地遍地开花结果。

一是现代农业建设水平明显提升。美丽乡村建设以来，现代农业建设水平得以提升，农业现代化水平得到提高，农业生产条件得到改善，全省的综合生产能力显著增强。河北省第三次全国农业普查结果显示，2006—2016年，全省农田水利条件明显改善，抵御自然灾害的能力增强。农业生产经营人员文化素质提高，农村劳动力转移加快，市民化进程稳步推进。新型农业生产经营主体大量涌现，新型农业生产经营主体是现代农业建设的主导力量，2016年末全省农业经营单位达到11.75万个。①适度规模经营发展迅速，规模经营的快速发展对稳定农业生产、稳定农产品供应、稳定农产品市场都发挥了重要的作用。2013—2016年连续4年稳定在670亿斤以上，2017年超过700亿斤。②2019年、

---

① 《河北省第三次全国农业普查主要数据公报（第一号）》，河北新闻网，http://hebei.hebnews.cn/2018-01/24/content_6759142.htm。

② 《从第三次全国农业普查数据看河北省"三农"历史性变革》，河北新闻网，http://hebei.hebnews.cn/2018-01/24/content_6759135.htm。

2020年、2021年,粮食产量更是分别达到了747.85亿斤[①]、759.2亿斤[②]和765.0亿斤[③]。

二是现代农村建设全面进步。近年来,河北省不断加大对农村建设的资金投入力度。以农村危房改造为例,自2009年河北实施农村危房改造以来,截至2020年底,河北省累计改造农村危房105.5万户,省级以上补助资金累计支持129亿元。[④]再以扶贫资金为例,2016—2020年,河北省累计投入各级财政专项扶贫资金503.1亿元,累计下达贫困县中央和省级整合使用涉农资金763.4亿元,支持贫困县用于农业生产发展和农村基础设施建设。[⑤]全省有幼儿园、托儿所的村占全村的比重稳步上升。目前,有幼儿园、托儿所的村占全部村的31.4%,有卫生室的村比重达87.3%。[⑥]农村新产业、新业态蓬勃发展,电子商务销售农产品的规模农业经营户和农业经营单位大量增加,大量返乡人员在农村创业创新,为农村发展增添了新的活力。

三是农民生活质量显著提高。随着美丽乡村建设的不断深入,公共服务水平不断提高,河北省多措并举,人民生活质量水平显著提高,人民幸福感增强。首先,农民收入持续增长。2019年,河北省农村居民人均可支配收入为15373元,农民人均消费支出为12372元,农民生活水平不断提高。[⑦]其次,农户生产生活条件极大改善。2017年末,全省48671个行政村全部实现通电,93.5%以上的行政村用上了自来水,96.2%以上的行政村接通了宽带,84.3%以上的行政村安装

① 《2019年河北省粮食产量达到3739.24万吨》,长城网,http://news.sina.com.cn/o/2020-04-16/doc-iircuyvh8185012.shtml。

② 《59.2亿斤！河北省粮食总产量连续8年稳定在700亿斤以上》,长城网,http://heb.hebei.com.cn/system/2020/12/25/100552591.shtml。

③ 《连续9年超700亿！2021年河北粮食总产达765亿斤》,腾讯网,https://new.qq.com/omn/20211209/20211209A02PRU00.html。

④ 《河北累计投入省级以上补助资金129亿元改造农村危房105.5万户》,中国新闻网,http://www.heb.chinanews.com.cn/hbzy/20201119411333.shtml。

⑤ 《河北:五年累计投入各级财政专项扶贫资金503.1亿元》,人民网,http://he.people.com.cn/n2/2020/1211/c192235-34469732.html。

⑥ 《数说河北40年:农林牧渔业增加值增长62.2倍》,搜狐网,https://www.sohu.com/a/282337937_119825。

⑦ 《2015—2019年河北省居民人均可支配收入、人均消费支出及城乡差额统计》,华经情报网,https://www.huaon.com/story/507507。

了有线电视，81.5%以上的行政村通了公共交通。有近583.1万农户饮用经过净化处理的自来水，占全部农户的39.3%；有56.9%的农户饮用受保护的井水和泉水；有0.1%的农户饮用桶装水。使用水冲式卫生厕所的农户有221.7万户，占全部农户的15.0%；使用卫生旱厕的有322.3万户，占21.7%。最后，做饭取暖使用能源更加清洁。主要使用电的农户有692万户，占46.7%；主要使用煤气、天然气、液化石油气的有562.2万户，占37.9%；3.7万户农户使用沼气，有1.8万户主要使用太阳能，分别占0.25%和0.12%。①

四是"燕赵版"美丽乡村一步一个脚印。2016年，《2016年河北省美丽乡村实施方案》提出建设100个片区、200个中心村、300个旅游村、4000个重点村。在省级层面，抓好省级重点片区、省级旅游示范村和省中心示范村建设，打造12个省级重点片区、100个省旅游示范村、100个省中心村示范点。市级层面，每个设区市打造2—4个市级重点片区，抓好100个左右的重点村、20—30个旅游村、10个左右的中心村建设。抓好3个以上特色风情小镇建设，通过2—3年时间的打造，建设成像浙江黄酒小镇、馆陶粮画小镇一样有特色、有文化、有产业的风情小镇，以一个小镇带起一片美丽乡村。县级层面，每个县（市、区）（含省直管县市）打造1个以上县级重点片区，抓好20—30个重点村、5个左右旅游村、1个以上中心村建设。4000个重点村，要大力推进"四美五改"（改房、改水、改厕、改路、改厨，做到环境美、产业美、精神美、生态美），实施12个专项行动，如期完成2016年美丽乡村建设任务。已建成的达标村对照12个专项行动要求查漏补缺，争取早日成为精品村；已建成的美丽乡村，要把工作重点放在"经营"美丽上，利用多种业态，发展农村经济，把美丽乡村建设成果转化为新的生产力。

《2017年河北省美丽乡村建设实施方案》的工作目标是：抓好全省100个片区、4398个重点村建设，大力实施12个专项行动，提高标准，提升水平，力争重点村全部达标，并建成600个左右的省级精品村。省级：抓好秦皇岛山海田园等16个省重点片区，培育200个省级经营美丽示范村，示范引领全省美丽乡村建设。市级：每个设区市抓好2—5个市级片区，建设40—100个精品村和一定

---

① 《数说河北40年：农林牧渔业增加值增长62.2倍》，搜狐网，https://www.sohu.com/a/282337937_119825。

数量的市级经营美丽示范村、中心村示范点。县级：每个县（市、区）（含省直管县市）抓好1个以上县级片区（包含10个以上的村庄），因地制宜打造重点村和中心村示范点。

2018年，河北省政府印发《河北省乡村振兴战略规划（2018—2022年）》及5个工作方案，规划突出了"河北方案"：到2020年，乡村振兴取得重要进展，有条件的地区率先基本实现农业现代化；到2022年，乡村振兴体系基本定型，探索形成一批各具特色的乡村振兴模式和经验。规划还提出，到2035年，乡村振兴取得决定性进展，农业农村现代化基本实现。到2050年，乡村全面振兴，农业强、农村美、农民富全面实现。规划设置了河北省实施乡村振兴战略的31项指标，其中约束性指标7项、预期性指标24项。在全部保留国家设置的22项指标的基础上，根据河北省在京津冀协同发展中的功能定位，以及"四个农业"发展要求，增设了耕地保有量、地下水压采率、森林覆盖率、重要河湖淀泊水功能区水质达标率、农田灌溉水有效利用系数、"三品一标"产品数量、农作物耕种收综合机械化率、农业标准化生产覆盖率、农村居民人均可支配收入等9项指标，进一步明确了资源利用上线，突出了现代农业导向，体现了河北特色。

截至2018年底，河北省启动建设了1.7万个省级美丽乡村重点村，其中，已经建成设施完善、特色鲜明的美丽乡村1800多个。[1]按照2020年河北省委、省政府出台的《河北省美丽乡村建设行动实施意见（2021—2025）》的安排，"从2021年起，全省每年建成1500个以上美丽乡村，力争到2025年新建成7500个以上美丽乡村，到'十四五'末累计建成1万个以上美丽乡村，占全省村庄比例超过20%"[2]。

---

[1] 《让农业更强 农村更美 农民更富——河北省大力推进乡村振兴战略纪实》，国际在线，[2021-10-29]. http://eco.cri.cn/20180328/2f17180e-fff0-69ed-819a-90af22a953c6-3.html。

[2] 《河北省美丽乡村建设行动实施意见（2021—2025）》，河北省城乡规划设计研究院网，https://www.hebghy.com/news/1972.cshtml。

第二节　河北省美丽乡村建设存在的主要问题

美丽乡村建设是一项系统工程,是一个实现乡村产业发展、生态环境保护、精神文明提升相互协调、相互促进的过程。目前,河北省美丽乡村建设取得了一定的成就,但是对标"产业兴旺、生态宜居、乡风文明、治理有效、生活富裕"的美丽乡村建设目标要求,仍存在较大的上升空间。

一、生态与产业融合发展深度不够

习近平总书记指出:"产业兴旺,是解决农村一切问题的前提。"[1]乡村振兴总要求中的"产业兴旺",不仅仅是对乡村经济提出的要求,也是对乡村生态提出的要求。发展乡村,粗放式发展能带来一时之利,可是并不能持续。实质上,新时代的乡村建设是要进行生产方式的变革,对以往"工业化"的生产方式进行反思、改造,实现乡村产业绿色发展,实现生态产业化与产业生态化的统一,让农业回归生态,让乡村产业回归生态产业,促进乡村产业融合发展,逐步孕育生态化产业,形成生态化的生产方式。在新时代美丽乡村建设过程中,生态与产业的融合不应仅从经济角度来看待,实质上,"生态产业化"与"产业生态化"是从根本上解决美丽乡村建设物质技术基础问题,克服以往农业生产过程中负效应,满足乡村群众对美好生活需求的根本途径。当前,在河北省乡村生态与产业融合发展的过程中存在两方面的问题。一是乡村旅游业同质化的问题。乡村,有别于城市,拥有着独特的人文、地理风貌,乡村旅游作为一种新业态是乡村生态产业化的一种有益尝试。河北省乡村地域广袤,各地人文、历史、地理风光、产业特点也不尽相同,依据自身特点发展乡村旅游本无可厚非,但问题是,河北省很多乡村都在把乡村旅游作为产业生态化抓手的同时,或忽视各地自身特点而内容形式趋于统一,或单一发展乡村旅游忽略配套建设致使内涵不够,导致乡村旅游同质化非常严重。二是农业生产的"工业化"问题。不少人认为,

---

① 习近平《习近平谈治国理政》(第3卷),外文出版社2020年版,第258页。

解决农业问题就是要在提高农产品产量上下功夫。提高农产品产量本身没有什么问题，但依靠大量使用农机、化肥、农药来提高产量，既不能提高农产品的品质，也不符合绿色发展理念。从保护环境、提高人们的生活品质方面来说，中国农业发展的方向应当是生态与产业融合发展的绿色农业。所以，当前，河北省农村、农业发展的"生态—产业"观还没有完全形成，生态与产业的融合发展还很不够。在很多地方依然是"看山是山，看水是水"，而没有看到山水后承载的生态，没有真正理解"绿水青山就是金山银山"的发展理念。

二、乡村环境和生态问题比较突出

2018年，习近平总书记在全国生态环境保护大会上的讲话中指出："生态环境是关系党的使命宗旨的重大政治问题，也是关系民生的重大社会问题。"[1]环境优美、生态良好是美丽乡村建设的应有之义，也是美丽乡村建设首先且必须达成的目标。然而，从现实情况来看，河北省农村生态文明建设还存在很多问题。一是大量化肥、农药、农膜使用的问题。改革开放以来，河北省农业生产取得了巨大成就，粮食产量不断增长。与此同时，大量化肥、农药、农膜的使用也带来了严重的环境污染。化肥、农药的大量使用伴随着传统的大水漫灌式的灌溉方式，不仅降低了化肥农药的利用效率，更重要的是其残留随着水流进入江河湖海，进入地下水，严重地污染了生态环境。调查显示，河北省目前很多耕地遭到不同程度的重金属污染，而且这种污染已经远远超过了生活水污染和工业水污染，成为水体的主要污染源。二是生活垃圾、污水不易处理的问题。乡村居民居住分散，生活污水不易收集、处理，污水处理配套设备建设、运行成本高，直接导致了乡村污水处理率偏低，生活垃圾难以处理的困难。三是农村养殖业带来的污染。河北农村自古就有家庭养殖的传统。在广大农村，几乎家家户户都会饲养家禽家畜。家庭养殖无序且分散，大量动物粪便堆积，蚊蝇肆虐，臭气熏天，污染地下水，破坏人居环境，虽经多次整治，但依然存在很多问题。四是

---

① 习近平：《习近平谈治国理政》（第3卷），外文出版社2020年版，第359页。

环境污染"上山下乡"带来的挑战。由于农村地区地域广袤，监管较弱，一些污染企业从城市向农村，特别是向偏远山区转移带来的工业污染在一些地方还是存在的，危害不容小觑。

三、优秀乡土文化生态亟待重建

2015年，习近平总书记指出，新农村建设要"体现农村特点，注意乡土味道，保留乡村风貌，留得住青山绿水，记得住乡愁"[①]。留住乡愁，不让乡村成为记忆中的故园，就是要守住优秀乡土文化的汩汩文脉。要推动美丽乡村建设，乡村文化振兴不能缺位。要让乡村留得住乡愁，就必须振兴乡土文化，推动乡村优秀传统文化繁荣发展。近年来，随着乡村振兴战略的实施，全国各地在发展乡土文化方面取得了一定的成就。但不可否认的是，一些优秀的乡土文化也正在逐步流失，乡土文化涵养人的功能正在逐步弱化。一方面，随着社会流动的加快、网络的普及，青壮年农民纷纷外出打工，在开阔了眼界的同时，也开放了乡土社会的文化大门。外来文化的涌入，在一定程度上对乡土社会所秉承的人文传统和价值观念造成了冲击。不同文化背景下的价值观念和生产生活方式冲击着以守望相助、尊老爱幼、孝亲敬贤、勤俭持家为代表的乡村伦理体系，造成乡村文化价值取向的多元化，加之改革开放以来家庭联产承包责任制的实行、市场化改革的逐步深入，使集体主义价值取向弱化，个人主义不断抬头。另一方面，随着经济的发展和城镇化的推进，出现了越来越多的"空心村"，乡村人口出现了不同程度的外流现象。与此同时，由于国家对乡村建设的重视，乡村也吸引了一定的人群，人口流动不再是单纯地由乡村流入城市，也存在城乡人口双向流动的现象。但是，外来人口由于风俗习惯、生活方式的不同，很难融入乡村。两个方面共同作用的结果就是乡村熟人社会正在逐步消失，依附于熟人社会的乡土文化的传承遇到了一定的挑战。此外，由于当前乡土文化人才培育工作艰难，乡土文化专门人才培养周期长，致使现有乡土文化人才队伍结构不合理，年龄

---

① 《习近平关于社会主义生态文明建设论述摘编》，中央文献出版社2017年版，第71页。

偏大,导致乡土文化传播素材陈旧,形式单一,不能满足新时代农民的文化需要,较难适应新时代美丽乡村建设中的乡土文化工作要求。由此可见,优秀乡土文化的流失,是实现乡村文化振兴亟待解决的一个现实问题。

四、乡村基层工作存在薄弱环节

近年来,河北农村基层治理伴随着乡村振兴战略的实施取得了很大的成效。农村基层党组织的领导核心作用进一步凸显,在脱贫攻坚、疫情防控等方面发挥出了战斗堡垒作用。以"红白理事会""监事会""监督委员会""乡贤参事会"等为代表的基层组织在农村基层治理中也发挥了重要的作用。宣传思想工作通过微信公众号、抖音和快手等平台得到加强。这些都为美丽乡村建设创造了良好的条件。与此同时,农村基层治理仍然存在一些需要解决的短板。

一是村"两委"的软弱涣散。乡村社会是一个熟人社会,宗族势力对乡村"政治"生态的影响不可小觑。乡村中的宗族,往往与宗族利益紧密相连。不同的宗族代表着不同的宗族利益。不同宗族为了各自宗族利益的最大化,必然在村"两委"的选举中使出浑身解数,力求影响甚至控制村"两委"。由此,村"两委"作为乡村"权力"的象征,也是乡村中不同宗族势力角逐的焦点。乡村自治的性质使村"两委"的构成也往往是乡村不同宗族博弈的结果,由代表不同宗族利益的"代表"构成。这样的村"两委"所代表的利益往往是其背后的宗族利益,而非全村集体利益。因而,在事关乡村的重大问题上,钩心斗角,相互掣肘,很难形成"合力",甚至于由此滋生出乡村黑恶势力。同时,由于乡村党员干部思想文化水平相对较低、能力较差、服务意识不强、作风不实、工作方法简单甚至粗暴,基层工作难以有效开展。

二是农村基层党组织领导核心作用发挥不充分,战斗力不强。农村基层党组织是乡村治理的领导核心。打造优秀农村基层党组织队伍,对于美丽乡村建设具有决定性影响。当前,农村党员队伍流动性大,许多党员外出打工,难以对他们进行有效管理。同时,绝大多数党员干部年龄偏大,文化水平较低,缺乏工作思路,"等靠要"思想严重,不能发挥模范带头作用,群众认同度相对不高,严重影响了基层党组织的战斗力。

三是乡村干部积极性不高。"火车跑得快,全靠车头带。"乡村干部是农村农业发展的致富带头人,也是美丽乡村建设的领路人。然而,乡村干部人称"草帽官",名为"干部",实则地位非常尴尬。一不吃皇粮,待遇没保证;二不能转干,上为官下为民;三不能提升,干得再好也出不了村;四不能……这是对乡村干部的真实写照。在这样的尴尬处境下,我们谈乡村干部的觉悟就有些近乎奢侈。邓小平曾经说过:"不重视物质利益,对少数先进分子可以,对广大群众不行,一段时间可以,长期不行。……革命是在物质利益的基础上产生的,如果只讲牺牲精神,不讲物质利益,那就是唯心论。"[①]乡村干部待遇低、晋升渠道窄、事务琐碎,且大部分没有社保,使他们工作的积极性很难调动起来。许多工作都需要推着干、哄着干、宠着干,才能干下去。而且许多工作,也常常是应景工作,做足形式,得过且过,很难做到沉下心来、俯下身子,尽心尽力做好工作。

四是城市对乡村、工业对农业的反哺力度不够。乡村的发展,既需要靠自身努力,也需要外力的支持。新中国成立后,在城乡关系上,国家在政策上不仅将人才资本投资偏向城市,而且在相当长时间都始终存在工农业生产的"剪刀差",农村以自己"失血"的代价支持城市、支持工业,这也是造成今天"三农"问题、城乡差距越拉越大的历史原因之一。现在,已经到了城市反哺农村、工业反哺农业的时候了。但是,时至今日,城市的"虹吸"现象、市场经济的发展偏好、"三农"的弱势、国家政策的偏向使工农业生产的"剪刀差"在一定程度上依然存在,这使得"三农"问题的解决依然举步维艰。

五、相对贫困制约乡村美丽转型

"十三五"结束,河北省脱贫攻坚取得决定性胜利,农村贫困人口全部脱贫。但是我们必须清醒地看到,我国的基本国情没有变。即使到2035年,我国仍处在社会主义初级阶段,必须认识到河北省反贫困斗争还有很长的路要走。河北

---

① 《邓小平文选》(第2卷),人民出版社1994年版,第146页。

省消除了绝对贫困,但相对贫困仍将长期存在。2020年后现行标准下绝对贫困的消除并不意味着扶贫任务的结束。也就是说,脱贫攻坚的胜利仅仅是脱贫致富的开篇,需要久久为功,不能松懈。当前,我国的扶贫工作重心转移到缓解相对贫困这个新课题中。党的十九届四中全会指出,全面建成小康社会后的相对减贫时期,反贫困的重心将转向解决"相对贫困"问题。

目前,河北省广大脱贫地区产业能力弱,扶贫产业体系尚未成熟,发展资源缺乏,内生动力不足,产业链条脆弱,独立抵御市场风险的能力较弱,还需要国家政策的强力扶持。一旦相关政策松动,相关资源必定抽离,帮扶力量也会随之减少,返贫风险也会随之加大。历史地看,河北省欠发达地区也往往是环境脆弱,需要进行生态保护的地区。面对摆脱贫困与环境生态修复保护的双重任务,落后地区的群众也往往面对着"经济贫困"与"环境贫困"的双重威胁。长期以来,贫困地区的发展,特别是资源紧缺条件下贫困地区的发展,经济与环境往往是"零和博弈",这是一个"两难选择"。如何在不破坏、污染环境的前提下,实现经济发展,这是摆在河北农村美丽乡村建设中需要亟待破解的课题。

第三节 河北省美丽乡村建设的战略选择

美丽乡村建设,是一项系统工程。既需要发挥政府主导作用(加大资金投入)、农民的主体作用,也需要多元化参与;既需要推动乡村产业兴旺,也需要加强中心村和贫困村建设;既需要加强乡村文化建设,也需要强化乡村社会治理;既需要创建生态宜居乡村,也需要加强乡村公共服务。

一、充分发挥政府的主导作用

多元主体参与是美丽乡村建设的必然趋势,政府在其中发挥着主导的作用。政府在美丽乡村建设中的主导作用主要体现在五个方面:一是依据各地乡村的自然资源、人文景观、产业特色、交通状况、生产生活设施以及丰富人情等的实际,因地制宜地制定美丽乡村建设的整体规划,科学设计、合理布局。二是加大对美丽乡村建设的财政投入,特别是对农业绿色生产、可持续发展、农村人居环境、基本公共服务等领域的支持力度,健全金融支农组织体系,提高金融支农的服务效能,完善金融支农激励政策,加大金融支农力度。三是鼓励社会资本参与美丽乡村建设,引导人才、技术、资金、科技、信息等生产要素向乡村流动,促进高校、科研院所等与乡村合作,为乡村振兴提供人才、技术支撑,放宽对社会组织的政策限制,支持社会组织参与美丽乡村建设。四是扶持乡村集体经济力量的发展壮大,盘活集体经济资源,打牢美丽乡村建设的根基。五是加大美丽乡村建设的宣传力度,激发广大农民群众参与美丽乡村建设的热情,发挥好主体作用,积极营造美丽乡村建设的良好氛围。六是进一步加强基层组织建设。美丽乡村建设的具体实施,离不开包括乡村基层党组织和村委会在内的乡村基层组织。加强基层组织建设,既要充分发挥乡镇干部、驻村蹲点干部的作用,更要培育好村"两委"班子,注重提升他们的素质和能力,充分发挥好村"两委"的作用,调动起他们工作的积极性。七是为美丽乡村建设提供制度供给。美丽乡村建设是一项复杂的系统工程,绝非一朝一夕可以建成,需要政府有大局观和长远的眼光,能够保持政策的稳定性和长期性。为此,就必须要加强相关的制度供给。制度供给,既包括既有制度的改革,也包括制度的创新。在内容上,既涉及乡村规模的调整,也涉及基础设施项目建设的长效机制的构建,还会涉及用地制度的改革、多方建设主体关系的协调,以及建成成效的考核与评价,等等。

二、充分发挥农民的主体作用

美丽乡村建设是一项惠民工程,广大农民群众,既是美丽乡村建设的受益者,更是美丽乡村的建设者。在美丽乡村建设中,各级政府不仅应当认真听取广大农民群众的意见和建议,让他们切实了解美丽乡村建设的意义、建设规划等的具体实际,更应当充分发挥他们作为建设主体的作用。从一定程度上说,广大村民对于美丽乡村建设的参与程度、作用发挥程度决定着美丽乡村建设的成效。充分发挥村民在美丽乡村建设中的主体作用,一方面,需要进一步强化农民群众的主体意识,使广大农民群众明白美丽乡村是为民而建的,也需要靠民来建,调动农民群众参与的热情和积极性,汇集民智,汇聚民意,共建共享。另一方面,也需要加强农村人才队伍建设。加强农村人才队伍建设,既需要提高农民群众的文化素质和技术水平,培育高素质的新型职业农民,也需要制定特殊的人才政策、激励机制、奖励机制,进一步优化农村人才的发展环境,吸引高校毕业生、各类专业技术人才、退休教师、社会乡贤等服务美丽乡村建设。

三、加强乡村文化建设

文化是美丽乡村的灵魂。一个乡村要是没有文化,就等于没有了灵魂,就失去了发展的方向和发展的动力。如果没有文化做支撑,美丽乡村建设也就成了无源之水、无本之木。乡村是传统农耕文明的发源地、传统文明的孕育地和聚集地。乡村文化是让人们留住乡愁、记住乡愁的根本。因此,美丽乡村建设必须要以振兴传统文化为要义。

(一) 进一步加强农村的思想道德建设

广大农民群众,既是乡村文化的创造者,也是继承者和享有者。加强农村的思想道德建设,首先,必须要引导广大农民群众学习践行社会主义核心价值观,加大中国特色社会主义和中国梦的宣传,大力弘扬民族精神和时代精神,学习先进人物事迹,加强公共政策价值引导。其次,要加强对农村群众的思想政治教育,开展文明户、文明家庭评比活动,注重农村教育。再次,要深入推动公民道德建设,培育公民的社会公德、家庭美德和个人品德。最后,要进一步强化农民参与美丽乡村建设的主人翁意识和集体意识,建立健全思想道德建设的奖惩机制,大力宣传道德模范,发挥道德模范的引领示范作用,进一步加强对乡村文化保护法律法规的宣传,增强农民群众的法治观念。

(二) 弘扬中华优秀传统

一要深入挖掘农村文化中的优秀思想并发挥其教化群众、凝聚人心的作用,保护好文化历史遗址、传统曲艺、文件文化等的发展,聘请专家学者规划乡村文化的保护,对难以保存的乡村文化进行录像、拍照、制作成文化册等,完善非物质文化保护制度。二要深入挖掘乡村特色,整合地方特色文化资源,将传统乡村文化和现代元素相融合,进行创新改造,运用新技术提高文化产品的品质,引导企业、社会组织、志愿者投身到美丽乡村文化建设中来。三要深入挖掘乡村文化素材,建造一批特色文化小镇,提高文化产品的价值,形成独特的乡村文化品牌,积极开发传统节目,如民歌、舞狮、年画、杂技、旅游等,充分利用乡村文化带动经济发展和村民就业。四要深入挖掘乡村文化的核心元素,对不同乡村的文化进行分类整合,逐步形成"一村一品"的建设格局。

(三)丰富乡村文化生活

一要加强美丽乡村文化馆、图书馆、博物馆的建设,完善乡村公共体育服务体系,推动健身器材全覆盖,有效促进全民阅读,提高村民的文化知识水平。二要鼓励美丽乡村文化创作,尤其是反映美丽乡村建设的文艺作品,为村民提供更好的文化产品和服务。三要加强基层文化培训,培养乡村文化工作志愿者,继承和发展优秀传统文化,举办文化展、体育竞技比赛,活跃乡村文化环境,调动村民参加乡村文化活动的积极性。四要加强对乡村文化保护的管理和监督,听取大众对乡村文化保护的意见和建议,对破坏文化资源的行为进行通报处罚,营造良好的文化秩序。

四、实施"四大工程"

建设美丽乡村一定要分清主次,重点推进产业兴旺、生态宜居、基础设施和公共服务以及社会治理提升"四大工程"。

(一)乡村"产业兴旺"工程

建设美丽乡村,产业兴旺是基础。只有做强做大做优乡村产业,才能为美丽乡村建设奠定坚实的经济基础,提供强大的物质经济保障。依据《河北省美丽乡村建设行动实施意见(2021—2025年)》,推动乡村"产业兴旺",就是要在进一步推动特色富民产业、农村电子商务网点建设和乡村旅游转型升级3项专项行动的基础上,进一步优化产业布局,促进第一、二、三产业深度融合,全面发展"一村一品"特色产业。通过调整优化农业产业结构,培育壮大新型经营主体,加快发展特色优势产业,打造一批特色种养、商贸物流、家庭手工业和电子商务等专业村,形成"一村一品"产业发展格局。充分利用乡村森林景观、田园风光、山水资源和农耕文化,发展各具特色的乡村休闲旅游业,打造一批精品民宿,推介一批休闲旅游精品线路,形成一批精品旅游目的地,使农民收入稳定增长,村民人均可支配收入高于全省平均水平20%以上,生活水平明显提高。

(二)乡村"生态宜居"工程

生态宜居,既是乡村振兴的内在要求,也是美丽乡村建设的重要内容。建设生态宜居乡村,既是对村民环境权益的保护,也是广大农民群众的基本民生问题。推动乡村"生态宜居"工程,一要因地制宜选择生活污水治理模式,宜集中则集中,宜分散则分散,推进城镇污水处理设施和服务向农村延伸,城镇近郊村庄污水纳入城镇、园区污水处理厂集中处理;地域相近、连片建设的村庄,采取区域统筹、联合共建方式建设污水处理设施,实现生活污水相对集中处理;人口密集、经济发展条件较好的平原村庄,可单村采取管网收集、终端处理模式;不具备集中收集处理、水量小的山区村庄,采取户用化粪池、小型湿地等分散处理模式。二要全面实现村庄卫生厕所改造,常住户厕所要实现应改尽改,推广普及水冲式厕所。三要建立健全生活垃圾处理机制,村庄内外全域保洁,垃圾实现日产日清,开展垃圾分类试点,合理布局垃圾焚烧发电项目。四要抓好沿景区、沿河渠、沿道路、环村庄卫生环境综合整治,推动美丽乡村片区面貌整体提升。五要大力开展村庄绿化行动,推进村庄应绿尽绿,打造道路两侧乔木林、房前屋后果木林、游园绿地休憩林、村庄周围护村林的绿化格局,有条件的建成具有地方特色的森林乡村。六要精心编制村庄建筑风貌导则和设计方案,加强新建住房管控,支持建设一批功能现代、风貌乡土、成本经济、结构安全、绿色环保的宜居型示范农房,开展现有建筑风貌整治,全面整治街道两侧标语广告,绘制文化墙,规范村庄标志、路牌、门牌、设施标牌等的设置,确保建筑风貌和村庄环境浑然一体,突出村庄乡土特色,全面提升村庄建筑风貌。

(三)乡村"基础设施和公共服务"工程

从产业兴旺、生态宜居、乡风文明、治理有效、生活富裕五大要求的实现路径来看,农业农村基础设施和公共服务是产业兴旺的前提条件、生态宜居的重要保障、乡风文明的重要阵地、治理有效的后盾支持、生活富裕的动力来源,从而也是实现农业强、农村美、农民富的重大抓手。推动乡村"基础设施和公共服务"工程,就是要在实施民居改造、街道硬化、安全饮水三大专项行动的基础上,进一步全面提升基础设施条件,全面提升公共服务能力。一要大力推广清洁能源,引导使用天然气、液化气、电能、太阳能、清洁煤等炊事、沐浴、取暖;在人口较少、居住分散的坝上、山区村庄,鼓励使用分布式光伏发电技术满足生活用电需求和冬季供暖。二要合理布置供水管网,加强日常管理维护,实现自来水全面入户、稳定运行、安全达标。完善农村电力、通信、广播、电视等网络,确保全天候服务通畅无盲区。三要推进农村电力线、通信线、广播电视线"三线"有序治理,排除安全隐患。四要加强农村"四好"公路建设,公交通达所有乡村,村内主街道和巷道实现全面硬化。五要在主街道、巷道和公共场所合理设置路灯,实现亮化全覆盖。六要合理设置电商服务站点,畅通物资进村、产品出村渠道。七要高标准建设村民服务中心,落实为民服务全程代办制,方便群众生产生活。八要高水平建设综合文化服务中心,完善文体设施,丰富相关功能,常态化开展文体活动,满足群众文化生活需要。九要建设标准化卫生室,合理划分就诊功能区,按要求配备医护人员,纳入乡镇卫生院一体化管理。十要引导农民积极参加新型农村合作医疗和城乡居民基本养老保险,提高社会保障水平。十一要健全教育服务设施,按照教育布点规划要求,在人口集中的村庄建设标准化幼儿园或小学;未规划布局教学点的村庄,保障适龄儿童能就近入学。十二要完善养老服务设施,通过改造提升原有幸福院(敬老院)、盘活闲置农宅、单村新建或联村并建养老设施等方式,提供互助养老、居家养老服务,满足老年人养老需求。

(四)乡村"社会治理提升"工程

乡村治,则百姓安。农村要成为安居乐业的家园,离不开科学有效的治理。没有乡村的有效治理,就没有乡村的全面振兴。治理有效既是美丽乡村建设的目标,也是美丽乡村建设的重要手段。推动乡村"社会治理提升"工程,就是要在实施基层组织建设、文化建设、乡村平安三大专项行动的基础上,进一步全面提升乡村治理水平。一要坚持党建引领,充分发挥党组织领导作用和党员先锋模范作用。二要健全基层党支部、村民委员会、村务监督委员会、综合服务站、专业合作社、保洁队伍等"六位一体"组织,规范管理运行,更好发挥作用。三要健全村民评议会、红白理事会、道德评议会、人民调解委员会等群众自治组织,制定完善村规民约,有效化解农村矛盾纠纷,提高农民自治能力。四要深入开展爱国主义教育,弘扬中华传统美德,开展各类模范典型评选活动,弘扬新时代文明风尚。

第十二章 新时代河北省农村精神文明建设保障机制

农村精神文明建设,既是一个长期的过程,也是一项系统工程,必须长期抓,抓长期,久久为功,方能见到实效。与抓物质文明"一手硬"相比,抓农村精神文明建设长期存在"一手软"的问题。加强农村精神文明建设,必须克服抓农村精神文明建设"一手软"的问题,关键在于构建起一整套的新时代河北省农村精神文明建设的保障机制。这些机制包括农村精神文明建设领导和工作运行机制、动力激发机制、社会保障机制、文化援助与学习交流机制、宣传督导考评问责机制以及群众参与机制。

第一节 建立健全农村精神文明建设工作运行机制

农村精神文明建设是一项系统工程,不仅需要加强顶层设计,还需要进一步构建长效的工作运行机制。

一、建立健全农村精神文明建设领导体制

(一)建立健全新农村精神文明建设领导体制的重要性

2019年9月1日,中共中央印发的《中国共产党农村工作条例》(以下简称《条例》)是中国共产党首次专门制定的关于农村工作的党内法规。其中,第十六条规定了党对农村社会主义精神文明建设的领导及具体要求。9月4日,中央农

村工作领导小组办公室、农业农村部等11个部门联合印发的《关于进一步推进移风易俗 建设文明乡风的指导意见》，进一步提出了农村精神文明建设的指导意见。在4天之内连续出台两个有关加强农村精神文明建设重要文件，凸显了以习近平同志为核心的党中央对农村工作的高度重视。建立健全新农村精神文明建设领导体制，既是加强农村精神文明建设的应有之义，也是贯彻落实党中央决策部署的具体举措，对于提升党的执政能力，巩固党的执政基础也具有重大意义。

首先，建立健全农村精神文明建设领导体制是提升中国共产党执政能力的重要内容。党管农村工作是我们一以贯之的传统，农村精神文明建设对于党解决好事关国家根基的"三农"问题具有极为重要的引领和带动作用，作为一种柔性的力量，需要建设刚性的领导体制，更好地提升党对农村工作方向与大局的把控。《条例》作为新时代党管农村工作的总依据，为农村精神文明建设指明了方向。建立健全农村精神文明建设领导体制，有助于加强党对农村精神文明建设工作的全面领导，从制度机制上确保党始终总揽全局、协调各方，更好地实现乡村振兴战略。

其次，建立健全农村精神文明建设领导体制，也有利于更好地巩固党的执政基础。中国共产党是代表最广大人民群众根本利益的党，党的宗旨是全心全意为人民服务。正是由于我们党始终把实现好、维护好、发展好最广大人民群众的根本利益作为我们一切工作的出发点和归宿，我们党才能赢得最广大人民群众的支持和拥戴，才能走上执政地位。立党为公、执政为民是对我们党的根本要求。中华人民共和国成立以来，党的执政地位不断得到巩固。随着中国特色社会主义进入新时代，我国社会的主要矛盾已经转化为人民日益增长的美好生活需要和不平衡不充分的发展之间的矛盾。在人民日益增长的美好生活需要中，不仅有对物质生活的更高要求，而且对精神文化生活也有了更高的需求。习近平总书记提出："人民对美好生活的向往就是我们的奋斗目标。"[1]加强农村精神文明建设是贯彻以人民为中心思想、满足人民日益增长的美好精神文化生

---

[1] 习近平：《习近平谈治国理政》（第1卷），外文出版社2018年版，第424页。

活的必由之路,也是用党的创新理论宣传、教育、武装广大农民群众,引导广大农民群众坚定不移听党话,矢志不渝跟党走的不可替代的路径选择。

(二) 建立健全农村精神文明建设领导体制

党对农村工作实行的是"中央统筹、省负总责、市县乡抓落实"的领导体制。这一体制也是党加强农村精神文明建设的领导管理体制。建立健全农村精神文明建设领导管理体制,首先要明确党中央和省、市、县党委领导农村精神文明建设工作的主要任务,决定农村精神文明建设工作的战略方针、重大改革。党中央设立农村工作领导小组,发挥农村精神文明建设工作的牵头作用,对党中央负总责,敦促落实中央关于农村精神文明建设工作的重大部署,工作小组的成员单位也要将中央对于农村精神文明建设工作的要求落实到本单位、本系统,增强协作,形成合力。其次,省(自治区、直辖市)党委定期听取农村精神文明建设情况汇报,召开工作会议,做出相应决策,制定出台配套政策举措,抓好重点任务分工、重要资源配置等工作。再次,市(地、州、盟)党委应把农村精神文明建设工作提上重要议程,做好衔接、协调、督促检查工作。县(市、区、旗)党委要从所属农村精神文明建设实际情况出发,制定具体管用的工作措施,县委书记作为农村工作组组长,要深入基层调查研究,狠抓工作落实。最后,各级党委应当完善农村精神文明建设领导决策机制,更好地发挥人大代表和政协委员从群众中来、到群众中去的优势,了解农村精神文明建设需求,同时注重发挥智库和专业研究机构作用,实现决策的科学化、专业化。建立健全农村精神文明建设领导体制的主要功能就是要加强农村精神文明建设的顶层设计、统筹协调,上下联动、形成合力。

二、建立健全农村精神文明建设管理机制

加强农村精神文明建设,不仅需要建立健全相应的领导体制,同时也为保障党和政府关于农村精神文明建设的指示精神、重大举措能够真正得到贯彻和落实,还应该进一步建立健全宣传、督导、考评、问责等管理机制。

（一）大力加强农村精神文明建设的宣传工作

宣传工作是精神文明建设的重要组成部分。加强精神文明建设的宣传工作，对于广大农民群众接受党的最新创新理论，了解党的路线方针政策，扩大精神文明的社会影响，提高广大农民群众的文明素质和农村的文明程度发挥着至关重要的作用。大力加强农村精神文明建设宣传工作，最重要的是加强精神文明的宣传阵地建设。加强精神文明宣传阵地建设，既需要强化传统媒体的功能，也需要充分发挥新媒体的作用。首先，必须进一步强化传统媒体在农村精神文明建设中的宣传功能。《关于进一步推进移风易俗 建设文明乡风的指导意见》指出，不断提升农村精神文明建设水平，需要进一步强化传统媒体的作用，加强宣传教育、舆论引导，"充分利用县乡电视广播系统、乡镇政务场所、农村集市、村务公开栏、村大喇叭、村文化墙等直接面向农民群众的宣传阵地，用身边事教育身边人"①。传统媒体是直接面向广大农民群众、加强精神文明建设宣传的重要阵地。推进农村精神文明建设，必须充分利用传统媒体的宣传、社会、教育、监督作用，惩恶扬善，整治村容村貌，弘扬文明乡风，抵制不良社会风气。其次，还必须要充分发挥基于互联网基础之上的手机客户端、微信、QQ及各种学习平台等新媒体在农村精神文明宣传中的作用。中国互联网信息中心第44次《中国互联网络发展状况统计报告》的数据显示：截止到2019年6月，我国网民规模达8.54亿，互联网普及率达61.2%，我国手机网民规模达8.47亿，网民使用手机上网的比例达99.1%。其中我国农村网民规模达2.25亿人，占网民总数的26.3%。②随着互联网络的普及，电脑、手机已经逐渐成为农民了解外部世界的主要工具。在互联互通的时代，各种信息鱼龙混杂、真假难辨，各种思想文化迅速流传，对人们的影响极大。这就需要我们高度重视新媒体的作用，既要防范网络上的负面思想影响，又要加强正面的思想宣传教育，包括预防互联网诈骗的宣传、预防黄赌毒侵蚀的宣传等，帮助农民群众树立正确的网络观，引导他们通过网络读书、看报，加强学习，通过网上学习下棋、唱歌、跳舞等文化娱乐活动，丰富精神

---

① 《关于进一步推进移风易俗 建设文明乡风的指导意见》，中国文明网，http://www.wenming.cn/ziliao/jujiao/201912/t20191219_5356960.shtml。

② 中国网络空间研究院：《中国互联网发展报告2019》，电子工业出版社2019年版，第1页。

文化生活。为此，就必须要进一步完善农村互联网基础设施建设，加强网络新媒体的宣传阵地建设，使新媒体真正成为农村精神文明建设的重要阵地。

（二）进一步加强对农村精神文明建设的督导工作

以督促建是农村精神文明建设的一条基本原则。加强对农村精神文明建设的督导是农村精神文明建设有效开展的一个重要环节。进一步加强对农村精神文明建设的督导工作，就其内容来说，需要从三个方面做好工作：一要加强对农村精神文明建设督导工作的领导。这就要求各级党委和政府要将督导工作作为加强农村精神文明建设的一项重要手段，在进行农村精神文明建设工作决策时要注意听取相关督导部门的意见，要设立督导专项经费，支持督导部门开展工作；要建立必要的奖惩机制，将督导评估结果运用于部门、单位、村镇的各项评比，作为考核相关部门主要领导工作实绩的重要内容；对督导工作进行定期评估，奖优罚劣，营造有利于督导工作开展的良好氛围。二要建立健全农村精神文明建设督导机制。为此，需要进一步建立和完善各级党委和政府对于农村精神文明建设工作的督导制度，努力形成上下联动、相关部门协同的督导机制；建立和完善各级党委和政府履行农村精神文明建设工作职责的自评报告制度和农村精神文明建设督导评估制度，建立和完善农村精神文明建设工作质量监测制度，建立健全农村精神文明建设督导评估结果公示、限期整改制度，完善农村精神文明建设责任制度。三要进一步加强农村精神文明督导机构和队伍建设。各级党委和政府主要领导要牵头领导，要设立专门机构或专人负责农村精神文明建设工作，要建立和完善兼职督建和特邀督建的选聘制度，构建一支专兼结合的农村精神文明建设工作督导队伍，加强督导队伍培训工作，不断提高督导人员的专业化水平，保证农村精神文明建设教育督导工作的有效开展。

（三）进一步加强农村精神文明建设考评工作

要实现抓农村精神文明建设"一手硬"，就必须要强化对农村精神文明建设的考评工作。2019年，中共中央印发的《中国共产党农村工作条例》提出，要"健全五级书记抓乡村振兴考核机制"①。同样，农村精神文明建设作为乡村振兴战

---

① 《中国共产党农村工作条例》，人民出版社2019年版，第11页。

略的重要内容,也需要"健全五级书记抓"的考评机制。"健全五级书记抓"农村精神文明建设的考评机制,应坚持公开性、发展性和全面性三大原则。公开性原则强调的是,将考评标准、考评流程、考评结果公开化,对精神文明建设工作进行公正公平的考评,这既有利于借助群众的力量进行监督,也使考评结果更加客观准确,让民众更为信服。发展性原则强调的是,对于农村讲授文明建设,要随着时代的发展,不断与时俱进地调整考评的内容,以保证考核内容的科学性和时代性。全面性原则强调的是,在考察精神文明建设情况的同时,也要考察当地的物质文明建设情况,通过对本村精神文明与物质文明相互影响情况的分析,找到精神文明建设的突破口。从考评的内容来说,主要包括四个方面:一是对领导机制的考评,领导班子是否真的提高了农村精神文明建设的思想意识,起到模范带头作用;二是对制度机制的考评,即是否有一套可操行很强的制度作为农村精神文明建设的保障;三是对物质保障机制的考评,即是否有一个完整的资金链,支撑农村精神文明建设的长效运营;四是后期成效考评,是否在农民群体中产生实效,带来村容村貌村风的实质性提升。从量化考评指标的制定来看,可具体化为九个方面的内容:一是思想政治教育提升情况,内容涵盖学习贯彻习近平新时代中国特色社会主义思想、党中央的最新指示精神决策部署、社会主义核心价值观进村规民约、未成年人特别是留守儿童的"五联育人"机制、心理疏导机制等;二是身边的好人好事考评,包括道德模范定期宣讲、道德讲堂、道德模范的评选等;三是文明村镇创建考评,包括定期会议、解决的问题、城乡结对等;四是文明家庭考评;五是志愿者服务考评;六是乡村文化振兴工程考评;七是移风易俗工程考评;八是文明生活方式考评;九是村民是否普遍遵守社会公德、家庭美德、职业道德,社会主义民主和法制是否得到充分体现,人民群众共享资源的权利是否得到法制的保障,等等。

(四) 建立健全农村精神文明建设责任制

中共中央在《中国共产党农村工作条例》中明确指出:"地方各级党委和政府主要负责人、农村基层党组织书记是本地区乡村振兴工作第一责任人。上级党委和政府应当对下级党委和政府主要负责人、农村基层党组织书记履行第一责任人职责情况开展督查考核,并将考核结果作为干部选拔任用、评先奖优、问责追责的重要参考。"①这实际上也是对农村精神文明建设工作实行责任制提出的基本要求。在农村精神文明建设工作中,地方各级党政主要负责人以及农村基层党组织书记是第一责任人。对于市县、乡镇党政主要负责人及其领导班子成员进行农村精神文明建设实绩进行考核,要制定详细的考核指标体系,考核结果要作为对领导干部综合考评、奖惩、任用的重要依据。对于工作业绩出色的干部给予表彰和奖励,获得干部提拔、评先评优的资格。对于考评结果不理想的领导干部要进行约谈、问责,甚至工作调整。2016年,中共中央政治局审议通过的《中国共产党问责条例》不仅强调了工作的主体责任、监督责任和领导责任,还明确区分了党组织中不同领导成员的三种责任,即党组织领导班子在职责范围内负有全面领导责任,领导班子主要负责人和直接主管的班子成员承担主要领导责任,参与决策和工作的班子其他成员承担重要领导责任。②因此,建立农村精神文明建设责任制,首先,必须要明晰各级党委和政府农村精神文明建设工作的责任目标,细化领导干部责任清单,明确责任主体。当然,实行农村精神文明责任制,并不是为了大力惩处党政各级领导干部,而是发挥问责机制警示激励的效用,最终目标是为了打造一支能更好地落实党和国家关于农村精神文明建设工作的各项方针政策,让广大农民群众具有获得感,共享精神文明建设成果。其次,对于农村精神文明建设工作的履责情况要及时把握并督改推进,对于该问责的要坚决问责,并及时问责。精神文明建设是长久抓、抓长久的工作。由于其具有"虚"的一面,因此很容易造成事前不重视,事后反应迟缓的"问责"黑洞。这就要求我们在精神文明建设过程中,要注重建设"量"的积累,从精神文明建设细处着手,在落小、落细、落实上下功夫,最终促成精神文明建设"质"的变化。再次,问责一定要到位。针对个别地方党委和政府在农村精神文明建设工作中"只挂帅,不出征"的情况,问责大事化小、小事化了,"避重就轻","抬得起板子落不下手",转嫁责任,敷衍了事等问题,一定要严肃问责,避免规章制度虚化,成为"纸老虎""稻草人"。为此,还必须要对问责者"徇私

①　《中国共产党农村工作条例》,人民出版社2019年版,第11页。

②　张乐、刘焕明:《健全党内问责机制存在的问题及其解决路径》,《思想理论教育》2019年第3期,第75页。

枉法"进行严肃问责。

(五) 加强对精神文明建设的投入

围绕新时代农村精神文明建设的目标和要求,发挥政府领导和推动农村精神文明建设繁荣的保障性功能,更好地整合资源,完善基础设施建设,为农村精神文明建设提供坚实的物质支撑。一要进一步提升各级党委和政府对农村精神文明建设的重视程度,促进农村"五个文明"协同发展,始终把农村发展、农民增收与精神文明建设作为相辅相成、同等重要的工作。二要进一步加大农村精神文明建设的资金投入,扩大农村精神文明建设投资渠道。一方面,政府要加大农村精神文明建设的资金扶持力度,农村基础文化设施与农村精神文明奖励基金共同投入,扩大农村精神文明建设在财政支出中的比例;另一方面,吸引企业和个人采用多种形式参与到农村精神文明建设中来。三要优化基层公共文化资源配置,实现"三下乡"活动常态化、制度化,按照"三贴近"的原则,探索定制化服务,想农民之所想、送农民之所需,将政府管理工作落到实处,形成农村精神文明建设的新局面。

(六) 加强高素质的农村精神文明队伍建设

农村精神文明建设关键在人,关键在于建设一支高素质的农村精神文明队伍。建设高素质的农村精神文明队伍,首先要构建专业化的负责人建设机制。各级党委和政府是管理农村精神文明建设的主要负责人,必须是抓农村精神文明建设的行家里手。因此,从农村精神文明建设负责干部的选择、培养、管理到使用,需要建立健全锻炼制度,要有针对性地加以培养,将干事创业作为主要的牵引力,着重提拔群众公认、实绩优秀的农村干部。其次要不断挖掘农村精神文明建设的管理人才。一是各级党和政府要通过制定强有力的政策吸引有志报效乡村的大学生回村支援乡村建设。他们具有专业的知识、开阔的视野、先进的理念,能够更好地了解政策,因地制宜地执行政策,经过实践锻炼可以作为负责人的候选人。二是通过政策的制定,充分发挥乡村中有知识、有眼界、有权威的"乡贤"在农村精神文明建设中的作用。三是将返乡农民工作为精神文明建设的一支重要力量,充分发挥他们的作用。最后是专业人才队伍建设。主要针对乡村教师、乡村医生等高素质人才加强建设,壮大农村精神文明建设队伍,提高专业化建设水平。

三、建立健全农村精神文明建设的表达与反馈机制

农村精神文明建设是一项系统工程,涉及建设主体众多。其中,广大农民群众是最主要的建设主体,各级党和政府是最主要的推动主体。因此,加强农村精神文明建设,必须要在广大农民群众与各级党委和政府之间,构建起精神文明建设的表达与反馈机制。

(一) 建立健全农村精神文明建设的表达机制

党的十九届四中全会提出了推进国家治理体系和治理能力现代化的战略任务。推进国家治理体系和治理能力的现代化,一是要使现代治理理念融入包括精神文明建设在内的治国理政的方方面面。在农村精神文明建设中融入现代治理理念,就是要实现农村精神文明建设由传统的自上而下的单向度管理向双向沟通转化。在信息化发展迅猛的今天,很多农民通过互联网、国内旅游等方式,对于自身的文化需求、文明乡村的建设也有了自己较为明确的需求。与此同时,对于国家政策的上传下达,农村精神文明建设团队,也需要一个通俗易懂的表达方式,向农民普及和拓展。精神文明建设,不仅仅是"建"的问题,还有一个"需"的问题。精神文明建设的"建"与广大农民群众的"需"之间应该匹配。这个匹配,不是要让广大农民群众的"需"去适应精神文明建设的"建",而是在很大程度上,"建"是为了更好地满足"需"。为此,农村精神文明建设就必须要拓宽农民精神文明建设需求的表达渠道,明确广大农民群众的"需"。长期以来,作为农村精神文明建设主体的广大农民群众在精神文明建设方面常常被政府和学者代言,呈现集体失语的一种状态。明确广大农民群众的"需",就需要拓展广大农民群众对精神文明建设的表达渠道。首先,可以利用各级农村工作小组定期会议,提前征集广大农民群众对农村精神文明建设、基础设施建设、村容村貌建设的良好建议。乡村两级农村工作小组会议可以邀请一定的农民代表参加。其次,可以通过村委设置的关于农村精神文明建设的意见箱,使农民将自身的文化需求反映出来。比如,村读书室可以根据农民的实际需求进行可读性、实

用性书籍的选择。让这些书籍、影音资料真正能够为农民所用,发挥实效。最后,村委可以利用互联网平台,在将党的政策送到千家万户的同时,广泛征求群众的意见与建议。二是各级农村工作小组中负责农村精神文明建设的队伍,要利用媒体资源,将政策语言转换为农民所接受的内容,以开放的姿态,宣传群众性精神文明创建活动,吸引更多企业参与,促进村企交流,动员全社会力量建设农村精神文明。在丰富农民表达渠道的过程中,注意农民的普法教育,过滤掉不合法的表达方式,引导农民文化需求表达的合理性。

(二) 完善农村精神文明建设反馈机制

对于广大农民群众提出的精神文明建设的意见和建议,各级农村精神文明建设相关领导机构必须要给予必要的反馈,形成意见和建议—反馈的良性循环,从而调动广大村民参与建设的动力和创造活力,提升农村精神文明建设的质量和效率,保障农村精神文明建设的顺利进行。这就要求建立起完善的农村精神文明建设反馈机制:一是构建农村精神文明建设五级联动的反馈机制。从纵向来看,农村精神文明建设应当贯通从中央、省、市、县 (区)、乡镇到村五个层级。构建农村精神文明建设五级联动的反馈机制,就是要在将广大农民群众的意见、建议逐级反映的同时,也要实现各级领导机关回应的逐级反馈,真正实现上下互通。二是从五级联动的反馈方式上来看,在充分借助直接、便捷、高效、低成本的网络平台路径的基础上,辅之以传统会议模式、书面回复等方式,构建起快捷通道及标准化工作反馈机制,定期反馈。这样,既可以保证给予每一名村民都可以反映问题、需求的机会,从而调动他们参与精神文明建设的积极性,也可以保证使每一名村民都可以得到各级领导机关的负责任的反馈,从而保证农村精神文明建设的科学性、大众性。

第二节 建立健全农村精神文明建设群众参与机制

广大农民群众的广泛参与是社会主义精神文明建设的一大特点和优势。因此,加强农村精神文明建设,不仅需要各级党委和政府的大力推动,更需要广大农民群众和各类社会组织的积极参与。

一、大力开展群众性精神文明创建活动

群众性精神文明创建活动是人民群众移风易俗、改造社会的伟大创造，也是充分发挥广大群众精神文明建设主体作用的重要载体，改革开放以来，呈现出了旺盛生机和强大活力，有力地促进了公民文明素质和社会文明程度的显著提高。党的十八大以来，群众性精神文明创建活动内容更加丰富，形式更加多样，方法更加完善，领域不断拓展，群众参与热情越来越高，社会影响也越来越大。早在2017年，中央文明委在印发的《关于深化群众性精神文明创建活动的指导意见》中指出："群众性精神文明创建活动是人民群众群策群力、共建共享、改造社会、建设美好生活的创举，是提升国民素质和社会文明程度的有效途径，是把社会主义精神文明建设的任务要求落实到城乡基层的重要载体和有力抓手。"①大力开展群众性农村精神文明创建活动，需要我们进一步做好以下几方面的工作。

（一）进一步深入开展文明村镇、文明单位、文明家庭、文明校园创建活动

在农村精神文明建设中开展文明村镇、文明单位、文明家庭、文明校园创建活动是中央文明委和河北省文明委的战略部署，是推进农村精神文明建设的有力抓手。开展文明村镇创建要突出抓好乡风民风、人居环境和文化生活建设，将着力点放在提高农民文明素质上，要充分发挥农村党员干部、乡村教师、退伍军人、文化能人、返乡创业人士等新乡贤的作用，大力开展移风易俗，要加强村容村貌整治和农村环境的保护。开展文明单位创建要以增强单位社会责任，提高单位职工职业素养，培育职业精神，提供优质服务为重点。开展文明家庭创建要注重家风家教，以构建和睦家庭为目的，以良好家风支撑良好社会风气的形成。开展文明校园创建，要着眼于培养德智体美劳全面发展的社会主义事业

---

① 《关于深化群众性精神文明创建活动的指导意见》，新华网，http://www.xinhuanet.com//2017-04/05/c_1120753464.htm。

建设者和接班人,加强师德师风建设,开展形式多样、健康向上、格调高雅的校园文化活动,形成良好的育人氛围。

(二) 大力推动新时代文明实践

开展新时代文明实践,是党中央做出的一项加强宣传思想文化和精神文明建设工作的重大战略部署。新时代文明实践具有教育性、实践性、公众性的特点。教育性是新时代文明实践的价值属性,以人为中心,凝聚群众、引导群众、以文化人、成风化俗是新时代文明实践的教育旨归。实践性是新时代文明实践的本质特征。实践主体、实践纽带、实践对象、实践环境构成了新时代文明实践的基本要素。公众性是新时代文明实践的自然属性,积极引导公众参与和共享文明实践成果是新时代文明实践的应有之义。志愿服务是新时代文明实践的主要形式。大力开展新时代文明实践活动,其核心就是要进一步大力弘扬奉献、友爱、互助、进步的志愿精神,进一步推动学雷锋志愿服务活动持续深入地开展。从我国具体国情实际出发,大力推动志愿服务的发展,关键在于建立和完善志愿服务制度,以制度调动广大人民群众参与志愿服务的积极性、主动性,激发志愿服务的内在动力,撬动志愿服务的大发展、大繁荣,使"我为人人、人人为我"蔚然成风。通过开展新时代文明实践,引导人们自觉地遵守社会公德,养成良好行为习惯,形成和谐清新的人际关系,强化人们的社会责任,培养人们的文明意识,从而推动乡风文明。

(三) 动员社会力量广泛参与

大力开展群众性精神文明创建活动,既需要工会、共青团、妇联、残联、关工委和文联、作协、科协等人民团体充分发挥各自优势,组织动员联系群众积极参与,也需要动员行业协会、社会团体、基金会等各种社会力量的广泛参与。各种社会力量广泛参与精神文明创建活动,有助于推动农村经济发展和为农村提供更多、更好的公共文化服务。

一是有助于推动农村经济的发展。物质文明与精神文明是相辅相成的关系,物质文明是精神文明的基础,精神文明为物质文明提供智力支持、精神动力和政治保障。没有精神文明的物质文明也是不能长久的。随着中国特色社会主义进入新时代,精神文明对于农村经济发展的推动作用也日益凸显。这表现在:

随着我国社会主要矛盾发生转化，人民在满足一定的物质需求后，开始追求更高层次的精神文化需求，从吃饱到吃好、从穿暖到穿好、从够用到好用的转变，对于艺术、自然、独特性、品牌等的追求，使各种精神文化产品应运而生，其中也包括农村精神文明建设的产品与服务。这些产品与服务本身也构成了农村经济发展的一部分。对于各级党委和政府来说，要做好农村文化资源的保护与开发工作，为农村精神文明建设的产品与服务搭建平台做好宣传工作，营造良好的外部环境。

二是可以为农村提供更多、更好的公共文化服务。农村公共文化服务及其设施是农村精神文明建设的重要组成部分，也是当前河北省农村精神文明建设的薄弱环节。如何为农村公共文化服务提供必要的设施，如何为农民提供看得懂、买得起、用得上的文化产品，如何为农民提供喜闻乐见的文化活动也是农村精神文明建设中亟待解决的一个重要问题。在农村公共文化服务体系建设中，政府既是公共文化服务建设的主导者，也是农村公共文化服务的提供者和服务者。在当前，政府的力量还不足以满足农村公共文化服务的全部需要。因此，实现服务主体的多元化，动员社会力量参与到农村公共文化服务建设中来，就成为当前解决广大农民群众对公共文化服务日益增长的需要同政府还难以满足群众的需求之间的矛盾的必然选择。因此，调动农民自治组织、社会工作团体、行业协会等广泛的社会力量，积极参与到农村公共文化服务建设中，有助于满足农民群众多层次的文化需求，有利于努力形成政府引导、市场引入、全社会共同参与的农村公共文化服务模式，更好地促进农村精神文明建设的健康发展。

二、强化先进典型的示范引领作用

榜样的力量是无穷的。加强精神文明建设，需要先进典型的示范引领。以先进典型为榜样，发挥先进典型的示范作用，既是党的光荣传统，也是党百年奋斗的经验总结。先进典型，作为一面引领的旗帜，能够给人以强大的鼓舞和力量。因此，选树先进典型，强化引领示范，也是大力加强精神文明建设的重要途径。

强化先进典型的示范作用，一要充分调动广大农民群众参评典型的积极性，通过自上而下的"选"与自下而上的"荐"相结合的方式，选出真正具有代表性的先进典型。

二要通过多种方式、多种渠道广为宣传，扩大先进典型的影响力。比如，主流媒体的访谈、巡回宣讲以及新媒体的网络直播、微视频；再比如，将先进典型事迹整理成册，编写成故事甚至广播剧、电视剧等，形成长期的宣传效果。力争做到先进典型家喻户晓，勉励先进、激励后进，增强农民群众的荣誉感和自豪感，激发评优秀、树典型的精神文明建设的行动自觉。

三要强化学习先进典型的群体效应。首先，在强化学习典型的群体效应过程中，党员、干部要发挥模范带头作用。只要党员、干部能够充分发挥模范带头作用，党风就会端正，党风就会带动民风、社风，形成良好的乡风。其次，要开展先进典型的现身说法。组织先进典型与群众的见面会，通过面对面地交流经验，感知先进典型的现实性和赶超先进的可能性，提升示范效应。最后，要创新学习方式。将学习先进典型与文学文艺活动的创作相结合，用心创作一批围绕先进事迹的音乐、小品、话剧、小说等，通过本村的文艺团队在各地开展巡回演出，将学习典型融入平日的文化娱乐生活中，更易激发群体效应。

三、采取群众喜闻乐见的建设形式

改革开放40多年来，随着农村经济的快速发展，广大农民群众的生活水平和消费水平也有了显著提高，广大农民群众对精神文化生活的需求日益增长。信息技术的飞速发展，电脑、手机等在乡村的广为普及，使农村广大群众的文化娱乐方式日益丰富多彩起来，形式多样的广场舞、鬼步舞、秧歌表演、文化表演，以及抖音、快手等新媒体正成为农村精神文明建设活动的新载体。面对新时代农民文化娱乐方式的改变，农村精神文明建设的方式也必须要与时俱进地创新，使之既能为广大农民群众喜闻乐见，又能够很好地宣传党的创新理论，传递党和政府的声音，体现新时代精神文明建设的内容，寓教于乐，使广大农民群众在这种日益丰富的文化娱乐方式中得到理论上的武装、思想上的教育、灵魂上的洗礼。比如，一些地方将现实生活中涌现出的好人好事搬上舞台，将公益与艺术相结合,通过小品、戏剧、歌舞、朗诵等老百姓喜闻乐见的文艺形式,艺术而生动地表现出来,使身边好人更加鲜活、形象更加生动,通过对好人善行义举的情景再现,传播身边好人的善行义举,让大家看得见、摸得着、信得过,让群众近距离地感受好人的无私大爱,感受平凡中的幸福,感受道德的伟力,得到精神上的滋养。因此,大力加强农村精神文明建设,必须要避免简单冗长的说教,要积极创造条件,充分发挥乡土作家的聪明才智,鼓励他们创作一些形式新颖、接地气、朗朗上口的顺口溜、三句半、乡村歌曲,编写一些反映新时代新生事物、先进典型、模范人物事迹的地方小戏等,制作一些反映农村精神文明建设成果的宣传短片,利用微信公众号、QQ、抖音、快手等网络平台广为推送,扩大宣传,并通过这些农民群众喜闻乐见的文艺作品,弘扬主旋律,唱响正能量,使更多的农民群众积极参与到农村精神文明建设中来,使每一个农民都能成为农村精神文明建设的宣传者、践行者。

采取群众喜闻乐见的形式进行农村精神文明建设,必须要加大对农村文化建设的投入,树立精品意识、培育文化精品。一要将农村文化建设纳入各级党委和政府的议事日程,加大对农村文化建设的投入,设立乡村文化活动基金,要更好地发挥农村"群众服务中心"、新时代文明实践中心的作用,实现农村文化资源的有效整合,要大力培养乡土文化人才,将乡土文化人才培养作为一项重要工程,积极探索由"送文化下乡"向"种文化在乡"的转变。二要多管齐下打造群众喜闻乐见的文化精品。所谓文化精品,必须要有较强的时代感,能够反映广大农民群众的时代心声;必须要有艺术感染力和吸引力,能够吸引人;在内容上必须要弘扬正能量,具有广泛的社会效益;必须要有持续的生命力,能够使人们长期受教育、受影响。多管齐下打造群众喜闻乐见的文化精品,必须要在思想内涵与审美体验的结合上实现高度统一,能够在群众精神生活中发挥主导作用,能够产生较大的社会影响力。文化精品,既要体现地方文化特色,又不能一味地追求新特奇;既要具有普遍的教育意义,又要力求回到原汁原味的百姓生活中去,只有这样的文化精品才可亲、可信。

四、培育良好的农村社会风气

社会风气,是在一定的社会历史条件下在一定时期和范围内的风俗习惯、文化传统、行为模式、道德观念等要素的总和,是一定社会经济、政治、文化和道德等状况的综合反映。社会风气的形成,原因是多方面的,其中,传统文化的影响是巨大的。传统文化对社会风气的影响,既有积极的方面也有消极的方面。一般来说,优秀传统文化对社会风气的影响是正面的、积极的,腐朽落后的传统文化对于社会风气的形成则是负面的、消极的。习近平总书记指出:"优秀传统文化是一个国家、一个民族传承和发展的根本,如果丢掉了,就割断了精神命脉。"[①]他还强调:"中华优秀传统文化是中华民族的精神命脉,是涵养社会主义核心价值观的重要源泉。"[②]2019年,中共中央、国务院在《新时代公民道德建设实施纲要》中提出,加强新时代公民道德建设,必须要"坚持在继承传统中创新发展,自觉传承中华传统美德,继承我们党领导人民在长期实践中形成的优良传统和革命道德,适应新时代改革开放和社会主义市场经济发展要求,积极推动创造性转化、创新性发展,不断增强道德建设的时代性、实效性"[③]。加强公民道德建设是社会主义精神文明建设的重要内容。"在继承传统中创新发展",既是新时代公民道德建设的基本原则,也是新时代农村社会主义精神文明建设的基本原则。培育良好的社会风气,离不开优秀传统文化的滋养。中国是一个有着两千多年农业文明的国家。悠久的农业文明孕育了悠久的农村优秀传统文化,优秀的农村传统文化蕴含着讲仁爱、重民本、守诚信、崇正义、尚和合、求大同等思想理念,承载着自强不息、敬业乐群、扶正扬善、扶危济困、见义勇为、孝老爱亲等传统美德,对于教化村民、凝聚人心和改良民风,维系农村社会的良性运行,培育良好的农村社会风气,促进乡风文明,凝聚广大农民群众精神文明建设共识,提升农村精神文明建设自信,具有不可替代的重要作用。农村精神文

---

① 习近平:《习近平谈治国理政》(第2卷),外文出版社2017年版,第313页。
② 《习近平关于社会主义文化建设论述摘编》,中央文献出版社2017年版,第167页。
③ 中共中央宣传部、宣传教育局:《〈新时代公民道德建设实施纲要〉学习读本》,人民出版社2020年版,第27页。

明建设不是空中楼阁,必须要与农村的实际结合起来,与优秀的农村传统文化相融合,以优秀的农村传统文化滋养新时代的农村精神文明建设。因此,充分发掘乡村文化中的古籍经典、历史遗存、文物古迹,深入阐发农村优秀传统文化中的微言大义,结合新的时代条件和实践要求推陈出新、创新发展,使之与现代文化、现实生活相融相通,充分彰显其时代价值和文化魅力,对于弘扬社会主义核心价值观、加强农村道德建设意义重大。

家庭是社会的细胞,良好社会风气的形成与家风息息相关。习近平总书记非常重视家风建设,他指出,"家庭是人生的第一个课堂"①,"家庭不只是人们身体的住处,更是人们心灵的归宿"②,"家风是社会风气的重要组成部分"③,强调"要重视家庭建设,注重家庭、注重家教、注重家风"④。家风与民风、社风关系极大。所谓民风,就是指特定地区在特定时间形成的道德规范、价值标准、文化氛围,具有稳定性和共识性。"积善之家,必有余庆;积不善之家,必有余殃"(《周易·坤·文言》)强调的就是两者之间的关系:家风好,就能家道兴盛、和顺美满;家风差,难免殃及子孙、贻害社会。对此,马克斯·韦伯曾有高度评价,他指出,中国的家庭教育所灌输的是"一种大大超乎西方人所能想象的礼仪;那是一种特别强调对父母、对所有的长辈及一般长者恭顺与尊敬的礼仪"⑤。因此,大力加强农村精神文明建设,必须要注重家风建设、家庭教育,要通过进一步健全和完善"文明家庭"评比活动,促进家风建设的开展,从而助力文明乡风的形成。

第三节　建立健全农村精神文明建设的动力机制

精神文明重在建设。加强农村精神文明建设,必须要激发各个建设主体的动力。其中,党和政府作为农村精神文明建设的领导者、引导者、推动者,其强

---

① 习近平:《习近平谈治国理政》(第2卷),外文出版社2017年版,第354页。
② 习近平:《习近平谈治国理政》(第2卷),外文出版社2017年版,第355页。
③ 习近平:《习近平谈治国理政》(第2卷),外文出版社2017年版,第355页。
④ 《习近平关于社会主义文化建设论述摘编》,中央文献出版社2017年版,第126页。
⑤ [德]马克斯·韦伯:《中国的宗教:儒教与道教》,康乐等译,广西师范大学出版社2010年版,第178页。

大的内在动力是不言而喻的。因此,激发农村精神文明建设主体的动力,主要是通过建立健全农村精神文明建设动力机制,激发农民个体、家庭、村组织以及社会各界在内的农村精神文明建设内生动力和外生动力。

一、建立健全农村精神文明建设的内生动力机制

马克思主义告诉我们,任何事物的发展都是内外因共同作用的结果,而内因是事物变化的根据。内生动力就是人们想问题办事情的内在原因,是指一定的组织或个人为了达到一定的目的而产生的一种内在推动力,这是驱使人们产生一定行为以达到满足需求的内部力量。农村精神文明建设,关键在于激发起各个建设主体的动力。只有各个建设主体有了这样一种内生动力,农村精神文明建设才能够真正取得实效。

(一) 农民个体内生动力激发机制

广大农民群众是农村精神文明建设的主体。农民个体是农村精神文明建设的最基本单位,正是一个个农民个体汇聚起了农村精神文明建设的强大力量。习近平总书记在谈到农民扶贫问题时强调,扶贫必须要与扶智、扶志结合起来。扶智是提升素质,扶志就是激发动力。加强农村精神文明建设,必须要激发农民个体的内在动力。农民个体的精神文明建设内在动力激发出来了,农村精神文明建设就成功了一半。因此,构建农民个体的动力机制,激发农民个体的自主建设潜能,强化农民个体的主体建设意识,也就成为农村精神文明建设的一项十分重要的工作。

构建农民个体内生动力激发机制,一要加强对精神文明建设的宣传,促进广大农民群众思想的转变。加强对精神文明建设的宣传,要充分利用传统与现代相结合的宣传方式,比如,传统的标语、手册、会议等形式与现代手机应用程序推广、形式多样而又通俗易懂的短视频等相结合的方式,让农民个体了解国家关于精神文明建设的指导思想、主要内容,以及精神文明建设对于乡村振兴的重要作用和意义,促使广大农民群众转变思想观念,增强主体意识,从内心真正理解精神文明建设工作,积极参与精神文明建设工作。二要充分发挥典型示

范的榜样作用。要真正使广大农民群众支持并参与到农村精神文明建设中来，不仅需要做好宣传工作，而且也需要充分发挥典型示范的榜样作用。发挥看得见、摸得着的典型示范的榜样作用，让广大农民群众切身感受到精神文明建设的重要作用和意义，激发他们比学赶帮超的精神。比如，在以德治村方面闻名遐迩的石家庄岗上村，在环境整治方面的石家庄正定曲阳桥乡的西里寨村、廊坊祁各庄镇的亮甲台村，在美丽乡村建设方面的邯郸馆陶寿山寺乡的寿东村，等等。三要通过定期召开经验交流会，找出农村精神文明建设中存在的主要问题，有针对性地取长补短、对症下药，从根本上激发农民个体实现精神文明建设的内生动力。

（二）农村家庭内生动力激发机制

家庭是社会的基本细胞。家庭具有经济功能、生育功能、生活功能、教育功能、抚养与赡养功能、感情交流功能、休息与娱乐功能、保障功能、文化功能等。其中的教育功能和文化功能，对于家庭成员个人价值观、人生观、世界观的形成，身心的健康发展具有重要的直接的引导作用。从这一角度来说，家庭也是我们开展精神文明建设的基本细胞。家庭成员的价值观、人生观、世界观又对社会的发展和文明进步有着直接的影响，家庭成员的认知水平、职业、收入水平等也对精神文明建设的传递性和有效性有着重要的影响。当一个家庭的核心引领发挥的是正向积极的作用时，家庭成员可以更好地接受先进文化教育思想的传播，更好地进行道德规范的践行，更好地推动精神文明建设的开展。反之，当家庭的文化教育功能失当时，其家庭成员不仅很难得到来自家庭的正能量，来自家庭的精神激励和支持，而且他们的人生观、价值观和世界观也会出现偏颇，进而对社会发展和进步产生负面作用。因此，大力加强精神文明建设，必须要牢牢抓住家庭这一基本单元，构建起精神文明建设的家庭内生动力机制。构建这一机制，一要加大对家庭精神文明建设的资金投入。资金来源，既需要政府进行专项投入，也需要通过建立农村家庭精神文明建设教育基金的多渠道进行筹集，并需要制定专门的监督机制，加强对资金使用的监督。二要积极开展以家庭精神文明建设为主题的教育培训，在形式上可以采取线上与线下相结合的方式，在教育方法上要以案例教育为主。三要通过评选"文明家庭"，弘扬时代文明新风,树立先进文明典型,发挥文明榜样的示范作用。

(三)组织目标动力激发机制

目标是行动所要得到的预期结果,是满足人的需要的对象。目标同需要一起调节着人的行为,把行为引向一定的方向,目标本身是行为的一种诱因,具有诱发、导向和激励行为的功能。组织目标指的是某一组织要努力争取达到的一种未来状态或者说努力实现的愿景,它是开展各项组织活动的依据和动力。每一个组织都会有自己预期的目的或结果,它代表着一个组织的方向和未来。组织目标,可以分为近期目标、阶段性目标和长远目标,也可以分为个人目标与组织目标。实际上,任何组织的工作都是由大中小目标、远中近目标、个人目标与组织目标构成的一个目标链条。任何工作,都是将行为与目标联系起来的一个过程。在工作中,通过设置适当的目标,以调动人们的积极性,激发人们的干事创业热情的方法,被称为目标激励。在心理学上,目标被称为诱因,由诱因诱发动机,再由动机到达成目标的过程,也被称为激励过程。动机是由人的需要所引起的内在驱动力,也称内生动力,是人的活动的推动者。对于一个组织而言,科学合理、切实可行的组织目标的设立,是有利于激发组织成员工作的内生动力,调动组织成员的积极性、主动性与创造性的。一个乡村,在本质上,也类似于一个组织。农村精神文明建设,也是有目标、有计划、有步骤的一项集体性实践活动。通过制定阶段性目标和长远建设目标,为广大农民群众展现未来美好的精神文化生活前景,可以有效地激发广大农民群众精神文明建设的内生动力。制定农村精神文明建设目标,需要注意以下几点:一要进行广泛深入的调查研究,在此基础上提出的建设目标必须符合农村实际,具有实现的可能性,绝不能好高骛远。二要使全体村民都要了解精神文明建设的重大意义,精神文明建设的阶段性建设目标与长远建设目标的确立,都必须是全体村民共同讨论、决策的结果。三要将乡村精神文明建设的目标与任务同每一个村民的言行联系起来,增强村民的建设责任感。与此同时,也要将精神文明建设的目标同个人、家庭能够获得的"福利"联系起来,从根本上把广大农民群众的积极性调动起来。四要在加强精神文明"硬件"建设的同时,也要加强制度这一"软件"建设,多管齐下为精神文明建设目标的实现,积极创造各方面的条件。

（四）社会参与动力激发机制

农村精神文明建设，绝不是党和政府的独角戏，而是全社会的大合唱。社会参与农村精神文明建设，既是农村精神文明建设的内在要求，也是企业、经济组织、社会组织共建共享农村精神文明成果的必然要求。社会参与农村精神文明建设要解决的核心问题是企业、经济组织、社会组织的内生动力问题。解决这一问题的可行途径，就是要构建起社会参与农村精神文明建设的内生动力机制。

构建起社会参与农村精神文明建设的内生动力机制，主要有两个方面。首先，要激发社会参与农村精神文明建设的源动力。源动力是社会参与农村精神文明建设的动力源泉。激发社会参与农村精神文明建设的源动力，要从完善相关政策入手，为社会参与农村精神文明建设提供有力支持。一方面，对于处于初始发展阶段的企业、经济组织、社会组织要在资金、人员等方面加大支持的力度，促使其健康发展，不断壮大，为其参与精神文明建设创造基础条件；另一方面，完善税收政策，使参与农村精神文明建设的企业、经济组织、社会组织能够享受一定的税收减免福利。同时，各级政府也要充分发挥市场机制的作用，将应由政府直接提供的一部分公共服务事项以及政府履职所需服务的事项，按照一定的方式和程序交由具备条件的相关企业与组织来承担，采取政府购买服务的方式，对相关企业与组织参与农村精神文明建设给予鼓励和支持。其次，要加强相关企业与组织的自身建设。一要加强相关企业与组织的自主性建设。自主性是企业与组织健康发展的必要条件，也是相关企业与组织参与农村精神文明建设的主要行为动力。增强企业与组织的自主性，就是要摆脱"官办"色彩，去"行政化"，使企业与组织真正做到自主经营、自负盈亏、自我发展。二要加强相关企业与组织的规范化建设，为参与农村精神文明建设提供组织保障。规范化建设，既包括组织机构的规范化、人员使用的规范化、组织运行的规范化，也包括项目管理、资金使用等的规范化。通过规范化的管理，降低组织运行成本，提高效益。

二、建立健全农村精神文明建设的外生动力机制

内外因关系原理告诉我们，外因也是事物发展变化的必要条件。加强农村精神文明建设，不仅需要激发建设主体的内生动力，也需要相应的外生动力提供支持。

加强农村精神文明建设，是建设社会主义现代化国家的必然要求，也是实现乡村振兴的重要内容。中华人民共和国成立后，我国农村的精神文明建设就开始被提上了议事日程，在我国广大的农村地区就开始了广泛的实践。改革开放以来，特别是党的十八大以来，我国农村的精神文明建设也取得了令人瞩目的成果，探索出来了一系列行之有效的建设措施，形成了一定的建设机制。

(一) 科教文卫"下乡"与扶贫、扶智、扶志相结合

科教文卫"下乡"是20世纪80年代初团中央组织全国大学生在暑期开展的一项以服务农村基层、服务农民群众为主要形式的社会实践活动。1996年，中宣部、国家科委、农业部、文化部等十部委联合下发《关于开展文化科技卫生"三下乡"活动的通知》。1997年，这一活动在全国正式开展起来。科教文卫"下乡"的主要内容包括：图书、报刊下乡，送戏下乡，电影、电视下乡，开展群众性文化活动；科技人员下乡，科技信息下乡，开展科普活动；医务人员下乡，扶持乡村卫生组织，培训农村卫生人员，参与和推动当地合作医疗事业发展。随着中国特色社会主义进入新时代，新时代对科教文卫"下乡"活动提出了要与扶贫、扶智、扶志相结合的新要求。科教文卫"下乡"与扶贫、扶智、扶志相结合，一要逐步探索按需"下乡"的新路子。科教文卫"下乡"，必须要广泛调研，摸清广大农民群众的真实需求，从农村发展的实际出发，有针对性地按"需"提供"下乡"的产品与服务。二要变"下乡"为"驻乡"，建立科教文卫"下乡"的长效机制，实现常态化服务。三要将"下乡"与扶贫、扶智、扶志结合起来。将扶贫变为脱贫，变"输血"为"造血"，通过励志教育与对农民新技能的培养，激发农民内心的文化自觉与文化自信，打造一批"专业化"的"不走"的科教文卫队伍。

(二) 农村精神文明建设文化捐助机制

通过调动社会力量捐助农村精神文明建设事业是加强农村精神文明建设的

一条重要途径。早在2011年，中共中央办公厅和国务院办公厅印发的《关于进一步加强新形势下农村精神文明建设工作的意见》就提出要"积极引导社会力量捐助农村文化事业"[①]。2006年，国务院办公厅转发的财政部、中宣部《关于进一步支持文化事业发展的若干经济政策》也提出要"继续鼓励对宣传文化事业的捐赠"[②]。积极引导社会力量捐助农村文化事业，需要建立健全相应的农村精神文明建设捐助机制。首先，在捐助主体方面，鼓励名人建立私人基金会和企业基金会，利用更为科学的税收杠杆调节私人基金会资金的使用。其次，在捐助客体方面，要确保被捐助对象合理地使用资金，建立一套相应的核实机制，用以关注资金的使用过程和使用效果。同时，捐助者的捐助只适用于农村公益文化领域。最后，要建立健全文化捐助的政策引导机制。党委和政府应该通过税收政策，如免税、减税政策的不断完善等，加强对农村精神文明建设捐助的政策引导，并提供相应的配套服务，从而促使农村精神文明建设文化捐助的良性发展。

（三）农村精神文明建设文化赞助机制

文化赞助是赞助主体基于一定协议向赞助客体提供资金、实物或其他形式的文化帮助的行为。文化赞助，是为文化发展筹集资金或建设资源的重要渠道，既有利于文化赞助主体形象的提升，也有助于赞助客体文化事业的发展，是促进精神文明建设的重要手段。为促进农村精神文明建设文化赞助的良性发展，建立健全相应的农村精神文明建设文化赞助机制是十分必要的。一是各级党委和政府要充分利用传统主流媒体和新媒体做好农村精神文明建设文化赞助的宣传工作，包括文化赞助的重大意义、赞助的内容、规范化的赞助流程以及权威性的宣介等，营造良好的文化赞助氛围。二是在政府加大对农村精神文明建设财政投入的力度，充分发挥公益性文化事业投入主渠道作用的同时，还要进一步制定和出台关于农村精神文明建设赞助的具体政策法规，使农村精神文明建设文化赞助有法可依，提升农村精神文明建设文化赞助的规范性和保障性。三是

---

① 《建设社会主义新农村（修订本）》，人民出版社2007年版，第70页。
② 《国务院办公厅转发财政部中宣部关于进一步支持文化事业发展若干经济政策的通知》，中华人民共和国政府网站，http://www.gov.cn/gongbao/content/2006/content_352419.htm。

要通过制定税收优惠政策，积极鼓励相关企事业单位或个人积极投身农村精神文明建设文化赞助事业，提升他们的文化赞助意愿。四是要建立相关的保障机制，确保文化赞助的资金或资源用于农村精神文明建设的公益文化建设。

（四）农村精神文明建设学习交流机制

交流的过程是信息的互换过程，同时也是交换双方共同提高的过程。在农村精神文明建设过程中，由于资源禀赋、文化历史、经济社会发展程度、社会治理水平、领导重视程度、精神文明建设基础以及人们受教育程度的不同，不同地区精神文明建设会呈现出参差不齐的状况。即使是精神文明建设基础条件大致相同，精神文明建设水平也会有所不同。有的地方精神文明建设就搞得很有特色，有的就搞得一般，还有的搞得很差。一般来说，精神文明建设搞得好的地方总有自己的一些独有的做法，并且形成了一定的经验。而各地的做法与经验，往往既有相同的地方，也有不同的方面。这些经验和做法往往又是可以学习、复制的。因此，建立健全农村精神文明建设学习交流机制非常必要。通过学习交流相互的经验与做法，取长补短、相互促进，可以更好地推动农村精神文明建设的开展，提升农村精神文明建设的水平。建立健全农村精神文明建设学习交流机制，一是各地乡村要认真分析各村精神文明建设的各种资源、基础、人才等各方面的条件，定期认真总结各自在精神文明建设过程中的成绩、做法、经验、存在的问题以及认真分析问题的成因，这是建立健全农村精神文明建设学习交流机制的基础和前提。二是通过评比选树农村精神文明建设典型，认真总结典型事迹、典型做法、典型经验，并通过各种宣传渠道对先进典型广为宣传，努力形成学习先进典型的良好氛围。三是建立经验、做法交流的机制。一方面，通过定期的经验交流座谈会、汇报会等各种形式进行广泛交流；另一方面，探索建立先进典型学习交流基地，通过亲眼所见、亲耳所闻，零距离感受，与现场说"法"，解放思想、开拓视野，以达到举一反三的学习效果。四是各级党委和政府要组织有关专家组建智囊团，长期跟踪，开展针对性调研，提出有针对性的可行建设方案，为各地乡村精神文明建设出谋划策，提供专业指导。五是通过精神文明建设先进典型与非先进村结对子，从精神文明建设的经验传授到典型做法因地制宜的复制改造再到困难问题的解决等方面开展结对帮扶，提供直接帮助。

参考文献

[1] 马克思,恩格斯.马克思恩格斯选集:第1卷[M].北京:人民出版社,1995.

[2] 马克思,恩格斯.马克思恩格斯选集:第2卷[M].北京:人民出版社,1995.

[3] 马克思,恩格斯.马克思恩格斯选集:第3卷[M].北京:人民出版社,1995.

[4] 马克思,恩格斯.马克思恩格斯选集:第4卷[M].北京:人民出版社,1995.

[5] 毛泽东.毛泽东选集:第1卷[M].北京:人民出版社,1991.

[6] 毛泽东.毛泽东选集:第2卷[M].北京:人民出版社,1991.

[7] 毛泽东.毛泽东选集:第3卷[M].北京:人民出版社,1991.

[8] 毛泽东.毛泽东选集:第4卷[M].北京:人民出版社,1991.

[9] 邓小平.邓小平文选:第1卷[M].北京:人民出版社,1994.

[10] 邓小平.邓小平文选:第2卷[M].北京:人民出版社,1994.

[11] 邓小平.邓小平文选:第3卷[M].北京:人民出版社,1994.

[12] 中共中央文献研究室.邓小平年谱(1975—1997):上[M].北京:中央文献出版社,2004.

[13] 江泽民.江泽民文选:第3卷[M].北京:人民出版社,2006.

[14] 胡锦涛.胡锦涛文选:第2卷[M].北京:人民出版社,2016.

[15] 习近平.习近平谈治国理政:第1卷[M].北京:外文出版社,2018.

[16] 习近平.习近平谈治国理政:第2卷[M].北京:外文出版社,2017.

[17] 习近平.习近平谈治国理政:第3卷[M].北京:外文出版社,2020.

[18] 中共中央宣传部.习近平总书记系列重要讲话读本[M].北京:学习出版社,人民出版社,2014.

[19] 中共中央文献研究室.习近平关于社会主义文化建设论述摘编[M].北京：中央文献出版社,2017.

[20] 中共中央纪律检查委员会,中共中央文献研究室.习近平关于党风廉政建设和反腐败斗争论述摘编[M].北京：中国方正出版社,2015.

[21] 中共中央文献研究室.习近平关于社会主义生态文明建设论述摘编[M].北京：中央文献出版社,2017.

[22] 中共中央文献研究室.习近平关于社会主义文化建设论述摘编[M].北京：中央文献出版社,2017.

[23] 习近平.之江新语[M].杭州：浙江人民出版社,2007.

[24] 习近平.干在实处走在前列——推进浙江新发展的思考与实践[M]北京：中共中央党校出版社,2006.

[25] 习近平：在纪念马克思诞辰200周年大会上的讲话[M].北京：人民出版社,2018.

[26] 习近平：在庆祝中国共产党成立100周年大会上的讲话[M].北京：人民出版社,2021.

[27] 中共中央.中共中央关于社会主义精神文明建设指导方针的决议[M].北京：人民出版社,1986.

[28] 中共中央.中共中央关于加强社会主义精神文明建设若干重要问题的决议[M].北京：人民出版社,1986.

[29] 中共中央文献研究室.三中全会以来重要文献选编：上[M].北京：人民出版社,1982.

[30] 中共中央文献研究室.十二大以来重要文献选编：上[M].北京：人民出版社,1986.

[31] 中共中央文献研究室.十二大以来重要文献选编：中[M].北京：人民出版社,1986.

[32] 中共中央文献研究室.十二大以来重要文献选编：下[M].北京：人民出版社,1988.

[33] 中共中央文献研究室.十三大以来重要文献选编：上[M].北京：人民出版社,

1991.

[34] 中共中央文献研究室.十三大以来重要文献选编：中[M].北京：人民出版社，
1991.

[35] 中共中央文献研究室.十三大以来重要文献选编：下[M].北京：人民出版社，
1993.

[36] 中共中央文献研究室.十四大以来重要文献选编：上[M].北京：人民出版社，
1996.

[37] 中共中央文献研究室.十四大以来重要文献选编：中[M].北京：人民出版社，
1997.

[38] 中共中央文献研究室.十四大以来重要文献选编：下[M].北京：人民出版社，
1999.

[39] 中共中央文献研究室.十五大以来重要文献选编：上[M].北京：人民出版社，
2000.

[40] 中共中央文献研究室.十五大以来重要文献选编：中[M].北京：人民出版社，
2001.

[41] 中共中央文献研究室.十五大以来重要文献选编：下[M].北京：人民出版社，
2003.

[42] 中共中央文献研究室.十六大以来重要文献选编：上[M].北京：中央文献出版
社，2005.

[43] 中共中央文献研究室.十六大以来重要文献选编：中[M].北京：中央文献出版
社，2006.

[44] 中共中央文献研究室.十六大以来重要文献选编：下[M].北京：中央文献出版
社，2008.

[45] 中共中央文献研究室.十七大以来重要文献选编：上[M].北京：中央文献出版
社，2009.

[46] 中共中央文献研究室.十七大以来重要文献选编：中[M].北京：中央文献出版
社，2011.

[47] 中共中央文献研究室.十七大以来重要文献选编：下[M].北京：中央文献出版

社, 2013.

[48] 中共中央文献研究室.十八大以来重要文献选编:上[M].北京:中央文献出版社, 2014.

[49] 中共中央文献研究室.十八大以来重要文献选编:中[M].北京:中央文献出版社, 2016.

[50] 中共中央文献研究室.十八大以来重要文献选编:下[M].北京:中央文献出版社, 2018.

[51] 中共中央文献研究室.十九大以来重要文献选编:上[M].北京:中央文献出版社, 2019.

[52] 中共中央.中国共产党第十九次全国代表大会文件汇编[M].北京:人民出版社, 2017.

[53] 中共中央,国务院.中共中央国务院关于实施乡村振兴战略的意见[M].北京:人民出版社, 2018.

[54] 中共中央,国务院.乡村振兴战略规划（2018—2022年)[M].北京:人民出版社, 2018.

[55] 中共中央,国务院.新时代公民道德建设实施纲要[M].北京:人民出版社, 2019.

[56] 中央文明委.关于深化群众性精神文明创建活动的指导意见[R].2017-04-05.

[57] 中共中央.中共中央关于构建社会主义和谐社会若干重大问题的决定[M].北京:人民出版社, 2006.

[58] 中共中央.中共中央关于推进农村改革发展若干重大问题的决定[M].北京:人民出版社, 2008.

[59] 中共中央.中共中央关于制定国民经济和社会发展第十四个五年规划和二〇三五年远景目标的建议[M].北京:人民出版社, 2020.

[60] 中共中央,国务院.中共中央国务院关于坚持农业农村优先发展做好"三农"工作的若干意见[M].北京:人民出版社, 2019.

[61] 中共中央,国务院.中共中央国务院关于抓好"三农"领域重点工作确保如期实现全面小康的意见[M].北京:人民出版社, 2021.

[62] 中共中央,国务院.中共中央国务院关于全面推进乡村振兴加快农业农村现代化的意见[M].北京:人民出版社,2021.

[63] 中共中央,国务院.中共中央国务院关于落实发展新理念加快农业现代化实现全面小康目标的若干意见[M].北京:人民出版社,2016.

[64] 中共中央.中国共产党农村基层组织工作条例[M].北京:人民出版社,2019.

[65] 中共中央.中国共产党农村工作条例[M].北京:人民出版社,2019.

[66] 本书编写组.《中共中央关于制定国民经济和社会发展第十一个五年规划的建议》辅导读本 [M].北京:人民出版社,2005.

[67] 中共中央宣传部宣传教育局《新时代公民道德建设实施纲要》学习读本 [M].北京:人民出版社,2020.

[68]《十八大以来治国理政新成就》编写组.十八大以来治国理政新成就:上册[M].北京:人民出版社,2017.

[69] 中共中央文献研究室.社会主义精神文明建设文献选编[M].北京:中央文献出版社,1996.

[70] 中央文明办.社会主义精神文明建设概论[M].北京:人民出版社,2005.

[71] 中央文明办.群众性精神文明创建活动概论[M].北京:学习出版社,2007.

[72] 中共中央.建设社会主义新农村[M].修订本.北京:人民出版社,2007.

[73] 李君如,严书翰.毛泽东、邓小平、江泽民关于社会主义的论述:专题摘编[M].北京:中共中央党校出版社,2007.

[74] 中央文明办调研组,河北省文明办.农村精神文明建设工作调研报告文集[C].石家庄:河北人民出版社,2011.

[75] 赵金山,白石.河北省精神文明建设发展战略研究[M].北京:红旗出版社,2000.

[76] 河北省精神文明建设委员会办公室.河北省精神文明建设创建工作博览[M].石家庄:河北人民出版社,2002.

[77] 崔志胜.社会主义核心价值观融入精神文明建设问题研究[M].北京:中国社会科学出版社,2015.

[78] 金太军,张振波.乡村社区治理路径研究——基于苏南、苏中、苏北的比较分

析[M].北京：北京大学出版社，2016.

[79] 尤琳.中国乡村关系——基层治理结构与治理能力研究[M].北京：中国社会
科学出版社，2015.

[80] 董耀鹏.探索与思考——精神文明之管窥[M].北京：民族出版社，2005.

[81] 赵继伦，李焕青，孙友.精神文明的时代审视[M].北京：人民出版社，2004.

[82] 李宝梁.完善志愿服务发展机制研究[M].天津：天津社会科学院出版社，
2017.

[83] 关成华，图勤.中国志愿服务经济价值测度报告（2017)[M].北京：中国社会
出版社，2018.

[84] 江家齐，黄禧祯.精神文明建设系统论[M].广州：广州出版社，1997.

[85] 陶滋年.精神文明建设的理论与实践[M].济南：济南出版社，2000.

[86] 徐学庆.农村精神文明建设研究[M].北京：九州出版社，2004.

[87] 候南，李贵材，郭琳.农村精神文明建设简明读本[M].贵阳：贵州出版社，
2005.

[88] 郭晓君.中国农村文化建设论[M].石家庄：河北科学技术出版社，2001.

[89] 李小云，赵旭东，叶敬忠.乡村文化与新农村建设[M].北京：社会科学文献出
版社，2008.

[90] 袁永新.建设社会主义新农村[M].济南：济南出版社，2010.

[91] 孟彩云.社会主义精神文明建设研究[M].郑州：河南大学出版社，2010.

[92] 颜旭.文明的和谐——中国现代化的文明选择[M].广州：暨南大学出版社，
2015.

[93] 约瑟夫·奈.软实力[M].马娟娟，译.北京：中信出版社，2013.

[94] D.盖尔·约翰逊.经济发展中的农业、农村、农民问题[M].林毅夫，赵耀辉，
编译.北京：商务印书馆，2004.

后　记

　　《新时代河北省农村精神文明建设发展战略研究》一书是河北省教育厅2017年人文社科重大攻关项目的研究成果,也是2016年社会治理德治与法治河北省协同创新中心重点资助的项目成果,同时还得到了河北经贸大学马克思主义学院的出版资助。

　　河北经贸大学教授郭建作为项目负责人,对项目进行了精心的设计论证,并获准立项。郭建教授负责本专著框架结构的总体设计和统稿,并撰写了部分内容。参加本书写作的还有孙惠莲(石家庄邮电职业技术学院)、徐宝侠(河北医科大学)、崔亮(唐山遵化市委党校)、王晓菲(河北美术学院)、陈晓彤(河北青年干部管理学院)以及河北经贸大学的柴艳萍、孟宪怡、王永男、张振杰、赵燕、王丽亚等老师,具体分工如下:

　　引言郭建,第一章赵燕,第二章孙惠莲,第三章徐宝侠,第四章柴艳萍,第五章张振杰、孙惠莲,第六章王丽亚、孙惠莲,第七章崔亮,第八章王晓菲、郭建,第九章王丽亚、郭建,第十章王永男、郭建,第十一章陈晓彤、郭建,第十二章孟宪怡。

　　全书撰写完成后,又根据相关专家提出的意见进行了修改、补充和完善。

　　本项目从立项到完成都得到了河北省教育厅科技处领导和同志的热情关怀和积极支持,得到了河北经贸大学社会治理德治与法治河北省协同创新中心以及科研处领导和同志的大力支持和帮助,得到了河北经贸大学前党委书记王莹教授的热情鼓励和指导。同时,本书在写作的过程中还得到了河北省委宣传部文明办、邯郸市委宣传部、保定市社科联、沧州市青县县委宣传部、石家庄市岗上村领导和同志的大力支持。在此一并表示感谢。

　　在本专著的写作过程中，尽管课题组成员全力以赴，精益求精，但因为水平和能力有限，错漏和缺憾之处在所难免，诚望各位读者不吝赐教。

《新时代河北省农村精神文明建设发展战略研究》课题组

2022年5月6日